A Livre Concorrência e os Tribunais Brasileiros

Análise crítica dos julgados no Poder Judiciário envolvendo matéria concorrencial

A Livre Concorrência e os Tribunais Brasileiros

Análise crítica dos julgados no Poder Judiciário envolvendo matéria concorrencial

Coordenadores

Bruno de Luca Drago
Bruno Lanna Peixoto

Grupo de Estudos – Comitê de Contencioso Econômico IBRAC

Andrea Pereira
Antônio Menezes Neto
Bruno de Luca Drago
Bruno Lanna Peixoto
Bruno Droghetti Magalhães Santos
Carolina Matthes Dotto
Daniel Costa Caselta
Eduardo Caminati Anders
Frederico Bastos Pinheiro Martins
Frederico Carrilho Donas
Giuliana Marchezi Franceschi Goncalves e Requena
Karla Lini Maeji
Levi Borges de Oliveira Veríssimo
Lucas Griebeler da Motta
Ludmilla Martins da Silva
Luiz Fernando S. L. Coimbra
Nayara Mendonça Silva e Souza
Marcelo Batlouni Mendroni
Paloma Gonçalves da Silva Romero
Paula Müller Ribeiro Bernini
Paula Pinedo
Pedro C. E. Vicentini
Raisa Dvorah Rechter
Renata Rossi Ignácio
Renato Xavier da Silveira Rosa
Ricardo Ferreira Pastore
Vinicius Hercos da Cunha

EDITORA SINGULAR

IBRAC
Desde 1992
Instituto Brasileiro de Estudos de Concorrência, Consumo e Comércio Internacional

São Paulo – 2018

Dados Internacionais de Catalogação na Publicação (CIP)
Lucas Carlos de Oliveira Silva CRB-8/9824

D759g Drago, Bruno de Luca.
A livre concorrência e os tribunais brasileiros: análise crítica dos julgados no Poder Judiciário envolvendo matéria concorrencial. / Bruno de Luca Drago, Bruno Lanna Peixoto (coord.). – São Paulo: Singular, 2018.
344 p.

ISBN: 978-85-86626-99-9

1. Livre concorrência. 2. Reparação de dano. 3. Ação autônoma. 4. Conselho Administrativo de Defesa Econômica (CADE). I. Título. II. Bruno Lanna Peixoto.

CDU 346.2
CDD 343.81

Revisão e Diagramação: Microart Design Editorial
Capa: Dorival Lopes Junior

Editora Singular

Tel/Fax: (11) 3862-1242
www.editorasingular.com.br
singular@editorasingular.com.br

Sobre os Autores

Andrea Pereira é advogada, formada em Direito pela Universidade Presbiteriana Mackenzie (2012) e pós-graduada em Direito Empresarial pelo Instituto de Ensino e Pesquisa (Insper, 2016). Ela assessora e representa clientes nacionais e internacionais na área contenciosa, atuando em casos expressivos que envolvem questões de direito civil, direito administrativo e público e direito do consumidor.

Antônio Menezes Neto é advogado. Graduado em Direito pela Faculdade de Direito de São Bernardo do Campo em 2012. Pós-graduando em Direito Processual Civil pela Fundação Getulio Vargas de São Paulo - FGV/SP.

Bruno de Luca Drago é sócio corresponsável pela área de Direito Concorrencial do Demarest Advogados. Graduado em direito pela Pontifícia Universidade Católica de São Paulo (PUC-SP), possui especialização em Administração Financeira, Universidade de São Paulo (USP). É mestre em Direito Concorrencial pela *University of London, King's College of London* e doutor em Direito Comercial, com ênfase em Direito Concorrencial, pela Universidade de São Paulo (USP). Diretor de Contencioso Econômico do Instituto Brasileiro de Estudos de Concorrência, Consumo e Comércio Internacional - IBRAC, e Fundador do Instituto de Direito Econômico Aplicado - IDEA.

Bruno Lanna Peixoto é sócio e responsável pela área de Direito Antitruste & Concorrencial do escritório Araújo e Policastro em São Paulo. Representa empresas prejudicadas por condutas anticompetitivas em ações reparatórias por danos concorrenciais, desenvolvendo estratégias em casos envolvendo cartéis internacionais. Bruno foi Vice-Presidente do Comitê de Direito Antitruste Internacional da ABA, Seção de Direito Internacional e é Mestre em Direito pela *University of Chicago.*

Bruno Droghetti Magalhães Santos é advogado, *LL.M Candidate at UC Berkeley School of Law*, pós-graduado em Direito Econômico pela Escola de Direito da Fundação Getulio Vargas (GVLaw) e graduado em Direito pela Fundação Armando Álvares Penteado (FAAP).

Carolina Matthes Dotto é advogada sênior de Tozzini Freire Advogados e também integra o German Desk do escritório. Atua no contencioso antitruste e administrativo, além de assessorar clientes na negociação de seus créditos perante empresas em insolvência. Cursou LL.M. em Direito Civil e Empresarial na Universidade de Colônia, Alemanha e atualmente é mestranda pela Fundação Getulio Vargas - FGV em Direito Público.

Daniel Costa Caselta é bacharel em Direito e Mestre em Direito Comercial pela Faculdade de Direito do Largo de São Francisco - Universidade de São Paulo, especialista em Economia pela Fundação Getulio Vargas de São Paulo. Autor do livro "Responsabilidade Civil por Danos Decorrentes da Prática de Cartel" (Singular, 2016). Advogado em São Paulo desde 2007 com atuação nas áreas de Contencioso, Arbitragem e Direito Concorrencial, e sócio de Cascione, Pulino, Boulos & Santos Advogados.

Eduardo Caminati Anders é sócio no escritório Lino, Beraldi, Belluzzo e Caminati Advogados, comandando a área de direito antitruste. Ele é frequentemente recomendado em *rankings* de direito da concorrência editados por publicações especializadas, tais como a *Chambers LatinAmerica, Global Competition Review, Latin Lawyer, The Legal 500* e *Who's Who Legal*. Vencedor em 2017 do Prêmio "Global Competition Review" nas categorias "Escritório Regional do Ano - Américas" e "Caso de Conduta do Ano - Américas". É presidente da diretoria do Instituto Brasileiro de Estudos de Concorrência, Consumo e Comércio Internacional - IBRAC e membro do Instituto de Direito Societário Aplicado - IDSA. Ex-Presidente (2010-2012) da Comissão de Estudos da Concorrência e Regulação (CECORE) da Ordem dos Advogados do Brasil de São Paulo (OAB-SP).

Frederico Bastos Pinheiro Martins é advogado sênior da prática Concorrencial e Antitruste do Mattos Filho, Veiga Filho, Marrey Jr. e Quiroga Advogados, Frederico é bacharel em Direito pela Universidade Federal de Minas Gerais (2008) e possui forte experiência prática de contencioso antitruste e concorrencial, tendo atuado em demandas privadas envolvendo cartéis. Ao concluir Mestrado Profissional em Direito pela Escola de Direito de São Paulo da Fundação Getulio Vargas (2017) defendeu dissertação intitulada "Obstáculos às ações privadas de reparação de danos decorrentes de cartéis".

Frederico Carrilho Donas é advogado sênior do escritório Mattos Filho, Veiga Filho, Marrey Jr. e Quiroga Advogados. Frederico possui mais de dez anos de experiência assessorando clientes nacionais e internacionais em ampla gama de temas concorrenciais, incluindo atos de concentração, investigações antitruste, processos judiciais, consultorias em temas de antitruste em geral, auditorias internas, e programas e treinamentos de compliance.

Giuliana Marchezi Franceschi Gonçalves e Requena é bacharel em Direito pela Faculdade Presbiteriana Mackenzie, LL.M. em Direito Comercial Internacional pela *Queen Mary, University of London*. Advogada associada do escritório TozziniFreire onde atua na área de Direito Concorrencial e Compliance desde 2014.

Karla Lini Maeji é sócia na área de Compliance, Investigação e Defesa. Graduada pela Faculdade de Direito da Universidade Presbiteriana Mackenzie, é mestre em Direito pela *Columbia University School of Law*, Nova Iorque, NY, EUA. Karla é *Certified Compliance & Ethics Professional International* – CCEPI.

Levi Borges de Oliveira Veríssimo é advogado associado do escritório Veirano Advogados, na área de Antitruste e Integridade Corporativa. Ex-assessor da Subchefia de Assuntos Parlamentares da Presidência da República. Ex-estagiário da Superintendência-Geral do CADE. Graduado em Direito pela Universidade de Brasília.

Lucas Griebeler da Motta é Bacharel em Direito pela Pontifícia Universidade Católica do Rio Grande do Sul – PUC-RS (2015). Aluno especial do programa de pós-graduação stricto sensu de Direito Comercial da Universidade de São Paulo (USP). Foi um dos vencedores do 11º Concurso Nacional de Monografias do escritório Levy & Salomão Advogados (2014). Advogado associado do escritório Pereira Neto | Macedo Advogados na área de Direito da Concorrência.

Ludmilla Martins da Silva é advogada associada em Araújo e Policastro Advogados na área de Direito Antitruste & Concorrencial. Sua atuação abrange as ações individuais de reparação de danos por condutas anticoncorrenciais e investigações administrativas conduzidas pelo CADE. É graduada pela Faculdade de Direito de Ribeirão Preto da Universidade de São Paulo e pós-graduanda em Direito Econômico pela Fundação Getulio Vargas.

Luiz Fernando S. L. Coimbra é advogado. Graduado em Direito pela Universidade Presbiteriana Mackenzie em 2006. Pós-graduado em Direito Contratual pela Escola Paulista de Direito.

Nayara Mendonça Silva e Souza é advogada associada do escritório Veirano Advogados, na área de Antitruste e Integridade Corporativa. Ex-assistente do Tribunal do CADE. Ex-estagiária na *Autorité de la concurrence* (Paris). 1º lugar do Prêmio IBRAC-TIM e Menção Honrosa do Prêmio SEAE (2014). Graduada em Direito pela Universidade Federal de Minas Gerais.

Marcelo Batlouni Mendroni é Promotor de Justiça no Estado de São Paulo. É doutor em direito pela *Universidad Complutense de Madrid* e pós-doutor pela *Università di Bologna*. Especializado em trabalho contra crime organizado, lavagem de dinheiro e crimes econômicos.

Paloma Gonçalves da Silva Romero é advogada associada área de Compliance, Investigação e Defesa do Tozzini Freire Advogados, Paloma concentra suas atividades no direito penal corporativo. Graduada pela Escola de Direito de São Paulo da Fundação Getulio Vargas (EDESP-FGV), com formação parcial pela *University of Illinois, College of Law*, EUA.

Paula Müller Ribeiro Bernini, é bacharel em Direito pelo Pontifícia Universidade católica do Rio Grande do Sul, Pós-graduada em Direito Empresarial pela

Universidade Federal do Rio Grande do Sul (UFRGS) e em Direito Econômico pela GVLaw. Advogada associada do escritório Tozzini Freire onde atua na área de Direito Concorrencial e Compliance desde 2014.

Paula Pinedo é advogada de Tozzini Freire Advogados. Formada pela Universidade Presbiteriana Mackenzie em 2015, membro da Ordem dos Advogados. Atua na área de Direito Antitruste, assessorando clientes nacionais e internacionais em processos administrativos e em Atos de Concentração.

Pedro C. E. Vicentini é advogado graduado pela Faculdade de Direito da PUC-SP (2006), especialista em direito econômico pela Faculdade de Direito FGV (2008), e mestre em direito pela *Columbia Law School* (LL.M. 2012). Sua prática está focada na área do direito concorrencial, com ênfase na notificação de atos de concentração e na defesa administrativa em investigações perante o CADE, bem como na atuação em litígios complexos (via arbitragem ou perante as cortes brasileiras).

Raisa Dvorah Rechter é advogada, formada pela Pontifícia Universidade Católica de São Paulo. Possui especialização em Direito Europeu com foco em Direito Econômico (Master 1) pela Universidade de Nancy, na França. Cursou também Direito Econômico e Setores Regulados pela FGV-SP.

Renata Rossi Ignácio é graduanda em Direito pela Pontifícia Universidade Católica de São Paulo - PUC-SP (2017).

Renato Xavier da Silveira Rosa é advogado e associado sênior em Araújo e Policastro Advogados, na área de Contencioso Cível Estratégico. Mestre e doutorando em Direito Processual Civil pela Faculdade de Direito da Universidade de São Paulo (Largo São Francisco). Pós-graduado em Direito Tributário pela mesma instituição, onde também é professor assistente nos cursos de graduação e pós-graduação.

Ricardo Ferreira Pastore é Bacharel em Direito pela Pontifícia Universidade Católica de São Paulo - PUC-SP (2004). Especialista em Direito Econômico pela Fundação Getulio Vargas - FGV (2007) e LL.M. em Direito Econômico Internacional pela *Stanford University* (2012). Consultor não governamental dos Grupos de Trabalho de Controle de Concentrações e Práticas Internacionais da *International Competition Network* ("ICN") e Consultor Externo do Conselho Administrativo de Defesa Econômica ("CADE") no projeto de elaboração de Guia de Remédios Antitruste. Foi advogado associado ao escritório internacional Freshfields, Bruckhaus, Deringer LLP em Bruxelas, Bélgica. Advogado associado do escritório Pereira Neto | Macedo Advogados na área de Direito Regulatório.

Vinícius Hercos da Cunha é advogado, graduado em Direito pela Universidade Presbiteriana Mackenzie. Pós-graduando em Direito Econômico pela Fundação Getulio Vargas de São Paulo – FGV-SP. Membro efetivo do Comitê de Contencioso Econômico do IBRAC.

Sumário

Prefácio

Esta obra representa não menos que a consolidação de um fórum de debates que se tornou, desde 2016, permanente e institucionalizado dentro do IBRAC, quando da inauguração da Diretoria de Contencioso Econômico. Nesse contexto, o Comitê de Contencioso Econômico, então criado, chegou com a função de refletir sobre a agenda da Defesa da Concorrência perante o Poder Judiciário, nas diversas vertentes que ganham expressão com a maturidade do antitruste nacional.

Não poderíamos nos furtar, portanto, de um debate de inclusão naquilo que representa uma das grandes vertentes de evolução da Lei de Defesa Concorrência nos dias atuais: a discussão de temas de livre concorrência no Poder Judiciário. O propósito deste debate vem, assim, no sentido de disseminação de conhecimento e aplicação proporcionalizada e justa de seus dispositivos na interação entre empresas, nas suas interações com a administração pública e com o mercado de consumo.

O primeiro passo desta agenda passou, de forma bastante acertada, podemos hoje concluir, por um mapeamento extensivo e trabalhoso das decisões do Poder Judiciário que de qualquer forma endereçam argumentos ou fundamentos de livre concorrência, embasando suas conclusões em dispositivos da Lei n. 12.529/11 e demais dispositivos a ela relacionados, ou mesmo em princípios mais amplos derivados da Constituição Federal que visam reprimir o abuso do poder de econômico.

Sem sobre de dúvida um trabalho hercúleo, que merece aqui nosso reconhecimento a todos os membros do Comitê que, por quase dois anos, têm dedicado suas escassas horas de lazer à tarefa árdua de não somente localizar tais decisões, mas procurar absorvê-las e sistematizá-las dentro de uma realidade ainda incipiente e rasa de tratamento emprestado pelo Poder Judiciário ao tema da concorrência.

O resultado não poderia ser outro que não uma obra bastante completa, que dentro do levantamento promovido, elencou com sucesso os temas que merecem maior atenção para a evolução do próprio direito antitruste no Brasil, naquilo que é de inegável responsabilidade do Poder Judiciário contribuir para tal sistema.

Este levantamento se presta ainda ao papel de auxiliar os profissionais da área a entenderem o pensamento do Poder Judiciário nos temas de defesa da concorrência, valendo-se destas decisões ainda na condução de seus casos na instância administrativa, zelando por tutelar o devido processo legal desde então. Da mesma forma servem ao auxílio de ações diretamente intentadas perante o Poder Judiciário, quer sejam aquelas reparatórias que se seguem a uma decisão de condenação de empresas por condutas colusivas ou unilaterais, quer aquelas questionando decisões alcançadas pelo Tribunal do CADE.

E o trabalho deste grupo certamente está somente no começo, visto que há muito a se fazer. Mapeado o cenário em que se encontra o antitruste brasileiro perante o Poder Judiciário, o próximo passo vem no sentido de estreitar o debate com órgãos relevantes no processo, além do próprio Poder Judiciário.

O IBRAC, na função que presta ao antitruste brasileiro, certamente na vanguarda com mais este assunto, encontra-se cada vez mais firme no seu propósito de fomentar e influenciar o debate com o intuito de promover, cada vez mais, a disseminação e amadurecimento constante da defesa da concorrência no Brasil.

Parabéns a todo o grupo do Comitê de Contencioso Econômico do IBRAC.

Eduardo Caminati Anders

Bruno de Luca Drago

Parte I.

Introdução: Livre Concorrência e Tribunais

Panorama e desafios: análise qualitativa e quantitativa das ações no Judiciário

Bruno de Luca Drago

1. Introdução

Muito se vislumbra, mais do que se discute, a presença de temas e fundamentos do antitruste nas decisões emanadas do Poder Judiciário. A despeito de algumas poucas obras que pesquisaram o tema com propriedade, fato é que carecemos de um debate aprofundado, a partir de um diagnóstico completo do tema e da sistematização de fundamentos e precedentes, para enfrentamento dos problemas observados.

Poucos são os que se deram conta de que a próxima fronteira do antitruste se avizinha, a qual mudará de maneira profunda a forma de se pensar e aplicar os fundamentos da livre concorrência no Brasil. Algo como a socialização das discussões de cartéis, de conluios em licitações públicas e privadas, de recusas de contratação, de contratos de exclusividade, de preços predatórios, de fixação de preços de revenda e outras tantas, no âmbito do Poder Judiciário. E um Poder Judiciário capaz e sem receio de enfrentar a discussão de forma responsável, abstendo-se de se esconder na dificuldade técnica do tema, e zelando ainda pela aplicação dos princípios de devido processo legal mais comezinhos ao nosso sistema.

Não somente na revisão de decisões por vezes atropeladas que desrespeitam temas de devido processo legal. Em outras ocasiões já defendemos a ausência de um padrão probatório claro e condizente com nosso ordenamento jurídico que se nega à prática da *tupiniquização* de teorias estrangeiras do antitruste que aqui não merecem guarida, e que acabam por influenciar o trato do mérito das questões concorrenciais. Este dilema, em especial, requer a atuação do Poder Judiciário.

Da mesma forma, conforme demonstrado ao longo da presente obra, ações diretamente levadas à jurisdição do Poder Judiciário que não passam por qualquer tipo de escrutínio por parte do Conselho Administrativo de Defesa Econômica têm crescido a cada ano. Preocupa a visão privatista comumente verificada na solução destas lides entre particulares, utilizando-se, contudo, de fundamentos legais e argumentos descompassados do antitruste. Nestas situações não se encontra a presença balizadora do órgão administrativo que tutela a concorrência, que argumenta não lhe caber papel em discussões privadas, de forma a elegantemente abster-se do debate em razão fundamentalmente de sua limitação de recursos.

O tema penal não deve ainda ser esquecido, na medida em que o Ministério Público, nas situações em que se especializou no assunto, inclusive com a formação de grupos de trabalho a ele dedicados, atua de forma a traduzir as teorias mais modernas de persecução criminal de forma coordenada às políticas públicas de combate às condutas anticoncorrenciais, intensamente debatidas no âmbito do Sistema Brasileiro de Defesa da Concorrência. As decisões do Poder Judiciário neste sentido sofrem a influência deste Ministério Público bastante atuante. E as dificuldades se intensificam, da mesma forma, em situações de ausência de atuação deste Ministério Público mais especializado na matéria.

Por fim, mas não menos importante, as ações de reparação de danos decorrentes de práticas anticoncorrenciais, em especial decorrentes de práticas de cartel, que já começam a se replicar nos cartórios das varas cíveis. Ainda que se argumente restarem insipientes, há discussões de peso atualmente no Judiciário que pretendem destravar pontos sensíveis na busca pela reparação de danos, do Estado, de outras empresas-clientes e de consumidores lesados. Seja na lide privada, seja nas ações civis públicas ou ações coletivas.

Todos estes temas merecem as discussões aprofundadas que seguem, e compõem esta obra que visa contribuir ao debate da qualificação do Poder Judiciário e dos instrumentos jurídicos indispensáveis para elevação do tema do antitruste à sua terceira revolução, como ousamos qualificar. Os desafios para tanto serão ainda rascunhados pelos diversos autores que têm se debruçado sobre o tema no âmbito do Comitê de Contencioso Econômico recentemente criado pelo IBRAC.

2. Da metodologia da obra

A proposição de levantamento, mapeamento e sistematização da jurisprudência recente do Poder Judiciário que envolva qualquer fundamento ou argumento lastreado na Lei n. 8.884/94 e, mais recentemente, na Lei n. 12.529/2011, que veio a alterar a primeira, bem como na Lei n. 8.137/90, propõe-se deveras ousada frente à grandeza do nosso sistema judiciário.

Inúmeras dificuldades à tarefa se colocaram ao longo do Levantamento Jurisprudencial realizado, em especial o tema do segredo de justiça, que impede não somente a visualização dos debates e posicionamentos colocados, mas por vezes mesmo da identificação do tema em debate. A forma como tal sigilo é autorizado, muitas vezes sem procedimentalização adequada ou considerações de política pública, é questionada por artigo especializado adiante.

Assim, não se pode esperar que o resultado deste trabalho seja absolutamente exaustivo e completo, até mesmo ao termos em mente as possibilidades infinitas, segundo a lei, de práticas que possam representar lesão à livre concorrência. Razão pela qual será trabalho de constante atualização e depuração. A evolução de decisões não terminativas merece, desta forma, acompanhamento próximo por parte daqueles que fazem uso da presente pesquisa para instrução ou qualificação de suas demandas.

A verdade, como sabida dos que militam na área, é que o tema do antitruste é das fronteiras mais modernas e recentes de nosso ordenamento, e talvez a que mais sofra a influência de discussões estrangeiras em razão da sua globalização de efeitos. O que implica dizer que a evolução do trato ao tema, na seara administrativa, é bastante rápida, assim como o pêndulo que lida com a política pública perseguida pelo direito em questão. A isso deve o Poder Judiciário atentar-se, de forma a não se colocar como obstáculo ao melhor direito que trata do tema.

Tendo o contexto acima como pano de fundo, vale notar que o Levantamento Jurisprudencial a que nos referimos se deu em três fases diferentes. Na primeira etapa, procedemos à divisão de temas por grupos de trabalho a fim de promover pesquisa perante os tribunais nacionais. Vale notar que a pesquisa se deu no âmbito do TJSP, TJMG, TJRS, TJSC, TJPR, TJDF, TJRJ, TJES, considerados os mais próximos ao tema; no âmbito do TRF 1ª região, 2ª Região, 3ª Região, 4ª Região; e por fim, no âmbito do STJ e STF. Foi utilizada listagem de *search terms*, devidamente discutida no âmbito do Comitê, e sempre se utilizando termos da expressão 1[1] em conjunto com os termos da expressão 2.[2]

A segunda etapa envolvia análise e filtro dos resultados, tendo havido segmentação em cinco grandes temas: (i) ações *stand alone*, (ii) ações de reparação de danos, (iii) revisão de decisões do CADE, (iv) devido processo legal e (v) ações de natureza penal.

Por fim, a terceira etapa do Levantamento Jurisprudencial envolvia análise quantitativa e qualitativa de cada um dos resultados encontrados na pesquisa e descarte de processos fora do escopo do trabalho.

Note-se que os principais resultados excluídos da análise e, consequentemente do Levantamento Jurisprudencial, envolviam processos discutindo multas por intempestividade, embargos de declaração rejeitados e litígios envolvendo matéria não concorrencial. Da mesma forma, como alertado, processos em segredo de justiça obviamente não foram incluídos nos dados inseridos no presente trabalho.

Assim, reiteramos, muito embora os termos utilizados tivessem o objetivo de encontrar todos os processos envolvendo matéria concorrencial nos tribunais-alvos, é possível que casos relevantes não tenham sido encontrados.

No que tange à limitação temporal da pesquisa, tratamos de levantar decisões desde o início do ano de 1994, quando entrou em vigência a Lei n. 8.884/94, a primeira lei de defesa concorrencial que merece algum tipo de destaque, não obstante a passagem meteórica de outros diplomas que pouco ecoaram na sociedade. A data de corte da pesquisa, por sua vez, deu-se em julho de 2017.

Como mencionado acima, a presente obra remete ao Levantamento Jurisprudencial preparado pelo Comitê de Contencioso Econômico do IBRAC, levantamento este dinâmico e em constante atualização. O que nos levou a nos questionarmos se qualquer análise quantitativa deveria restar ilustrada no trabalho. Ainda que certos de sua desatualização no dia seguinte ao corte estabelecido para a pesquisa acima, importante situarmos as premissas sobre as quais as conclusões presentes estão assentadas. Poderemos ser acusados de

1. Termos da expressão 1 utilizados: anticoncorrencial, anticoncorrenciais, antitruste, CADE, cartel, concorrencial, concorrência desleal, conselho administrativo defesa econômica, crime ordem econômica, defesa da concorrência, infração ordem econômica, livre concorrência, busca e apreensão.
2. Termos da expressão 2 utilizados: CADE, Lei 12.529/2011, Lei 8.884/94, Lei 8.137/90, Lei Antitruste, Lei Concorrencial, Lei de Defesa da Concorrência.

desatualizados, mas não de evasivos à publicidade de nossa metodologia e da amostragem sobre a qual nos embasamos.

3. Análise qualitativa e quantitativa dos temas identificados

3.1. Das ações de reparação de danos

Discussões acerca das ações de reparação de danos decorrentes de infrações concorrenciais e, em especial, decorrentes de cartéis, tem tomado importância singular em fóruns envolvendo temas de direito da concorrência. O debate se aprofunda em litígios sob a tutela do Poder Judiciário, envolvendo questões processuais que representam não menos que travas à boa fruição das decisões; aprofunda-se no SBDC com relação à melhor forma de tratá-las *vis a vis* um ideal de política concorrencial; e consolida-se em discussões promovidas pelo Ministério Público com relação à forma de ressarcimento do erário público e das empresas e cidadãos lesados por tais práticas. Tal debate tem deixado o isolamento de outrora, merecendo cada vez mais um palco institucionalizado e destinado à mudança sistêmica da tutela jurisdicional do direito da concorrência.

Neste sentido, inicialmente vale trazer à tona os debates de competência do Poder Judiciário e de procedimentos arbitrais para tratar da matéria indenizatória, sobre os instrumentos legais e econômicos destinado à mensuração e ressarcimento ideal de danos causados, levando em conta o quinhão de cada parte lesada, sobre a otimização de penalidades ao ponto ideal que represente real poder dissuasório da prática, e sobre a correta utilização e proteção de instrumentos colaborativos de persecução administrativa e criminal, de forma que não venham a representar desincentivos à sua adoção, dentre outros pontos. Ainda que alguns destes elementos possam ser alcançados pela consolidação da jurisprudência e adaptações de regramentos internos institucionais, outros não fogem do necessário redesenho de marcos legais, com projetos já em discussão perante o Congresso Nacional. São as respostas aos problemas identificados que se colocam que poderão significar a nova realidade do direito antitruste, estimulando as ações de reparação de dano por empresas lesadas, por governos e em nome destes.

Antes, contudo, de adentrarmos a maiores ilustrações sobre os temas selecionados, e que serão melhor e mais detalhadamente explorados adiante, vale notar que a grande maioria das ações reparatórias diz respeito a um tipo considerado de *follow-on litigation,* que decorrem de condutas colusivas, ou cartéis, investigadas e condenadas pelo CADE na instância administrativa, em que partes lesadas pleiteiam indenização de terceiros condenados perante o

Poder Judiciário. Na minoria de assuntos levados ao Poder Judiciário, por sua vez, destacamos outras naturezas de condutas objeto de debate, como pleitos de indenizações decorrentes de práticas de vendas casadas, de exclusividade e outras condutas unilaterais.

A realidade encontrada atualmente, e sobre a qual devemos nos debruçar, é que pleitos indenizatórios têm resvalado em barreiras jurídicas diversas como a contagem de prazos prescricionais, insurgindo questões acerca do efetivo prazo aplicável e do termo *a quo* em que se iniciaria sua contagem. A ausência de posicionamento consolidado sobre temas de prescrição tem se verificado, desta forma, como uma das mais relevantes travas à fruição do processo de ressarcimento de danos concorrenciais, a ponto de muitas vezes desestimular sua propositura. Vale notar que teorias mais modernas têm tentado dar trato à questão, especialmente com foco na definição do seguro momento que representaria o conhecimento inequívoco da conduta pelas partes lesadas.

Outra discussão de relevo no trato da matéria refere-se à responsabilização solidária de cartelistas em ações indenizatórias. Este debate centra-se em recentes discussões que envolvem a possibilidade de utilização de documentos sigilosos constantes de acordos de leniência para instrução de ações indenizatórias. Ora, o tema merece cuidadosa reflexão, de forma a balancear os incentivos para o descobrimento de práticas infrativas via colaboração e incentivos para as ações reparatórias decorrentes da primeira. O debate acerca da exclusão da responsabilidade solidária por parte de agente econômico que age em cooperação com as autoridades, de forma a responder tão somente por seu quinhão na conduta perante terceiro e não mais pelo de seus coautores, pode representar um incentivo a ser sopesado na gangorra do dilema do prisioneiro.

O tema acima ainda se conecta ao debate acerca do valor probatório a ser considerado pelo Poder Judiciário com relação às decisões do CADE, para instrução das ações de reparação de danos. Como notado adiante, debate-se se a decisão da autoridade administrativa tem sido considerada como prova irrefutável ou *prima facie* da ocorrência da infração, e a decorrente segurança jurídica da prática atualmente adotada pelos Tribunais.

Não menos importante, destaca-se o debate acerca da interação entre o direito da concorrência e o instituto da arbitragem, com ênfase na discussão acerca da arbitrabilidade de conflitos relacionados às normas de defesa da concorrência. Como em outras searas, a arbitragem poderia de fato representar um canal de escoamento adequado à solução de conflitos que importem no ressarcimento de danos causados em desrespeito à Lei n. 12.529/2011.

Todos os pontos mencionados convergindo para a necessidade real de ajustes, a fim de se permitir o desenvolvimento das ações privadas de ressarcimento de danos, sem nos esquecermos da importância das ações coletivas e ações civis públicas. Neste sentido, discussões como causas interruptivas do prazo prescricional, *double damages*, regras de tratamento sobre o *pass-on effect*, dentre outras, são algumas das sugestões de adequação legislativa exploradas adiante.

3.2. *Das ações* stand-alone

Ações *stand-alone* são caracterizadas pela ausência de discussão sobre tema concorrencial na seara administrativa, e que são levadas à tutela do Poder Judiciário diretamente pelas partes litigantes ou pelo próprio Ministério Público, que ao contrário do CADE, não possui poderes judicantes. Assim, abre-se a possibilidade de uma decisão emanada do Poder Judiciário a tratar de tema especializado fundamentado na Lei n. 12.529/2011, assim como na Lei n. 8.137/90.

O universo de ações desta natureza explorado no Levantamento Jurisprudencial promovido pelo Comitê reuniu pouco mais de 120 processos, a maior parte destes já transitados em julgado (em torno de 75%). Destes, o Poder Judiciário emanou decisões condenatórias em cerca de 40% das demandas.

A fundamentação para as ações *stand-alone* encontra-se no princípio constitucional da inafastabilidade da tutela jurisdicional, consagrado no art. 5º, XXXV, da CF, no que vem reforçado ainda pelo art. 47 da Lei n. 12.529/2011. O que nos leva a um sistema em que a tutela do direito da concorrência pode ocorrer tanto na órbita administrativa como judicial; este último abrangendo ainda questões de natureza penal e civil.

Diversas seriam as controvérsias no tocante às ações *stand-alone* que os autores da presente obra tentam esclarecer adiante. Algumas com claro posicionamento dos tribunais, outros casuisticamente tomados e sem indicativo de seu direcionamento.

O primeiro dos temas envolve a discussão de competência por parte do Poder Judiciário para as lides que envolvam temas pertinentes à livre concorrência. Neste sentido, apesar de claro direcionamento, é possível ainda encontrar nos casos verificados decisões que afastaram a competência do Poder Judiciário.

De forma semelhante, discute-se a competência federal ou estadual para trato da questão, bem como a competência interna dos tribunais – se atinentes às Câmaras de Direito Privado ou às Câmaras de Direito Público. Ainda verificaremos adiante um reconhecimento de ambas as competências – federal e estadual, a depender do caso concreto – lembrando ainda que no caso das ações *stand-alone* pode haver, em tese, assistência do CADE na lide, bem como indicativo de que a maioria dos casos são julgados pelas Turmas de Direito Privado. Ainda, naqueles decididos pelas Câmaras de Direito Público discutiram-se matérias voltadas a direitos individuais homogêneos, especialmente com relação a direito do consumidor. Ou seja, interessante notar que a maior parte das lides relacionadas às ações *stand-alone* tem sido decididas sob o prisma privatista, o que pode levar a visões absolutamente contrastantes aos princípios elencados pela Lei n. 12.529/2011, que tratam a livre concorrência no seu aspecto institucional e não privatista.

Outra questão bastante discutida diz respeito à mandatória intimação do CADE para intervenção nas lides intentadas perante o Poder Judiciário, não encontrando tema pacificado na jurisprudência. Há decisões nos dois sentidos, reconhecendo uma intimação obrigatória e por vezes a dispensando, que reflete inclusive em pleitos de nulidade por parte de réus das ações. Fato, contudo, incontroverso na nossa visão, é que a ausência de participação do CADE na grande maioria destas discussões, em que pese a tese de envolverem temas de relação privada incapazes de afetarem direitos da coletividade, tem contribuído sobremaneira para decisões questionáveis sob a perspectiva de política concorrencial.

Além das ações privadas propostas por pessoas jurídicas supostamente lesadas por práticas de concorrentes, fornecedores ou terceiros, verificamos ainda elevado número de ações civis públicas propostas pelo Ministério Público, que tem desempenhado papel fundamental na persecução de práticas anticompetitivas em situações que o próprio CADE não o faz, em razão de suas limitações de recursos. Nestas situações o Ministério Público tem assumido o debate perante o Poder Judiciário.

Com relação às práticas mais combatidas através das ações *stand-alone* notamos temas envolvendo discussões de práticas colusivas ou cartéis, cláusulas de exclusividade, preços predatórios, vendas-casada, cláusulas de raio, recusas de venda e, ainda, temas mais genéricos trazidos à tutela jurisdicional envolvendo aumentos arbitrários de lucros. Ainda, verificamos com menor intensidade outras condutas comumente tratadas na seara administrativa, como os temas de *sham litigation*, aquisição de quantidade mínima, exercício de domínio de mercado e monopolização, dentre outras.

Sob o prisma qualitativo da análise, até mesmo em razão da predominantemente reconhecida competência das câmaras de direito privado, encontramos algumas divergências acentuadas com relação à perspectiva dos efeitos gerados pelas práticas denunciadas. A brevemente se exemplificar, naquilo que se pode aprofundar mais adiante em artigo pertinente ao tema no Capítulo 3, encontramos divergências de posicionamento no padrão probatório aplicado a questões que envolvem cláusula de raio e cláusulas de unimilitância. No primeiro caso privilegia-se, na discussão judicial, a autonomia da vontade das partes, enquanto que no segundo caso por vezes se reconhece o poder compensatório que existiria em uma concorrência mais acentuada entre planos de saúde, tese não reconhecida pelo próprio CADE.

Outros temas foram encontrados no Levantamento Jurisprudencial reconhecendo infrações à ordem econômica com fundamento na Lei de Defesa da Concorrência, igualmente questionáveis. Dentre eles condenações envolvendo preços predatórios e recusas de vendas. Tais decisões foram fundamentadas com base na lei concorrencial, porém parecem utilizar-se de parâmetros de análise diferentes do CADE, que levam em consideração efeitos entre as partes – em vez de efeitos ao instituto da livre concorrência ou ao mercado em si – e dependência econômica entre as partes – em vez de uma análise de dependência comercial, de bens não duplicáveis e essenciais para a atividade da empresa denunciante.

Em resumo, os casos de competência das câmaras de direito privado e os efeitos entre as partes considerados pelo Poder Judiciário nas decisões acima refletem a questão essencial verificada nas ações *stand alone*: uma ausência de participação do CADE na grande maioria destas discussões, em que pese a tese de envolverem temas de relação privada incapazes de afetarem direitos da coletividade, tem contribuído sobremaneira para decisões questionáveis sob a perspectiva de Política Concorrencial.

3.3. Revisão de decisões do CADE

Muito se discutem as estatísticas de manutenção e reversão das decisões condenatórias do CADE perante o Poder Judiciário. Esta tarefa tem se provado, contudo, de extrema dificuldade em razão da expansiva diluição de decisões pelo território brasileiro. Pesquisá-las, quantificá-las e sistematizá-las tem sido, assim, parte do desafio proposto pelo Comitê de Direito Contencioso do IBRAC. Sempre importante se firmarem as exatas premissas sob as quais foi firmado o exercício, o que se faz por diversas ocasiões ao longo da presente obra.

Para esta parte da pesquisa foram levantadas pouco mais de 120 ações judiciais com base na metodologia proposta e, levando-se em conta todas as dificuldades emanadas do exercício, como, por exemplo, as diversas discussões que se encontram sob segredo de justiça. A natureza das condenações iniciais e mais detalhes quantitativos são verificados em artigo próprio adiante. Interessante destacar que um terço das discussões encontradas diz respeito a práticas colusivas, sendo que os demais terços se referem a discussões de unimilitância e assuntos variados mais focados em condutas unilaterais e tabelamento de preços.

Ainda mais interessante notarmos as taxas verificadas de reversão e manutenção das decisões da autoridade administrativa, que não coincidem com a tradicionalmente divulgada pelo CADE em seus respectivos boletins. Para determinadas modalidades de condutas o CADE possui maior taxa de sucesso, dentre as quais não se incluem os temas de cartel e tabelamento de preços.

Com relação às ações que se propõem discutir condenações de cartéis, interessante notarmos a recusa de alguns tribunais de se imbuírem em discussões de mérito, ao mesmo tempo que outros mais afetos ao tema decidiram mais do que aspectos meramente formais, chegando até mesmo a analisar e opinar sobre o mérito das decisões, revisitando elementos que formaram a opinião do CADE, como provas colhidas durante a instrução do processo e sua respectiva interpretação. Boa notícia aos valentes que desejam a tutela jurisdicional em temas alegadamente desconformes ao ordenamento jurídico pátrio.

Já no tocante às discussões sobre tabelamento de preços, dos dados depurados verificamos reversão da decisão do CADE em todas elas. Como visto em outras discussões levadas a efeito perante o Poder Judiciário, a perspectiva de análise parece ser diversa do racional empregado pelo CADE no sentido de reconhecer práticas capazes de mitigarem uma concorrência saudável entre os agentes de mercado, mas que privilegiariam, protegeriam e valorizariam o trabalho dos profissionais.

Por fim, vale notar que o CADE tem sido bastante ativo na promoção de suas políticas públicas perante o Poder Judiciário, no que reconheçamos bastante mérito na iniciativa. Não obstante, em temas de devido processo legal e mesmo na definição de seu padrão probatório a ser aplicado na tratativa das mais variadas práticas anticompetitivas sob seu escrutínio, não se pode negar o contraditório de ideias. Importante, dessa forma, que a comunidade antitruste local, através de suas instituições de classe, como o IBRAC, possam igualmente promover sua visão perante o Poder Judiciário, o Ministério Público e demais autoridades que coexistem com o SBDC, de forma a contribuir para um efetivo aumento do *compliance* e da dissuasão de práticas ilícitas, bem como para uma correta e proporcional penalização daqueles que ilegitimamente promovem redução do bem-estar social.

3.4. *Devido processo legal*

Temas de devido processo legal sempre compõem as discussões e os prefácios das defesas apresentadas por empresas oficiadas a se defenderem de práticas anticoncorrenciais pelo CADE. Por diversas vezes, as preliminares arguidas são mais avolumadas do que a própria defesa de mérito apresentada, resultado não somente de práticas contestáveis e comumente não elucidadas até mesmo no próprio Poder Judiciário, mas ainda fruto do engessado padrão probatório aplicado pelo CADE, especialmente em condutas colusivas. Em outras palavras, a tarefa de buscar elementos de desrespeito ao devido processo legal parece mais óbvia e menos desafiadora do que a contestação da inversão do ônus probatório praticado pelo CADE, dispensando prova da potencialidade lesiva da conduta.

Deixando de lado a inconformidade quanto ao trato dos padrões probatórios, são diversos os elementos de devido processo legal normalmente contestados perante o CADE. E o momento para levá-los ao escrutínio do Poder Judiciário é variável relevante na estratégia de defesa.

No levantamento jurisprudencial promovido, que contou com quase duas centenas de casos identificados, diversos foram os temas discutidos. Elementos de análise e consideração de buscas e apreensões, terceiros interessados, competência, cerceamento de defesa, execução de multa administrativa, garantia do juízo, legitimidade das partes, produção de provas, antecipação de tutela, dentre outros identificados.

Com base neste levantamento, a presente obra propõe, adiante, debate sobre elementos verificados nas ações de busca e apreensão, bem como aborda aspectos formais dos processos administrativos e requisitos para a concessão de medidas de urgência que visem à suspensão de penalidades impostas pelo CADE. Discute-se a questão da inviolabilidade do sigilo da comunicação, das evidências que a embasariam e os limites que tais ações extremas devem revestir, a fim de garantirem sua legitimidade.

Traz ainda o debate sobre a competência dos tribunais para dirimir conflitos envolvendo decisões emanadas do CADE, endereçando ainda questões de conflito de competência com outras agências, como o Banco Central. A intervenção por parte do CADE – e sua obrigatoriedade ou liberalidade – e por terceiros em ações anulatórias é igualmente mencionada à luz de precedentes levantados. E temas de tutela antecipada para suspensão dos efeitos da decisão do CADE são tratados, em vista de seu pleito para garantia do juízo como elemento indispensável ao reexame judicial, bem como se avalia a forma como os tribunais têm permitido a garantia do juízo em temas afetos à livre concorrência.

Da mesma forma, são muitos os argumentos levados à tutela do Poder Judiciário envolvendo temas de devido processo com o intuito final de anulação da decisão do órgão antitruste. Podemos citar temas modalizados sob o tópico cerceamento de defesa, que envolveriam alguma forma de tolhimento ao direito à ampla defesa, por exemplo, de vistas aos documentos que embasaram a condenação das empresas, recusa de abertura de prazo para manifestação em razão de novos documentos juntados aos autos em sede de acordo de coautores da prática investigada e ausência de intimação do advogado da parte para julgamento pelo CADE. Outros temas que mereceram destaque gravitam em torno de questões de produção de provas.

Ainda, temas de provas ilícitas colhidas, como utilização de gravações telefônicas, e-mails e arquivos eletrônicos também foram tratados pelo Judiciário, assim como discussões acerca da possibilidade de se produzir provas em ações anulatórias.

Destaque-se, a discussão acima se verifica deveras relevante. Enquanto que nos Estados Unidos o antitruste se desenvolve, na sua maior parte, perante os tribunais, sobre um sistema de *private enforcement*, na Europa verifica-se um sistema que em muitos aspectos se assemelha ao padrão brasileiro. E é no Velho Continente que verificamos a importância da revisão e do balizamento oferecido pelos seus tribunais, em especial com relação a temas de devido processo legal, que acabam por influenciar a prática da Comissão Europeia e das Autoridades Nacionais.

Assim, não se pode esperar que tenhamos um órgão administrativo plenamente capaz de respeitar princípios de devido processo legal e as garantias individuais dos cidadãos se não houver interação, debate e revisão de determinados aspectos de sua decisão administrativa pelo Poder Judiciário.

Portanto, este escrutínio é algo extremamente desejável não somente pelos administrados, mas ainda pelo CADE, que diante de tais interações pode, a exemplo do que já tem feito nos últimos anos, aperfeiçoar seus métodos investigativos e o procedimento de contraditório para alcançar suas decisões de maneira mais acertada.

3.5. Ações de natureza penal

O quinto elemento considerado no Levantamento Jurisprudencial objeto do presente estudo são as ações de natureza penal, vinculadas à responsabilidade subjetiva de pessoas físicas que participam da prática de cartel, em conformidade com a Lei n. 8.137/90, alterada pela Lei n. 12.529/2011. Neste sentido, a Lei de Concorrência descriminalizou condutas anticompetitivas outras que não cartéis, e que nunca foram objeto de persecução criminal por parte do Ministério Público.

De forma mais precisa, o dispositivo prevê a natureza infrativa criminal para pessoas físicas que venham a *(i) abusar do poder econômico, dominando o mercado ou eliminando, total ou parcialmente, a concorrência mediante qualquer forma de ajuste ou acordo de empresas; ou (ii) formar acordo, convênio, ajuste ou aliança entre ofertantes, visando (a) à fixação artificial de preços ou quantidades vendidas ou produzidas; (b) ao controle regionalizado do mercado por empresa ou grupo de empresas; e (c) ao controle, em detrimento da concorrência, de rede de distribuição ou de fornecedores.*[3]

Essa relativamente recente adequação legislativa contribuiu para certo enrijecimento do tratamento legal emprestado à conduta, visto que a penalidade de multa deixou de ser alternativa para tornar-se cumulativa, evitando-se assim possibilidades de suspensão condicional do processo ou transação penal.

No tocante à sua análise quantitativa, o estudo verificou, dentro da metodologia proposta, um total de 55 acórdãos que abordaram a temática antitruste na esfera criminal, sendo que somente em 10 deles houve alguma análise de mérito da questão criminal. A exemplo do que ocorreu, porém talvez com maior efeito na presente análise, as limitações de pesquisa decorrentes da questão de segredo de justiça representaram grande dificuldade no levantamento e sistematização propostos.

Não obstante, do cenário analisado foram diversas as observações alcançadas em artigos próprios na sessão pertinente, alguns dos quais merecem menção nesta apresentação inicial. A um, a questão da independência das esferas administrativas e penal, em que o CADE aprecia as supostas infrações no âmbito administrativo, porém tal apreciação não se consubstanciaria em condição objetiva de punibilidade criminal.

A dois, a questão da competência para análise criminal desta natureza de infração. Em princípio, pode-se notar uma competência predominantemente atrelada à Justiça Estadual. Interessante ainda notar os setores mais expostos à persecução criminal, como o setor de transportes, combustíveis e gás industrial.

3. Art. 4º da Lei 8.137/90.

A três, a questão do padrão probatório para condenação sob a perspectiva criminal deve ser mais acentuada do que a verificada na sua instância administrativa, visto tratar-se de penas privativas de liberdade, que naturalmente requerem convicções mais definitivas. Assim, o elemento subjetivo do tipo exige comprovação do dolo do agente praticante da conduta, conforme melhor detalhado adiante, o que requer demonstração da intenção de praticar a conduta. Nota-se ainda em alguns casos a decretação de prisão preventiva dos investigados, e em um deles a suspensão do exercício profissional.

O padrão probatório mais exigente para comprovação da conduta traz, em especial para os crimes de cartéis, que não são de fácil demonstração, desafios relevantes para as autoridades. Assim, dos 10 julgados que apreciaram o mérito da questão, dentro do universo analisado, 6 tiveram decisões favoráveis aos acusados. Das condenações, notamos ainda que a maior pena aplicada foi de cinco anos e três meses, em regime semiaberto. Discute-se ainda, e adiante, eventual mensuração do grau de participação dos concorrentes envolvidos na prática.

A quatro, verificamos predominante vedação, pelos tribunais, de transação penal pelos investigados. Contudo, a suspensão condicional do processo verificou-se, e ainda seria possível, em condutas praticadas até maio de 2012, data da alteração da legislação acima mencionada.

A cinco, vale verificar ainda o que parece ser uma tendência na apresentação da denúncia pelo Ministério Público, o concurso formal de crimes, portanto acompanhando a tipificação de crime de cartel as tipificações de crimes de formação de quadrilha e fraudes à licitação, este último quando aplicável.

E outro debate que acalora ainda mais as discussões seria a aplicação da teoria do domínio do fato. Assim, qualquer pessoa que exerça, de fato, função de mando, e tenha, comprovadamente assim agido para a prática de formação do cartel, poderia responder pela conduta criminosa. Haveria configuração do delito independentemente da obtenção do resultado, por se tratar de crime formal.

A discussão sempre interessante e significativamente relevante sobre a consumação dos delitos também é trazida adiante. Nesse sentido vimos debate acerca do momento de consumação dos crimes de formação de cartel e fraude à licitação, e sua natureza de crime permanente, restando perfeitamente consumado somente com o fim do cumprimento do contrato, e de onde decorreria o termo inicial da prescrição.

E por fim, porém não menos importante, verificamos profunda discussão que toma vulto no Poder Judiciário sobre o possível compartilhamento do Compromisso de Cessação em Investigações de Cartéis com o Ministério Público.

4. Conclusões

Neste artigo pretendemos traçar o perfil da presente obra, contextualizando o momento e a necessidade de nos voltarmos para as decisões do Poder Judiciário em matéria concorrencial. Não somente para funcionamento de diretivas e guias sobre devido processo legal, mas principalmente para reexame do padrão probatório e análise de evidências atualmente levada a efeito pelo CADE.

A função dos Tribunais no Sistema Brasileiro de Defesa da Concorrência é muitas vezes ignorada, o que não pode ser. A exemplo de outras jurisdições, que sempre tiveram nos seus tribunais mecanismos de manutenção das garantias individuais dos cidadãos e das empresas, e pautaram o amadurecimento de instâncias administrativas, o mesmo deve ocorrer no Brasil.

As ações de reparação de danos devem ser olhadas com muito cuidado não somente pelo Poder Judiciário, mas principalmente pelo CADE. O pleito de empresas e cidadãos lesados por práticas de condutas infrativas pode representar, de fato, mais do que o ressarcimento de direito, mas um remédio de dissuasão de práticas anticompetitivas ainda maior do que a persecução criminal, que como vimos, no limitado cenário que foi possível analisar, ainda traz questões e dilemas profundos.

Não se pode abrir mão de um Poder Judiciário mais atuante nas demandas concorrenciais em razão de argumentos de especialização da corte administrativa, que afastaria a tutela jurisdicional. Como frisado, o princípio da inafastabilidade da tutela jurisdicional consagrado por nossa Carta Magna requer esta inteiração. Não há que se proteger, portanto, feudos de atuação, mas sim disseminar conhecimento e trocar experiências com o Poder Judiciário para que este possa atuar de maneira eficaz. Até mesmo estudando-se mudanças que possam vir a representar este esperado ganho de eficiência, como a discussão que toma corpo sobre a criação das varas especializadas.

Esta discussão se coloca, sem sombra de dúvidas, como a Terceira Revolução do Antitruste.

Do sigilo e do segredo de justiça

Raisa Dvorah Rechter

Os processos e atos processuais, em regra, devem ser dotados de caráter público, sendo o princípio da publicidade uma garantia e decorrência do regular exercício da jurisdição. Nas palavras de Cintra, Grinover e Dinamarco, a "presença do público nas audiências e a possibilidade de exame dos autos por qualquer pessoa representam o mais seguro instrumento de fiscalização popular".[1]

O princípio da publicidade dos atos processuais advém da própria Constituição Federal e é amplamente reproduzido no ordenamento jurídico brasileiro, sendo abarcado em leis complementares e ordinárias, além de atos e normas infralegais.

Conforme o art. 5º, LX, da Constituição Federal, só é permitida a restrição à publicidade de atos processuais quando e se tal publicidade tenha o condão de ferir o direito à intimidade das partes envolvidas ou diretamente afetadas pela questão, como acontece nos processos envolvendo o direito de família e menores de idade; ou caso o interesse social que esteja sendo tutelado no processo específico justifique tal restrição, como em investigações criminais em andamento.

Ainda, de acordo com o art. 93, IX, da Constituição Federal, e especificamente se tratando do Poder Judiciário, tem-se que todos os seus julgamentos devem ser públicos, podendo existir normas que limitem a presença ou acesso de terceiros que não as partes e seus advogados.

1. CINTRA, Antonio Carlos de Araújo; DINAMARCO, Cândido Rangel; GRINOVER, Ada Pellegrini. *Teoria geral do processo*. 24. ed. São Paulo: Malheiros, 2008.

Nesse sentido, tratando-se de processos comuns, poderá qualquer interessado obter acesso aos autos e procedimentos para consulta e extração de cópias, sejam casos de processo administrativo ou judicial, independentemente da esfera ou instância. A ressalva a esta regra se aplica somente às exceções de sigilo ou de segredo de justiça previstas legalmente.[2]

Ainda, cumpre ressaltar que esta limitação de acesso, quando advinda do direito à intimidade das partes nunca deverá prejudicar o interesse público de acesso à informação contida nos autos, documentos, depoimentos ou provas de tal procedimento.

1. Novo Código de Processo Civil

O Novo Código de Processo Civil abarcou, em seu art. 11, a questão da publicidade dos julgamentos dos órgãos do Poder Judiciário e trouxe, em seu parágrafo único, o tratamento a ser dispensado em casos de segredo de justiça.

O art. 189 do Código de Processos Civil trouxe casos e temáticas imperativas para que se garanta o direito à intimidade, incluindo casos advindos do direito de família e casos sobre arbitragem. Conforme relembra Cassio Scarpinella que "o sigilo não pode prejudicar o interesse público à informação",[3] cabendo ao magistrado conjugar os valores da intimidade e do interesse púbico à informação, conforme a peculiaridade do caso concreto.

Exatamente neste sentido, alguns autores consideram que o Novo Código reafirmou o dever de transparência e trouxe normas que facilitam o acesso (i) de terceiros à relação processual, a informações judiciais que porventura possam lhes afetar indiretamente, além de (ii) informações sobre causas que possam versar sobre direitos coletivos, especialmente no que tange à valorização dos precedentes em tais casos, incluindo aqueles que sequer tenham ainda entrado em juízo.[4]

2. Sigilo nos processos do CADE

Em respeito ao princípio da publicidade, também os processos administrativos que tramitam perante o Conselho Administrativo de Defesa Econômica

2. NERY JUNIOR, Nelson; NERY, Rosa Maria de Andrade. *Constituição Federal comentada e legislação constitucional*. 4. ed. São Paulo: Revista dos Tribunais, 2013.
3. SCARPINELLA Bueno, Cassio. *Manual de direito processual civil* – Lei n. 13.105, de 16-3-2015 – volume único. 3. ed. São Paulo: Saraiva, 2017.
4. ARRUDA ALVIM WAMBIER, Teresa; TORRES DE MELLO, Rogério Licastro; RIBEIRO, Leonardo Ferres da Silva. *Primeiros comentários ao Novo Código de Processo Civil artigo por artigo*, 2. ed. São Paulo: Revista dos Tribunais, 2016.

em regra, são públicos, nos termos da Lei de Defesa da Concorrência em seu art. 49. Há, ainda, algumas exceções que atingem certos documentos, informações ou atos processuais, que devem ser dotados de acesso restrito ou sigiloso devido à sensibilidade da informação que carregam.

Como exemplo, podem ser citados os inquéritos administrativos em curso para a elucidação de fatos e supostas condutas anticoncorrenciais em processos administrativos, ou para assegurar que segredos industriais não sejam indevidamente compartilhados com terceiros, conforme informações prestadas em um ato de concentração por empresas realizando uma operação econômica notificável ao órgão.

A Lei ainda estabelece ser responsabilidade do Tribunal do CADE e de sua Superintendência-Geral assegurar o tratamento sigiloso de tais materiais quando o sigilo ou o acesso restrito se fizer necessário.

O Regimento Interno do CADE, em seu art. 89, previu quatro níveis de acesso a autos, informações, dados, correspondências, objetos e documentos de interesse, aplicáveis a qualquer uma das espécies de procedimento administrativo do órgão: (i) *acesso público*, disponível a qualquer interessado; (ii) *acesso restrito*, disponível apenas às partes do procedimento e ao CADE (*e.g.* autos de um ato de concentração entre duas empresas); (iii) *sigiloso*, com acesso exclusivo a pessoas autorizadas pelo CADE e ao órgão, ou até às autoridade públicas responsáveis por proferir pareceres ou decisões (*e.g.* casos de busca e apreensão); e (iv) *segredo de justiça*, com acesso restrito e definido nos termos da decisão judicial (*e.g.* prova emprestada de processo criminal).

Com este delineado sistema, o CADE tem como intenção garantir o máximo de acesso e transparência a seus procedimentos - dando efetividade ao princípio da publicidade, e ao mesmo tempo garantindo a proteção de dados.

Considerando as diversas questões jurídicas que podem advir de fatos perquiridos pelo CADE, seja a partir de uma decisão final do órgão ou meramente da publicidade de uma investigação por ele iniciada, é necessário que se examine as possibilidades de acesso a outros níveis de acesso por terceiros que possam ser afetados pelos procedimentos da autoridade.

Exatamente com a intenção de regulamentar os procedimentos do órgão para garantir este acesso, e com a finalidade de fomentar a reparação de danos advindos de condutas anticoncorrenciais, o CADE realizou uma consulta pública sobre o acesso a documentos provenientes de acordos de leniência, de Termos de Compromisso de Cessação e de operações de busca e apreensão no âmbito da autoridade concorrencial.

Entende-se que o texto proposto, ainda pendente de redação final e conversão em regra administrativa, é um esforço normativo louvável, que traria grande avanço no chamado *private enforcement* do direito concorrencial, que invariavelmente impactaria a questão na esfera processualista no Judiciário.

3. Tratamento sigiloso

Usualmente, os processos sancionatórios conduzidos pelo CADE no contexto de condutas concorrencialmente ilícitas acabam por investigar a fundo o mercado relevante em que a conduta teria ocorrido e sua dinâmica. Além disso, também se investiga em detalhes as ações das pessoas físicas e jurídicas acusadas.

As condutas anticoncorrenciais possuem, em regra, natureza velada e na grande maioria das vezes, nem sua existência, nem o conjunto probatório que evidenciaria sua existência são acessíveis por aqueles possivelmente lesados por tais condutas.

Esta questão foi inclusive expressamente consignada em uma das justificativas introdutórias da proposta de Diretiva do Parlamento Europeu e do Conselho Europeu, relativa à reparação de danos de ilícito concorrencial nos Estados-Membros e da União Europeia, uma iniciativa do bloco europeu para que tais reparações sejam efetivamente asseguradas pela legislação dos Estados-membros:[5]

> Muitos dos elementos de prova relevantes de que o demandante terá necessidade para instruir a prova do seu processo estão na posse do demandado ou de terceiros e frequentemente não são suficientemente conhecidos nem acessíveis aos autores do pedido de indenização ("assimetria da informação").

Nesse sentido, é justo afirmar que, identificada a ocorrência de atos ou fatos que possam ensejar uma investigação concorrencial, ou quando da abertura de um processo para que se apurem as condutas ali tratadas, sua publicidade, ou ao menos a informação de existência da investigação, torna-se peça-chave para possibilitar que terceiros possam ultrapassar as barreiras assimétricas de informação (existência, materialidade, conjunto probatório, nexo causal e dano).

Por outro lado, pode-se afirmar que certos direitos personalíssimos aplicados também às pessoas jurídicas, como resultados de criações e transforma-

5. Diretiva COM (2013) 404, 11.6.2013. Versão em português europeu. Disponível em: <http://eur-lex.europa.eu/LexUriServ/LexUriServ.do?uri=COM:2013:0404:REV1:PT:HTML>. Acesso em: 19 jun. 2017.

ções dentro das relações sociais, traz-nos a necessidade de se velar pelo direito à intimidade[6] e a preservação de dados, documentos, informações sensíveis e sigilosas de pessoas jurídicas, mesmo aquelas sob investigação.

Nos processos acima citados, por exemplo, tem-se a coleta e o processamento de um conjunto de informações, documentos e dados relativos à atividade empresarial de pessoas físicas ou jurídicas. Inclusive, muitos destes documentos e dados podem representar vantagem competitiva injustificável a outros agentes econômicos caso sejam divulgados a terceiros.

É o caso de empresas tendo acesso a dados de custo de produção de seus concorrentes, ou até de fornecedores tendo acesso a dados como a situação econômico-financeira de seus clientes, por exemplo.

Por se tratarem de questões sensíveis, é necessário que seja decretado o sigilo desses dados e informações na tramitação dos processos que visam apurar ilícitos anticoncorrenciais.

Esse tipo de coleta e produção de prova, ressalta-se, seria extremamente difícil e custoso ou, muitas vezes, impossível, como no caso de documentos obtidos por meio de busca e apreensão, de se reproduzir em um segundo processo, como ocorreria em uma ação judicial de reparação de danos decorrentes de um ilícito anticoncorrencial.

E é exatamente neste confronto entre o interesse público e a intimidade das partes, que se insere a questão de acesso a informações por terceiros. Sendo este o tipo mais corriqueiro, o foco será dado a *infrações* ao direito da concorrência e terceiros afetados por tais condutas.

4. *Fishing expedition*

Conforme trazido por Philipe Benoni Melo e Silva a *fishing expedition* seria um tipo de intrusão especulativa indiscriminada, que sem declarar seu objetivo de maneira explícita, lançaria suas redes "com a esperança de 'pescar' qualquer prova, para subsidiar uma futura acusação".

Em outras palavras, e aplicando-se a expressão ao presente tema, se traduziria em uma investigação prévia da viabilidade processual e material, realizada de maneira aventureira para buscar evidências sobre a prática de ilícitos ou de nexos de causalidades que poderiam por ventura aparecer em documentos obtidos ou produzidos pela autoridade concorrencial, por exemplo em uma busca e apreensão.

6. BITTAR, Carlos Alberto. *Os direitos da personalidade*. 5. ed. Rio de Janeiro: Forense Universitária, 2001.

Caberia, em tais cenários, tanto à autoridade concorrencial, caso lhe seja solicitado o acesso aos autos restritos, quanto à autoridade judicial, caso lhe seja solicitado a obtenção ou deferimento de um pedido de apresentação de provas, coibir tais ações de espreita, verdadeiramente oportunistas.

Resta, nesse sentido, verificarem-se as intenções e o direito legítimo do pedido de se obter acesso aos documentos sigilosos obtidos ou produzidos pela autoridade concorrencial.

Em concreto, podemos citar o exemplo de uma fornecedora de serviços condenada pelo CADE por ilícito concorrencial e uma tomadora destes serviços, que efetivamente realizou contratação da empresa condenada durante a duração da conduta. Como prova de seu legítimo interesse em obter dados, documentos e outras provas constantes nos autos do CADE, poderiam ser utilizadas as notas fiscais de tal prestação de serviços, demonstrando não se tratar de busca indiscriminada de provas, mas uma busca certa e embasada, de uma potencial vítima da conduta anticoncorrencial.

Nesse sentido, faz-se condição essencial a fundamentação que os elementos de provas que se tem intenção de obter (i) sejam relevantes para fundamentar uma possível demanda, certa e determinada; e (ii) com base na melhor informação publicamente disponível, ou com base em documentos da própria parte lesada ou potencialmente lesada, especifiquem-se os itens, conjuntos probatórios ou trechos decisórios que se pretende ter acesso para caracterizar o nexo causal do ilícito.[7]

5. Relativização do sigilo

Tratando-se de reparação cível em casos de cartel, por exemplo, resta claro que ao mesmo tempo é necessário que se assegure acesso a tais informações para que seja viabilizado a terceiros afetados o direito a obtenção da reparação, sem que sejam expostas informações sensíveis da empresa.

No caso de empresas que tenham sofrido danos pela conduta anticoncorrencial de empresas investigadas pelo CADE ou outras autoridades de concorrências estrangeiras, e que recorram ao Judiciário para assegurar seu direito a uma reparação cível, questiona-se qual o nível de acesso que se deve conceder a esta vítima. Institucionalmente, é mais importante proteger aqui o direito à reparação ou aos dados e informações sigilosos da empresa infratora?

7. Disponível em: <https://jota.info/artigos/fishing-expedition-21012017>. Acesso em: 19 jun. 2017.

Esses princípios podem se parecer antagônicos, mas entende-se que a flexibilização do sigilo a certos dados e documentos efetivamente cumpre o que dita o princípio de acesso e publicidade aos processos e seus atos processuais, ao mesmo tempo que a não divulgação total dos autos processuais pode ser a chave para que se cumpra o dever de manter a protegida intimidade das partes no processo.

Defende-se, então, a relativização de tal sigilo concedido aos dados, documentos, provas, decisões da autoridade concorrencial, tendo como objetivo a viabilização da responsabilização cível efetiva.

Novamente, a Diretiva comunitária europeia postula neste sentido:

> É amplamente reconhecido que a dificuldade de o demandante obter todas as provas necessárias constitui, em muitos Estados-Membros, um dos principais obstáculos às ações de indemnização nos casos de concorrência.
>
> (...)
>
> A constatação de uma infração às regras da concorrência, a quantificação dos danos no domínio concorrencial e o estabelecimento do nexo de causalidade entre a infração e os danos sofridos requerem geralmente uma análise factual e econômica complexa.

Uma vez que a autoridade concorrencial esteja disposta colaborar com o acesso controlado de possíveis terceiros interessados com os assuntos por ela decididos, volta-se, então, para a viabilidade procedimental da divulgação controlada de informações no âmbito do Poder Judiciário. Em especial, remete-se à situação de informações concorrencialmente sensíveis, partindo-se do modelo adotado pelo CADE em seus processos administrativos.

6. Viabilidade procedimental

A introdução dos autos digitais e dos processos judiciais eletrônicos pelo Poder Judiciário permitiu, entre outras facilidades, a prática de atos processuais e seu acompanhamento por meio eletrônico vinculada a certificação digital pessoal de advogados, magistrados, servidores ou partes.[8]

O processo eletrônico, inclusive, permite que se gerem, com certa facilidade, autos apartados e restrições de acesso. Para acessá-los, em certos casos é necessária uma validação mediante certificado digital pessoal, em outros, é

8. Conforme o sítio eletrônico do Conselho Nacional de Justiça (CNJ) sobre processos judiciais eletrônicos, disponível em: <http://www.cnj.jus.br/tecnologia-da-informacao/processo-judicial-eletronico-pje>. Acesso em: 27 jun. 2017.

atribuída uma senha ao processo, em que as partes apenas poderão acompanhar os autos digitais mediante a digitação de tal senha.

Ao que tudo indica, seria factível a imposição de sigilo a certos documentos mesmo em um processo que tenha natureza pública. Ao selecionar documentos que possam impactar o direito à intimidade das partes e limitar seu acesso a outras partes desse mesmo processo, mantendo o restante dos autos públicos atenderia a ambos os princípios da publicidade e da proteção à intimidade.

Além da questão do acesso em si, é importante ressaltar que diversos sistemas já conseguem rastrear estes acessos e catalogar aqueles que efetivamente tiveram acesso aos autos ou documentos específicos neles contidos, inclusive se proibindo a cópia ou reprodução de certos documentos, assegurando ainda mais o seu sigilo ou a investigação de uma divulgação legal.

Nessa perspectiva, entende-se que a própria sistemática adotada pelo CADE na divisão de seus processos poderia servir de inspiração ao Poder Judiciário quando este tratar de assuntos relacionados ao Direito da Concorrência ou causas que necessariamente impliquem a apresentação de informações comercialmente sensíveis para pessoas jurídicas partes de um determinado processo.

Criando-se um apartado restrito às partes, ou a uma parte, seria possível, inclusive, que documentos sigilosos pertencentes a um conjunto de provas pudessem ser poupados do acesso público em geral e mesmo assim integrar o processo no que tange à materialidade do alegado pelas partes.

Inclusive, como se verá ao longo da análise da pesquisa aqui trazida, uma das grandes dificuldades a respeito da reparação civil pleiteada no contexto de um ilícito de cartel também recai na falta de casos de acesso público aos autos.

Tratando-se de processo é condição essencial que se tenha acesso às discussões trazidas, o que poderia também ser solucionado pela apresentação em apartado sigiloso de dados que poderiam ser considerados como sensíveis para a empresa, tanto a autora da ação, quanto a ré.

Os documentos da ré em um processo de reparação de danos, por exemplo, poderão ser apresentados pelo CADE, na qualidade de *amicus curiae*, diretamente ao magistrado, evitando que informações sensíveis de outras partes não sejam ali divulgadas. Caberá ao magistrado e ao Poder Judiciário em geral, nessas circunstâncias e de maneira informada, restringir o acesso aos documentos exclusivamente para as partes do processo.

Esta situação chegou a ocorrer em um caso específico, julgado pelo Superior Tribunal de Justiça[9] no qual se decidiu pela relativização do sigilo de acordos firmados com o CADE, oportunidade em que se afirmou que "o sigilo do acordo de leniência não pode se protrair no tempo indefinidamente, sob pena de perpetuar o dano causado a terceiros, garantindo ao signatário do acordo de leniência favor não assegurado pela lei".

Assim sendo, complementou a decisão do STJ sobre documentos de acesso restrito, afirmando que "extensão do sigilo somente se justificará no interesse das apurações ou em relação a documentos específicos cujo segredo deverá ser guardado também em tutela da concorrência".

Caso houvesse um apartado de acesso restrito no processo judicial, seria possível incluir tais documentos neste espaço, não sendo decretado o sigilo sobre a totalidade dos documentos, mas apenas a parte deles. Com isso, seria impedida a utilização do manto do sigilo como inibidor do exercício do direito de reparação de terceiros afetados.

Essa triagem seria também essencial para casos em que não haja uma investigação iniciada ou publicamente iniciada pelo CADE, mas, mesmo assim, exista uma parte que detenha provas ou indícios robustos da existência de um alegado ilícito concorrencial.

Excluindo-se os casos de *fishing expedition*, abordados acima, tem-se que também nestas situações deveria o magistrado obter documentos da parte acusada e protegê-los sob o apartado restrito se sua divulgação afligir o direito à intimidade da ré.

Com o intuito de se evoluir nessa questão, não se pode esquecer que é essencial que se assegure o acesso a informações e provas como garantia constitucional de busca à efetivação de direitos.

Nesses direitos, incluem-se tanto o direito a intimidade das pessoas jurídicas sobre seus segredos comerciais e industriais, quanto o direito de acesso ao Poder Judiciário e a instrumentalização de reparação de danos causados por tais pessoas jurídicas, sendo a instituição de um mecanismo justo e eficaz essencial para sua operacionalização.

9. Conforme REsp 1.554.986-SP, Rel. Min. Marco Aurélio Bellizze, julgado em 8/3/2016, *DJe* 5/4/2016 e o *Informativo de Jurisprudência* n. 580/2016. Disponível em: <http://www.stj.jus.br/SCON/SearchBRS?b=INFJ&tipo=informativo&livre=@COD=%270580%27>. Acesso em: 27 jun. 2017.

O CADE, como se trouxe, possui um projeto para auxiliar nessa viabilização. Caberá, agora, ao Poder Judiciário, uma vez que aprovado tal projeto, possibilitar também sua aplicação em sua esfera.

Referências bibliográficas

ARRUDA ALVIM WAMBIER, Teresa; TORRES DE MELLO, Rogério Licastro; RIBEIRO, Leonardo Ferres da Silva. *Primeiros comentários ao Novo Código de Processo Civil artigo por artigo.* 2. ed. São Paulo: Revista dos Tribunais, 2016.

BITTAR, Carlos Alberto. *Os direitos da personalidade.* 5. ed. Rio de Janeiro: Forense Universitária, 2001.

CINTRA, Antonio Carlos de Araújo; DINAMARCO, Cândido Rangel; GRINOVER, Ada Pellegrini. *Teoria geral do processo.* 24. ed. São Paulo: Malheiros, 2008.

NERY JUNIOR, Nelson; NERY, Rosa Maria de Andrade. *Constituição Federal comentada e legislação constitucional.* 4. ed. São Paulo: Revista dos Tribunais, 2013.

SCARPINELLA Bueno, Cassio. *Manual de direito processual civil* - Lei n. 13.105, de 16.03.2015 - volume único. 3. ed. São Paulo: Saraiva, 2017.

A valorização dos precedentes judiciais no CPC/2015

Andrea Pereira

1. A correta interpretação acerca da valorização dos precedentes judiciais à luz do CPC/2015

Com a promulgação da Lei n. 13.105/2015,[1] a qual instituiu o propalado Código de Processo Civil de 2015 ("CPC/2015"), muito discutiu-se e vem sendo discutido a respeito da chamada *valorização dos precedentes judiciais* e do *direito jurisprudencial* no Brasil.

Diz-se aos quatro ventos, inclusive, que no Brasil estar-se-á a litigar em um sistema parecido com o do *common law*, tal qual encontra-se na Inglaterra e nos Estados Unidos da América e que, portanto, assiste-se a um afastamento do sistema *civil law*, ou ainda caminha-se para um sistema híbrido que misturaria os dois aludidos sistemas jurídicos.

Conforme será melhor explicado a seguir, o CPC/2015 adotou um critério formal para que sejam identificadas as decisões denominadas de *precedentes judiciais*. Em termos práticos: as decisões capazes de formar precedentes judiciais são aquelas elencadas no art. 927, a saber:

> Art. 927. Os juízes e os tribunais observarão:
>
> I – as decisões do Supremo Tribunal Federal em controle concentrado de constitucionalidade;
>
> II – os enunciados de súmula vinculante;

1. Disponível em: <http://www.planalto.gov.br/ccivil_03/_ato2015-2018/2015/lei/l13105.html>.

> III – os acórdãos em incidente de assunção de competência ou de resolução de demandas repetitivas e em julgamento de recursos extraordinário e especial repetitivos;
>
> IV – os enunciados das súmulas do Supremo Tribunal Federal em matéria constitucional e do Superior Tribunal de Justiça em matéria infraconstitucional;
>
> V – a orientação do plenário ou do órgão especial aos quais estiverem vinculados.

Cumpre, no entanto, fazer uma ressalva no que concerne ao direito jurisprudencial no país, evidenciado pelo CPC/2015, vez que é preciso cautela e sobretudo estudos acerca do tema, sob pena de banalização e descrédito desta sistemática enunciada pelo art. 927 do CPC/2015, com base nas premissas dispostas no art. 926 do mesmo diploma legal.

Cássio Scarpinella Bueno[2] faz oportunas ponderações sobre o tema em debate aduzindo que

> (...) a tradição do direito brasileiro não é de common law. É analisar criticamente, dentre tantos outros fatores, o real alcance das cinquentenárias Súmulas (não vinculantes) do STF e sua cotidiana aplicação totalmente alheia a uma ou qualquer teoria sobre precedentes, sejam os do *common law* ou não, para chegar a esta conclusão. Não é diversa a experiência, embora mais recente, das próprias Súmulas vinculantes daquele Tribunal e, nos últimos mais de vinte e cinco anos, das Súmulas do STJ.

O mesmo doutrinador, em outra obra por ele lapidada,[3] deixa claro a sua contrariedade quanto ao termo *common law* que vem sendo empregado usual e erroneamente como referência à valorização do direito jurisprudencial trazida pelo CPC/2015, denominando esta sistemática de "precedentes à brasileira".

Denominações doutrinárias à parte, talvez o mais importante contraponto que deva ser feito à sistemática de valorização dos precedentes judiciais que permeia o CPC/2015 em diversas disposições legais, é a aparente inconstitucionalidade de querer imprimir-se à todas as decisões proferidas com base no art. 927 do CPC/2015 um caráter de *vinculação*.

2. SCARPINELLA BUENO, Cassio. *Manual de direito processual civil*: inteiramente estruturado à luz do novo CPC, de acordo com a Lei n. 13.256, de 4-2-2016 – volume único. 2. ed. São Paulo: Saraiva, 2016. p. 595.
3. SCARPINELLA BUENO, Cassio. *Novo Código de Processo Civil anotado*. São Paulo: Saraiva, 2015. p. 568.

Isto porque, como pondera Cássio Scarpinella Bueno,[4] "(...) decisão jurisdicional com caráter vinculante no sistema brasileiro depende de prévia autorização constitucional – tal qual a feita pela EC n. 45/2004 – e, portanto, fora da esfera de disponibilidade do legislador infraconstitucional".

Nesse esteio, a Constituição Federal de 1988 prevê, hoje, apenas duas hipóteses para a prolação de decisões judiciais com caráter vinculativo, quais sejam: (i) as decisões proferidas pelo STF no controle concentrado de constitucionalidade (art. 102, § 2º, da CF) e (ii) as súmulas *vinculantes*, produzidas com base no art. 103-A da CF.

Afora essas hipóteses constitucionais, não há como querer impingir-se às demais decisões, proferidas com base no art. 927 do CPC/2015, o caráter vinculativo que muito tem-se propagado em meio àqueles que atuam na esfera contenciosa brasileira.

Cândido Rangel Dinamarco[5] faz a mesma ressalva:

> A essa intensa propagação dos efeitos dos julgados sobre os julgamentos futuros a serem proferidos pelo Poder Judiciário algumas vozes doutrinárias vêm inclusive atribuindo uma inconstitucionalidade, a partir da premissa de que não cabe aos juízos ou tribunais do Poder Judiciário a fixação de normas além dos limites concretos dos casos que julgam. No modelo constitucional brasileiro da separação dos Poderes do Estado, essa função é do Poder Legislativo, não do Judiciário. Isentas a essa crítica estão porém as súmulas vinculantes do Supremo Tribunal Federal, as quais são sim portadoras de uma potente eficácia normativa, mas não são enunciadas no exercício da jurisdição – e, além disso, contam com expressa autorização constitucional (Const., art. 103-A) (...).

Apresentadas as críticas necessárias e oportunas que o tema requer, é certo que a intenção do legislador foi a de pacificar o entendimento jurisprudencial, já que sua instabilidade gera insegurança jurídica, incoerência e falta de isonomia entre os jurisdicionados.

Nos comentários feitos por Luis Eduardo Simardi Fernandes[6] ao Código de Processo Civil esta problemática é enfrentada, utilizando-se como exemplo o fato de que no âmbito do próprio Superior Tribunal de Justiça não é inco-

4. Ibidem, p. 568.
5. DINAMARCO, Cândido R. *Instituições de direito processual civil*. 8. ed. São Paulo: Malheiros, 2016, v. I. p. 159.
6. CRUZ E TUCCI, José Rogério et al. *Código de processo civil anotado*. Rio de Janeiro: LMJ Mundo Jurídico, 2016. p. 1270.

mum que turmas diferentes apliquem a Lei Federal de formas diferentes, ou que até mesmo uma turma acabe por contrariar suas próprias decisões, mesmo aquelas recentemente proferidas.

Tal situação, no seu entendimento:

> (...) se torna especialmente grave quando se lembra que a Constituição Federal, ao criar o STJ, para dividir competência com o STF, fixou dentre suas relevantes funções a de uniformizar a interpretação das Leis Federais infraconstitucionais em todo o território nacional, demonstrando aos diversos tribunais brasileiros e juízes de primeiro grau como essas leis devem ser corretamente aplicadas.

Não se olvide de que aludida e grave incoerência jurisprudencial gerou a crítica ofertada pelo Ministro Humberto Gomes de Barros do STJ, que em voto-vista emblemático[7] comparou a jurisprudência do STJ com um *banana boat*, boia inflável puxada por uma lancha que faz movimentos bruscos, tentando derrubar as pessoas nele sentadas. Disse então o Ministro que o STJ não podia dar guinadas bruscas na sua jurisprudência, sob pena de arruinar o jurisdicionado.

É por esse motivo que vem de bom grado o Enunciado n. 316 do Fórum Permanente de Processualistas Civis, segundo o qual: "A estabilidade da jurisprudência do tribunal depende também da observância de seus próprios precedentes, inclusive por seus órgãos fracionários".

Posicionando-se igualmente a favor das inovações legislativas sobre o direito jurisprudencial brasileiro, Luiz Guilherme Marinoni[8] assevera que:

> Alguém poderia dizer que decisões várias para um mesmo caso não significa desordem, mas o reflexo de uma natural diversidade de opiniões. É certo que essa péssima praxe se solidificou por muito tempo em nosso direito, mas

7. "Nas praias de Turismo, pelo mundo afora, existe um brinquedo em que uma enorme boia, cheia de pessoas é arrastada por uma lancha. A função do piloto dessa lancha é fazer derrubar as pessoas montadas no dorso da boia. Para tanto, a lancha desloca-se em linha reta e, de repente, descreve curvas de quase noventa graus. O jogo só termina quando todos os passageiros da boia estão dentro do mar. Pois bem, o STJ parece ter assumido o papel do piloto dessa lancha. Nosso papel tem sido derrubar os jurisdicionados" (STJ, AgRg no Recurso Especial 382.736-SC, voto-vista do Min. Humberto Gomes de Barros).
8. MARINONI, Luiz Guilherme. In: ARRUDA ALVIM WAMBIER, Teresa et al. *Breves comentários ao novo Código de Processo Civil*. São Paulo: Editora Revista dos Tribunais, 2015, p. 2073.

não há como deixar de ver, se se pretende analisar a situação do Judiciário de modo crítico, que isso atenta contra a igualdade, a imparcialidade e a segurança jurídica. Não há como admitir decisões diferentes para casos semelhantes, a menos que se imagine que os juízes e tribunais não fazem parte de um só sistema e Poder. Contudo, compreendendo-se que os juízes e tribunais são organismos que servem a um Poder e ao sistema de distribuição de justiça, pouco importam as suas "opiniões". Até porque, embora uma decisão judicial possa ser redigida em termos objetivos e impessoais, muitas vezes o que o juiz está "descobrindo" no texto normativo não são os valores constitucionais, mas seus próprios valores pessoais – com ou sem consciência isso (John Hart Ely. *Democracy and distrust*. Cambridge: Harvard University Press, 1980, p. 44). O Judiciário não pode ser reduzido à soma dos valores e opiniões individuais de seus membros.

Feitos estes prévios esclarecimentos, afigura-se louvável a hermenêutica jurídica que pode ser extraída dos arts. 926 a 928 do Código de Processo Civil vigente, desde que, obviamente, este exercício de interpretação seja feito corretamente, sem pretender equiparar-se a sistemática adotada pelo CPC/2015 com àquela de *common law* advinda dos países Anglo-saxões.

Se e quando aplicados corretamente, os precedentes judiciais enunciados pelo art. 927, com base nas premissas dispostas no art. 926, ambos do CPC/2015, ensejarão maior coerência e racionalidade às decisões jurisdicionais, evitando sejam proferidas decisões divergentes diante de casos concretos semelhantes, prestigiando-se, de igual forma, a isonomia entre os jurisdicionados – frise-se – garantida constitucionalmente pelo art. 5º, *caput* e inciso I, da CF.

2. As hipóteses de formação e de aplicação de um precedente judicial

O Enunciado n. 315 do Fórum Permanente de Processualistas Civis preceitua que "Nem todas as decisões formam precedentes vinculantes".

Se nem todas as decisões judiciais formam precedentes vinculantes – o que já se espera porquanto as decisões essencial e juridicamente vinculantes são aquelas previstas nos arts. 102 e 103 da CF – é preciso entender e esmiuçar a formação de um precedente judicial, ou seja, da decisão a que o CPC/2015 quis imprimir um caráter de orientação, quiçá de paradigma.

Com efeito, cumpre ressaltar que o CPC/2015 adota um critério *formal* para a identificação de um precedente judicial. Ou, conforme afirma Arruda

Alvim,[9] "Não é o conteúdo das decisões que dá a elas sua normatividade elevada, mas sim a sua própria imperatividade".

Assim, o art. 927 prevê que: "os juízes e os tribunais observarão" as espécies de decisões ali elencadas.

A respeito do rol de decisões passíveis de gerarem precedentes judiciais, importa continuar mencionando o magistério autorizado de Arruda Alvim,[10] para quem:

> (...) a decisão que formalmente é um precedente já nasce com força vinculante, e seus efeitos transcendem à mera solução da lide concreta posta a julgamento. Quando um tribunal edita um precedente, já o faz consciente da sua aplicação futura a casos idênticos. Aí reside, sem sombra de dúvidas, uma responsabilidade muito grande e uma exigência redobrada na fundamentação daquelas decisões.

Além disso, é cediço que os precedentes judiciais serão formados com base nas premissas destacadas pelo art. 926 do CPC/2015, devendo os tribunais uniformizarem a sua jurisprudência, a fim de mantê-la *estável, íntegra e coerente.*

Evidentemente, tais precedentes deverão ser fundamentados à exaustão, pois, como bem pondera Arruda Alvim,[11] "Embora o critério para identificar o que é uma decisão vinculante, no CPC/2015, seja meramente formal, é o conteúdo da decisão que vincula; quer dizer, são os fundamentos utilizados pelo tribunal que devem ser observados pelos intérpretes futuros".

Não fosse suficiente, o Enunciado n. 2 do Fórum Permanente de Processualistas Civis também propõe que "Para a formação do precedente, somente podem ser usados argumentos submetidos ao contraditório".

No que se refere à aplicação dos precedentes judiciais, são os *motivos determinantes* que levaram à formação destas decisões que servirão como arrimo para a aplicação da decisão paradigma aos demais casos concretos, razão pela qual a fundamentação decisória exerce papel para lá de essencial a fim de conferir efetividade ao instituto processual em debate.

Em contrapartida, os motivos não determinantes para a formação das decisões paradigmáticas não possuirão famigerado caráter vinculativo – termo equivocado do ponto de vista constitucional, conforme mencionado.

9. ALVIM, Arruda. *Novo contencioso cível no CPC/15, de acordo com o novo CPC – Lei 13.105/2015*. São Paulo: Editora Revista dos Tribunais, 2016, p. 523.
10. Ibidem, p. 525.
11. Ibidem, p. 527.

Não restam dúvidas, ademais, de que o CPC/2015 criou mecanismos eficazes para que estes precedentes sejam efetivamente cumpridos pelos tribunais e pelos órgãos a ele "vinculados", a exemplo do dever de fundamentação das decisões previsto no art. 489, § 1º, VI, do CPC/2015:

> Art. 489. São elementos essenciais da sentença:
>
> (...)
>
> § 1º Não se considera fundamentada qualquer decisão judicial, seja ela interlocutória, sentença ou acórdão, que:
>
> (...)
>
> VI – deixar de seguir enunciado de súmula, jurisprudência ou precedente invocado pela parte, sem demonstrar a existência de distinção no caso em julgamento ou a superação do entendimento.

Neste aspecto, o CPC/2015, em seu art. 1.013, § 3º, IV,[12] determina a nulidade da decisão não fundamentada – tal como preconiza o art. 93, IX, da CF – e, consequentemente, daquela decisão que sem a adequada motivação recusar-se a aplicar os precedentes judiciais formados com fulcro no art. 927 do aludido Diploma Processual.

---

12. Art. 1.013. A apelação devolverá ao tribunal o conhecimento da matéria impugnada.

    § 1º Serão, porém, objeto de apreciação e julgamento pelo tribunal todas as questões suscitadas e discutidas no processo, ainda que não tenham sido solucionadas, desde que relativas ao capítulo impugnado.

    § 2º Quando o pedido ou a defesa tiver mais de um fundamento e o juiz acolher apenas um deles, a apelação devolverá ao tribunal o conhecimento dos demais.

    § 3º Se o processo estiver em condições de imediato julgamento, o tribunal deve decidir desde logo o mérito quando:

    I – reformar sentença fundada no art. 485;

    II – decretar a nulidade da sentença por não ser ela congruente com os limites do pedido ou da causa de pedir;

    III – constatar a omissão no exame de um dos pedidos, hipótese em que poderá julgá-lo;

    IV – decretar a nulidade de sentença por falta de fundamentação.

    § 4º Quando reformar sentença que reconheça a decadência ou a prescrição, o tribunal, se possível, julgará o mérito, examinando as demais questões, sem determinar o retorno do processo ao juízo de primeiro grau.

    § 5º O capítulo da sentença que confirma, concede ou revoga a tutela provisória é impugnável na apelação.

Importa destacar que nas lições de Nelson Nery Junior:[13]

> Fundamentar significa o magistrado dar as razões, de fato e de direito, que o convenceram a decidir a questão daquela maneira. A fundamentação tem implicação substancial e não meramente formal, donde é lícito concluir que o juiz deve analisar as questões postas a seu julgamento, exteriorizando a base fundamental de sua decisão. Não se consideram "substancialmente" fundamentadas as decisões que afirmam que, "segundo os documentos e testemunhas ouvidas no processo, o autor tem razão, motivo por que julgou procedente o pedido". Essa decisão é nula porque lhe falta fundamentação.

Outro mecanismo criado pelo CPC/2015 para fazer valer as decisões ditas precedentes judiciais é o instrumento processual da reclamação, previsto no art. 988, IV,[14] cujo objetivo é garantir a observância de acórdão proferido em julgamento de incidente de resolução de demandas repetitivas ou de incidente de assunção de competência.

Diz-se, nesse mister, que a reclamação é a "garantia das garantias". Trata-se de remédio com a específica finalidade de garantir, não pura e simplesmente, que o direito seja cumprido, mas, mais do que isso, de garantir que decisões jurisdicionais (no sentido lato, abrangendo também as "súmulas vinculantes"), em que direitos já foram reconhecidos, sejam respeitados. Percebe-se, portanto, porque inexiste instituto semelhante no direito alemão, francês, inglês etc.[15]

13. NERY JUNIOR, Nelson. *Princípios do processo na Constituição Federal.* São Paulo: Editora Revista dos Tribunais, 2016, p. 327.
14. Art. 988. Caberá reclamação da parte interessada ou do Ministério Público para:

    I – preservar a competência do tribunal;

    II – garantir a autoridade das decisões do tribunal;

    III – garantir a observância de decisão do Supremo Tribunal Federal em controle concentrado de constitucionalidade;

    III – garantir a observância de enunciado de súmula vinculante e de decisão do Supremo Tribunal Federal em controle concentrado de constitucionalidade;

    IV – garantir a observância de enunciado de súmula vinculante e de precedente proferido em julgamento de casos repetitivos ou em incidente de assunção de competência.

    IV – garantir a observância de acórdão proferido em julgamento de incidente de resolução de demandas repetitivas ou de incidente de assunção de competência;
15. ARRUDA ALVIM WAMBIER, Teresa et al. (Coord.). *Primeiros comentários ao novo Código de Processo Civil*: artigo por artigo. São Paulo: Editora Revista dos Tribunais, 2015, p. 1414.

Vê-se, pois, notável esforço do CPC/2015 de fazer prevalecer as decisões paradigmáticas entre os tribunais e as instâncias inferiores, bem como de enaltecer o *Direito Jurisprudencial* no Brasil. É certo, contudo, que estas decisões – bússolas, pode-se dizer – não são imutáveis, conforme será detalhado a seguir.

3. A possibilidade de superação de um precedente judicial

Parece óbvio que a subsunção de um caso concreto a um precedente judicial depende da necessária e adequada fundamentação a ser exercida pelo magistrado, a exemplo do que preconiza o art. 485, V, do CPC/2015. Tudo isso tendo em conta uma finalidade muito clara: casos semelhantes devem obter provimentos jurisdicionais idênticos.

A inversa também é verdadeira: a não utilização de um precedente judicial em um dado caso concreto deve ser justificada com motivação assertiva declarada pelo magistrado, sob pena de referida decisão ser tida como nula por ausência de fundamentação (vide art. 485, VI, do CPC/2015).

O Enunciado n. 306 do Fórum Permanente de Processualistas Civis destaca que o precedente vinculante "não será seguido quando o juiz ou tribunal distinguir o caso sob julgamento, demostrando, fundamentadamente, tratar-se de situação particularizada por hipótese fática distinta, a impor solução jurídica diversa".

Por sua vez, parece igualmente óbvio que um precedente judicial não possua caráter imutável, sobretudo porque a sociedade brasileira, como qualquer outra no mundo, está em constante transformação, seja política, cultural ou economicamente.

Oportuno citar aqui a filosofia de Sócrates e sua célebre frase "Só sei que nada sei, e o fato de saber isso, me coloca em vantagem sobre aqueles que acham que sabem alguma coisa", a qual bem retrata a necessidade da evolução jurisprudencial, vez que as decisões judiciais são produzidas por seres humanos e, como tais, podem ser – e o são muitas vezes – falhas.

Neste sentido – e ainda bem – as decisões formadas com base no art. 927 do CPC/2015 são passíveis de superação, hipótese na qual, mesmo diante de casos idênticos, indica-se outra tese para solucionar a lide posta em debate, diversa daquela esculpida pelo precedente judicial. É o que se costuma denominar de *overruling*.

Entretanto, é digno de nota ser apenas o tribunal que fixou a tese o único incumbido de alterar o precedente judicial por ele formado, com vistas à segurança jurídica que se quer garantir por meio deste instituto processual. Arruda

Alvim[16] é muito assertivo ao aventar as hipóteses – restritas – de superação das decisões paradigmáticas:

> No entanto, deve ficar muito claro que a verdadeira superação só ocorrerá quando o próprio órgão que fixou a tese rever sua posição. Até que isso ocorra, o precedente não pode deixar de ser aplicado sob o argumento de que a tese deveria ser superada. É dizer, o CPC/2015 compele o julgador a reconhecer que, quando estiver diante de algum dos pronunciamentos do art. 92, deve submeter-se ao que o Tribunal competente tiver decidido a respeito da matéria a ser julgada.

Nada obstante a isso, o § 2º do art. 927 prevê a possibilidade de alteração de tese jurídica adotada em enunciado de súmula ou em julgamento de casos repetitivos mediante, inclusive, a realização de audiências públicas e da participação de pessoas, órgãos ou entidades que possam contribuir para a rediscussão da tese.

Tendo em conta estas premissas, a sociedade exercerá papel fundamental no controle da legalidade e da eficiência das decisões tidas como precedentes judiciais, sem se olvidar da responsabilidade – expressiva, aliás – dos tribunais brasileiros de também desempenharem esse papel.

4. A interface do direito jurisprudencial com o direito concorrencial

Sem perder de vista a finalidade precípua do presente trabalho, é evidente que a jurisprudência criada a partir de casos concretos envolvendo direito concorrencial deve manter-se *estável, íntegra e coerente.*

As mudanças legislativas enaltecidas pelo CPC/2015 vêm em boa hora, notadamente aquelas que se referem ao *direito jurisprudencial* brasileiro, porquanto pretendem colocar uma pá de cal nas contradições jurisprudenciais que se afiguram em matéria concorrencial.

A começar pelas ações de *stand alone*, cuja divergência jurisprudencial vai desde a competência dentro do Tribunal de Justiça de São Paulo para dirimir as causas ditas concorrenciais – se da Câmara de Direito Público ou de Direito Privado – até a necessidade de intimação do CADE para intervir nas demandas judiciais na qualidade de assistente.

Outro ponto que merece destaque, dada a divergência jurisprudencial a seu respeito, cinge-se à possibilidade de reexame *judicial* do mérito da conduta anticoncorrencial investigada pelo CADE quando ações de reparação de danos batem às portas do Poder Judiciário.

16. ALVIM, op. cit., p. 529.

Muito se escreve nesse sentido, sobre o grau do reexame judicial das decisões do CADE e com isso, ressalta-se o entendimento de Tércio Ferraz Sampaio[17]

> CADE (...) toma uma decisão cujo fundamento técnico não expressa um juízo de conveniência e oportunidade, mas uma vinculação a ditames legais referentes à proteção da livre iniciativa e da livre concorrência. Sua decisão, assim, não é ato político de governo, conforme diretrizes ocasionais, mas ato que cumpre uma política de estado, conforme diretrizes constitucionais legais.

Com efeito, entende-se que o Judiciário tem o condão de coibir abusos à legalidade, cometidos pelo CADE, e que a jurisprudência poderá inclusive trazer garantias ao administrado nesse sentido.

Neste sentido, um ótimo exemplo é a "Operação Castelo de Areia". Tratou-se de caso notório de busca e apreensão realizado em março de 2009, a fim de investigar crimes de financiamento de desvio de recursos públicos por gestores dos contratantes e partidos políticos.

Em 05 de abril de 2011, a 6ª Turma do STJ decidiu que denúncias anônimas não poderiam servir de base exclusiva para autorizar a quebra de sigilo de dados de qualquer tipo. Esta foi a principal razão para que se chegasse à conclusão de que todas as evidências coletadas durante as buscas e apreensões, a partir da quebra geral de confidencialidade, seriam ilegais.

Mesmo assim, desconfia-se que ainda existam novos casos em que há a quebra de sigilo ou pelo menos o pedido pela autoridade concorrencial dessa quebra, mesmo com base em denúncias anônimas.

Verifica-se, portanto, a grande relevância que o *direito jurisprudencial* nos moldes propostos pelo CPC/2015 traz às demandas que envolvem direito concorrencial e que, muitas vezes, são solucionadas definitivamente perante o Poder Judiciário, dada a garantia constitucional prevista no art. 5º, XXXV, da CF.

É preciso, contudo, que a valorização dos precedentes judiciais, à luz do CPC/2015, seja compreendida e aplicada corretamente, sob pena da banalização e descrédito da sistemática processual em debate.

Assim, é certo que a sociedade, especialmente os militantes e estudiosos de Direito Econômico e Concorrencial, os membros do Ministério Público

17. SAMPAIO FERRAZ JR., Discricionariedade nas decisões do CADE sobre atos de concentração. *Revista do Instituto Brasileiro de Estudos das Relações de Concorrência e de Consumo*, v. 4, n. 6, nov. 2011.

e da Procuradoria, as entidades de notável representatividade, a exemplo do CADE, deverá exercer papel fundamental na consolidação e até mesmo superação dos *precedentes judiciais,* evidentemente com base no que dita a Constituição Federal e o art. 927, § 2º, do CPC/2015.

5. Conclusão

A ideia do presente trabalho é fazer compreender o leitor o real significado de precedentes judiciais enaltecidos pelo CPC/2015 sem que se criem falsas premissas ou expectativas acerca do tema posto em debate.

Entender a sua formação e superação é igualmente importante, especialmente com vistas ao mapeamento e à mitigação dos riscos quanto à propositura de ações judiciais em matéria concorrencial.

No mais, a criação de uma jurisprudência *estável, íntegra e coerente* garantirá isonomia aos jurisdicionados, ao passo que a segurança jurídica e a previsibilidade por ela ensejadas reduzirão a propositura de demandas que se sabe estarem fadadas ao insucesso.

Sabidamente, propõe-se o desfecho deste artigo com a doutrina de Cândido Rangel Dinamarco[18] para quem:

> (...) é necessário não confundir a tese da jurisprudência como fonte de direito com a da concreta criação do direito pela sentença. Ser ou não ser ela portadora de critérios para julgamentos futuros é uma questão muito diferente daquela sobre ser ou não ser a sentença um ato de criação do direito no caso concreto em julgamento. Segundo a teoria dualista do ordenamento jurídico (Chiovenda, Liebman), de larga aceitação na doutrina brasileira, (em oposição à teoria unitária – Carnelutti), ao julgar uma causa o juiz ou tribunal simplesmente cumpre uma norma preexistente nesse ordenamento. Juízes ou tribunais não criam uma norma jurídica ao julgarem a causa. Ainda quando questione a interpretação de uma lei ou opte por decidir contra esta, sempre estará o juiz atuando como um canal de comunicação entre a causa e alguma outra fonte de direitos, como a Constituição Federal, os costumes, os princípios gerais, etc. Jamais uma sentença ou acórdão deverá ser o fruto da vontade pessoal do julgador ou de suas próprias opções políticas, filosóficas, religiosas etc.

Espera-se, pois, responsabilidade dos tribunais para a formação dos precedentes judiciais e papel ativo da sociedade para modifica-los, quando preciso.

18. DINAMARCO, Cândido R. *Instituições de direito processual civil.* 8. ed. São Paulo: Malheiros, 2016, v. I, p. 162.

Referências bibliográficas

ALVIM, Arruda. *Novo contencioso cível no CPC/2015, de acordo com o novo CPC* - Lei 13.105/2015. São Paulo: Editora Revista dos Tribunais, 2016.

ARRUDA ALVIM WAMBIER, Teresa et al (Coord.). *Primeiros comentários ao novo Código de Processo Civil*: artigo por artigo. São Paulo: Editora Revista dos Tribunais, 2015.

CRUZ E TUCCI, José Rogério et al. *Código de processo civil anotado.* Rio de Janeiro: LMJ Mundo Jurídico, 2016.

DINAMARCO, Cândido R. *Instituições de direito processual civil.* 8. ed. rev. e atual. segundo o Novo Código de Processo Civil. São Paulo: Malheiros, 2016, v. I.

MARINONI, Luiz Guilherme. In: ARRUDA ALVIM WAMBIER, Teresa et al. *Breves comentários ao novo Código de Processo Civil.* São Paulo: Editora Revista dos Tribunais, 2015.

NERY JUNIOR, Nelson. *Princípios do processo na Constituição Federal.* São Paulo: Editora Revista dos Tribunais, 2016.

SAMPAIO FERRAZ JR, Discricionariedade nas decisões do CADE sobre atos de concentração. *Revista do Instituto Brasileiro de Estudos das Relações de Concorrência e de Consumo*, v. 4, n. 6, nov. 2011

SCARPINELLA Bueno, Cassio. *Manual de direito processual civil*: inteiramente estruturado à luz do novo CPC, de acordo com a Lei n. 13.256, de 4-2-2016 - volume único. 2 ed. São Paulo: Saraiva, 2016.

______. *Novo Código de Processo Civil anotado.* São Paulo: Saraiva, 2015.

Parte II.

Ações de Reparação de Danos

Ações reparatórias por danos concorrenciais: termo inicial do prazo prescricional

Bruno Lanna Peixoto

Renato Xavier da Silveira Rosa

Ludmilla Martins da Silva[1]

A definição do termo inicial do prazo prescricional é o centro de um debate antigo entre doutrinadores civilistas, que ganhou destaque no campo do Direito Concorrencial em decorrência das Ações Reparatórias por Danos Concorrenciais ("ARDCs"), uma vez que não há previsão expressa na legislação antitruste sequer acerca do prazo prescricional aplicável a essa espécie processual. A definição do termo inicial do prazo prescricional da pretensão ressarcitória não é tarefa simples, especialmente quando se está diante de um cartel – arranjo ilícito de *natureza intrinsecamente oculta* cuja ilicitude se renova, mediante recorrentes contatos, trocas de informações entre os coparticipes do conluio e cujos efeitos perduram no tempo.

O presente artigo pretende retratar o debate, revisitando correntes doutrinárias civilistas sobre o instituto da prescrição, cotejando-as com as peculiaridades do cartel, ilícito de maior gravidade na seara antitruste. A primeira seção se propõe a introduzir a questão da definição do termo inicial do prazo prescricional no contexto das ARDCs. A segunda, por sua vez, resgatará os fundamentos do instituto da prescrição, fazendo emergir seu núcleo e fixando seus contornos. A terceira abarcará o aspecto subjetivo da prescrição que fundamenta o entendimento do Superior Tribunal de Justiça ("STJ") acerca do

1. Nossos sinceros agradecimentos à Daniela Branco dos Santos Capuano, pelas tardes de discussões sobre o tema.

termo inicial do prazo prescricional para ações reparatórias decorrentes de ato ilícito extracontratual (responsabilidade aquiliana).

A inquirição acerca dos fundamentos e pressupostos do instituto da prescrição e sua interação com a responsabilidade civil aquiliana revela que o termo inicial do prazo prescricional da pretensão ressarcitória por danos provocados por cartel é o momento exato em que os afetados passam a possuir ciência inequívoca acerca da existência do ilícito, seu autor ou coautores e a existência de prejuízos advindos do ilícito.

1. Breve introdução: a prescrição em sede de ARDCs

A Lei de Defesa da Concorrência confere legitimidade aos prejudicados por condutas anticoncorrenciais para pleitearem, junto ao Poder Judiciário, o ressarcimento dos prejuízos sofridos em decorrência de infração à ordem econômica.[2] A previsão legislativa, todavia, não é novidade, pois a revogada Lei n. 8.884/94 já trazia dispositivo de igual teor. Contudo, apesar da disposição legal, persiste no Brasil um quadro de subutilização dessa espécie processual, decorrente da incerteza e insegurança jurídica dos afetados acerca do arcabouço fático e jurídico no qual estão inseridas as ARDCs.

Nesse contexto, a questão do termo inicial do prazo prescricional é um dos primeiros obstáculos a serem superados para a propositura de uma ARDC. A Lei n. 12.529/2011 nada dispõe sobre o tema, incidindo sobre as ARDCs as disposições de caráter geral do direito privado, em especial do Código Civil de 2002, cujo art. 206, § 3º, V, limita em 3 (três) anos o prazo prescricional da pretensão de reparação civil por ato ilícito.[3] Não há dúvidas quanto à aplicação do referido dispositivo ao contexto das ARDCs, visto que a responsabilidade civil por danos concorrenciais é de natureza extracontratual, já que decorrente de infração à ordem econômica tipificada pela Lei n. 12.529/2011.[4] Por outro

2. Art. 47. Os prejudicados, por si ou pelos legitimados referidos no art. 82 da Lei n. 8.078, de 11 de setembro de 1990, poderão ingressar em juízo para, em defesa de seus interesses individuais ou individuais homogêneos, obter a cessação de práticas que constituam infração da ordem econômica, bem como o recebimento de indenização por perdas e danos sofridos, independentemente do inquérito ou processo administrativo, que não será suspenso em virtude do ajuizamento de ação.
3. "Art. 206. Prescreve: (...) § 3º Em três anos: (...) V – a pretensão de reparação civil".
4. O Enunciado 419 da V Jornada de Direito Civil do Conselho de Justiça Federal preleciona "o prazo prescricional de três anos para a pretensão de reparação civil aplica-se tanto à responsabilidade contratual quanto à responsabilidade extracontratual".

lado, sobram questionamentos sobre o termo inicial do prazo prescricional dessa mesma pretensão reparatória.

Ao tratar do instituto da prescrição, o Código Civil aparenta ter adotado a teoria da *actio nata*, ao determinar no art. 189 que "violado o direito, nasce para o titular da pretensão, a qual se extingue, pela prescrição". O citado artigo, apesar de estabelecer que a pretensão se extingue pela prescrição nos prazos referidos, não deixa claro quando começam a fluir, ou seja, qual o seu termo inicial. Poder-se-ia concluir, entretanto, a partir de uma leitura simplória do dispositivo, que a fluência do prazo prescricional dar-se-ia sempre da violação do direito. A partir de tal interpretação, reduzida à literalidade gramatical do dispositivo, sem considerar as demais normas do sistema jurídico pátrio, também aplicáveis à espécie, seria possível dizer que o prazo prescricional nos casos de cartéis poderia começar a fluir a partir do momento em que os coparticipes se reunissem ou trocassem informações com o intuito de restringir a concorrência e praticar preços supracompetitivos ou em que um de seus clientes efetivasse o pagamento de preços artificialmente elevados (sobrepreços) sem conhecer a existência do acordo entre os fornecedores. Não é, todavia, a melhor interpretação, pois os lesados muitas vezes não tomam conhecimento do dano ou o tomam anos depois do pagamento de sobrepreços, considerando (i) o caráter intrinsecamente oculto do cartel – que, uma vez descoberto, perde o poder de se efetivar – (ii) a renovação da sua ilicitude mediante recorrentes contatos entre seus integrantes e (iii) a perduração de seus efeitos no tempo. Neste contexto, a interpretação aventada acima levaria à *impossibilidade fática e jurídica da reparação civil.*

Considerando-se o cartel como um ilícito continuado que se renova a cada imposição de sobrepreços, poder-se-ia arguir, no mesmo sentido e equivocadamente, que o termo inicial do prazo prescricional se daria com a última transação em que praticou-se o sobrepreço. No entanto, ainda assim, frequentemente os cartéis são detectados após o seu fim e, somente, em virtude de acordos de leniência firmados, sob sigilo, com as autoridades – acordos cujo signatários e teor somente serão revelados após as investigações, como se verifica nos casos que se proliferam no âmbito do Conselho Administrativo de Defesa Econômica ("CADE"). Dar-se-ia, portanto, igualmente, ensejo à situação antijurídica, ao tornar impossível a concretização da justiça reparatória.

Fundamentalmente, a interpretação mais adequada vai à essência do instituto da prescrição, qual seja, a *inércia do titular da pretensão*. A aplicação não qualificada do art. 189 às ARDCs, portanto, de forma isolada e sem atentar para sua inserção no âmbito do ordenamento jurídico, não oferece uma solução razoável ou aceitável ao intérprete da Lei, conforme será exposto na segunda e terceira seções deste artigo. Faz-se necessária a ponderação sobre a *inércia do titular da pretensão* que embasa as ARDCs. Evidente que tanto a inércia quanto a possibilidade de agir são corolários dependentes da *ciência da pretensão* – não apenas do ilícito ocorrido, mas de sua autoria e da *existência* de prejuízos individualmente sofridos.

Destarte, imperativo considerar o momento em que há ciência do lesado sobre a existência do ato ilícito, sua autoria e os danos a ele causados, sob pena de (i) se desconsiderar a essência do instituto da prescrição e (ii) impossibilitar o exercício do direito à reparação individual dos danos, resultado que causa repulsa ao Direito, mormente sob a perspectiva teleológica e sistêmica, contribuindo, por fim, para o agravamento do quadro de subutilização das ARDCs. Diante disso, as seções seguintes se propõem a rememorar as correntes doutrinárias acerca do instituto da prescrição, resgatando suas bases e fixando seus contornos, a fim de propor possível abordagem ao tema, considerando as peculiaridades do Direito Concorrencial, para que a interpretação do art. 189, à luz da responsabilidade civil extracontratual, somente seja admitida pela consideração de que o termo inicial da prescrição se dá com a ciência inequívoca do titular da pretensão a respeito de todos os seus elementos (ilícito concorrencial, autoria, danos sofridos e nexo de causalidade).

2. Fundamento e contorno do instituto jurídico da prescrição

A prescrição surgiu como uma 'exceção de tempo' oposta a um 'direito de ação'.[5] Fundamentada em "interesse-jurídico-social", foi criada "para que a instabilidade do direito não viesse a perpetuar-se, com sacrifício da harmonia social, que é a base fundamental do equilíbrio sobre que se assenta a ordem pública".[6] Nesses moldes, a causa da prescrição é o interesse público, sua finali-

5. Cf. VIANNA, Aldyr Dias. *Da prescrição no direito civil brasileiro*. Rio de Janeiro: Forense, 1983, p. 47.
6. Cf. LEAL, Antônio Luís da Câmara. *Da prescrição e da decadência*. Teoria geral do direito civil. 4. ed. atual. Rio de Janeiro: Editora Forense, 1982, p. 15. Segundo o autor, "o não cumprimento de uma obrigação, a ameaça ou violação de um direito são estados antijurídicos que perturbam a harmonia social, e a ação foi instituída como meio reintegratório dessa harmonia, fazendo cessar o desequilíbrio provocado pela ofensa ao direito. Se o titular deste, porém, se conserva inativo, deixando de protegê-lo pela ação, e cooperando, assim, para a permanência do desequilíbrio antijurídico, ao Estado compete remover essa situação e restabelecer o equilíbrio, por uma providência que corrija a inércia do titular do direito. E essa providência de ordem pública foi que o Estado teve em vista e procurou realizar pela prescrição, tornando a ação inoperante, declarando-a extinta, e privando o

dade objetiva é a estabilização do direito por meio do castigo à *negligência* do titular da pretensão.[7]

A prescrição pode ser definida como "a extinção de uma ação ajuizável, em virtude da inércia de seu titular durante um certo lapso de tempo, na ausência de causas preclusivas de seu curso".[8] A partir da definição posta, Câmara Leal extrai e enuncia os elementos do instituto jurídico da prescrição, a saber, "seu objeto: ação ajuizável; sua causa eficiente: a inércia do titular; seu fator operante: o tempo; seu fator neutralizante: as causas legais preclusivas de seu curso; seu efeito: extinguir as ações".[9]

Durante muitos anos debateu-se sobre o efeito direto e imediato da prescrição, divergindo os doutrinadores acerca da extinção da ação ou da pretensão em razão da fluência do tempo e da inércia do titular do direito. No direito brasileiro, o Código Civil de 2002, ao contrário de seu antecessor, assentou que a prescrição atinge a pretensão, pondo fim à discussão. A opção legislativa, por sua vez, embasou-se no fato de que "a ação, que tem natureza processual e resguardo constitucional, é autônoma e abstrata em relação ao direito material"[10-].[11]

A distinção entre ação e pretensão, nesse sentido, é fundamental para o entendimento do instituto. A pretensão é "*prius* lógico e imediato, em relação à

titular, por esta forma de seu direito, como justa consequência de sua prolongada inércia, e, por esse meio, restabelecendo a estabilidade do direito pela cessação de sua incerteza".

7. LEAL, op. cit., p. 15.
8. LEAL, op. cit., p. 12.
9. LEAL, op. cit., p. 12.
10. BERALDO, Leonardo de Faria. O termo inicial da prescrição da ação de sonegados e algumas questões práticas de ordem processual e material. *Revista Forense*, v. 415, ano 108, jan.-jul. 2012, p. 239-276, p. 241.
11. "O motivo da escolha da pretensão e não da ação, como termo inicial do prazo de prescrição, tem em vista a razão mesma de ser do poder Judiciário. O objeto primordial do Estado ao instituir o poder de tutelar os direitos dos seus cidadãos, impedindo-os de fazer justiça pelas próprias mãos, foi o de manter a paz e a tranquilidade social. Para tanto surgiu o instituto da prescrição, limitando no tempo o estado de intranquilidade social. Por esta razão é que a prescrição não resulta somente da possibilidade da propositura da ação, mas também de um fato que sempre lhe é anterior e que pode ocorrer sem que haja nascido a ação, qual seja, a pretensão. De pouco valeria extinguir-se o direito de propositura da ação, se permanecesse o poder de exigir o cumprimento da pretensão; a intranquilidade social perduraria, frustrando-se o objetivo da tutela jurisdicional" (VIANNA, op. cit., p. 34).

ação, porque esta não nasce da violação do direito, mas da recusa do obrigado em satisfazer a pretensão".[12] Assim, a ação "é o poder dirigido contra o Estado, para que satisfaça a pretensão jurisdicional a que está obrigado",[13] enquanto a pretensão refere-se a "um poder dirigido contra o sujeito passivo da relação de direito substancial"[14-].[15]

A prescrição constitui relação jurídica entre o titular da pretensão e o sujeito passivo (ou infrator). Enquanto, o primeiro perde o direito de exercitar sua pretensão pelo decurso do tempo e omissão culposa, para o segundo surge o 'direito de não ser acionado'.[16] A prescrição gera, assim, dois efeitos distintos e contrários: "o da extinção de direito, relativamente ao titular, e o da extinção de obrigação, ou consequentemente aquisição de direito, relativamente ao sujeito passivo".[17]

Nesse diapasão, seria uma espécie de "penalidade indireta à negligência do titular", cuja inação corroborou para a perpetuação do "estado antijurídico, lesivo à harmonia social".[18] Contudo, vale lembrar, "o fundamento da prescrição é proteger o que não é devedor e pode não mais ter prova da inexistência da dívida; e não protege[r] o que era devedor e confiou na existência da dívida, tal como juridicamente ela aparecia".[19] Diante disso, a prescrição não pretende punir o titular da pretensão, salvo se por inércia ou negligência deixar de exercer sua pretensão em face do devedor, pois admite-se ter havido a omissão de um dever. Não há, portanto, que se falar em 'presunção da prescrição'.[20]

Entender os elementos "tempo" e "inércia" é crucial ao estudo do instituto jurídico da prescrição. O primeiro refere-se a um intervalo predeterminado na legislação (elemento objetivo), enquanto o segundo alude à "passividade do ti-

12. Ibidem, p. 31.
13. Ibidem, p. 31.
14. Ibidem, p. 31.
15. Nesse sentido, Aldyr Dias Vianna explica: "(...) concretizada a ameaça ou violação desse direito, ao titular é deferida a ação material, extrajudicial (pretensão), vale dizer, um poder dirigido contra o violador; não atendida tal ação material ou extrajudicial (pretensão), vale dizer, o titular dessa pretensão e desse direito subjetivo, utiliza-se da ação processual, que é um poder dirigido contra o Estado para que esse satisfaça a prestação jurisdicional a que está obrigado". Idem, p. 36.
16. LEAL, op. cit., p. 30.
17. LEAL, op. cit., p. 30.
18. Ibidem, p. 15.
19. PONTES DE MIRANDA. *Tratado de direito privado*. Parte geral. 4. ed. São Paulo: Editora Revista dos Tribunais, 1974, t. VI, p. 100.
20. Ibidem, p. 102.

tular do direito, ante a violação por este sofrida"[21] (elemento subjetivo). Assim, é a "continuidade da inércia que constitui elemento da prescrição, que, para consumar-se requer que essa continuidade se prolongue, sem interrupção, durante o tempo determinado pela lei para o exercício da ação".[22] É por isso que "a inércia é sua causa eficiente e o tempo o fator operante [da prescrição]".[23]

A conjugação dos elementos tempo e inércia permite inferir que "a sociedade não tem mais interesse em perseguir a infração (fala-se de extinção da ação pública) ou em exigir a execução da pena que teria sido pronunciada, mas ainda não executada",[24] isso porque "o tempo terá corroído as provas e embotado as lembranças e que, de qualquer modo, o escândalo social causado pela infração terá se extinguido nesse intervalo de tempo".[25]

A inércia, portanto, compõe seu suporte fático sendo indispensável para a caracterização da prescrição.[26] Cumpre salientar que a inércia a que se refere o instituto da prescrição é sinônimo de "*omissão culposa*", o que faz emergir questionamentos nos casos em que o titular da pretensão não possui ciência inequívoca sobre sua existência no mesmo momento em que praticado o ato ilícito, motivo pelo qual vem se adotando critério subjetivo para a delimitação do termo inicial do prazo prescricional.

21. LEAL, op. cit., p. 25.
22. Ibidem, p. 26-27.
23. Ibidem, p. 26-27.
24. OST, François. *O tempo do direito*. Trad. Élcio Fernandes. Revisão Técnica de Carlos Aurélio Mota de Souza. Bauru: EDUSC, 1999, p. 168.
25. OST, 1999, op. cit., p. 168.
26. Nesse sentido, destaca-se "pode-se qualificar o suporte fático da prescrição como integrado pela existência de pretensão, o que reverbera na existência do próprio direito subjetivo, aliada à inércia que somente se justificará caso não existam causas que interrompam, suspendam ou impeça, seu transcurso, assim como a previsão de um prazo para exercício, ou da pretensão. Tempo, pretensão e inércia. Vê-se, portanto, que o suporte fático é integrado tanto por um elemento fático (tempo) quanto por um ato humano (a inércia). É a essencialidade do elemento voluntário que determinará sua natureza jurídica" (STEINER, Renata Carlos. A ciência do lesado e o início da contagem do prazo prescricional. *Revista de Direito Privado*, v. 50, 2012, p. 73-92, p. 77.) Em sentido complementar, Aldyr Dias Vianna explica que "a inércia é fenômeno subjetivo e voluntário; o tempo é fenômeno objetivo" (VIANNA, op. cit., p. 47.) É evidente, portanto, que o suporte fático da prescrição é composto de elemento objetivo e subjetivo.

3. Termo Inicial do prazo prescricional: uma sugestão de abordagem

3.1 Cartéis e a necessidade de reconhecimento do aspecto subjetivo da prescrição

Admitir que o suporte fático da prescrição é integrado pela inércia e que, portanto, há no instituto um elemento subjetivo, é impedir que o desconhecimento seja interpretado como omissão de vontade. É essencial considerar como termo inicial do prazo prescricional o momento em que o titular da pretensão adquire ciência inequívoca sobre a existência da pretensão, sob pena de inviabilizar o exercício de pretensões quando seu titular sequer tenha ciência de sua existência.

O reconhecimento do aspecto subjetivo da prescrição é relevante ao tratamento do prazo prescricional de ARDCs. Os cartéis são infrações de natureza continuada, cuja ilicitude se renova no tempo[27] segundo a vontade de seus membros, que "mantém domínio temporal ininterrupto sobre a duração do acordo ou ajuste correspondente, enquanto não identificado, obtendo, neste período, todas as vantagens decorrentes da violação da concorrência".[28] Além do domínio temporal, os cartelistas também detêm o domínio sobre a própria existência do ilícito.

A assimetria informacional sobre a existência do arranjo e sua duração coloca o afetado pela conduta anticompetitiva em dupla posição de desvantagem: além de prejudicado pelo ilícito, também fica inviabilizado o exercício de sua pretensão à reparação individual dos danos, tendo em vista que o desconhecimento poderá ser interpretado (segundo a interpretação restritiva do art. 189 do Código Civil, que não é a melhor) como inércia ou negligência. Imperativo, portanto, considerar que somente a partir da ciência inequívoca pelo afetado da violação do seu direito é que ocorre o início da fluência do prazo prescricional para exercer sua pretensão.

27. Vale destacar, que a 2ª Câmara de Coordenação e Revisão do Ministério Público Federal expediu a Orientação n. 08/2014, fixando o entendimento de que o crime de formação de cartel possuiria natureza permanente. No âmbito penal, a continuidade do delito atrai a incidência da regra do art. 111, III, do Código Penal, segundo a qual o prazo prescricional se inicia no momento em que cessar o caráter permanente da infração. Não há regra em igual sentido no âmbito cível.

28. BRASIL. Ministério Público Federal. 2ª Câmara de Coordenação e Revisão. Orientação n. 08/2014. Disponível em: <http://www.mpf.mp.br/atuacao-tematica/ccr2/orientacoes/documentos/Orientacao nb008.pdf.>. Acesso em: 15 jun. 2017.

A admissão desse aspecto subjetivo da prescrição não é novidade na doutrina civilista. Isso porque "nas ações que nascem da transgressão de obrigação geral-negativa de respeito ao direito do titular (...) pode dar-se a violação do direito, sem que dela o titular tenha imediato conhecimento".[29] Em outras palavras, não é em todas as hipóteses que o titular do direito toma ciência de sua violação no exato momento em que essa ocorre.

Em sentido complementar, "é da inércia, do não exercício da ação a partir do instante seguinte à violação ou do momento em que o seu titular teve ciência dessa violação, que se conta o termo inicial do prazo para a prescrição".[30] O termo inicial, portanto, depende da ciência inequívoca da violação do direito pelo titular, pois sua ausência obsta a inércia do titular da pretensão.

Para os casos de violação contratual, o prazo prescricional inicia-se com a violação do direito, pois haveria uma presunção legal, segundo a qual as partes deveriam saber se o contrato foi adimplido. Contudo, "em se tratando de responsabilidade civil extracontratual, ou seja, quando o dano advier de causa que não o prévio vínculo obrigacional entre as partes, a questão se modifica",[31] isso porque "nessa hipótese, a vítima não pode ser punida, como se negligente fosse, se sequer tinha ciência do dano sofrido".[32] Diante disso, "o seguro é injusto".[33]

A figura da ciência inequívoca da violação do direito como início da contagem do prazo prescricional também não é novidade no direito positivo. O Código de Defesa do Consumidor, por exemplo, determina que prescreve em cinco anos a pretensão à reparação dos danos causados por fato do produto ou do serviço, contados da data em que o titular da pretensão ressarcitória toma conhecimento do dano e de sua autoria.[34]

A Súmula 278 do STJ também reconheceu a relevância do conhecimento do dano e de sua autoria, fixando que "o termo inicial do prazo prescricional, na ação de indenização, é a data em que o segurado teve ciência inequívoca da incapacidade laboral". O entendimento do tribunal baseou-se no fato de que o

29. LEAL, op. cit., p. 22-23.
30. VIANNA, op. cit., p. 51.
31. SIMÃO, José Fernando. *Prescrição e decadência, início dos prazos*. São Paulo: Atlas, 2015, p. 212-213.
32. SIMÃO, op. cit., p. 213.
33. Ibidem, p. 213.
34. Art. 27. Prescreve em cinco anos a pretensão à reparação pelos danos causados por fato do produto ou do serviço prevista na Seção II deste Capítulo, iniciando-se a contagem do prazo a partir do conhecimento do dano e de sua autoria.

desconhecimento do segurado quanto à extensão do dano e sua causa obstaria a fluência do prazo prescricional.[35]

Também não é novidade no direito alienígena a positivação do elemento subjetivo da prescrição com o reconhecimento da relevância da ciência da violação do direito pelo titular da pretensão. Na reforma do Código Civil alemão (*Bürgerliches Gesetzbuch* - BGB), em 2002 - mesmo ano de publicação do Código Civil Brasileiro –, o legislador alterou as previsões relativas ao instituto da prescrição, reduzindo os prazos prescricionais e relacionando o termo inicial do prazo ao conhecimento da pretensão (*Anspruch*) ou a sua possibilidade, afastando os casos de negligência inescusável.[36]

No Direito Concorrencial brasileiro, como afirmado anteriormente, não há previsão expressa quanto ao prazo prescricional aplicável e sequer quanto ao termo inicial desse. Independentemente da solução atribuída à questão, é preciso considerar que a natureza extracontratual da responsabilidade por danos concorrenciais e as peculiaridades do ilícito "cartel" requerem que a ciência inequívoca seja considerada, afinal o domínio da existência do arranjo e de sua extensão é dos agentes econômicos que o integram. Entendimento diverso inviabiliza o exercício da pretensão individual dos afetados (direito subjetivo), anulando as externalidades positivas advindas do *enforcement* privado da legislação antitruste, em termos de *deterrence*, cuja finalidade seria evitar o cometimento de ilícitos anticompetitivos.

3.2 Visão dos tribunais: a ciência inequívoca dos efeitos decorrentes do ato lesivo

Não há um entendimento uníssono do Superior Tribunal de Justiça acerca do início do prazo prescricional. A corte vem se manifestando caso a caso, a depender do direito a ser tutelado. Assim, como ressaltado anteriormente, nas ações que envolvem contrato de seguro, o entendimento sumulado é que a

35. Nesse sentido, o Ministro Eduardo Ribeiro, no Recurso Especial n. 84.415/SP asseverou que "tratando-se de invalidez resultante de uma série de fatores que se sucederam no tempo, não sedo sua etiologia identificável por um leigo, não se poderia exigir ingressasse o segurado em juízo enquanto não patenteasse a extensão do mal e sua causa. Desse modo, antes que isso se verificasse não fluiria o prazo da prescrição" (BRASIL. Superior Tribunal de Justiça. REsp n. 84.415/SP. Terceira Turma. Rel. Min. Eduardo Ribeiro. *DJ* 06-4-1998).
36. STEINER, op. cit., p. 83.

fluência do prazo prescricional só ocorre com a ciência inequívoca do lesado de sua incapacidade laboral.[37]

Em ações que envolvem dano ambiental, tem se adotado posição semelhante. No Recurso Especial n. 1.346.489/RS, o Ministro Ricardo Villas Bôas Cueva entendeu que "o termo inicial do prazo prescricional para o ajuizamento de ação de indenização, por dano moral e material, conta-se da ciência inequívoca dos efeitos decorrentes do ato lesivo",[38] isso porque os danos à autora da demanda teriam sido provocados pelo contato continuado com substâncias tóxicas e pela desvalorização de imóvel de sua propriedade. A contaminação ambiental é ilícito de natureza continuada, ou seja, há a constante renovação da ilicitude e a perpetuação de suas consequências no tempo, sendo impossível para os afetados ter ciência inequívoca quanto aos efeitos nocivos à saúde decorrentes da contaminação. A adoção de elemento subjetivo da prescrição é, portanto, fundamental para viabilizar o exercício do direito ao ressarcimento individual que é assegurado pelo ordenamento nacional.

O Ministro Luis Felipe Salomão, no Recurso Especial n. 1.354.348/RS, adotou a mesma posição, entendendo que o prazo prescricional inicia-se com o conhecimento do ato ou fato que fundamenta a pretensão, reconhecendo que nas hipóteses de responsabilidade de extracontratual a *actio nata* assume um viés voltado aos interesses sociais. Nesse contexto, o termo inicial seria "não mais o momento da violação do direito, mas a data do conhecimento do ato ou fato do qual decorre o direito de agir, sob pena de se punir a vítima por uma negligência que não houve, olvidando-se o fato de que a aparente inércia pode ter decorrido da absoluta falta de conhecimento do dano"[39-].[40]

37. Vide, STJ. AgReg no REsp n. 329.479/SP. Rel. Min. Sálvio de Figueiredo Teixeira. Quarta Turma. *DJ* 09.10.2001; REsp.n. 220.080-SP, Rel. Min. Waldemar Zweiter, Terceira Turma. *DJ* 11-4-2000; REsp n. 228.772/SP, Rel. Min. Ruy Rosado Aguiar, Quarta Turma. *DJ* 09.11.99; STJ. REsp n. 309.804/MG. Rel. Min. Carlos Alberto Menezes Direito. Terceira Turma. *DJ* 06.12.2001. STJ. REsp. n. 310.896/SP. Min. Rel. Nancy Andrighi. Terceira Turma. *DJ* 17-5-2001.

38. BRASIL. Superior Tribunal de Justiça. Recurso Especial n. 1.346.489/RS. Rel. Min. Ricardo Villas Bôas Cueva. Terceira Turma. *DJ* 11-6-2013.

39. BRASIL. Superior Tribunal de Justiça. Recurso Especial n. 1.354.348/RS. Rel. Min. Luis Felipe Salomão. Quarta Turma. *DJ* 26-8-2014.

40. Explica o Ministro Relator: "Outrossim, percebe-se que, em sede de obrigação contratual, vige imperioso o princípio da *actio nata*, priorizando-se o valor segurança, de modo que os prazos prescricionais se iniciam no exato momento da violação do direito, ou seja, do descumprimento do contrato, independentemente da ciência do credor. Ao revés, quando se trata de responsabilidade extracontratual, a primazia da segurança jurídica pode ser extremamente injusta, acabando

Nas ações indenizatórias movidas contra o Estado, também há o entendimento, segundo o qual "o prazo prescricional só passa a fluir a partir da efetiva constatação do dano, ou seja, da data em que a vítima teve ciência plena de sua invalidez",[41] isso porque "o direito de pedir indenização somente surge quando constatada a lesão e suas consequências, fato que desencadeia a relação de causalidade e leva ao dever de indenizar".[42]

O reconhecimento da relevância da ciência inequívoca da violação do direito ocorre em igual sentido nos casos que envolvem erro médico. A análise da Corte Superior tem sido realizada caso a caso, contudo, prevalece o entendimento de que o prazo prescricional inicia-se do momento em que há a constatação do erro médico. Assim, por exemplo, no Recurso Especial n. 694.287/RJ entendeu-se que "o termo '*a quo*' do prazo prescricional deve ser a data da cirurgia em que o autor tomou conhecimento da existência do corpo estranho localizado na sua coluna vertebral".[43]

por punir a vítima por uma negligência que não houve, olvidando-se o fato de que a aparente inércia pode ter decorrido da absoluta falta de conhecimento do dano. (...) Por isso deve o órgão jurisdicional, na tentativa de conciliar os valores justiça e segurança jurídica, nortear-se pelo princípio da boa-fé, com vistas a realizar uma interpretação justa e adequada quanto ao começo dos prazos e, dessa forma, obstar que 'o titular seja prejudicado por não ter tido conhecimento da lesão que lhe foi imposta. Até porque, e isso não se põe dúvida, é absolutamente possível afrontar o direito subjetivo de alguém sem que o titular tenha imediato conhecimento' (FARIAS, Cristian Chaves de. Op. cit., p. 748)" (BRASIL. Superior Tribunal de Justiça. Recurso Especial n. 1.354.348/RS. Rel. Min. Luis Felipe Salomão. Quarta Turma. *DJ* 26-8-2014. pp. 10-11).

41. BRASIL. Superior Tribunal de Justiça. Recurso Especial n. 700.716/MS. Rel. Min. Teori Albino Zavaski. Primeira Turma. *DJ* 4-5-2006. Em igual sentido, vide: STJ. REsp 673.576/RS, Rel. Min. José Delgado. Primeira Turma. *DJ* 21-3-2005; STJ. REsp n. 68.181/SP. Rel. Min. Eliana Calmon. Segunda Turma. *DJ* 28-8-2000; STJ. REsp n. 295.760/RS. Rel. Min. Milton Luiz Pereira. Primeira Turma. *DJ* 14.10.2002.
42. BRASIL. Superior Tribunal de Justiça. Recurso Especial n. 735.377/RJ. Rel. Min. Eliana Calmon. Segunda Turma. *DJ* 2-6-2005. p. 3-4.
43. BRASIL. Superior Tribunal de Justiça. Recurso Especial n. 694/287/RJ. Rel. Min. Franciulli Netto. Segunda Turma. *DJ* 23-8-2005. Em igual sentido, no REsp. n. 676/270/RJ, no qual entendeu-se que "o termo a quo do prazo prescricional deve ser a data da cirurgia em que a autora tomou conhecimento da existência da compressa no interior de seu abdômen, em fevereiro de 1995. Como a presente ação foi ajuizada em agosto de 1996, na espécie não ocorreu a prescrição" (STJ. REsp n. 676.270/RJ. Rel. Min. Franciulli Netto. Segunda Turma. *DJ* 2-5-2005) e no REsp. n. 194.665, o Min. Humberto Gomes de Barros defendeu que "o prazo

Apesar de o Superior Tribunal de Justiça ainda não ter se manifestado em relação ao prazo prescricional no contexto de uma ARDC, entende-se que, assim como nos casos supramencionados, deve-se considerar para fins de fixação do termo inicial do prazo prescricional a data em que o titular do direito tem conhecimento de sua violação, entendida essa como o momento em que o afetado toma ciência da existência do ato ilícito, de sua autoria e dos danos dele advindos.

4. Conclusão

A Lei de Defesa da Concorrência (Lei n. 12.529/2011) assegura aos afetados por conduta anticoncorrencial o direito de pleitearem o ressarcimento individual dos prejuízos sofridos. Apesar disso, persiste um quadro de subutilização das ARDCs, em decorrência das incertezas que pairam sobre essa espécie processual, especificamente, no que concerne ao termo inicial do prazo prescricional.

O fundamento do instituto jurídico da prescrição, por sua vez, está na tutela do interesse público e na pacificação das relações sociais. O tempo e a inércia compõem seu suporte fático, tendo o primeiro caráter objetivo e a inércia caráter subjetivo.

Por definição semântica, "inércia" é a ausência de ação e, para os fins da prescrição, há inércia quando há uma omissão culposa do titular da pretensão que não a exerce dentro do prazo definido em lei. Essa é a causa efetiva da fluência do prazo prescricional.

Questionamentos surgem, todavia, quando se está diante de relação jurídica extracontratual, na medida em que a inércia só se configura quando há a ciência inequívoca do titular do direito sobre sua violação. Em outras palavras, o desconhecimento não se confunde com a inércia. Nessas hipóteses, o prazo prescricional somente começa a fluir a partir da ciência inequívoca pelo ofendido sobre o ato ilícito, sua autoria e os danos dele advindos. Interpretação diversa inviabiliza o exercício da pretensão individual ao ressarcimento previsto na Lei de Defesa da Concorrência, contribuindo para o quadro de subutilização das ARDCs no Brasil.

prescricional da ação para indenizar dano irreversível causado por erro médico inicia-se com a constatação, pela vítima, da inviabilidade de reverter-se a lesão. Antes de conhecer esta circunstância, o autor não tinha interesse em ação fundada na irreversibilidade". (BRASIL. Superior Tribunal de Justiça. Recurso Especial n. 194.665/RS. Rel. Min. Humberto Gomes de Barros. Primeira Turma. *DJ* 21-9-1999).

Referências bibliográficas

BERALDO, Leonardo de Faria. O termo inicial da prescrição da ação de sonegados e algumas questões práticas de ordem processual e material. *Revista Forense*, v. 415, ano 108, jan.-jul. 2012, p. 239-276.

BRASIL. Conselho de Justiça Federal. Enunciado n. 419 da V Jornada de Direito Civil. Disponível em: <http://www.cjf.jus.br/enunciados/enunciado/246>. Acesso em: 15 jun. 2017.

______. Ministério Público Federal. 2ª Câmara de Coordenação e Revisão. Orientação n. 08/2014. Disponível em: <http://www.mpf.mp.br/atuacao-tematica/ccr2/orientacoes/documentos/Orientacao nb008.pdf.>. Acesso em: 15 jun. 2017.

______. Superior Tribunal de Justiça. Recurso Especial n. 84.415/SP. Terceira Turma. Rel. Min. Eduardo Ribeiro. *DJ* 06.04.1998.

______. ______. Recurso Especial n. 194.665/RS. Rel. Min. Humberto Gomes de Barros. Primeira Turma. *DJ* 21.09.1999.

______. ______. Recurso Especial n. 735.377/RJ. Rel. Min. Eliana Calmon. Segunda Turma. *DJ* 02.06.2005.

______. ______. Recurso Especial n. 694/287/RJ. Rel. Min. Franciulli Netto. Segunda Turma. *DJ*. 23.08.2005.

______. ______. Recurso Especial n. 700.716/MS. Rel. Min. Teori Albino Zavaski. Primeira Turma. *DJ* 04.05.2006.

______. ______. Recurso Especial n. 1.346.489/RS. Rel. Min. Ricardo Villas Bôas Cueva. Terceira Turma. *DJ* 11.06.2013.

______. ______. Recurso Especial n. 1.354.348/RS. Rel. Min. Luis Felipe Salomão. Quarta Turma. *DJ* 26.08.2014.

LEAL, Antônio Luís da Câmara. *Da prescrição e da decadência*. Teoria geral do direito civil. 4. ed. atual. Rio de Janeiro: Editora Forense, 1982.

OST, François. *O tempo do direito*. Trad. Élcio Fernandes. Revisão Técnica de Carlos Aurélio Mota de Souza. Bauru: EDUSC, 1999.

PONTES DE MIRANDA. *Tratado de direito privado*. Parte geral. 4. ed. São Paulo: Editora Revista dos Tribunais, 1974. t. VI.

SIMÃO, José Fernando. *Prescrição e decadência, início dos prazos*. São Paulo: Atlas, 2015.

STEINER, Renata Carlos. A ciência do lesado e o início da contagem do prazo prescricional. *Revista de Direito Privado*, v. 50, 2012, p. 73-92.

VIANNA, Aldyr Dias. *Da prescrição no direito civil brasileiro*. Rio de Janeiro: Editora Forense, 1983.

Responsabilização solidária de cartelistas em ações indenizatórias: reflexões, limites e desafios

Ricardo Ferreira Pastore
Lucas Griebeler da Motta
Renata Rossi Ignácio

1. Introdução

O tema das ações indenizatórias para reparação de danos causados por cartéis tem sido objeto de aprofundamento teórico, debates e discussões jurídicas, especialmente por conta de diversos acontecimentos que vêm permeando a experiência antitruste brasileira recente, quais sejam: a assinatura de diversos acordos de leniência ("cultura de leniência"), muitos deles no âmbito de investigações ligadas à operação Lava Jato e, principalmente, o resultado do julgamento do Recurso Especial n. 1.554.986 ("REsp n. 1.554.986") pelo Superior Tribunal de Justiça ("STJ"), que possibilitou o acesso a documentos sigilosos constantes de um acordo de leniência a um litigante supostamente lesado pela existência de um cartel entre fabricantes de compressores herméticos[1-2].

1. Trata-se de ação ajuizada pela Electrolux perante o Poder Judiciário do Estado de São Paulo sob o n. 0116924-71.2012.8.26.0100, em face de Brasmotor/Whirlpool e Tecumseh visando à reparação de danos e prejuízos em tese causados pela venda de insumos a preços aumentados artificialmente em virtude de suposto cartel no mercado de compressores herméticos.
2. Para aprofundamento e mais detalhes sobre o assunto, ver: MOTTA, Lucas Griebeler da. Acesso a informações e provas relacionadas a acordos de leniência no âmbito de ações indenizatórias privadas à luz do Recurso Especial n. 1.554.986:

Dessa investigação no mercado de compressores herméticos, como destacado na Nota Técnica n. 24/2016/CHEFIA GAB-SG/SG/CADE, elaborada pela Superintendência-Geral do Conselho Administrativo de Defesa Econômica ("CADE") no âmbito de iniciativa do órgão antitruste para regulamentar a disponibilização e uso de informações de acordos de leniência para subsidiar ações indenizatórias decorrentes de danos causados por cartéis, originou-se a primeira ação reparatória por danos decorrentes de cartel em um caso em que houve acordo de leniência.

Na ocasião, a Electrolux ("autora"), ciente da existência de um cartel no mercado de compressores herméticos, ingressou, em 2012, com uma ação indenizatória em face de Brasmotor/Whirlpool e Tecumseh ("rés"), tendo requerido ao juízo de primeiro grau, em sede da instrução processual, a expedição de ofícios ao CADE para obtenção de acesso ao acordo de leniência e demais documentos colhidos pela autoridade concorrencial para ulterior juntada à ação indenizatória, o que foi indeferido em juízo singular. Irresignada, a Electrolux interpôs agravo de instrumento ao Tribunal de Justiça do Estado de São Paulo ("TJSP"), o qual acolheu a pretensão da Electrolux e autorizou o oficiamento ao CADE para prestação de informações e fornecimento de documentos. Contra essa decisão, as rés interpuseram recurso especial acompanhado de medida cautelar para concessão de efeito suspensivo ao apelo, alegando, em síntese, que o acordo de leniência seria sigiloso e serviria para proteção da concorrência como um bem coletivo e difuso – entendimento esse defendido pela Procuradoria Federal Especializada do CADE ("PFE-CADE"), na condição de interessada no processo –, além do fato de que como a Whirlpool também seria concorrente da Electrolux no mercado de fabricação e venda de eletrodomésticos, esta última poderia, em tese, aproveitar-se de eventuais informações e segredos industriais da primeira. Chegados os autos ao STJ, a despeito de o Ministro-Relator, Marco Aurélio Belizze, ter precariamente deferido o pedido liminar das rés, ele e os demais integrantes da Terceira Turma do STJ negaram provimento ao mérito do REsp n. 1.554.986, viabilizando o translado de conteúdo sigiloso dos autos da investigação do CADE aos autos da ação indenizatória em epígrafe.

Ora, por mais que o principal tema sob debate no REsp n. 1.554.986 trate do limite ao acesso, por parte de pessoas físicas e jurídicas supostamente lesadas por cartéis, a acordos de leniência e termos de compromisso de cessação de condutas ("TCC") firmados com o CADE, essa decisão proferida pelo STJ,

uma ameaça aos cartéis ou ao programa de leniência brasileiro? *Revista do Instituto Brasileiro de Estudos de Concorrência, Consumo e Comércio Internacional – IBRAC*, v. 22, n. 2, 2016, p. 219-238.

por ter sido um dos motivos que deu ensejo à abertura da Consulta Pública n. 5/2016 do CADE, serviu para fomentar discussões atinentes à persecução privada de cartéis (*private enforcement*), dentre elas a questão da responsabilidade solidária dos cartelistas para reparação de danos, na esfera cível, decorrentes de cartéis, sendo esse o objeto de estudo do presente artigo.

Para tal, este artigo pretende, num primeiro momento, apresentar os principais aspectos relacionados à possibilidade ou não de responsabilização solidária de cartelistas na experiência estrangeira, especificamente nas jurisdições dos Estados Unidos da América e da União Europeia. Em seguida, o artigo apresenta a experiência brasileira sobre o tema, estudada sob as perspectivas do atual arcabouço jurídico-normativo que encampa o tema das ações indenizatórias decorrentes de danos causados por cartéis e das propostas de alteração legislativa e de regulamentação do tema pelo CADE. Finalmente, o artigo traz algumas reflexões sobre os limites e desafios relacionados ao tema.

2. Experiência estrangeira

2.1. Estados Unidos da América

Nos Estados Unidos da América, em virtude da história do direito antitruste norte-americano e da forte cultura de ajuizamento de ações indenizatórias em casos de cartéis, o *private enforcement* é um importante mecanismo de reforço do poder dissuasório da persecução pública (*public enforcement*) levada a cabo, em especial, pela Divisão Antitruste do Departamento de Justiça ("DoJ").[3-4]

3. "Section 4 of the Clayton Act grants a prevailing plaintiff 'three-fold the damages sustained'. Treble damages for antitrust violations were hardly new with the federal antitrust laws. Already in 1623 the English Statute of Monopolies provided that any person injured by a monopoly 'shall recover three times so much as the damages that he sustained by means or occasion of being so hindered'. Few legal rules are more firmly rooted in history than treble damages recovery for victims of antitrust violations. Although the Sherman Act and later the Clayton Act both provided for treble damages, the Congressional Record suggests that the members of Congress spent very little time debating the issue. Indeed, the members of Congress probably did not believe there would be a great deal of private antitrust enforcement. The rationales for treble damages in private antitrust actions are manifold. Perhaps the oldest is that the antitrust violator deserves to be punished for his crimes, and mere payment of single damages is not punishment enough. This moral argument has gradually given way to an argument based on general deterrence: since not all antitrust violations are detected, a rule providing only single damages would make antitrust violations profitable." (HOVENKAMP,

Isso porque naquela jurisdição, ao se iniciar uma investigação relacionada à prática de cartel – muitas vezes oriunda da notícia de ajuizamento de ações indenizatórias privadas –, além de, no caso de pessoas naturais, estar-se sujeito à penalidade de prisão, os cartelistas também estão sujeitos a multas administrativas elevadas e à alta probabilidade de terem que reparar os danos decorrentes da prática ilícita de maneira triplicada (*treble damages*),[5] danos esses que, justamente por serem calculados em montante equivalente a três vezes

Herbert. Federal antitrust policy: the law of competition and its practice. 4. ed. United States of America: West Academic Publishing, 2011, p. 721).

4. "The public enforcement of the federal antitrust laws is largely in the hands of the Antitrust Division of the Department of Justice ('Division') and the Federal Trade Commission ('FTC'). Technically, only the Division has authority to engage in public enforcement of the Sherman Act. However, the FTC may bring actions challenging unfair methods of competition under § 5 of the Federal Trade Commission Act, which has been interpreted to include everything in the Sherman Act, plus a few practices that are not covered by the Sherman Act. The Division and the FTC have concurrent authority to enforce Clayton Act. Since the jurisdiction of the two agencies overlaps, they have developed clearance procedures for notifying each other before conducting investigations or filing actions. If both are found to be pursuing the same inquiry, the two agencies decide which will handle it, based generally on considerations of expertise, staff, availability, and so on. If the matter involves likely criminal activity it will generally be referred to the Division, since the FTC does not have criminal jurisdiction" (Ibid., p. 642).

5. "Para compreender a aplicação dos *treble damages*, convém esclarecer que no direito norte-americano, ao contrário do que se passa no direito brasileiro, a imposição de condenações no âmbito civil em montante superior aos danos sofridos não é incomum. Em matéria de *torts*, deve-se mencionar que a aplicação nos Estados Unidos dos chamados *punitive damages*, os quais representam uma condenação, em âmbito civil, aplicada aos autores de determinadas práticas ilícitas consideradas graves, com o intuito de punir e desestimular o ofensor (e outras pessoas) a cometer novas infrações no futuro" (CASELTA, Daniel Costa. *Responsabilidade civil por danos decorrentes de prática de cartel.* São Paulo: Editora Singular, 2016, p. 80). "Punitive damages are awarded based on the nature of a defendant's wrongful conduct and, by definition, may bear little relationship to the extent of a plaintiff's injuries. As a general proposition, punitive damages are damages awarded to punish a person for extreme or outrageous acts and to deter that person and others from similar conduct in the future. These dual goals – punishment and deterrence – are similar to those of criminal law. Because punitive damages are found in civil law but are penal in nature, this doctrine has been characterized as 'quasi-criminal'"(AMERICAN BAR ASSOCIATION – ABA. *Punitive damages and business torts: a practitioner's handbook.* United States of America: ABA Section of Antitrust Law, 1999, p. 2-3).

o valor da perda, podem chegar a valores surpreendentemente mais altos do que a própria sanção administrativa imposta pelas autoridades públicas, ainda mais em casos de ações coletivas.[6]

Tendo em vista que essa regra de reparação triplicada pode, potencialmente, abrir um enorme passivo às empresas participantes de práticas colusivas, seria possível afirmar que haveria desincentivos à confissão do ilícito por meio de acordos de leniência, eis que, além do requisito de confissão propriamente dita, como notado por Mariana Tavares de Araújo e Márcio Benvenga Chede, as provas contra os signatários de acordos de leniência são em geral mais facilmente disponíveis do que aquelas relacionadas aos demais investigados,[7] o que induziria os prejudicados a demandarem judicialmente o delator (*whistleblower*), o qual também estaria sujeito à responsabilização solidária pelos danos causados pelos outros cartelistas (*joint and several liability*), sem direito de regresso (*right of contribution*).[8] Desse modo, com base nos

6. GABBAY, Daniela Monteiro; PASTORE, Ricardo Ferreira. Demandas indenizatórias por danos causados por cartéis no Brasil: um campo fértil aos mecanismos consensuais de solução de conflitos *in Revista de Arbitragem e Mediação*, São Paulo, Editora Revista dos Tribunais, v. 43, 2014, p. 171-207.
7. ARAÚJO, Mariana Tavares de; CHEDE, Márcio Benvenga. Repressão a cartéis em múltiplas jurisdições. In: MARTINEZ, Ana Paula (Org.). *Temas atuais de direito da concorrência*. São Paulo: Editora Singular, 2012, p. 230.
8. "Contribution is the right of one guilty defendant to force other participants in the same offense to pay a share of the damages award. Many states have adopted contribution rules for tort law, either by statute or by common law rule. In Texas Industries, Inc. v. Radcliff Materials, Inc., however, the Supreme Court decided that neither the antitrust statutes nor the federal common law implied a right to contribution in federal antitrust cases. The current antitrust rule, therefore, is that a single defendant may have to pay the entire damages award, even though several co-conspirators participated in the violation that caused the plaintiff's injury. The wisdom of a contribution rule in antitrust has been controversial, with a fair amount of literature on both sides of the question. The current rule of no contribution injects some arbitrariness into private enforcement of the antitrust laws. Theoretically, at the plaintiff's whim one defendant can be held liable for far more than treble the damages that it caused. Another, equally at fault, goes away free. This has prompted arguments that a no contribution rule is overdeterrent, because under it a single firm may be liable for very large damages. The answer, of course, is an argument that a no contribution rule is really underdeterrent, because some firms known to be guilty will not pay anything. Both of the above judgments can be made only after the fact, however. At the time a firm decides whether to commit an antitrust violation it does not know whether it will have to pay damages for an injury actually caused by a co-conspirator, or whether

desestímulos mencionados acima, inúmeros cartéis poderiam passar despercebidos e não detectados pelas autoridades, de sorte que, de alguma forma ou de outra, delinquir dissimuladamente compensaria mais do que pôr o conluio à luz e aos olhos das autoridades públicas.[9]

Assim, com o objetivo de endereçar e superar os desincentivos decorrentes dessa disciplina jurídica, em 2004, os Estados Unidos da América alteraram e reformaram sua legislação (*Antitrust Criminal Penalty Enhancement and Reform Act) para* que os beneficiários de acordos de leniência não mais arcassem com os danos triplicados (*de-trebling*), e também não mais respondessem solidariamente com os outros cartelistas – isto é, não signatários de acordos de leniência – pelos danos supostamente causados pela colusão, desde que haja cooperação de forma satisfatória, por parte dos signatários, para com as partes lesadas. Tal alteração buscou proteger os beneficiários da leniência para que eles não ficassem em posição de desvantagem e/ou equivalência em comparação aos demais participantes do cartel, a fim de preservar o programa de leniência como um todo.[10]

2.2. União Europeia

Em sentido oposto ao que ocorre nos Estados Unidos da América, prevalece na União Europeia o *public enforcement* do direito antitruste, uma vez

the co-conspirator will have to pay. However, a no contribution rule may distort antitrust enforcement to the disadvantage of some potential defendants and the advantage of others. For example, if plaintiffs generally sue the largest available defendant rather than the smaller ones, the effect of a no contribution rule would be overdeterrence with respect to large firms and underdeterrence with respect to small ones. However, the no contribution rule of Texas Industries reduces the overall costs of antitrust enforcement by encouraging defendants to settle before trial" (HOVENKAMP, op. cit., p. 744).

9. CONNOR, John M.; LANDE, Robert H. Cartels as rational business strategy: crime pays. *Cardozo Law Review*, n. 427, 2012. Disponível: <http://ssrn.com/abstract=1917657>. Acesso em: 13 jul. 2017.

10. Em decorrência dessa alteração, estudos do governo norte-americano indicaram que o número de casos que o DoJ sequer tinha conhecimento praticamente duplicou (UNITED STATES GOVERNMENT ACCOUNTABILITY OFFICE. Criminal cartel enforcement: stakeholder views on impact of 2004 Antitrust Reform are mixed, but support whistleblower protection, p. 15-21. Disponível em: <http://www.gao.gov/assets/330/321794.pdf>. Acesso em: 13 jul. 2017.

que, historicamente, a persecução a cartéis é atividade das autoridades administrativas, tendo o *private enforcement* papel secundário e complementar.[11-12]

Nesse sentido, como salientado por Daniel Costa Caselta, como o Tratado de Funcionamento da União Europeia ("TFUE") não contém qualquer disposição expressa assegurando aos prejudicados o direito a uma indenização pelos prejuízos supostamente decorrentes de práticas anticompetitivas, por um longo período houve dúvida se haveria ou não base jurídica para sustentar uma

11. "Historically within the EU, public enforcement of competition law has been much more important than private enforcement. However the competition authorities in the EU have limited resources and they are unable to investigate every alleged infringement of the competition rules. Private enforcement can therefore be an important complement to their activities. The Commission has for a long time been eager that Articles 101 and 102 should be applied more frequently in national courts, thereby relieving it of some of the burden of enforcement. Statements to this effect can be found more than 20 years ago. Commissioner Monti reaffirmed the Commission's desire for more private enforcement in a speech to the Sixth EU Competition Law and Policy Workshop in Florence in June 2001. One of the driving forces behind Regulation 1/2003 was the Commission's desire that national courts and NCAs should share with it the task of enforcing the competition rules, thereby enabling the Commission to concentrate its resources on pursuing the most serious infringements of the law (...) A complex issue is the relationship between the private and public enforcement of Articles 101 and 102. As a general proposition the Commission is in a much better position than a private plaintiff to discover infringements of the competition rules, in particular given the wide- ranging investigative powers that it can deploy throughout the EU. The Commission has resources and experience that enable it to identify infringements that many plaintiff s lack; and it is probably better able to quantify the harm caused by infringements of Articles 101 and 102. The Commission also is able to incentivize undertakings to inform it of infringements of Article 101 as a result of its leniency programme" (BAILEY, David; WHISH, Richard. *Competition law*. 7. ed. Oxford: Oxford University Press, 2012, p. 295-296, p. 305).
12. "Private civil actions may achieve corrective justice by allowing compensation of victims. It may, therefore, be seen as having a 'compensation function' – to compensate those harmed by the competition law infringement. Further, as private enforcement may relieve enforcement pressure on public enforcement agencies, it may also deter violations of the rules and help to develop and clarify the law. Arguably, therefore, it also serves a 'deterrent function' – to deter the violation of the competition rules and to punish the perpetrators. There is a view that public enforcement is better suited to serve the deterrent function, whilst private enforcement is more apt to pursue the compensation function" (JONES, Alison; SUFRIN, Brenda. *EU Competition law: text, cases and materials*. 5. ed. Glasgow: Oxford University Press, 2014, p. 1087-1088).

ação indenizatória que decorresse diretamente do direito comunitário europeu.[13] Isso porque, tal como observa Richard Whish, até 2001 não havia qualquer julgamento proferido pela Corte de Justiça Europeia que provesse algum tipo de *remedy* a partes prejudicadas por infrações concorrenciais.[14]

Entretanto, com o julgamento do caso *Courage Ltd. vs. Crehan*, estabeleceu-se que os prejudicados por violações às disposições de direito concorrencial previstas no TFEU têm direito a obter indenização pelos danos por eles experimentados em virtude de atos anticoncorrenciais,[15] a despeito de, no caso concreto, o autor não ter obtido êxito na reparação dos prejuízos alegados.[16] De todo modo, trata-se, portanto, de uma crucial contribuição ao desenvolvimento da cultura de *private enforcement* do direito antitruste europeu, sendo essa pretensão resguardada pela Corte de Justiça Europeia em casos mais recentes, tais como os casos *Vicenzo Manfredi vs. Lloyd Adriatico Assicurazioni SpA*[17] e *Pfleiderer AG vs. Bundeskartellamt*.[18]

A partir de então, vencida a questão fundamental e prejudicial apresentada acima, a Comissão Europeia publicou diversos estudos incentivando am-

13. CASELTA, op. cit., p. 94.
14. "Articles 101 and 102 are directly applicable and produce direct effects: they give rise to rights and obligations which national courts have a duty to safeguard and enforce. However, until 2001 there had not been a judgment of the Court of Justice dealing specifically with the question of whether Member States have an obligation, as a matter of EU law, to provide a remedy in damages where harm has been inflicted as a result of an infringement of the competition rules. The issue is particularly important given that the Commission has no power to award damages, although it may be able to encourage a defendant to compensate its victims in return for a reduction in its fine" (BAILEY; WHISH, op. cit., p. 297).
15. "The full effectiveness of Article 101 TFEU and, in particular, the practical effect of the prohibition laid down in Article 101(1) would be put at risk if it were not open to any individual to claim damages for loss caused to him by a contract or by conduct liable to restrict or distort competition. Indeed the existence of such a right strengthens the working of the EU competition rules and discourages agreements or practices, which are frequently covert, which are liable to restrict or distort competition. From that point of view, actions for damages before the national courts can make a significant contribution to the maintenance of effective competition in the EU" (Case C-453/1999).
16. BAILEY; WHISH, op. cit., p. 299.
17. "Any individual can claim compensation for the harm suffered where there is a causal relationship between that harm and an agreement or practice prohibited under Article 101 TFEU" (Case C-295/2004).
18. Case C-360/2009.

plas discussões sobre o tema para fomentar o ajuizamento de ações indenizatórias para reparação de partes lesadas por cartéis, o que redundou na edição da Diretiva 2014/104/UE do Parlamento Europeu e do Conselho da União Europeia, assinada em 26 de novembro de 2014, a qual, além de reforçar a legitimidade das pretensões de prejudicados por cartéis,[19] estabeleceu que qualquer prejudicado tem resguardado o direito de obter ampla reparação ("*full compensation*") pelas ofensas sofridas, incluindo danos emergentes e lucros cessantes, para que o ofendido retorne ao seu *status quo ante*, desde que não haja compensação excessiva (*overcompensation*) - em sentido diverso do que vige nos Estados Unidos da América - nos seguintes termos:

> Art. 3º - Direito à reparação integral
>
> 1. Os Estados-Membros asseguram que as pessoas singulares ou coletivas que foram danos causados por infrações ao direito da concorrência possam pedir e obter a reparação integral desses anos.
>
> 2. A reparação integral coloca a pessoa que sofreu danos na posição em que estaria se a infração ao direito da concorrência não tivesse sido cometida. Por conseguinte, abrange o direito à reparação por danos emergentes e por lucros cessantes acrescido do pagamento de juros.
>
> 3. A reparação integral nos termos da presente diretiva não pode conduzir à reparação excessiva, por meio de indenizações punitivas, múltiplas ou de outro tipo.[20]

Ainda, especificamente no que tange à possibilidade ou não de responsabilização solidária entre cartelistas, o art. 11 da referida Diretiva estabelece que os membros do cartel serão solidariamente responsáveis, de sorte que as

19. "Os arts. 101 e 102 do TFUE produzem efeito direto nas relações entre particulares e criam, para as pessoas em causa, direitos e obrigações que os tribunais nacionais devem tutelar. Os tribunais nacionais têm, assim, um papel igualmente essencial na aplicação das regras da concorrência (aplicação privada). Ao decidirem sobre os litígios entre particulares, salvaguardam os direitos subjetivos decorrentes do direito da União, nomeadamente através da concessão de indenizações às vítimas de infrações. A plena eficácia dos arts. 101 e 102 do TFUE e, em especial, o efeito prático das proibições neles estabelecidas pressupõem que qualquer pessoa, incluindo consumidores e empresas, ou autoridade pública possam pedir reparação junto dos tribunais nacionais pelos danos sofridos em virtude de uma violação de tais disposições. O direito à reparação garantido pelo direito da União aplica-se igualmente às infrações aos arts. 101 e 102 do TFUE por empresas públicas e empresas às quais os Estados-Membros concedam direitos especiais ou exclusivos, na acepção do art. 106 do TFUE".
20. Art. 3º da Diretiva 2014/104/UE do Parlamento Europeu e do Conselho da União Europeia.

vítimas podem cobrar a totalidade dos prejuízos de qualquer um dos infratores, mesmo daqueles de quem não adquiriram produtos e/ou serviços, com exceção dos beneficiários de acordo de leniência – em sentido similar ao que vige nos Estados Unidos da América, e de empresas de pequeno e médio porte, que possuam parcela de participação no mercado relevante afetado pela conduta inferior a 5% (cinco por cento) em qualquer momento durante o período em que a infração antitruste ocorreu, desde que tal empresa não tenha sido a líder da prática e não seja reincidente na mesma infração concorrencial.[21]

21. Art. 11 – Responsabilidade solidária: 1. Os Estados-Membros asseguram que as empresas que infringem o direito da concorrência por meio de um comportamento conjunto sejam solidariamente responsáveis pelos danos causados pela infração ao direito da concorrência; cada uma dessas empresas fica obrigada a reparar integralmente os danos, e o lesado tem o direito de exigir reparação integral de qualquer uma delas até ser indemnizado na íntegra. 2. Em derrogação ao n. 1 e sem prejuízo do direito à reparação integral estabelecido no art. 3º, os Estados-Membros asseguram, caso o infrator seja uma pequena ou média empresa ("PME") de acordo com a definição constante da Recomendação 2003/361/CE da Comissão, que o infrator só seja responsável perante os seus próprios adquirentes diretos e indiretos se: (a) A sua quota de mercado no mercado relevante for inferior a 5 % em qualquer momento durante o período de infração ao direito da concorrência; e (b) A aplicação das regras normais de responsabilidade solidária prejudicar de forma irremediável a sua viabilidade económica e desvalorizar totalmente os seus ativos. 3. A derrogação estabelecida no n. 2 não se aplica se: (a) a PME tiver liderado a infração ao direito da concorrência ou coagido outras empresas a participarem da infração; ou (v) a PME tiver sido anteriormente condenada por infração ao direito da concorrência. 4. Em derrogação ao n. 1, os Estados-Membros asseguram que o beneficiário da dispensa de coima seja solidariamente responsável: (a) perante os seus adquirentes ou fornecedores diretos ou indiretos; e (b) perante os outros lesados, apenas se não puder ser obtida reparação integral das outras empresas implicadas na mesma infração ao direito da concorrência. Os Estados-Membros asseguram que qualquer prazo de prescrição aplicável aos casos abrangidos pelo presente número seja razoável e suficiente para permitir aos lesados intentarem tais ações. 5. Os Estados-Membros asseguram que um infrator possa recuperar, de qualquer outro infrator, uma comparticipação num montante determinado em função da responsabilidade relativa pelos danos causados pela infração ao direito da concorrência. O montante da comparticipação de um infrator ao qual foi concedida dispensa de coima no âmbito de um programa de clemência não pode exceder o montante dos danos que causou aos seus próprios adquirentes ou fornecedores diretos ou indiretos. 6. Os Estados-Membros asseguram que, na medida em que a infração ao direito da concorrência tenha causado danos a outros lesados além dos adquirentes ou fornecedores diretos ou indiretos dos infratores, o montante de qualquer compar-

Portanto, tem-se que há convergência das regras que dispõem acerca dos regimes de responsabilização solidária de cartelistas nos Estados Unidos da América e na União Europeia, sempre com o fito de limitar a exposição civil dos beneficiários de acordos de leniência a ampliar as possibilidades de êxito dos prejudicados na reparação de danos por eles sofridos em casos de cartel,[22] por evidente que sem descurar da harmonização entre *private enforcement* e *public enforcement*.

3. Experiência brasileira

3.1. Atual regime jurídico: ausência de clareza, insuficiência normativa e criação de desincentivos ao programa de leniência brasileiro

No Brasil, o art. 47 da Lei n. 12.529/2011 ("Lei de Defesa da Concorrência") prevê a possibilidade de que partes lesadas e consumidores obtenham indenização para reparação de danos decorrentes de práticas anticompetitivas, independentemente de instauração de inquérito ou processo administrativo pelo CADE, os quais não serão suspensos em virtude do ajuizamento de eventual ação. Além das partes prejudicadas, verifica-se que os arts. 1º e 5º da Lei n. 7.347/85 ("Lei da Ação Civil Pública") e o art. 82 da Lei n. 8.078/90 ("Código de Defesa do Consumidor") admitem outros legitimados para manejo das ações reparatórias competentes, tais como o Ministério Público, União, Estados, Distrito Federal e Municípios, entidades e órgãos da Administração Pública direta e indireta, bem como associações.

A despeito da existência de disposição legislativa semelhante no art. 29 da Lei n. 8.884/94 ("Antiga Lei de Defesa da Concorrência") – de sorte que a previsão legal de ajuizamento de ação reparatória em face de cartelistas existe há mais de 20 (vinte) anos no Brasil – e de algumas decisões proferidas pelo Tribunal do CADE que clara e expressamente incentivaram o ajuizamento de demandas dessa natureza,[23] ainda se verifica que a cultura do *private enforce-*

ticipação do beneficiário de dispensa de coima a outro infrator seja determinado em função da sua responsabilidade relativa por esses danos. (Diretiva 2014/104/UE do Parlamento Europeu e do Conselho da União Europeia).

22. Para estudo mais aprofundado acerca do regime jurídico vigente na União Europeia, ver: TAVARES, Mariana Conceição. A proteção dos documentos de leniência no âmbito de ações de indenização por violação das regras de concorrência na União Europeia. *Revista de Defesa da Concorrência* ("RDC"), v. 1, n. 2, 2013, p. 32-44.

23. A título exemplificativo, citam-se os casos de cartéis no mercado de extração de areia e de gases industriais e hospitalares. No Processo Administrativo

ment é muito incipiente no Brasil. Nesse diapasão, somente agora, após o ajuizamento das ações reparatórias relativas aos casos do cartel de compressores, cartel de gases industriais e do cartel do metrô de São Paulo, é que questões que anteriormente eram impensadas – mas que há anos já eram discutidas

n. 08012.000283/2006-66, julgado pelo Conselheiro-Relator Paulo Furquim de Azevedo: "Sobre as penas às práticas ilícitas cometidas pelas empresas, o CADE determinou (1) o pagamento de multa às empresas envolvidas conforme discriminação a seguir: (i) Aro Mineradoras Ltda. no valor de R$ 539.984,11, correspondente a 22,5% de seu faturamento bruto, líquido de impostos; (ii) Smarja no valor de R$ 1.342.910,52, correspondente a 20% de seu faturamento bruto, líquido de impostos; (iii) Somar no valor de R$ 1.041.545,36, correspondente a 17,5% de seu faturamento bruto, líquido de impostos; e (iv) Comprove, por auxílio à formação do Cartel, no valor de R$ 3.034,41, correspondente a 10% de seu faturamento bruto, líquido de impostos; (2) comunicação, por carta, a todos os seus clientes do extrato da decisão proferida pelo colegiado; e (3) o pagamento de multa diária adicional no caso de continuidade da prática delitiva." Já no Processo Administrativo n. 08012.009888/2003-70, julgado pelo Conselheiro-Relator Fernando de Magalhães Furlan: "Vistos, relatados e discutidos os presentes autos, acordam o Presidente Substituto e os Conselheiros do Conselho Administrativo de Defesa Econômica – CADE, por unanimidade e nos termos do voto do Conselheiro relator, condenar, por cartel, nos termos do art. 20, incisos I e II, da lei n. 8.884/94, a representada White Martins Gases Industriais Ltda. ao pagamento de R$ 2.218.699.838,45, a representada Air Liquide Brasil Ltda. ao pagamento de R$ 249.257.134,59, a representada Air Products Brasil Ltda. ao pagamento de R$ 226.094.021,74, a representada Linde Gases Ltda., sucessora da AGA S/A, ao pagamento de R$ 237.687.956,72, a representada Indústria Brasileira de Gases ao pagamento de R$ 8.464.063,3 1, o representado Moacyr de Almeida Netto ao pagamento de R$ 475.375,91, o representado Newton de Oliveira ao pagamento de R$ 84.640,63, o representado José Antônio Bortoleto de Campos ao pagamento de R$ 4.437.399,68, o representado Walter Pilão ao pagamento de R$ 498.514,27, o representado Carlos Alberto Cerezine ao pagamento de R$ 452.188,04, o representado Gilberto Gallo ao pagamento de R$ 452.188,04, o representado Vítor de Andrade Perez ao pagamento de R$ 452.188,04. Os valores deverão ser atualizados até a data de efetivo pagamento e pagos no prazo de 30 (trinta) dias a partir da publicação deste acórdão. Foi determinada a expedição das comunicações devidas, recomendando-se que não seja concedido aos condenados o parcelamento de tributos federais por eles devidos ou para que sejam cancelados, no todo ou em parte, os incentivos fiscais ou subsídios públicos, nos termos do art. 24, inciso IV, alínea b, da Lei n. 8.884/94. Foi determinado o envio de cópias de todos os pareceres econômicos juntados aos autos ao Departamento de Estudos Econômicos – DEE do CADE, à Secretaria de Direito Econômico e à Secretaria de Acompanhamento Econômico. Foi determinada a remessa da decisão à Secretaria de Direito Econômico do Ministério da Justiça para avaliar eventual intervenção sobre

em outras jurisdições – passaram a ter a importância que merecem, sendo a possibilidade ou não de responsabilização solidária de membros de um determinado cartel no âmbito de demandas indenizatórias uma dessas questões.

Na defesa da responsabilização solidária de cartelistas, incluindo-se os beneficiários de acordos de leniência, argumenta-se que haveria fundamentação jurídica para tal nos arts. 275 e 942 da Lei n. 10.406/2002 ("Código Civil") e no art. 7º, parágrafo único, do Código de Defesa do Consumidor – estando também aberta uma eventual possibilidade de reparação duplicada, ao consumidor, na repetição de indébito prevista no art. 42, parágrafo único, também do Código de Defesa do Consumidor.[24] Perfilhando esse entendimento, escreve Bruno Oliveira Maggi:[25]

> Vale lembrar que o art. 942 do Código Civil determina que há solidariedade passiva daqueles que violam direitos de outrem. Assim, dada a natureza do cartel, sempre haverá solidariedade entre os membros do cartel quanto à responsabilização pelos prejuízos gerados e qualquer um deles poderá ser demandado pelos prejudicados. (...) Assim, com base no parágrafo único do art. 927 do Código Civil, que autoriza a aplicação da responsabilidade civil objetiva nos casos previstos em lei, os cartelistas são obrigados a reparar o dano, independentemente de culpa. Nesse sentido, para que exista responsabilidade do agente que participou do cartel basta que sejam identificados o ato, o dano e o nexo causal entre os dois primeiros elementos. Portanto, a análise da culpa é dispensada no caso da responsabilidade civil decorrente de cartel, visto que em qualquer das hipóteses essa prática resultará em responsabilidade civil objetiva dos seus agentes. Poderia ser cogitada a análise da culpa coletiva para eventual responsabilização de todos os cartelistas, em

---

os contatos entre as empresas para venda de gases entre elas, bem como possível participação de outros agentes na prática a justificar a instauração de procedimentos de apuração da responsabilidade de outros envolvidos. Foi determinada a remessa de cópia do acórdão e respectivo voto ao MM. Juízo da Terceira vara Criminal Federal, da Primeira Subseção Judiciária do Estado de São Paulo, por onde tramita a Ação Penal n. 0004517-95.2009.403.6181 (2009.61.81.004517-9), recomendando-se a publicação dos documentos e degravações obtidas no início da instrução penal. Foi determinado o envio desta decisão ao Conselho Federal de Medicina, à Confederação Nacional da Indústria, à Associação Nacional de Hospitais Privados, à Federação Brasileira de Hospitais, ao Ministério da Saúde, à Sabesp e ao Ministério das Cidades".

24. Contra a aplicação de um fator multiplicador da indenização por danos materiais, ver: CASELTA, op. cit., p. 161-162.

25. MAGGI, Bruno Oliveira. *O cartel e seus efeitos no âmbito da responsabilidade civil*. Dissertação de Mestrado em Direito Civil – Faculdade de Direito da Universidade de São Paulo (USP), São Paulo, 2010, p. 167, 174-175 e 186.

conjunto, pelos atos praticados. Contudo, tal exame também é desnecessário pelo fato de o cartel ser em sua essência uma infração praticada em conjunto, sendo impossível haver um acordo de um só agente. Ademais, o art. 942 do Código Civil impõe a solidariedade passiva dos infratores para os ilícitos praticados por mais de um autor. (...) Os prejudicados ou legitimados para realizar tal cobrança poderão requerer a indenização cabível de qualquer um dos participantes do ilícito, visto que há responsabilidade solidária entre eles, nos termos do art. 275 do Código Civil. Após o pagamento, poderão os cartelistas exercer seu direito de regresso contra os demais infratores para exigir o pagamento do valor *devido respectivamente por cada um.*

Entretanto, essa argumentação pode ser criticada, pois o atual regime jurídico ainda carece de clareza e, em seu atual estado da arte, cria desincentivos econômicos por possivelmente fragilizar o programa de leniência brasileiro. Nesse sentido, para questionar a tese de que nosso ordenamento jurídico adequadamente admitiria a responsabilidade solidária de cartelistas, incluindo os beneficiários de acordos de leniência, é possível levantar, dentre outras, as seguintes questões:

(i) Por mais que se entenda os danos causados a vítimas de cartéis como ilícitos civis, o que ensejaria a aplicação do Código Civil para fundamentação jurídica das pretensões apresentadas perante o Poder Judiciário, tendo em vista que a solidariedade decorre expressamente de lei e deve ser interpretada de maneira restritiva, quais são os limites e a extensão da responsabilidade solidária e do direito de regresso para reparação desses danos no que atine a danos materiais, morais, lucros cessantes, perda de uma chance ou de expectativas, além da quantificação unitária (princípio da reparação integral, previsto no Código Civil) ou duplicada (princípio da devolução em dobro, previsto no Código de Defesa do Consumidor) dos mesmos?; e

(ii) Considerando que há diversas teorias para conceituação de consumidor e que não há consenso entre os Tribunais brasileiros para tal, qual delas será utilizada caso se decida pela aplicação do Código de Defesa do Consumidor para lastrear uma ação indenizatória com pedido de responsabilização solidária (somente usuários finais – teoria finalista – ou qualquer comprador/consumidor – teoria maximalista – podem valer-se das disposições do Código de Defesa Consumidor para intentarem ações indenizatórias para reparação de danos causados por cartéis)?[26]

26. "Teoria ou interpretação finalista: esta interpretação restringe a figura do consumidor àquele que adquire (utiliza) um produto para uso próprio e de sua família;

Ademais, outro argumento que se contrapõe à teoria da responsabilização solidária seria o de que os requisitos para assinatura de um acordo de leniência pressupõem a confissão da participação no conluio e a apresentação de provas que demonstrem os fatos narrados e que, uma vez que não há qualquer norma que confira ao signatário tratamento favorável e diferenciado no que tange à possibilidade de afastamento de responsabilização solidária, uma teoria de responsabilização solidária nesses casos criaria fortes desincentivos à confissão da prática, já que os lesados tenderiam a ingressar com ações indenizatórias justamente em face do delator,[27] que ficaria em uma posição de desvantagem se comparado aos demais cartelistas.[28]

consumidor seria o não profissional, pois o fim do Código de Defesa do Consumidor ('CDC') é tutelar de maneira especial um grupo da sociedade que é mais vulnerável. Considera que, restringindo o campo de aplicação do CDC àquelas que necessitam de proteção, ficará assegurado um nível mais alto de proteção para estes, pois a jurisprudência será construída sobre casos em que o consumidor era realmente a parte mais fraca da relação de consumo e não sobre casos em que profissionais-consumidores reclamam mais benesses do que o direito comercial já concede. Interpretação maximalista: os maximalistas veem nas normas do CDC o novo regulamento do mercado de consumo brasileiro, e não normas orientadas para proteger somente o consumidor não profissional. O CDC seria um código geral sobre o consumo, um código para a sociedade de consumo, que institui normas e princípios para todos os agentes do mercado, os quais podem assumir os papeis ora de fornecedores, ora de consumidores. A definição do art. 2º deve ser interpretada o mais extensamente possível, segundo esta corrente, para que as normas do CDC possam ser aplicadas a um número cada vez maior de relações no mercado. Consideram que a definição do art. 2º é puramente objetiva, não importando se a pessoa física ou jurídica tem ou não o fim de lucro quando adquire um produto ou utiliza um serviço Destinatário final seria o *destinatário fático* do produto, aquele que o retira do mercado e o utiliza, o consume, por exemplo, a fábrica de toalhas que compra algodão para transformar, a fábrica de celulosa que compra carros para transporte dos visitantes, o advogado que compra uma máquina de escrever para o seu escritório, ou mesmo o Estado, quando adquire canetas para uso nas repartições, e, é claro, a dona de casa que adquire produtos alimentícios para a família" (BENJAMIN, Antonio Herman de Vasconcellos e; MARQUES, Claudia Lima; MIRAGEM, Bruno. *Comentários ao Código de Defesa do Consumidor*. 4. ed. rev., atual. e ampl. São Paulo: Editora Revista dos Tribunais, 2013, p. 115-116).

27. "Nos termos do art. 942 do Código Civil, todos os partícipes do cartel respondem solidariamente pela conduta do cartel, podendo uma parte lesada cobrar o valor integral da indenização de um dos membros da prática colusiva. No caso das investigações de cartéis em que haja um signatário de acordo de leniência, é provável que as partes lesadas busquem o ressarcimento integral dele, visto ser o único

Nesse sentido, argumenta-se ainda que uma teoria de responsabilização dos cartelistas criaria incentivos para que os *players* mantenham-se engajados na prática de colusão,[29] enfraquecendo-se o instituto do acordo de leniência.

Portanto, resta evidente que o atual arcabouço jurídico vigente no Brasil mostra-se defasado e carente de clareza e regulamentação, diferentemente do que ocorre em outras jurisdições (notadamente nos Estados Unidos da América e na União Europeia), podendo gerar insegurança quanto à exposição dos signatários de acordos de leniência com a autoridade às ações indenizatórias decorrentes de cartéis, bem como a estratégia dos demandantes que também não possuem segurança sobre contra quem devem litigar.

---

a ter confessado a prática" (MARTINEZ, Ana Paula. *Repressão a cartéis:* interface entre direito administrativo e penal. São Paulo: Editora Singular, 2013, p. 275-276 e 303-305).

28. Tal qual requereu o Ministério Público do Estado de São Paulo ("MP/SP") em ação civil pública proposta contra a Companhia Paulista de Trens Metropolitanos ("CPTM"), Siemens Ltda. ("Siemens"), Alstom Brasil Ltda. ("Alstom"), Construciones y Auxiliar de Ferrocarriles S.A. ("CAF"), Trans Sistemas de Transportes S.A. ("TTrans"), Bombardier Transportation Brasil Ltda. ("Bombardier"), Manutenção de Motores e Geradores Elétricos Ltda. ("MGE"), Mitsui & Co. (Brasil) S.A. ("Mitsui'), Temoinsa do Brasil Ltda. ("Temoinsa"), Empresa Tejofran de Saneamento e Serviços Ltda. ("Tejofran") e Montagens e Projetos Especiais S.A. ("MPE"), em que o MP/SP postula a condenação solidária, incluindo a própria beneficiária da leniência, de todas as empresas envolvidas na conduta delatada pela Siemens. Disponível em: <http://www.mpsp.mp.br/portal/pls/portal/!PORTAL.wwpob_page.show?_docname=2555380.PDF>. Acesso em: 14 jul. 2017.

29. "A teoria econômica básica da instabilidade do cartel é baseada na teoria dos jogos repetidos e sua influência sobre os agentes do setor para que cooperem ou não em comportamentos colusivos. Desse modo, os incentivos presentes nesse jogo repetido, e que condicionam a operação do cartel, são os seguintes: incentivos para operar no cartel, incentivos para desviar do cartel, e incentivos a punir os desviantes do cartel. Quaisquer desses incentivos influenciam o agente na decisão de participar do conluio: ganhar mais no presente, não cooperando com as regras do cartel, ou preservar as regras pactuadas com os concorrentes, privilegiando o ganho a longo prazo em relação ao comportamento oportunista de curto prazo, o que, no fim das contas, torna os cartéis um arranjo instável a ser constantemente fiscalizado pelos seus membros. Assim, apenas quando o coletivo dos players possui poder de mercado é que haveria ganhos na cartelização para cada player isoladamente, o que só é percebido a longo prazo, através da obediência das regras do jogo" (MATTOS, César Costa Alves de. Introdução à teoria econômica dos cartéis. In: CARVALHO, Vinícius Marques de, CORDOVIL, Leonor; SCHAPIRO, Mário Gomes. Direito Econômico Concorrencial. São Paulo: Editora Saraiva, 2013, p. 285-287).

Ademais, na medida em que estas demandas indenizatórias cresçam, essa ausência de normas legais para regulamentar o tema pode vir a fragilizar sensivelmente a atratividade do programa de leniência brasileiro, já que não há segurança para o signatário quanto à limitação da sua responsabilidade civil por reparação dos danos do cartel. Nesse sentido, há atualmente um movimento no CADE e no legislativo que busca modificações legislativas e reflexões jurídicas sobre o tema.[30]

3.2. Propostas de alterações normativas para incremento da atratividade do programa de leniência brasileiro: tentativa de convergência com a experiência internacional

Como destacado na seção anterior desse artigo, o CADE, na expectativa de proteção e fomento do seu programa de leniência, abriu a Consulta Pública n. 5/2016, com o objetivo de levar ao debate da comunidade jurídica, dentre outros aspectos das ações indenizatórias decorrentes de prática de cartel, a questão da responsabilidade solidária dos cartelistas e a extensão da responsabilidade dos signatários de acordos de leniência.

Para tal, especificamente no que diz respeito à limitação da responsabilidade de beneficiários de acordos de leniência, há iniciativa de alteração legislativa para inclusão de dois novos parágrafos ao art. 47 da Lei de Defesa da Concorrência, os quais sanariam, ao menos em tese, a incerteza jurídica a respeito da aplicação ou não da responsabilidade solidária e da repetição de indébito em dobro em face dos signatários de acordos de leniência no Brasil, de sorte que um desses novos parágrafos afastaria a solidariedade do delator para reparação de danos causados pelo cartel, também limitando a sua exposição aos danos individuais homogêneos efetivamente causados aos seus consumidores e/ou fornecedores diretos e/ou indiretos. Por sua vez, o outro novo parágrafo afastaria a reparação em dobro ao consumidor lesado prevista no art. 42 do Código de Defesa do Consumidor.

Além da iniciativa do CADE, há também o Projeto de Lei do Senado n. 283/2016 ("PLS n. 283/2016"), de relatoria do Senador Aécio Neves, por meio do qual o legislativo propõe a fixação de indenizações para ressarcimento em dobro aos prejudicados em razão de infrações à ordem econômica previstas

30. Para mais críticas sobre o assunto, ver: ARAÚJO, Mariana Tavares; MARTINEZ, Ana Paula. Private damages in Brazil: early beginnings, big stumbling blocks. *Competition Policy International – CPI*. Disponível em: <https://www.competitionpolicyinternational.com/wp-content/uploads/2016/01/Martinez-Tavares.pdf>. Acesso em: 14 jul. 2017. MACHADO, Luiza Andrade. Programas de leniência e responsabilidade civil concorrencial: o conflito entre a preservação dos interesses da leniência e o direito à indenização. *RDC*, v. 3, n. 2, 2015, p. 121.

no art. 36, § 1º, incisos I e II (cartelização), bem como a limitação da responsabilização solidária de signatários não apenas de acordos de leniência, mas também de TCCs, desde que estes entreguem ao CADE documentos que permitam a estimação e mensuração dos danos decorrentes da prática ilícita.[31]

4. Conclusão: reflexões, limites e desafios

Embora já se tenha iniciativas trazidas pelo CADE e pelo poder legislativo para tentar superar a ausência de regulamentação específica sobre a responsabilização solidária de cartelistas, tem-se que as inovações legislativas sugeridas pelo CADE e pelo Senado merecem uma série de reflexões, uma vez que, embora as propostas procurem resolver alguns dos problemas apontados ao longo deste artigo, as mesmas também criam outros de semelhante magnitude. Nesse sentido, as propostas em tramitação merecem aprofundados debates para que não se crie um novo arcabouço normativo que venha a ser menos seguro do que a própria ausência de um normativo específico para o assunto.

Uma das reflexões a serem feitas sobre as propostas em tramitação refere-se à extensão da limitação de responsabilidade para signatários de TCCs. Ao se admitir tal limitação de responsabilidade é possível que, em um caso em que diversos cartelistas firmem acordos com a autoridade e restem apenas os participantes menores da conduta como solidariamente responsáveis pelos danos causados, o objetivo de promoção de *private enforcement* intentado se esvazie, uma vez que existirão menos legitimados passivos e menos bens disponíveis para execução em caso de procedência das demandas indenizatórias.

Outro ponto a ser refletido nestas propostas diz respeito à mensuração e quantificação dos danos causados pelo cartel. Caso o texto do PLS n. 283/2016 venha a ser aprovado e a autoridade acabe por impor o fornecimento de informações e materiais para quantificação da do dano como requisito para afastamento da responsabilização solidária, há possibilidade de o instituto da limitação da extensão e responsabilidade dos signatários de acordos de leniência e TCCs tornar-se vazio em razão da impossibilidade fática e da dificuldade probatória de estimação das relações de sobrepreço praticado pelos cartelistas, sobrepreço embutido na cadeia produtiva e de consumo, e, por fim, prejuízo ao adquirente.

Além dessas questões substanciais que merecem ser profundamente analisadas no processo legislativo proposto, deve-se também refletir a respeito de

31. De acordo com consulta pública promovida pelo Portal Eletrônico do Senado Federal, ao menos até o momento em que este artigo foi elaborado, existiam mais votos dos internautas a favor da proposição do que contra. Disponível em: <https://www12.senado.leg.br/ecidadania/visualizacaomateria?id=126392>. Acesso em: 14 jul. 2017.

qual seria a aplicação e solução temporal a ser dada a casos em que houve acordos de leniência antes da alteração legislativa que limita a extensão da responsabilidade dos signatários desses acordos, isto é, a aplicação da limitação da solidariedade seria retroativa, imediata ou prospectiva?

Os pontos suscitados acima, além de outros que transbordam o escopo desse artigo e que, por uma razão ou outra, não foram aqui abordados, merecem a devida atenção e reflexão, pois, a depender da direção escolhida pelos responsáveis pela condução da política antitruste brasileira, pode haver, como destacado anteriormente, um comprometimento ou um esvaziamento ora do *private enforcement*, ora do *public enforcement*. Enfim, trata-se de um terreno bastante fértil para debates e reflexões, especialmente no estágio atual de desenvolvimento das ações reparatórias de danos causados por cartéis no Brasil, que ainda é embrionário.

Referências bibliográficas

AMERICAN BAR ASSOCIATION - ABA. *Punitive damages and business torts:* a practitioner's handbook. United States of America: ABA Section of Antitrust Law, 1999.

ARAÚJO, Mariana Tavares de; CHEDE, Márcio Benvenga. Repressão a cartéis em múltiplas jurisdições. In: MARTINEZ, Ana Paula (Org.). *Temas atuais de direito da concorrência*. São Paulo: Editora Singular, 2012.

______; MARTINEZ, Ana Paula. Private damages in Brazil: early beginnings, big stumbling blocks. *Competition Policy International - CPI*. Disponível em: <https://www.competitionpolicyinternational.com/wp-content/uploads/2016/01/Martinez-Tavares.pdf>. Acesso em: 14 jul. 2017.BAILEY, David; WHISH, Richard. *Competition law*. 7. ed. Oxford: Oxford University Press, 2012.

BENJAMIN, Antonio Herman de Vasconcellos; MARQUES, Claudia Lima; MIRAGEM, Bruno. *Comentários ao Código de Defesa do Consumidor*. 4. ed. rev., atual. e ampl. São Paulo: Editora Revista dos Tribunais, 2013.

BRASIL. MINISTÉRIO DA JUSTIÇA - CADE. Voto do Conselheiro-Relator Fernando de Magalhães Furlan, nos autos do Processo Administrativo n. 08012.009888/2003-70.

______. ______. Voto do Conselheiro-Relator Paulo Furquim de Azevedo nos autos do Processo Administrativo n. 08012.000283/2006-66.

______. SENADO FEDERAL. Projeto de Lei do Senado n. 283/2016. Disponível: <https://www12.senado.leg.br/ecidadania/visualizacaomateria? id=126392>. Acesso em: 14 jul. 2017.

CASELTA, Daniel Costa. *Responsabilidade civil por danos decorrentes de prática de cartel*. São Paulo: Editora Singular, 2016.

CONNOR, John M.; LANDE, Robert H. Cartels as rational business strategy: crime pays. *Cardozo Law Review*, n. 427, 2012. Disponível em: <http://ssrn.com/abstract=1917657>. Acesso em: 13 de julho de 2017.

COURT OF JUSTICE OF THE EUROPEAN UNION – CJEU. Case C-295/2004.

______. Case C-360/2009.

______. Case C-453n.99.

GABBAY, Daniela Monteiro; PASTORE, Ricardo Ferreira. Demandas indenizatórias por danos causados por cartéis no Brasil: um campo fértil aos mecanismos consensuais de solução de conflitos. *Revista de Arbitragem e Mediação*, São Paulo, Editora Revista dos Tribunais, v. 43, 2014.

HOVENKAMP, Herbert. *Federal antitrust policy: the law of competition and its practice.* 4. ed. United States of America: West Academic Publishing, 2011.

JONES, Alison; SUFRIN, Brenda. *EU Competition law: text, cases and materials.* 5. ed. Glasgow: Oxford University Press, 2014.

MACHADO, Luiza Andrade. Programas de leniência e responsabilidade civil concorrencial: o conflito entre a preservação dos interesses da leniência e o direito à indenização. *Revista de Defesa da Concorrência*, v. 3, n. 2, 2015.

MAGGI, Bruno Oliveira. *O cartel e seus efeitos no âmbito da responsabilidade civil.* Dissertação de Mestrado em Direito Civil – Faculdade de Direito da Universidade de São Paulo (USP), São Paulo, 2010.

MARTINEZ, Ana Paula. *Repressão a cartéis*: interface entre direito administrativo e penal. São Paulo: Editora Singular, 2013.

MATTOS, César Costa Alves de. Introdução à teoria econômica dos cartéis. In: CARVALHO, Vinícius Marques de; CORDOVIL, Leonor; SCHAPIRO, Mário Gomes. *Direito econômico concorrencial.* São Paulo: Editora Saraiva, 2013.

MOTTA, Lucas Griebeler da. Acesso a informações e provas relacionadas a acordos de leniência no âmbito de ações indenizatórias privadas à luz do Recurso Especial n. 1.554.986: uma ameaça aos cartéis ou ao programa de leniência brasileiro? *Revista do Instituto Brasileiro de Estudos de Concorrência, Consumo e Comércio Internacional – IBRAC*, v. 22, n. 2, 2016.

TAVARES, Mariana Conceição. A proteção dos documentos de leniência no âmbito de ações de indenização por violação das regras de concorrência na União Europeia. *Revista de Defesa da Concorrência,* v. 1, n. 2, 2013.

UNITED STATES GOVERNMENT ACCOUNTABILITY OFFICE. Criminal cartel enforcement: stakeholder views on impact of 2004 Antitrust Reform are mixed, but support whistleblower protection, p. 15-21. Disponível em: <http://www.gao.gov/assets/330/321794.pdf>. Acesso em: 13 jul. 2017.

Acesso aos documentos de acordos firmando com autoridade (Leniência e Termos de Cessação de Conduta)

Frederico Bastos Pinheiro Martins

1. Introdução

Um dos grandes desafios para o ajuizamento de ações privadas de ressarcimento de danos concorrenciais no Brasil diz respeito à capacidade dos prejudicados de produzirem, em juízo, as provas necessárias à demonstração da responsabilidade civil dos cartelistas.[1]

A responsabilização civil do cartelista depende da efetiva demonstração da conduta antijurídica, dano e nexo de causalidade entre os dois.[2] Apenas mediante a efetiva comprovação desses três elementos é que se configura a responsabilidade civil e, por consequência, o dever de indenizar do cartelista.[3]

Pelas regras tradicionais de distribuição do ônus da prova, cabe ao autor da ação indenizatória a prova do fato constitutivo de seu direito, e ao réu a

1. CORDOVIL, Leonor et al. *Nova Lei de Defesa da Concorrência comentada*. São Paulo: Editora Revista dos Tribunais, 2011. p. 137-138.
2. "No caso dos cartéis, tem-se que o ato ilícito é o acordo entre os agentes de mercado, o dano é composto pelas alterações sofridas pelo mercado em razão das decisões do cartel e o efeito (prejuízo) é o pagamento pelos compradores de valor acima do que normalmente seria cobrado pelo bem, além dos demais efeitos relacionados à perda do mercado" (CARVALHO, Lívia Cristina Lavandeira Gândara de. Responsabilidade civil concorrencial: elementos de responsabilização civil e análise crítica dos problemas enfrentados pelos tribunais brasileiros. *Revista do IBRAC*, v. 19, n. 21, jan.-jul. 2012, p. 332-350).
3. CARVALHO, Lívia Cristina Lavandeira Gândara de. Op. cit., p. 332-350.

prova de existência de fato impeditivo, modificativo ou extintivo do direito do autor.[4] Neste sentido, a prova dos elementos configuradores da responsabilidade civil, a rigor, compete ao autor.

No caso de um cartel, o ato ilícito consiste no acordo firmado entre competidores no sentido de eliminar a concorrência entre eles para, em conjunto, determinarem preços e quantidades, dividir mercado ou fraudar certames.[5] O dano, por sua vez, consiste nos prejuízos materiais e morais decorrentes do ato ilícito.[6]

Enquanto a demonstração da conduta antijurídica na maior parte dos casos tende a seguir as conclusões de fato alcançadas pelo CADE, a comprovação do dano individual demanda a produção de uma série de provas que não são de livre acesso ao titular do direito individual.

Há de se considerar a existência uma evidente assimetria[7] entre as informações disponíveis ao prejudicado pela prática do cartel, ao cartelista e, em algumas hipóteses, à própria autoridade antitruste. O caráter oculto das práticas anticoncorrenciais, o tempo decorrido entre o início delas e seu desvelamento público, bem como as regras de sigilo de informação no âmbito do processo administrativo do CADE resultam em dificuldade na produção de provas do dano percebido pelos prejudicados e/ou acesso às provas produzidas no âmbito do processo administrativo, prejudicando a defesa dos interesses dos prejudicados no juízo cível.

Com efeito, para que a responsabilidade civil concorrencial desempenhe de forma satisfatória o seu propósito de ressarcimento dos prejuízos sofridos e desestímulo à reiteração de infrações, é necessário que as ações de indenização se revelem como um instrumento efetivo de responsabilização dos cartelistas.[8] Tal efetividade depende do êxito da dilação probatória nas referidas ações, de

4. Código de Processo Civil: Art. 373. O ônus da prova incumbe: I – ao autor, quanto ao fato constitutivo de seu direito; II – ao réu, quanto à existência de fato impeditivo, modificativo ou extintivo do direito do autor.
5. CASELTA, Daniel Costa. *Responsabilidade civil por danos decorrentes da prática de cartel*. São Paulo: Singular, 2016, p. 119.
6. CASELTA, Daniel Costa. Op. cit., p. 141.
7. FERRAZ JR., Tercio Sampaio. Direito da concorrência e *enforcement* privado na legislação brasileira. *Revista de Defesa da Concorrência*, v. 1, n. 2, p. 11-31, 2013. p. 26.
8. GALVANI, Marina Sampaio. A prova do dano nas ações de responsabilidade civil por ato ilícito concorrencial. *Revista do IBRAC*, v. 21, n. 26, jul.-dez. 2014, p. 135-154.

forma que seja habilitado ao julgador apurar os danos reais e efetivos decorrente da conduta antijurídica e, por consequência, impor o dever de reparação.[9]

Por outro lado, e relativamente às sigilosas provas produzidas no âmbito de acordo de leniência ou TCCs firmados no processo administrativo do CADE, o acesso irrestrito a tais provas pelo prejudicado pode resultar em um prejuízo ao *public enforcement* da lei antitruste. Com efeito, enquanto o acesso e utilização de tais provas facilitaria a comprovação dos elementos da responsabilidade civil, tal possibilidade também tem o condão de aumentar os custos da delação e, por consequência, desincentivar a celebração de acordos em razão do grau de exposição atribuído ao leniente às ações de responsabilidade civil.[10]

A importância do tema ainda é reforçada por recentes decisões garantindo acesso de terceiros a documentos oriundos de leniência e TCC, sobretudo um precedente do Superior Tribunal de Justiça concedido no âmbito de uma ação indenizatória, bem como minuta de resolução do CADE submetida a consulta pública em dezembro de 2016 e que pretende fixar normas e procedimentos para acesso de terceiros a documentos oriundos de acordos de leniência, TCCs e busca e apreensão.

O presente artigo analisa tais decisões e minuta de resolução para endereçar o problema do acesso do prejudicado aos documentos e informações em poder da autoridade antitruste, assimilando não apenas o ponto de vista do prejudicado que pretende, de forma efetiva, comprovar o dano sofrido em razão da atuação do cartel, mas como da autoridade que busca regular

9. Apenas quando se tem provas materiais da infração, tais como atas de reunião, testemunhos de pessoas envolvidas ou documentos assinados é que se pode fixar com certeza o período durante o qual vigorou o cartel; nos demais casos, o aumento dos preços é calculado com base nas alterações de mercado que indiquem um comportamento anormal de seus agentes ou dos preços, comparando-se esse mercado a ele mesmo em algum período no qual seu funcionamento era plenamente competitivo ou a outro mercado similar, não caraterizado, utilizado como referência. (MAGGI, Bruno Oliveira. *O cartel e seus efeitos no âmbito da responsabilidade civil.* Dissertação (Mestrado em Direito Civil) – Faculdade de Direito, Universidade de São Paulo, São Paulo, 2010. p. 105. Disponível em: <http:// www.teses.usp.br/teses/disponíveis/2/2131/tde-28012011-140203/>. Acesso em: 2015 nov. 13).

10. MACHADO, Luiza Andrade. Programas de leniência e responsabilidade civil concorrencial: o conflito entre a preservação dos interesses da leniência e o direito à indenização. *Revista de Defesa da Concorrência*, v. 3, n. 2, 2015, p. 114-132, p. 117.

tal acesso de documentos para salvaguardar seu bem-sucedido programa de leniência e TCC.

2. Provas em poder da autoridade

Apesar de a produção da prova constitutiva de seu direito caber ao prejudicado que ajuíza a ação de reparação de danos, existe a possibilidade de as provas que contêm os dados de mercado necessários ao cálculo do dano não estarem em poder dos cartelistas[11] (contra quem caberia um pedido incidental de exibição de documento no curso da ação indenizatória), mas sim da própria autoridade antitruste. Com efeito, pode ser relevante para o autor da demanda indenizatória que obtenha acesso às provas do processo administrativo, como, por exemplo, aquelas obtidas por meio de uma operação de busca e apreensão, mas, sobretudo, as provas angariadas no âmbito de um acordo de leniência ou TCC.

Embora a utilização de prova emprestada de outros processos seja plenamente possível no processo cível, o acesso e utilização das provas detidas pela autoridade de defesa da concorrência, sobretudo aquelas entregues pelo signatário de acordo de leniência ou TCC ainda é um ponto de calorosa discussão.[12]

Com efeito, o acesso a documentos disponibilizados pelos signatários da leniência ou TCC, como, por exemplo, os termos de acordo, o Histórico da Conduta e evidências disponibilizadas para comprovar as alegações do leniente (como correspondência eletrônica, planilhas, etc.), seriam de grande valia à ação de indenização a ser ajuizada pelo prejudicado pelo cartel, pois facilitariam a comprovação do ilícito, dos prejuízos dele decorrentes e o nexo de causalidade.[13]

Por outro lado, entretanto, a divulgação de tais documentos pode prejudicar a atratividade do bem-sucedido programa de leniência, pois o acordo firmado com a autoridade antitruste não confere imunidade cível, o que

11. GALVANI, Marina Sampaio. Op. cit.

12. "De um lado, o acesso e a utilização de informações apresentadas por beneficiários da leniência facilita a comprovação da prática de cartel, dos danos por ele causados e de seu nexo de causalidade, elementos essenciais da responsabilidade civil concorrencial, permitindo que prejudicados sejam efetivamente indenizados. De outro lado, essa possibilidade aumenta os custos da delação e poderia desincentivar a celebração de acordos de leniência visto que os possíveis beneficiários passariam a ponderar sua maior exposição a ações de responsabilidade civil" (MACHADO, Op. cit., p. 117.).

13. CASELTA, Op. cit., p. 185.

poderia aumentar a possibilidade de o signatário ser acionado para ressarcir todo o prejuízo do cartel (haja vista a responsabilidade solidária), colocando-o em uma situação mais desvantajosa que os demais integrantes do cartel.[14] E este aumento do grau de exposição do signatário de acordo de leniência ou TCC a uma ação cível pode significar uma medida de desestímulo à cooperação, comprometendo a própria utilidade dos acordos como medida de detecção de cartéis.

O evidente conflito de valores[15] entre o interesse do prejudicado em ter acesso às provas que auxiliariam na evidenciação dos elementos da responsabilidade civil dos cartelistas, e o interesse institucional em preservar o programa de leniência, acaba por gerar um elemento de tensão entre o titular da pretensão reparatória e a autoridade antitruste, e que culmina na atual dificuldade de acesso às provas detidas pela autoridade.

A tensão, contudo, está relacionada à ausência de normas que versem sobre o acesso aos documentos e informações detidas pela autoridade antitruste pelo titular da pretensão indenizatória, em contraponto ao tratamento sigiloso que a Lei Antitruste e o Regimento Interno do CADE dão aos documentos e informações relativos a um acordo de leniência.[16]

Não há dúvida, entretanto, que a autoridade antitruste reconhece a importância das ações privadas de reparação de danos como instrumento de dissuasão de infrações à ordem econômica. A exposição de motivos da proposta de resolução do CADE colocada em consulta pública e que versa sobre o acesso de terceiros a documentos oriundos de acordos de leniência, TCCs e busca e apreensão revela como o *private enforcement* é entendido como instrumento importante para a política de defesa da concorrência.

Por outro lado, as regras que o CADE pretende traçar para o acesso público a tais documentos e informações evidenciam a preocupação em resguardar o programa de leniência e TCC do CADE, e se encontrar um ponto de equilíbrio entre o fomento às ações privadas de indenização e a manutenção da estrutura de incentivos à colaboração do programa de leniência e programa de TCC.

Percebe-se que a autoridade tem receio de que o acesso indiscriminado e não regulado aos documentos pelos prejudicados pelos cartéis em investigação no CADE, possa comprometer o programa de leniência ressaltado como maior deflagrador das investigações no âmbito do CADE.

14. CASELTA, Op. cit., p. 186.
15. CASELTA, Op. cit., p. 185.
16. MACHADO, Op. cit., p. 117.

Atualmente, diante da ausência de norma específica que regule o acesso dos prejudicados aos documentos de leniência ou TCC, e, ao mesmo tempo, mitigue um risco de exposição do leniente e signatário do TCC, a tendência é que o CADE busque tutelar o seu programa de leniência impondo restrições ao acesso de terceiros aos documentos angariados no âmbito de acordos.

2.1 Acesso judicial a provas em poder da autoridade antitruste

A resistência do CADE em garantir acesso de terceiros aos documentos entregues no âmbito de um acordo de leniência ou TCC acaba remetendo ao judiciário este conflito entre o interesse do prejudicado e o da autoridade antitruste. Dois casos recentes identificados pelo Levantamento Jurisprudencial abordam a questão da possibilidade de acesso aos documentos relacionados ao acordo de leniência ou TCC, e demonstram um indicativo de como o Judiciário endereçará tal conflito de interesses no futuro.

O primeiro caso ocorreu após a divulgação, pela imprensa, do suposto cartel em licitações para aquisições de trens e construções de linhas de metrô no Estado de São Paulo, deflagrado por um acordo de leniência firmado pela empresa Siemens.[17] Com o intuito de instruir ação de reparação de danos, o Estado de São Paulo pleiteou acesso aos documentos do acordo de leniência em diversas ações judiciais em foros distintos.

Inicialmente e em sede de mandado de segurança[18] interposto em face do CADE, o pedido de acesso em sede liminar foi indeferido, por entender o juízo que ainda que o sigilo aos documentos da leniência previsto no art. 49 da Lei Antitruste pudesse ser mitigado, essa flexibilização da confidencialidade não poderia ocorrer em sede de juízo liminar, pois possuía caráter satisfativo. Tal decisão foi mantida pelo Tribunal Regional Federal da 1ª Região, em juízo monocrático.[19]

O Estado de São Paulo, por sua vez, também solicitou acesso aos documentos encartados em duas ações de busca e apreensão ajuizadas pelo CADE contra empresas investigadas no âmbito do cartel do metrô e que foram fundamentadas com base no próprio acordo de leniência que o Estado buscava acesso.

17. CASELTA, Op. cit., p. 192.
18. Processo n. 41875-13-65.2013.4.01.3400 – 2ª Vara Federal da Seção Judiciária do Distrito Federal – Impetrante: Estado de São Paulo; Impetrado: Conselho Administrativo de Defesa Econômica – CADE.
19. TRF1 – Agravo de Instrumento Cível 0045454-81.2013.4.01.0000/DF, Relator: Des. Kassio Nunes Marques; 1ª Turma; Data de publicação: 16-8-2013.

Tanto o juízo da 4ª Vara Federal da Subseção Judiciária de São Paulo,[20] quanto o da 3ª Vara Federal de São Bernardo do Campo,[21] onde tramitavam as ações de busca e apreensão, concederam ao Estado de São Paulo acesso aos documentos dos autos, dentre eles os documentos relacionados ao acordo de leniência. Ambas as decisões reconheceram a existência de sigilo legal sobre os documentos, contudo concluíram que em razão de o próprio CADE ter divulgado em seu *website* notícia com detalhes da investigação, o interesse social sobre a investigação passaria a predominar, sendo de interesse geral, sobretudo do Estado de São Paulo e do Ministério Público do Estado de São Paulo, o acesso e acompanhamento dos termos da leniência e documentos que a instruíram, para aprofundamento das investigações pertinentes e apuração de responsabilidades.[22]

O segundo caso ocorreu no âmbito de uma ação privada no caso *Electrolux vs. Whirlpool*.[23] Na referida ação, a Electrolux pleiteia a reparação de danos percebidos em razão da atuação das requeridas no cartel de compressores herméticos para refrigeração. Ciente de que a Whirpool havia firmado

20. Processo n. 0010939-96.2013.4.03.6100 – 4ª Vara Federal da Subseção Judiciária de São Paulo/SP – Requerente: Conselho Administrativo de Defesa Econômica – CADE; Requerido: Alstom Brasil Energia e Transporte Ltda. e outros.
21. Processo n. 0004196-28.2013.4.03.6114 – 3ª Vara Federal de São Bernardo do Campo/SP – Requerente: Conselho Administrativo de Defesa Econômica – CADE; Requerido: MGE Equipamentos e Serviços Ferroviários Ltda.
22. "É evidente que, a partir dessa informação repassada ao público, no que entendo que o CADE prestou contas de suas relevantes atividades –, o interesse social passa a predominar, inclusive em face das obrigações legais do Estado de controlar o acesso e a divulgação de informações sigilosas produzidas por seus órgãos e entidades (Lei n. 12.527/2011). Decerto que a sociedade e, mais especificamente, o Estado de São Paulo e o Ministério Público Estadual, por exemplo, têm justificado interesse em ter acesso aos termos do acordo de leniência e demais documentos que acompanharam a petição inicial da medida cautelar, para aprofundamento das investigações e apurações cabíveis por parte dos competentes órgãos estatais. Em caso de eventuais crimes e atos de improbidade, por exemplo, os prazos prescricionais estão em pleno curso e já adiantados senão ultrapassados, justificando a urgência no acesso ao que consta dos autos judiciais". (Processo n. 0004196-28.2013.4.03.6114 – 3ª Vara Federal de São Bernardo do Campo/SP – Requerente: Conselho Administrativo de Defesa Econômica – CADE; Requerido: MGE Equipamentos e Serviços Ferroviários Ltda. Decisão publicada em 13-8-2013).
23. Processo n. 0116924-71.2012.8.26.0100 – 33ª Vara Cível do Foro Central da Comarca de São Paulo/SP – Requerente: Electrolux do Brasil S.A; Requeridos: Whipool S.A., Brasmotor S.A, Tecumseh do Brasil Ltda. (Ação tramita em segredo de justiça).

termo de compromisso de cessação de prática perante o CADE, a Electrolux requereu ao juízo da ação indenizatória que oficiasse o CADE para que apresentasse os documentos que instruíram o TCC. O pedido foi indeferido na primeira instância, sendo devolvido ao Tribunal de Justiça de São Paulo em sede de agravo de instrumento.

O agravo de instrumento, por sua vez, foi provido[24] deferindo-se que fosse oficiado o CADE para que apresentasse nos autos da ação de reparação de danos os documentos que instruíram o TCC, consignando a decisão que por ser o objeto da lide a reparação de danos decorrentes de infrações à ordem econômica, cujo combate cabe ao CADE, é adequada a solicitação de exibição de tais documentos, assegurado o sigilo dos documentos, mediante o trâmite do processo em segredo de justiça.

As fabricantes de compressores recorreram da decisão do TJSP ao Superior Tribunal de Justiça arguindo que o acordo firmado entre elas e o CADE é sigiloso, além de conter documentos relativos à sua estratégia empresarial e segredos de indústria e de negócios que não poderiam ser compartilhados com a autora da ação indenizatória, sua concorrente.

O relator do recurso no STJ, Ministro Marco Aurélio Bellizze, não acolheu tais argumentos e confirmou o direito de acesso aos acordos por terceiros prejudicados pelo cartel.[25] O Ministro salientou que, embora o sigilo inicial dos acor-

24. "Lembre-se que ainda que o escopo das medidas adotadas pelos órgãos integrantes do atual Sistema Brasileiro de Defesa da Concorrência seja aquele de combate às lesões de ordem difusa, oriundas dos atos de concentração, na medida que se discute, na presente demanda, prejuízos individuais delas supostamente decorrentes, adequada a solicitação dos aludidos documentos para a regular instrução do feito. Se houve ou não confissão das corrés quanto às práticas anticoncorrenciais no bojo dos processos administrativos e seus consectários, tal circunstância somente pode ser avaliada após a remessa e análise, pelo magistrado, dos documentos solicitados. Aliás, a providência de instrução é necessária até para que se possa examinar se são mesmo 'falsas' as afirmações da inicial, como alegam as agravadas. De resto, garantido e reiterado o segredo de justiça sobre os presentes autos e seus recursos, nenhum prejuízo ou ameaça ao necessário sigilo dos documentos cuja obtenção é anelada se vislumbra" (TJSP – Agravo de Instrumento Cível 2034855-20.2013.8.26.0000, Relator: Des. Vito Guglielmi; 6ª Câmara de Direito Privado; Data de publicação: 12-2-2014).

25. PROCESSO CIVIL. RECURSO ESPECIAL. AÇÃO DE REPARAÇÃO DE DANOS MATERIAIS. DILAÇÃO PROBATÓRIA. DEVER DE COLABORAÇÃO. JUNTADA DE DOCUMENTOS. PROCEDIMENTO ADMINISTRATIVO. ACORDO DE LENIÊNCIA. SIGILO. EXTENSÃO. LIMITES. OPOSIÇÃO AO PODER JUDICIÁRIO. RECURSO ESPECIAL NÃO PROVIDO. 1. Ação de repa-

dos tenha papel crucial no incentivo à colaboração por coautores dos cartéis e no sucesso das investigações conduzidas a partir do acordo, tal sigilo não pode ser absoluto e deve permanecer coerente com a razão de sua existência: resguardar o andamento e sucesso das investigações conduzidas pelo CADE.

Neste sentido, o Ministro Bellizze frisou que o sigilo previsto na Lei Antitruste está limitado às propostas de acordo de leniência, sendo que os de-

ração de danos materiais proposta na origem, na qual se pretende a indenização por danos decorrentes de conduta de concerto de preços em mercado relevante, na qual se requereu a juntada de documentos obtidos por meio de acordo de leniência e inquérito policial. 2. No que tange à obtenção de documentos sob guarda de juízo criminal, a posterior apreciação da questão trazida sob a alegação de ofensa ao art. 535 do CPC e interposição de novo recurso especial resulta na perda superveniente do interesse recursal, prejudicando o julgamento do recurso especial interposto por Electrolux do Brasil S.A. 3. O acordo de leniência é instituto destinado a propiciar a obtenção de provas da prática de condutas anticoncorrenciais, por meio do qual se concede ao coautor signatário benefícios penais e administrativos. 4. Nos termos da legislação, assegura-se o sigilo das propostas de acordo de leniência, as quais, eventualmente rejeitadas, não terão nenhuma divulgação, devendo ser restituídos todos os documentos ao proponente. 5. Aceito e formalizado o acordo de leniência, a extensão do sigilo somente se justificará no interesse das apurações ou em relação a documentos específicos cujo segredo deverá ser guardado também em tutela da concorrência. 6. Todavia, ainda que estendido o sigilo, não se pode admitir sua prostração indefinida no tempo, perdendo sentido sua manutenção após esgotada a fase de apuração da conduta, termo marcado pela apresentação do relatório circunstanciado pela Superintendência-Geral ao Presidente do Tribunal Administrativo. 7. O dever geral de colaboração para elucidação dos fatos, imposto nos termos do art. 339 do CPC, somente é afastado por meio de regras expressas de exclusão, entre as quais o sigilo profissional calcado na necessidade precípua de manutenção da relação de confiança inerente a determinadas profissões, o que não se afigura razoável na hipótese dos autos em que a relação entre signatários do acordo e a entidade pública se vinculam por meio do exercício do poder de polícia. 8. Nos termos da Lei n. 12.529/2011, art. 11, X, compete aos conselheiros do Tribunal Administrativo de Defesa Econômica prestar informações e fornecer cópias dos autos dos procedimentos administrativos ao Poder Judiciário, quando requeridas para instruir ações judiciais, de modo que eventual sigilo do procedimento administrativo não pode ser oposto ao Poder Judiciário. 9. Recurso especial da Electrolux do Brasil S.A. prejudicado pela perda superveniente de objeto. Recurso especial de Whirlpool S.A. e Brasmotors S.A. conhecido e não provido. Prejudicada a medida cautelar vinculada ao recurso especial. (STJ – Recurso Especial n. 1554986/SP, Rel. Ministro Marco Aurélio Bellizze, Terceira Turma, julgado em 8-3-2016, *DJe* 5-4-2016) mais atos e documentos relacionados ao acordo devem ser públicos em observância à regra geral de publicidade dos processos administrativos.

O relator ainda traçou um paralelo com a Lei de Combate a Organizações Criminosas (Lei n. 12.850/2013), que define que o acordo de delação premiada deixa de ser sigiloso assim que recebida a denúncia na ação penal.[26] Por considerar os acordos de delação premiada e leniência institutos ontologicamente idênticos, o Ministro concluiu que o sigilo do acordo de leniência deve prevalecer apenas durante a fase de apuração da conduta no processo administrativo, encerrando-se com a apresentação do relatório circunstanciado pela Superintendência-Geral ao Presidente do Tribunal Administrativo do CADE.

O relator ressaltou que o intuito de evitar o livre acesso público ao conteúdo, documentos e informações dos acordos celebrados pelo CADE, além de não contar com amparo legal, mostra-se desproporcional, por impedir terceiros eventualmente lesados de buscar a devida reparação dos danos suportados em decorrência do cartel.

Ao endereçar o argumento da Procuradoria do CADE de que a resistência do CADE em apresentar os documentos tinha a finalidade de não colocar o signatário em posição mais gravosa que os demais investigados, ante ao aumentado grau de exposição à ação de indenização, o Ministro apontou que a lei apenas prevê benefícios ao signatário nas esferas administrativa e penal, não cabendo ao CADE a extensão dessas benesses.

> O sigilo do acordo de leniência não pode se protrair no tempo indefinidamente, sob pena de perpetuar o dano causado a terceiros, garantindo ao signatário do acordo de leniência favor não assegurado pela lei. A propósito, nesse diapasão, não se sustenta o esclarecimento da Procuradoria Federal que expressamente declina a finalidade da mencionada previsão regimental no sentido de evitar que o signatário tivesse situação mais gravosa que os demais investigados pelo CADE. Esse argumento se mostra extremamente falacioso, porquanto a 'premiação' àquele que adere ao programa de leniência é restrita às esferas administrativas e penais, sem nenhuma menção legal à pretensão cível de eventuais lesados pelas condutas praticadas contra o mercado.[27]

26. Art. 7º. O pedido de homologação do acordo será sigilosamente distribuído, contendo apenas informações que não possam identificar o colaborador e o seu objeto. (...) § 3º – O acordo de colaboração premiada deixa de ser sigiloso assim que recebida a denúncia, observado o disposto no art. 5º.
27. STJ – Recurso Especial n. 1554986/SP, Rel. Ministro Marco Aurélio Bellizze, Terceira Turma, julgado em 8-3-2016, *DJe* 5-4-2016.

Por fim, o Ministro pontuou que o dever de confidencialidade do CADE se exaure no momento em que concluídos os trabalhos de instrução do procedimento administrativo, impondo-se, após, o dever de prestar informações e fornecer documentos ao Poder Judiciário. Eventual necessidade de atribuição de sigilo de parte dos documentos, como aqueles que guardarem segredos industriais, deverá ser pontualmente analisada pelo juízo competente.

A decisão é relevante, pois além de se tratar de um posicionamento externado pelo Superior Tribunal de Justiça, ela endereça diretamente esse conflito de interesses entre o dever de resguardar o sigilo das investigações, a atuação do CADE no sentido de proteger o programa de leniência e o interesse do prejudicado de reduzir a assimetria informacional e ter acesso aos documentos que podem ser fundamentais para a comprovação da responsabilidade civil do cartelista.

A minuta de resolução do CADE sobre acesso a documentos, por sua vez, diverge da solução adotada pelo STJ, por reputar que a divulgação dos documentos após o encerramento da instrução pela Superintendência Geral, poderia prejudicar o andamento do processo, colaborações e investigações conexas.

2.2 Resolução do CADE sobre acesso a documentos oriundos de acordo de leniência, TCC e busca e apreensão

Em 07 de dezembro de 2016, o CADE submeteu à consulta pública minuta de resolução que pretende estabelecer regras para acesso de terceiros à documentos e informações provenientes de acordos de leniência, Termos de Compromisso de Cessação (TCC) e de operações de busca e apreensão no âmbito do CADE.

Na exposição de motivos da resolução,[28] o CADE reconhece o acordo de leniência e TCC como os pilares da persecução pública a condutas anticompetitivas no Brasil, e que o crescimento da persecução privada de modo contundente no exterior e incidental no Brasil torna imperiosa a articulação entre ambas modalidades de persecução. A Nota Técnica da Superintendência-Geral

28. BRASIL, Conselho Administrativo de Defesa Econômica. Consulta Pública n. 05/2016. Exposição de Motivos da Resolução. Dezembro de 2016. Disponível em: <http://sei.cade.gov.br/sei/institucional/pesquisa/documento_consulta_externa.php?cRgo2m5Ijn4yw0U_4_gRpLBdy5K4UELoqhrOZPJS_sNXRAfb5BdfPxA-GqTJN-n1EQUQEvfxeZYDFLNcZ_qw9Gg,,>. Acesso em: 5 fev. 2017.

elaborada como subsídio teórico à resolução também reforça a necessidade de se regular a interação de *private* e *public enforcement*.[29]

O CADE também destacou que a iniciativa da minuta de resolução vem na esteira da recente decisão do STJ no REsp n. 1554986/SP, que iria de encontro à postura até então adotada pelo CADE, no sentido de não tornar públicos os acordos de leniência, termos de compromisso de cessação e documentos a eles relacionados, antes do julgamento do caso.

Na visão do CADE elucidada na nota técnica e exposição de motivos da minuta de resolução, o acesso indiscriminado a esse material colocaria em risco as investigações e o próprio programa de leniência. E para tutelar, portanto, esses dois pilares da sua atuação, o CADE propôs a minuta de resolução que, embora se diga destinada a fomentar ações de reparação de danos concorrenciais no Brasil, tem como objetivo principal a limitação dos tipos documentos que possam ser compartilhados com terceiros, bem como o estabelecimento do momento processual em que tal compartilhamento poderá ser realizado.

Ao enunciar a regra de publicidade dos documentos das investigações em seu art. 1º,[30] a norma traz diversas exceções à regra de publicidade o que

29. "Embora o *private enforcement* possa auxiliar na promoção da política de defesa da concorrência, reconhece-se que a tendência crescente de ajuizamento de ARDC traz desafios aos programas de colaboração das autoridades antitruste no mundo e no Brasil, em especial aos Programas de Leniência. Por um lado, regras que favoreçam excessivamente o *private enforcement* podem prejudicar o *public enforcement*. Por outro, regras que sejam excessivamente restritivas às ARDC podem inviabilizar o ressarcimento da parte lesada pela infração à ordem econômica e inviabilizar parte significativa da função dissuasória do *enforcement* antitruste. Assim, busca-se avaliar em que medida os incentivos para que um participante de um cartel coopere no âmbito de um Acordo de Leniência podem ser reduzidos se tal cooperação o expor excessivamente ao impacto financeiro das ARDC". (BRASIL, Conselho Administrativo de Defesa Econômica. Nota Técnica n. 24/2016/Chefia Gab-SG/SG/CADE. Dezembro de 2016. Disponível em: <http://sei.cade.gov.br/sei/institucional/pesquisa/documento_consulta_externa.php?7kPOxkDr7Hdy3nk8N7KWlj4Aaib6rj2o5ZKJrkFLovgm9l4TV4zQUY7a3MW4omo9BwdVCnAIQZcpqBftsU_mXg,,>. Acesso em: 05 fev. 2017.

30. Art. 1º Serão públicos os documentos e informações oriundos de Acordo de Leniência, Termos de Compromisso de Cessação de Conduta (TCC) e de ações judiciais de busca e apreensão que não se enquadrem nas restrições previstas nos arts. 44, § 2º, 49, 85, § 5º e 86, § 9º da Lei n. 12.529, de 2011, nos arts. 22 e 23, VIII da Lei n. 12.527, de 2011, nos arts. 5º, §§ 2º e 6º, I do Decreto n. 7.724, de 2012, nos arts. 52 a 55 e 179 a 210 do Regimento Interno do Cade, e nas decisões judiciais

evidencia que a maioria dos documentos das investigações deve permanecer, na visão do CADE, com tratamento restrito.

O art. 3º da resolução prevê a divulgação dos materiais de acesso restrito nas seguintes hipóteses: (i) expressa determinação legal; (ii) decisão judicial específica; (iii) autorização do signatário do Acordo de Leniência ou do compromissário do TCC, com a anuência do CADE, sem que haja prejuízo à investigação; ou (iv) cooperação jurídica internacional.

O momento do compartilhamento de documentos é endereçado pela minuta de resolução com o objetivo de evitar o compartilhamento prematuro de documentos e, com isso, prejudicar investigações conexas que porventura estejam em andamento. Neste sentido, e diferentemente da decisão do STJ, as novas regras preveem o acesso por fase do processo administrativo e determinam que (1) na fase de negociação e celebração do acordo os documentos serão sempre sigilosos; (2) na fase de instrução apenas as versões públicas das notas técnicas proferidas pela Superintendência Geral do CADE serão disponibilizadas; e (3) após decisão final, os documentos passíveis de compartilhamento serão juntados em apartado restrito específico para este fim, cabendo ao CADE a avaliação dos requerimentos de acesso apresentados por terceiro.

A exposição de motivos da resolução justifica a manutenção do sigilo durante todas as fases do processo administrativo como medida de resguardar tanto a própria investigação quanto outras que possam dela surgir.[31]

Para garantir que o compartilhamento do material seja realizado na fase processual que reputa mais apropriada, a resolução atribui à Procuradoria do CADE a possibilidade de intervir em ações judiciais que discutam o acesso a esses documentos e informações, bem como requerer a suspensão de medidas judiciais e extrajudiciais que possam comprometer acordos e investigações. Para auxiliar a Procuradoria na identificação de tais ações, a resolução obriga os signatários de acordos a informar o CADE da existência de quaisquer medidas judiciais ou extrajudiciais, no Brasil ou no exterior, que discutam o acesso a documentos oriundos de acordos firmados com o CADE.

---

específicas, conforme fase processual da investigação no Cade, nos termos da Seção II desta Resolução.

31. BRASIL, Conselho Administrativo de Defesa Econômica. Consulta Pública n. 05/2016. Exposição de Motivos da Resolução. Dezembro de 2016. Disponível em: <http://sei.cade.gov.br/sei/institucional/pesquisa/documento_consulta_externa.php?cRgo2m5Ijn4yw0U_4_gRpLBdy5K4UELoqhrOZPJS_sNXRAfb5BdfPxAGqTJN-n1EQUQEvfxeZYDFLNcZ_qw9Gg,,> Acesso em: 5 fev. 2017.

Apesar de a norma prever que, após a decisão final, o CADE poderá tornar públicos os documentos e informações considerados relevantes, isso não significa que eles serão compartilhados de forma ampla e irrestrita. Seguindo o exemplo da *Diretiva Sobre Ações de Ressarcimento de Danos Concorrenciais da União Europeia*, o CADE propõe que, mesmo após a decisão final do Tribunal no processo administrativo, alguns documentos e informações nunca poderão ser compartilhados com terceiros em razão dos riscos às atividades de inteligência, efetividade de investigações e atratividade dos programas de acordos do CADE.

Dentre os elementos que o CADE propõe manter em sigilo estão: (i) relatórios com histórico da conduta e seus aditivos; (ii) propostas de acordos de leniência e de termos de compromisso de cessação; (iii) documentos e informações relacionados a estratégia empresarial e segredos de indústria e negócios; e (iv) documentos e informações protegidos por sigilo legal, como dados fiscais e bancários.[32]

Segundo a exposição de motivos da resolução, a proteção à confidencialidade de tais documentos tem como objetivo impedir que o beneficiário da leniência ou TCC se encontre em uma posição de desvantagem em um potencial litígio civil, quando comparado com os demais coautores da conduta que não colaboraram com a autoridade.

32. Art. 13. (...) Parágrafo único. Serão mantidos como de acesso restrito, mesmo após a decisão final pelo Plenário do Tribunal do Cade, e não poderão ser disponibilizados a terceiros em razão do risco à condução de negociações (art. 23, II da Lei n. 12.527/2011), às atividades de inteligência (art. 23, VIII da Lei n. 12.527/2011), e à efetividade dos Programas de Leniência e de TCC do Cade: I – o Histórico da Conduta e seus aditivos, elaborados pela Superintendência-Geral do Cade com base em documentos e informações de caráter auto-incriminatório submetidos voluntariamente no âmbito da negociação de Acordo de Leniência e TCC, que não poderiam ter sido obtidos de qualquer outro modo senão por meio da colaboração no âmbito dos Programas de Leniência e de TCC; e/ou II – os documentos e informações: a) que se enquadrem nas restrições previstas nos arts. 44, § 2º, 49, 85, § 5º e 86, § 9º da Lei n. 12.529, de 2011; b) que constituam segredo industrial (art. 22 da Lei n. 12.527/2011); c) relativos à atividade empresarial de pessoas físicas ou jurídicas de direito privado cuja divulgação possa representar vantagem competitiva a outros agentes econômicos (art. 5º, § 2º, do Decreto n. 7.724/2012); d) que constituam hipóteses de sigilo previstas na legislação, como fiscal, bancário, de operações e serviços no mercado de capitais, comercial, profissional, industrial e segredo de justiça (art. 6º, I, do Decreto n. 7.724/2012); e) que constituam hipóteses previstas nos arts. 52 a 54 do Regimento Interno do CADE.

Os documentos que eventualmente não se enquadrem nessas categorias, tais como provas da época da infração, como, por exemplo, uma troca de e-mails que ateste um ajuste entre concorrentes, poderão, em tese, ser acessados por terceiros, porém apenas após a decisão final do CADE no processo administrativo e sua deliberação sobre a viabilidade do requerimento de acesso à prova.

Por fim, e com o intuito de fomentar a persecução privada a condutas anticompetitivas no Brasil, a resolução estabelece que os terceiros que pretendam obter provas para subsidiar o ajuizamento de ações de reparação de danos concorrenciais terão acesso prioritário aos documentos e informações de acesso restrito. E sem descuidar do possível impacto que ações de reparação podem ter sobre os incentivos para celebração de termos de compromisso de cessação, e buscando incentivar a adoção de instrumentos consensuais de resolução de conflitos, a proposta de resolução autoriza o CADE a conceder redução da contribuição pecuniária ou da multa administrativa imposta aos participantes da infração concorrencial que comprovarem o ressarcimento extrajudicial ou judicial do dano causado a terceiros decorrente de sua conduta.

O CADE também defende alterações na Lei de Defesa da Concorrência com vistas a esclarecer e pacificar temas centrais e polêmicos das ações de reparação. Na primeira proposta de alteração da lei, o CADE busca estabelecer uma norma específica de prescrição para ações de reparação de danos concorrenciais, definindo que o prazo prescricional só começaria a fluir com a ciência inequívoca da infração e que ele seria interrompido pela instauração de investigação pelo CADE.

A segunda alteração legislativa sugerida pelo CADE busca reduzir o grau de exposição do signatário da leniência às ações de reparação de danos e evitar que ele fique numa posição mais desvantajosa que as demais partes que não colaboraram com a autoridade. Nesse sentido, o novo texto da lei definiria que (i) o signatário da leniência não responde solidariamente pelos danos decorrentes da infração noticiada em seu acordo, mas apenas pelos danos efetivamente causados aos seus consumidores e fornecedores; e (ii) que ao signatário não se aplica a repetição de indébito por valor em dobro prevista no art. 42 do Código de Defesa do Consumidor.

3. Conclusão

As recentes decisões identificadas pelo Levantamento Jurisprudencial revelam uma tendência do Judiciário de garantir acesso de terceiros prejudicados ao conteúdo, documentos e informações dos acordos celebrados pelo

CADE, de forma a garantir o pleno exercício da pretensão reparatória dos danos suportados em decorrência do cartel.

Por outro lado, considerando-se o rigor com que trata o acesso de terceiros a documentos e informações provenientes de acordos de leniência, TCCs e de operações de busca e apreensão, conclui-se que a minuta resolução editada pelo CADE, apesar de indicar como seu objetivo o fomento às ações privadas de reparação de danos concorrenciais e criar harmonia entre persecução pública e privada das infrações à ordem econômica, visa claramente proteger o bem-sucedido programa de leniência e TCC do CADE.

A criação de normas para simplesmente restringir o acesso aos documentos das investigações e, até mesmo, criar um sigilo perpétuo à determinada classe de documentos e informações, não parece estar alinhada com o entendimento externado pelas decisões judiciais acima analisadas.

A atratividade do programa de leniência e TCC do CADE deve ser mantida a partir da criação de medidas de incentivo à colaboração que sejam compatíveis com o ordenamento jurídico. Considerando que o acordo firmado no âmbito do CADE possui reflexos nas esferas administrativa e penal, porém não na esfera cível, uma norma que, em última análise, crie um obstáculo à comprovação em juízo da responsabilidade civil do beneficiário da leniência ou compromissário no TCC parece extrapolar os limites de atuação do CADE, criando uma imunidade não prevista em lei.

Há, portanto, um desalinhamento entre Judiciário e CADE acerca da possibilidade (e momento) de acesso a documentos e informações oriundos de acordos de leniência e TCC. A conciliação do fomento às ações privadas de reparação de danos e da tutela ao programa de leniência e TCC do CADE dependerá intrinsecamente de alterações legislativas voltadas a atribui maior previsibilidade à questão da prescrição das ações, e menor exposição ao signatário da leniência, o que, traria maior harmonia e sinergia entre *public* e *private enforcement* no Brasil.

Referências bibliográficas

BRASIL. Conselho Administrativo de Defesa Econômica. Consulta Pública n. 05/2016. Exposição de Motivos da Resolução. Dezembro de 2016. Disponível em: <http://sei.cade.gov.br/sei/institucional/pesquisa/documento_consulta_externa.php?cRgo2m5Ijn4yw0U_4_gRpLBdy5K4UELoqhrOZPJS_sN-XRAfb5BdfPxAGqTJN-n1EQUQEvfxeZYDFLNcZ_qw9Gg,,>. Acesso em: 05 fev. 2017.

_______. Guia sobre o Programa de Leniência Antitruste do CADE. maio 2016. Disponível em: <http://www.cade.gov.br/acesso-a-informacao/publicacoes-institucionais/guias_do_Cade/guia_programa-de-leniencia-do-cade-final.pdf>. Acesso em: 11 nov. 2016.

CARVALHO, Lívia Cristina Lavandeira Gândara de. Responsabilidade civil concorrencial: elementos de responsabilização civil e análise crítica dos problemas enfrentados pelos tribunais brasileiros. *Revista do IBRAC*, v. 19, n. 21, jan.-jul. 2012, p. 332-350.

CASELTA, Daniel Costa. *Responsabilidade civil por danos decorrentes da prática de cartel.* São Paulo: Singular, 2016.

CORDOVIL, Leonor et al. *Nova Lei de Defesa da Concorrência comentada.* São Paulo: Editora Revista dos Tribunais, 2011.

FERRAZ JR., Tercio Sampaio. Direito da concorrência e *enforcement* privado na legislação brasileira. *Revista de Defesa da Concorrência*, v. 1, n. 2, 2013, p. 11-31.

GALVANI, Marina Sampaio. A prova do dano nas ações de responsabilidade civil por ato ilícito concorrencial. *Revista do IBRAC*, v. 21, n. 26, jul.-dez. 2014, p. 135-154.

MACHADO, Luiza Andrade. Programas de leniência e responsabilidade civil concorrencial: o conflito entre a preservação dos interesses da leniência e o direito à indenização. *Revista de Defesa da Concorrência*, v. 3, n. 2, 2015, p. 114.132.

MAGGI, Bruno Oliveira. *O cartel e seus efeitos no âmbito da responsabilidade civil.* Dissertação (Mestrado em Direito Civil) – Faculdade de Direito, Universidade de São Paulo, São Paulo, 2010. Disponível em: <http://www.teses.usp.br/teses/disponíveis/2/2131/tde-28012011-140203/>. Acesso em: 13 nov. 2015.

Alterações legislativas necessárias e o futuro das ações reparatórias por danos concorrenciais no Brasil

Bruno Lanna Peixoto
Ludmilla Martins da Silva

O fomento ao *private enforcement* talvez seja o desafio mais relevante que se apresenta ao Sistema Brasileiro de Defesa da Concorrência, haja vista, por um lado, o seu potencial de contribuir, substancialmente, para a dissuasão das práticas anticoncorrenciais, especialmente, em um cenário de limitação legal aos valores máximos das penalidades aplicáveis pelo Conselho Administrativo de Defesa Econômica - CADE e significativas restrições orçamentárias no âmbito da Administração Pública; e, em contraste, a sua atual hipotrofia, a ameaçar, não apenas a efetividade da política antitruste brasileira enquanto instrumento de tutela dos direitos da coletividade, mas ainda a concreção da justiça reparatória na seara concorrencial.

Destacam-se entre os mais antigos e celebrados cânones da hermenêutica jurídica aqueles que preceituam que não há palavras inúteis na Lei (*verba cum effectu, sunt accipienda*) e que as normas devem ser aplicadas de modo que não pareça haver palavras supérfluas (*interpretatio in quacumque dispositione ne sic facienda, ut verba non sint superflua, et sine virtude operandi*). Ao conferir legitimidade aos prejudicados por infração à ordem econômica para pleitearem junto ao Poder Judiciário a cessação de conduta anticoncorrencial e o ressarcimento dos danos, o legislador reconheceu o caráter complementar do *public enforcement* e do *private enforcement,* estabelecendo ambos os mecanismos como sustentáculos da política antitruste brasileira. Se assim não o fosse, as normas dos arts. 29 da Lei n. 8.884/94 e 47 da Lei n. 12.529/2011 seriam supérfluas considerando que o direito à reparação por danos causados por atos ilícitos já se encontrava, há muito, sacramentado no Direito pátrio, e regido pelos preceitos do Direito Civil e pelo microssistema processual coletivo, cuja pedra angular é o Código de Defesa do Consumidor. Nesse contexto, a interpretação razoável, se não a única possível, é que o legislador estabeleceu claro *mandamus* para que se dê concreção às ações reparatórias, em caso de infrações à ordem econômica, como medida de justiça reparatória e também como parte integrante da política antitruste estabelecida no País a partir do advento da Lei n. 8.884/94.

As Ações Reparatórias por Danos Concorrenciais ("ARDCs"), em que pese tal caráter bidimensional, encontram-se subutilizadas no Brasil, em razão do contexto fático e legal no qual estão inseridas, o qual onera, excessivamente, os afetados, criando desincentivos à utilização dessa espécie processual. Diante disso, alterações legislativas tornam-se imperativas para que haja o devido desenvolvimento do *private enforcement* no Brasil.

O presente artigo se propõe a discutir o atual contexto das ações reparatórias, destacando a relevância do *private enforcement* em termos de *deterrence* e justiça reparatória. Serão apontadas as barreiras fáticas e legais mais significativas enfrentadas pelos lesados por infrações à ordem econômica, especialmente pela formação de cartel, e propostas alterações legislativas, que buscam a reversão do quadro de subutilização, por meio da redução da insegurança jurídica que assombra os afetados por condutas anticoncorrenciais. Diante disso, acredita-se ser possível galgar mais um degrau no constante desenvolvimento da política antitruste no País.

1. A dupla relevância do *private enforcement:* sustentáculo da política antitruste e medida imperativa de justiça reparatória

As ARDCs possuem um caráter complementar à persecução pública realizada pelo CADE, tornando a colusão entre agentes econômicos mais onerosa. Além de compor a política antitruste elevando o poder dissuasório da atuação do CADE, o *private enforcement* também é instrumento essencial de justiça reparatória, que encontra fundamento no art. 5°, inciso V, da Constituição Federal da República.

Um sistema de persecução a ilícitos concorrenciais ideal é aquele que persegue dois objetivos: a dissuasão (*deterrence*) e a compensação dos danos causados por condutas anticoncorrenciais,[1] sendo capaz de reverter os incen-

1. CONNOR, John M. Optimal Deterrence and Private International Cartels. 2007. p. 5. Disponível em: <http://dx.doi.org/10.2139/ssrn.787927>. Acesso em: 16 jun. 2017.

tivos associados ao cartel, alterando a decisão do agente econômico antes da prática do ilícito. O sistema, portanto, deve ser observado e o seu sucesso auferido sob uma ótica *ex ante.*[2]

William Landes explica que o desincentivo à colusão (*optimal deterrence*) é atingido quando a somatória das sanções impostas aos agentes econômicos é igual ao dano provocado pelo arranjo ilícito, dividido pela probabilidade de detecção e a probabilidade de prova da violação.[3]

Nesse sentido, cumpre indagar se o *public enforcement* produz, por meio da aplicação de sanções a agentes econômicos violadores das normas concorrenciais, um nível ótimo de dissuasão.

John Connor, ao analisar as multas aplicadas a 283 cartéis internacionais que manipularam a concorrência desde janeiro de 1990, concluiu que as sanções aplicadas a esses arranjos não produziram nível ideal de dissuasão. As sanções seriam sub-ótimas, pois: (1) nem todas as jurisdições afetadas investigaram todos esses ilícitos; (2) os descontos oferecidos nos mecanismos de transação com as autoridades parecem contribuir para a diminuição dos custos associados à colusão, sendo necessários estudos específicos sobre a real efetividade desses acordos em termos de *deterrence;* (3) a probabilidade de detecção dos ilícitos não é considerada no cálculo das multas em diversas jurisdições; (4) as multas frequentemente não levam em consideração os danos causados pelos conluios aos mercados, que envolvem além do sobrepreço, o peso morto (*deadweight loss*); e (5) o sistema de fixação de multas adotado por diversas jurisdições estabelece um teto para as multas, não compatível com os proveitos trazidos pelo ilícito.[4] Diante disso, Connor apontou que o total de sanções pecuniárias aplicadas a essas estruturas teria sido menor que os danos provocados pelas mesmas.

2. Nesse sentido, Connor destaca: "Are Actual Cartel Penalties Supra Deterrent? Those who take that position seem to draw upon anecdotes (...). However, there is a more fundamental logical flaw in claims of supra-optimal sanctions. These criticisms seem to confuse the ex post liabilities faced by discovered cartel members with the *ex ante* decision making process that deterrence-fines are supposed to affect. Deterrence effects of anticartel policies must be evaluated ex ante, that is, from the perspective of a company considering forming or joining a global price-fixing conspiracy. Such a company must evaluate the probable additional profits from the cartel relative to the probable costs associated with being discovered and prosecuted". Ibid., p. 18.
3. LANDES, William M. Optimal Sanctions for Antitrust Violations. *University of Chicago Law Review,* 1983, p. 652-678, p. 657.
4. CONNOR, op. cit., p. 18-23.

A criação de incentivos à reversão do quadro de subutilização das ARDCs no Brasil mostra-se de relevância ainda maior, uma vez que as multas aplicadas pelo CADE estão adstritas a um teto legal e, assim, são impostas a despeito dos danos provocados por um cartel.[5]

Não obstante o legislador ter reconhecido a relevância do *private enforcement,* conferindo legitimidade aos afetados por condutas anticompetitivas a pleitearem o ressarcimento dos danos por elas provocados, pouquíssimos cartéis condenados pelo CADE enfrentaram essas ações até o momento.[6]

As primeiras ações reparatórias no âmbito concorrencial foram ajuizadas por distribuidores independentes de aço em decorrência dos danos provocados pelo cartel de vergalhões de aço,[7] cujos integrantes foram condenados pela fixação de preço, alocação de consumidores e manutenção do preço de revenda.[8] Em seguida, associações de construtoras também buscaram o ressarcimento dos prejuízos sofridos em decorrência da imposição de sobrepreços.[9]

Os integrantes do cartel dos gases hospitalares – condenados pelo CADE por fixação de preços, divisão de mercados e manipulação da concorrência em procedimentos licitatórios ao pagamento de multa de 2,9 bilhões de reais[10] – também enfrentaram ações reparatórias coletivas movidas por associações de hospitais.[11] Nesse caso, em que pese a decisão condenatória do CADE tenha sido anulada por supostas ilegalidades processuais, o Tribunal de Minas

5. Vide seção 2.1. a seguir.
6. Segundo o levantamento jurisprudencial realizado pelo Comitê de Contencioso Econômico do IBRAC os seguintes cartéis, *inter alia*, enfrentam ações ressarcitórias individuais: cartel dos compressores, cartel dos gases, carte dos vergalhões de ações e cartel no mercado de fertilizantes.
7. Brasil. Tribunal de Justiça de Minas Gerais. Processo n. 0024.06984815-8.
8. Brasil. Conselho Administrativo de Defesa Econômica. Processo n. 08012.004086/2000-21.
9. Brasil. Tribunal Regional Federal da Primeira Região. Processo n. 34917-50.2009.4.01.3400.
10. Brasil. Conselho Administrativo de Defesa Econômica. Processo Administrativo n. 08012.009888/2003-70.
11. Brasil. Tribunal de Justiça de Minas Gerais. Processo n. 709945-90.2009.8.13.0024 (Associação de Hospitais de Minas Gerais *vs.* White Martins Gases Industriais Ltda., Linde Gases Ltda., Air Products Brasil Ltda., Air Liquide Brasil Ltda. e IGB – Industria Brasileira de Gases) e Brasil. Tribunal de Justiça do Paraná. Processo n. 0041466-962013.8.16.0001 (Federação de Hospitais doestado do Paraná, Associação dos Hospitais do Estado do Paraná *vs.* White Martins Gases Industriais Ltda., Linde Gases Ltda., Air Products Brasil Ltda., Air Liquide Brasil Ltda. e IGB – Indústria Brasileira de Gases Ltda.).

Gerais entendeu que as ações ressarcitórias ajuizadas poderiam seguir caminho independente.[12]

Foram ainda ajuizadas ARDCs no caso do cartel internacional dos compressores para refrigeração,[13] além de medidas judiciais preparatórias ou protestos interruptivos de prescrição, nos casos dos cartéis internacionais de peróxidos de hidrogênio e cargas aéreas,[14] e, recentemente, em relação ao cartel internacional dos tubos para televisores e monitores de televisores[15] e o cartel internacional do câmbio *off-shore*[16] – ambos objeto de investigação e processos administrativos em curso.

Não obstante as ARDCs ou protestos movidos em face desses cartéis, constatou-se, por meio do levantamento de julgados, um quadro de subutilização das ARDCs no Brasil. Durante os cinco anos de vigência da Lei n. 12.529/2011 o CADE fortaleceu sua política de repressão de infrações à ordem econômica e condenou aproximadamente quarenta e sete cartéis.[17] O reforço da política de combate a cartéis não se refletiu, todavia, sob o âmbito privado, sendo que somente cinco desses conluios condenados, foram desafiados por ações reparatórias individuais e outros sete enfrentam ações civis públicas.[18]

A hipotrofia das ARDCs no Brasil é provocada, em parte, (i) pela incerteza e insegurança jurídica dos afetados, acerca da transposição dos institutos tradicionais da responsabilidade civil para a seara concorrencial e (ii) pelos altos custos e riscos associados a um processo judicial que pouco se altera,

12. Brasil. Tribunal de Justiça de Minas Gerais. Processo n. 709945-90.2009.8.13.0024 (Associação de Hospitais de Minas Gerais vs. White Martins Gases Industriais Ltda., Linde Gases Ltda., Air Products Brasil Ltda., Air Liquide Brasil Ltda. e IGB – Indústria Brasileira de Gases).
13. Brasil. Superior Tribunal de Justiça. Recurso Especial n. 1.554.986-SP. *DJ* 5-4-2016. p. 9-10. p. 1.
14. Brasil. Conselho Administrativo de Defesa Econômica. Processo n. 08012.004702/2004-77. *DJ* 11-5-2012. Brasil. Conselho Administrativo de Defesa Econômica Processo Administrativo n. 08012.011027/2006-02. *DJ* 28-8-2013.
15. Brasil. Conselho Administrativo de Defesa Econômica. Processo Administrativo n. 08012.002414/2009-92. Brasil. Conselho Administrativo de Defesa Econômica. Processo Administrativo n. 08012.010338/2009-99.
16. Brasil. Conselho Administrativo de Defesa Econômica. Processo Administrativo n. 08700.004633/2015-04.
17. C.f. PEIXOTO, Bruno Lanna; SILVA, Ludmilla Martins. Ações reparatórias por danos concorrenciais: O contexto atual e os desafios para os próximos 5 anos. *Lei de Defesa da Concorrência (Lei n. 12.529/11): 5 anos* (obra em vias de publicação).
18. C.f PEIXOTO, Bruno Lanna; SILVA, Ludmilla Martins. Op. cit.

em que pese a prévia existência de diligente atuação do CADE e um processo administrativo complexo, pautado pelo contraditório e ampla defesa. A relevância do *private enforcement*, todavia, não se restringe à potencialização do poder dissuasório da política de defesa da concorrência brasileira, as ARDCs também são instrumentos de justiça reparatória cujo escopo é o restabelecimento do *status quo ante* dos afetados por ilícitos concorrenciais.[19]

A Constituição Federal atribui *status* de direito fundamental ao direito individual à indenização por dano material, moral ou à imagem. O conceito de justiça reparatória vem dos primórdios do Direito Romano, havendo, a partir da *Lex Aquilia*, a positivação da ideia de indenização pecuniária; as sanções eram aplicáveis quando a danificação fosse *iniuria*, (contrária à lei).[20]

Portanto, a relevância do *private enforcement* não se limita à potencialização do *deterrence,* mas confere, aos afetados por condutas anticoncorrenciais, a segurança de que a livre concorrência será garantida e seus prejuízos serão compensados – em última análise, a compensação impõe-se como uma questão de justiça.[21-22]

2. Contexto atual da política antitruste e das ARDCs no Brasil: a necessidade de alterações legislativas

2.1. *O contexto atual de* underdeterrence *e severas restrições orçamentárias e a extensão de double damages às ARDCs como motor propulsor do private* enforcement

O debate acerca do real efeito dissuasório do *public enforcement* exercido pelo CADE caminha em paralelo às discussões relacionadas às ARDCs. O sistema sancionador instituído pela Lei n. 12.529/2011 adota, como base de cálculo, "o faturamento bruto da empresa, grupo ou conglomerado obtido, no último exercício anterior à instauração do processo administrativo, no ramo

19. ORGANISATION FOR ECONOMIC CO-OPERATION AND DEVELOPMENT. OECD. Working Party No. 3 on Co-operation and Enforcement. Relationship between public and private antitrust enforcement in Brazil, 2015. Disponível em: <http://www.oecd.org/officialdocuments/publicdisplaydocumentpdf/?cote=DAF/COMP/WP3(2015)14&doclanguage=en>. Acesso em: 31 jul. 2017.
20. MARKY, Thomas. *Curso elementar de direito romano.* São Paulo: Saraiva, 1995.
21. COLEMAN, Jules L. Mental Abnormality. Personal Responsability, and Tort Liability. In: POSNER, Richard A. The concept of corrective justice in recent theories of tort law. *The Journal of Legal Studies,* v. 10, n. 1, jan. 1981, p. 197.
22. PEIXOTO, Bruno Lanna; SILVA, Ludmilla Martins. Op. cit..

de atividade empresarial em que ocorreu a infração", estabelecendo multas que variam entre 0,1% e 20% desse valor. Não considera, portanto, o valor dos danos causados por um arranjo colusivo e sequer a lógica que permeia um sistema de *optimal deterrence*.

As críticas ao sistema de cálculo de multas se intensificam nos casos em que o cartel afetou o mercado por um longo período. Nessas hipóteses, considerando que a decisão dos agentes econômicos em formar ou não cartéis está relacionada aos custos e benefícios provenientes da colusão, adotar como base de cálculo o faturamento bruto referente ao ano anterior à instauração do processo não é suficiente para dissuadir futuros cartéis.

O sistema de multas adotado pela legislação brasileira enquadra-se nas críticas tecidas por John Connor e levantadas na seção anterior. A fixação de sanções que não levem em consideração os reais danos provocados por cartéis, em sede de processo sancionador, impede que as considerações sobre a vantagem auferida possam dar ensejo a multas mais elevadas e suficientemente dissuasórias. O estabelecimento de um limite percentual máximo para as multas induz comportamentos colusivos, incentivando o desenvolvimento de arranjos estáveis e duradouros, isso porque o valor da multa, somado aos custos da operacionalização do cartel (incluindo a defesa perante as autoridades), torna-se o lucro mínimo que os agentes econômicos devem auferir para que concluam que o ilícito compensa ou compensará[23-].[24]

Ademais, é preciso considerar que nem todos os cartéis são detectados e nem todos os arranjos detectados são punidos, pois muitas investigações acabam com a celebração de acordos com a autoridade antitruste – estima-se, que cerca de 30% dos cartéis existentes sejam detectados por autoridades antitruste e apenas 20% sejam condenados.[25] Investigações sobre a real efetividade desses acordos em termos de *deterrence* são necessárias, pois, na teoria, apesar de

23. Explica o autor "upper limits on fines of any kind (except those tied to the size of damages) can actually induce behavior that will increase cartel formation, stability and endurance. As soon as a cartel participant calculates that the upper limit of a fine has been reached, then all future gains from collusion will be fully appropriated by the company. Moreover, even if an antitrust regime increases fines for recidivism after passing the upper limit a firm can enter into as many new cartel agreements as it likes without fear of increased liability. To draw an analogy, mandatory sentences for a first murder mean that serial killers will not be deterred". CONNOR, op. cit., p. 22-23.
24. Cf. PEIXOTO, Bruno Lanna; SILVA, Ludmilla Martins. Op. cit.
25. CONNOR, John M.; LANDE, Robert H. Cartels as rational business strategy: crimes pays, *Cardozo Law Review,* 34, nov. 2012, p. 427-490, p. 434. Disponível em:

haver a redução dos custos de investigação por meio da cooperação do signatário, há também uma diminuição do ônus associado à colusão.[26]

Impende notar que o *optimal deterrence* não se relaciona à detecção de todos os arranjos colusivos, uma vez que, conforme apontado por Richard Posner, a dissuasão das condutas pode ocorrer com a aplicação de sanções a um número bem menor de violações, desde que o ônus associado à formação de um cartel seja maior que os benefícios advindos da colusão[27-].[28]

A detecção e persecução da quantidade ideal de violações, todavia, esbarra em questões orçamentárias que permeiam a atuação do CADE. O *private enforcement* é relevante ferramenta para a superação dessa limitação. A criação de incentivos para que os agentes privados exerçam papel de dissuasores de ilícitos anticoncorrenciais implica a redução de custos pela Administração Pública de detecção e persecução desses ilícitos.[29] Em outras palavras, a autoridade de defesa da concorrência ganha relevantes aliados na persecução de infrações à ordem econômica, ampliando seu poder de monitoramento em diversos mercados, sem que precise despender recursos para tanto.[30]

Nesse contexto, a criação de um fator multiplicador a ser aplicável aos danos advindos de cartel é uma alternativa à reversão dos altos custos associados às ARDCs, potencializando seus benefícios e, por conseguinte, ampliando sua atratividade, o que em última análise gera mais externalidades positivas para a coletividade.

A adoção de um fator multiplicador não é novidade no ordenamento nacional. O Código de Defesa do Consumidor, por exemplo, prevê, que "o consumidor cobrado em quantia indevida tem direito à repetição do indébito, por valor igual ao dobro do que pagou em excesso".

No âmbito do Direito Concorrencial, tramita no Senado Federal Projeto de Lei (PL n. 283/2016) que propõe a alteração de alguns dispositivos da Lei n. 12.529/2011 para reverter o atual cenário em que as ARDCs estão inseridas. Em relação ao fato multiplicador, o projeto sugere a inclusão de disposição no

---

<https://papers.ssrn.com/sol3/papers2.cfm?abstract_id=1917657>. Acesso em: 15 fev. 2017. Cf. PEIXOTO, Bruno Lanna; SILVA, Ludmilla Martins. Op. cit.

26. C.f. PEIXOTO, Bruno Lanna; SILVA, Ludmilla Martins. Op. cit.
27. POSNER, Richard A.; EASTERBROOK, Frank H. Antitrust. Cases, economic notes and other materials. *American Casebook Series*. 2. ed. West Group, 1981, p. 544.
28. Cf. PEIXOTO, Bruno Lanna; SILVA, Ludmilla Martins. Op. cit.
29. POSNER; EASTERBROOK, op. cit., p. 570.
30. Cf. PEIXOTO, Bruno Lanna; SILVA, Ludmilla Martins. Op. cit.

art. 47, conferindo aos prejudicados o direito ao ressarcimento em dobro pelos prejuízos sofridos pelas práticas de infrações econômicas descritas nos incisos I e II do § 3º do art. 36 da Lei de Defesa da Concorrência.

Contudo, se por um lado, a criação de um fator multiplicador é relevante, por outro, há o risco de que esse produza reflexos sobre os Programas de Leniência e Termo de Compromisso de Cessação, desincentivando a celebração desses acordos com o CADE. Reconhecendo os riscos associados aos *double damages*, o PL n. 283/2016 limita a sua aplicação, bem como a solidariedade passiva e a responsabilidade do leniente e do compromissário aos danos causados aos adquirentes de seus produtos, não incidindo responsabilidade solidária pelos danos causados pelos demais cartelistas.

A compatibilização das esferas pública e privada de persecução antitruste é crucial, pois, em última instância, ambas fortalecem a Política Nacional de Combate a Cartéis, impedindo que haja a apropriação de recursos por uma parcela de empresas infratoras, corroborando para resguardar o bem-estar social. É preciso que os mecanismos de *enforcement* da Lei n. 12.529/2011 sejam pensados de maneira a não prejudicar nenhuma das esferas que, em sua essência, são complementares.

2.2. Reduzindo a insegurança jurídica: prescrição e valor probante da decisão do CADE

A indefinição em relação ao termo inicial do prazo prescricional das ARDCs, associada à possibilidade de rediscussão da existência do ilícito constituem dois dos primeiros e mais relevantes óbices à propositura de ações reparatórias pelos afetados por ilícito concorrencial, pois há o aumento dos riscos associados ao processo e, em especial, à sucumbência e ao prolongamento excessivo de seu tempo de tramitação, com custos de difícil mensuração.

Não há disposição específica na Lei de Defesa da Concorrência quanto ao prazo prescricional aplicável às ARDCs, incidindo as disposições de caráter geral do Código Civil, o qual prevê prescrever em três anos a pretensão para a reparação civil advinda de ato ilícito a contar da data em que houve a violação do direito.[31] Dúvidas surgem quando se está diante de um cartel, infração continuada e de natureza intrinsicamente oculta. A leitura literal do texto da lei poderia dar ensejo a situações antijurídicas, tornando impossível o exercício do direito individual à reparação pelos afetados por condutas anticoncorrenciais. Fundamental, portanto, que a interpretação da norma seja realizada

31. Vide arts. 189 e 206 do Código Civil.

levando-se em consideração as demais regras do Ordenamento Jurídico pátrio. Nesse contexto, concluir-se-ia que o prazo prescricional começa a fluir do momento em que o afetado tem ciência inequívoca da existência do ilícito, de seus autores, dos danos individualmente sofridos e do nexo causal entre a infração e os prejuízos sentidos, uma vez que o desconhecimento não pode ser interpretado como inação culposa, não se podendo olvidar que é a inércia que compõe o suporte fático da prescrição[32-].[33]

É imperativo que as peculiaridades dessa infração sejam consideradas para fins de fixação do gatilho à fluência desse lapso temporal. Os cartéis são infrações continuadas, cuja ilicitude se renova no tempo; apenas os cartelistas mantém o domínio acerca da sua existência e duração.[34] Nesse sentido, o reconhecimento da relevância da ciência inequívoca da violação do direito pelo prejudicado é fundamental, pois o desconhecimento não configura inércia do titular da pretensão que é a causa eficiente da prescrição.[35]

Ademais, é razoável que se entenda que a instauração de inquérito ou processo administrativo pelo CADE é causa de interrupção do prazo prescricional, tendo em vista que é a decisão da autoridade que assenta a existência do ilícito fazendo emergir a violação do direito. Somente a partir desse momento seria razoável presumir que há a ciência inequívoca pelos afetados acerca da existência do ilícito.[36]

32. Vide, STJ. REsp n. 1.346.489/RS. Rel. Min. Ricardo Villas Bôas Cueva. Terceira Turma. *DJ* 11-6-2013; STJ. REsp n. 1.354.348/RS. Rel. Min. Luis Felipe Salomão. Quarta Turma. *DJ* 26-8-2014.
33. Vide, LEAL, Antônio Luís da Câmara. *Da prescrição e da decadência.* Teoria geral do direito civil. 4. ed. atual. Rio de Janeiro: Editora Forense, 1982, p. 22-23; e VIANNA, Aldyr Dias. *Da prescrição no direito civil brasileiro.* Rio de Janeiro: Ed. Forense, 1983, p. 51.
34. BRASIL. Ministério Público Federal. 2ª Câmara de Coordenação e Revisão. Orientação n. 08/2014. Disponível em: <http://www.mpf.mp.br/atuacao-tematica/ccr2/orientacoes/documentos/Orientacao nb008.pdf.>. Acesso em: 15 jun. 2017.
35. LEAL, Antônio Luís da Câmara. Op. cit., p. 12.
36. Vale ressaltar, que a solução proposta não é novidade. O Projeto de Lei n. 283/2016 sugere o acréscimo do seguinte dispositivo na Lei de Defesa da Concorrência: "Art. 46-A. Quando a ação de indenização por perdas e danos se originar do direito previsto no art. 47, não correrá a prescrição durante a vigência do inquérito ou processo administrativo no âmbito do CADE" (BRASIL. Senado Federal. Projeto de Lei do Senado n. 283/2016. Relator Antonio Anastasia. Disponível em: <https://www25.senado.leg.br/web/atividade/materias/-/materia/126392>. Acesso em: 15 jun. 2017).

As incertezas quanto ao valor probante das decisões do CADE também ampliam os riscos e os custos associados a uma ARDC. Enquanto ato administrativo e título executivo, são dotadas de presunção de legitimidade e veracidade – atributo que já embasou decisões dos Tribunais, segundo as quais o processo administrativo seria prova inequívoca da existência do ilícito[37] – contudo, não há um posicionamento uníssono da jurisprudência quanto à relevância dessas decisões. Diante disso, os infratores podem almejar rediscutir a existência do ilícito, o que prolonga o tempo de duração do processo, aumentando o ônus dos afetados que precisam arcar com custas processuais e honorários advocatícios por um longo período.

Reconhecendo as dificuldades enfrentadas pelos afetados por infração à ordem econômica e a insegurança jurídica existente em relação ao valor probante da decisão do CADE, o PL n. 283/2016 propõe a inclusão de parágrafo único no art. 93 da Lei de Defesa da Concorrência, atribuindo à decisão do Plenário do Tribunal do CADE aptidão para fundamentar a concessão de tutela de evidência. A previsão expressa põe fim à insegurança jurídica associada à ausência de jurisprudência consolidada sobre esse ponto.

2.3. *Remediando os desincentivos: alocação dos riscos e ônus do tempo inerente ao processo*

O atual contexto das ARDCs aloca desproporcionalmente os riscos do processo entre autor e réu. Como ressaltado na seção 2.2, a possibilidade de rediscussão do ilícito no bojo de uma ação reparatória prolonga a discussão e aumenta excessivamente os recursos dispendidos pelo autor para a manutenção da ação. A reversão do quadro de subutilização das ARDCs, portanto, também necessita passar por discussão acerca da distribuição dos ônus do tempo do processo.

Fundamental aqui ressaltar lição de Luiz Guilherme Marinoni, segundo a qual "[é] preciso abandonar o mito liberal que enxerga o processo como mera garantia de formas, indiferente à realidade social na qual opera",[38] as ditas 'resistências dilatórias' premiam o réu que busca a manutenção de seu *status quo*,

37. Vide, TJMG. Agravo de Instrumento n. 1.0024.09.709934-5/002. 13ª Câmara Cível, j. 26-4-2012; TJMG. Agravo de Instrumento n. 1.0024.09.709934-5/006. 13ª Câmara Cível, j. 26-4-2012; TJMG. Agravo de Instrumento n. 1.0145.10.060085-0/001. 14ª Câmara Cível; TJMG. Agravo de Instrumento n. 1.0024.09.709934-5/004. 13ª Câmara Cível, j. 26-4-2012.

38. MARINONI, Luiz Guilherme. *Antecipação da tutela*. 12. ed. São Paulo: Editora Revista dos Tribunais, 2011. p. 273.

em detrimento do autor, cuja intenção é a alteração de sua realidade jurídica.[39] Nesse sentido, "no processo civil, a demora na obtenção do bem significa a sua preservação no patrimônio do réu. Quando maior for a demora do processo maior será o dano imposto ao autor".[40]

A antecipação da tutela, advinda da reforma CPC de 1973, mas ainda na vigência desse, foi o instrumento relevante encontrado pelo legislador para redistribuição do ônus do processo, em face de prova inequívoca acerca do direito pleiteado. No contexto de ações reparatórias propostas em momento posterior à decisão condenatória do CADE, essa foi considerada prova inequívoca da existência do ilícito e elemento suficiente para que haja a inversão do ônus do tempo do processo em benefício do lesado.

O novo Código de Processo Civil (Lei Federal n. 13.105, de 2015) além de permitir que o magistrado preste de imediato a tutela jurisdicional pretendida, por meio de decisão destinada a assegurar e/ou satisfazer a pretensão do autor, instituiu como segunda espécie de tutela provisória, além da tutela de urgência (que pode ser requerida em caráter antecedente ou incidental), a tutela de "evidência", que dispensa a demonstração da urgência ou do perigo na demora de sua prestação, servindo, assim, como instrumento de maior eficácia à inversão do ônus do tempo inerente à dedução processual. A existência de decisão condenatória pelo CADE parece ser elemento apto a fundamentar a concessão de tutela provisória de evidência, invertendo-se, assim, o ônus do tempo do processo, desde que mantida a reversibilidade do provimento liminar. Apesar disso, o ineditismo da matéria e a falta de posicionamento jurisprudencial sobre o tema é fonte de insegurança jurídica e dúvidas.

A relevância da discussão quanto ao ônus do tempo e dos riscos do processo em uma ARDC não só diz respeito aos afetados, mas também à coletividade, na medida em que *private enforcement* gera externalidades positivas – *deterrence* – a beneficiar toda a sociedade. A criação de incentivos por meio do desenvolvimento de um contexto fático e jurídico que minimize os riscos à propositura dessa espécie processual não atinge apenas os afetados; aumenta o bem-estar social da coletividade.

Inobstante os benefícios associados ao *private enforcement,* prepondera um contexto fático e jurídico em que há a seleção dos afetados por condutas anticoncorrenciais que exercerão seu direito individual ao ressarcimento, uma vez que, além do ônus do tempo do processo, os autores de uma ARDC também enfrentam elevados custos associados (i) ao processo, (ii) aos honorários

39. MARINONI, op. cit., p. 271.
40. MARINONI, op. cit., p. 272.

advocatícios, (iii) à perícia econômica que quantificará os danos e (iv) à possível sucumbência. Em outras palavras, a tendência é que só aquelas empresas ou consumidores que consigam enfrentar os elevados custos da ação pleitearão seu direito ao ressarcimento, ainda que o legislador não tenha conferido legitimidade apenas à parcela dos afetados.

Uma possível solução a essa questão é a extensão da regra de isenção dos custos da sucumbência e adiantamento das custas processuais conferidas às ações de natureza coletiva prevista no Código de Defesa do Consumidor[41] e na Lei de Ação Civil Pública também às ARDCs.[42] Assim, a barreira existente ao exercício do direito individual ao ressarcimento por pequenas e médias empresas e por compradores de pequenas quantidades poderia ser superada.

Portanto, é preciso considerar que a imposição do ônus de assumir todos os *custos* e *riscos inerentes ao processo*, especialmente aqueles decorrentes da sucumbência, não é razoável quando se considera que as ARDCs possuem grande potencial de gerar externalidades positivas a toda a coletividade. Ao contrário, a razoabilidade é encontrada quando esses riscos são partilhados com a sociedade ou mitigados pelo Ordenamento, conforme, por exemplo, proposta supramencionada.

2.4. Limitando a pass-on defense para evitar a manutenção dos proveitos do ilícito pelos réus e o enriquecimento ilícito de qualquer das partes

A discussão acerca da *pass-on defense* também é relevante, pois sua admissão pode resultar na manutenção dos proveitos obtidos de modo ilícito pelos Réus, já que os compradores *indiretos* enfrentam barreiras significativas que, faticamente, inviabilizam a propositura de ações reparatórias – tais como o reduzido valor dos danos, individualmente, sofridos e dificuldades associadas à detecção e punição de cartéis organizados em mercados *upstream* – motivo pelo qual prevalece o ajuizamento de ARDCs por compradores diretos.

Os efeitos das demandas indenizatórias ajuizadas por compradores indiretos em termos de *deterrence* foram analisados por Andrew S. Gehring, que

41. Art. 87. Nas ações coletivas de que trata este código não haverá adiantamento de custas, emolumentos, honorários periciais e quaisquer outras despesas, nem condenação da associação autora, salvo comprovada má-fé, em honorários de advogado, custas e despesas processuais.

42. Art. 18. Nas ações de que trata esta lei, não haverá adiantamento de custas, emolumentos, honorários periciais e quaisquer outras despesas, nem condenação da associação autora, salvo comprovada má-fé, em honorários de advogado custas e despesas processuais.

constatou serem esses mínimos, tendo em vista que dificilmente há a propositura de ações reparatórias por essa classe. Ao examinar 249 ações reparatórias ajuizadas em Nova Iorque durante os anos 2000 a 2008, concluiu que apenas 18,8% dos pleitos foi movido por adquirentes indiretos,[43] o que pode ser explicados pelas dificuldades inerentes à constatação e prova dos danos sofridos.

No âmbito nacional, a primeira barreira a ser superada pelos compradores indiretos refere-se à adoção pelo direito brasileiro da teoria da causalidade direta, segundo a qual os danos devem ser diretos e imediatos.[44-45] Conforme preceitua essa teoria, os compradores indiretos não poderiam pleitear seus prejuízos das empresas que formaram o cartel, uma vez que haveria uma verdadeira cadeia de causalidades, incluindo o efetivo repasse do sobrepreço fixado pelo cartel pelos compradores diretos. Ademais, seria muito elevada a dificuldade em se questionar e comprovar, não apenas a existência de sobre-

43. GEHRING, Andrew S. The power of the purchaser: the effect of indirect purchaser damages suits on deterring antitrust violations. *New York University Journal of Law & Liberty*, v. 5, 2010, p. 209-246, p. 235.Disponível em: <http://www.law.nyu.edu/sites/default/files/ECM_PRO_065898.pdf>. Acesso em: fev. 2017. Cf. PEIXOTO, Bruno Lanna; SILVA, Ludmilla Martins. Op. cit.

44. O art. 403 do Código Civil prevê que "ainda que a inexecução resulte de dolo do devedor, as perdas e danos só incluem os prejuízos efetivos e os lucros cessantes por efeito dela direto e imediato, sem prejuízo do disposto na lei processual". Em sentido complementar, o Ministro moreira alves, no Recurso Extraordinário n. 130.764 entendeu que "em nosso sistema jurídico, como resulta do disposto no art. 1.060 do Código Civil [de 1916, e correspondente ao art. 403 do CC/2002], a teoria adotada quanto ao nexo de causalidade é a teoria do dano direto e imediato, também denominada teoria da interrupção do nexo causal. Não obstante aquele dispositivo da codificação civil diga respeito à impropriamente denominada responsabilidade contratual, aplica-se ele também à responsabilidade extracontratual, inclusive a objetiva, até por ser aquela que, sem qualquer considerações de ordem subjetiva, afasta os inconvenientes das outras duas teorias existentes: a da equivalência das condições e a da causalidade adequada" (STF. RE n. 130.763/PR. Min. Rel. Moreira Alves. Primeira Turma. Dj 12-5-1992).

45. Carlos Roberto Gonçalves explica que "das várias teorias sobre o nexo causal, o nosso Código adotou, indiscutivelmente, a do dano direto e imediato, como está expresso no art. 403; e das várias escolas que explicam o dano direto e imediato, a mais autorizada é a que se reporta à consequência necessária. (...) Não é, portanto, indenizável o chamado 'dano remoto', que seria consequência 'indireta' do inadimplemento, envolvendo lucros cessantes para cuja efetiva configuração tivessem de concorrer outros fatores que não fosse apenas a execução a que o devedor faltou, ainda que doloso o seu procedimento" (GONÇALVES, Carlos Roberto. *Responsabilidade civil*. 16. ed. São Paulo: Saraiva, 2015, p. 488).

preços, mas o efetivo *pass-on* ao elo seguinte da cadeia produtiva – ato, que em si, não configura ilícito, haja vista o desconhecimento do comprador direto sobre a existência do cartel a montante – funcionando como desincentivo ao ajuizamento dessas demandas.

Por outro lado, se admitida a teoria da causalidade adequada ou eficiente,[46] os compradores indiretos precisariam comprovar que o cartel é causa adequada e eficiente dos danos que lhes foram provocados. A dificuldade probatória nesses casos também funciona como um desincentivo; a prova do repasse do sobrepreço é extremamente complexa e requer uma quantidade exorbitante de informações a serem fornecidas pelos compradores diretos – não, necessariamente, integrantes de quaisquer dos polos da relação jurídica processual.

Diante disso, a primeira vista, a admissão da *pass-on defense* não parece ser adequada ao contexto brasileiro de *private enforcement*. Contudo, a questão constitui relevante dilema, pois se, por um lado a admissão dessa defesa propicia o enriquecimento ilícito das empresas que formaram o cartel e então réus, por outro, a inadmissão pode provocar o enriquecimento ilícito do autor, comprador direto, que pode ter repassado o sobrepreço aos compradores indiretos.

Nos Estados Unidos, a inadmissão do ajuizamento de ações reparatórias privadas por compradores indiretos, em âmbito federal, foi produto de uma escolha de política antitruste feita pela Suprema Corte, nos famosos casos *Illinois Brick*[47] e *Hanover Shoe*,[48] que optou por suportar a possibilidade de

46. A teoria da causalidade adequada "somente considera como causadora do dano a condição por si só apta a produzi-lo. Ocorrendo certo dano, temos de concluir que o fato que o originou era capaz de lhe dar causa. Se tal relação de causa e efeito existe sempre em casos dessa natureza, diz-se que a causa era adequada a produzir o efeito. Se existiu no caso em apreciação somente por força de uma circunstância acidental, diz-se que a causa não era adequada" (Ibidem, p. 486-487).
47. "Permitting the use of pass-on theories under §4 essentially would transform treble-damage actions into massive efforts to apportion the recovery among all potential plaintiffs that could have absorbed part of the overcharge – from direct purchasers to middlemen to ultimate consumers. However appealing this attempt to allocate the overcharge might seem in theory, it would add whole new dimensions of complexity to treble-damages suits and seriously undermine their effectiveness". POSNER; EASTERBROOK, op. cit., p. 563-564.
48. "Nothing in Hanover Shoe [392 U.S. 482, 88 S.Ct. 2224, 20 L. Ed. 2d. 1231] calls for a different result. In that case the Court rejected defensive use of passing-on claims because defensive use would defeat the purpose of the antitrust laws to deter violations. In Hanover Shoe no indirect purchasers had sought recovery, and

haver o enriquecimento ilícito dos compradores diretos, em face da opção de ter que suportar o enriquecimento ilícito dos cartelistas, tendo em vista que a primeira alternativa está associada à externalidade positiva (dissuasão da conduta), enquanto a segunda, aumentaria os incentivos à formação de cartel, mediante a alta probabilidade da manutenção dos seus proveitos pelos infratores.

Propõe-se aqui o delineamento de uma solução para o impasse de forma a evitar o enriquecimento ilícito de quaisquer das partes, delineando, por analogia, medida já prevista no nosso Ordenamento: admitir-se-ia a *pass-on defense* somente nos casos em que houvesse demandas – reunidas por conexão perante um mesmo juízo – ajuizadas por compradores indiretos (ou seus substitutos processuais) em número compatível com a gravidade e o escopo dos prejuízos. A justa alocação da indenização entre compradores diretos e indiretos seria, assim, promovida pelo julgador. Já nas hipóteses em que inexista demandas propostas por compradores indiretos em número compatível ao escopo e à gravidade do cartel, a *pass-on defense* ainda sim poderia ser admitida, porém, para evitar o enriquecimento ilícito dos infratores, o percentual do sobrepreço imposto que tenha sido, comprovadamente, repassado por compradores diretos aos indiretos, seria destinado ao Fundo de Direitos Difusos (FDD), em moldes análogos ao regime atinente à liquidação e à execução das ações civis públicas e das ações coletivas para a defesa de direitos individuais homogêneos.[49]

A adoção de proposta nos moldes aventados quanto ao tema é imperativa para a minimização dos riscos de enriquecimento ilícito de qualquer das

the only persons with a stake in the matter sufficient to justify seeking judicial relief were direct purchasers. To allow a passing-on defense in that case would have been to allow the violator of the antitrust laws to retain the spoils of his misdeeds. It is true that the Hanover Shoe Court remarked upon the practical difficulties in proving the extent of passing-on. But it is one thing to say that these difficulties should not be allowed to defeat recovery by a person who clearly paid illegal overcharges (as in Hanover Shoe) and quite another case will have a hard time proving his case, he should not even be allowed to try. It would be a looking-glass world if, as a result of Hanover Shoe, only the direct purchaser, which might well be uninjured, could recover, while the indirect purchaser bore the ultimate loss were told that his claim that he had suffered loss is too difficult to merit judicial attention, without even an inquiry into whether it might be proved in a reasonably precise and efficient manner". POSNER; EASTERBROOK, op. cit., p. 560.

49. Nesse sentido, prevê o art. 100 do Código de Defesa do Consumidor: "decorrido o prazo de um ano sem habilitação de interessados em número compatível com a gravidade do dano, poderão os legitimados do art. 82 promover a liquidação e execução da indenização devida. Parágrafo único. O produto da indenização devida reverterá para o fundo criado pela Lei n. 7.347, de 24 de julho de 1985".

partes envolvidas na lide e garantia de absorção das externalidade positivas, geradas pelo *private enforcement,* pela coletividade. A construção jurisprudencial não parece, todavia, ser capaz de resolver o empasse, especialmente, porque a regra de competência para a propositura de ações de reparação de danos vigente determina que o ajuizamento deve ocorrer no lugar do ato ou fato[50] – a problemática se faz cristalina, quando se considera que, por um lado, a inexistência de centralização das demandas perante um único tribunal abre margens à construção de interpretações distintas por cada um dos julgadores e que, por outro, salvo nos casos de edição de súmula vinculante ou de incidente de resolução de demandas repetitivas, não há garantias que o entendimento jurisprudencial será construído de maneira à conciliar os interesses. Nesse sentido, a alteração legislativa e a criação de regras específicas sobre a matéria é o caminho mais apropriado para contornar as incertezas jurídicas que permeiam a questão do *pass-on defense.*

3. Conclusões

O fomento às ARDCS talvez seja o desafio mais relevante que o Sistema Brasileiro de Defesa da Concorrência enfrenta. A criação de incentivos ao desenvolvimento do *private enforcement* no Brasil não envolve somente ideais de justiça reparatória. A compatibilização das esferas pública e privada do *enforcement* antitruste requer o desenvolvimento de política pública, afinal, a atuação dos agentes privados tem o condão de potencializar a atuação do CADE auxiliando na implementação da Política Nacional de Combate a Cartéis, ilícitos que se apropriam diariamente de milhares de reais da economia brasileira, em detrimento do bem-estar da coletividade.[51]

A compatibilização da atuação das esferas pública e privada de persecução antitruste só pode, todavia, ser realizada por meio de atividade legislativa que conte com contribuições não só da autoridade antitruste, mas também de associações representativas dos agentes econômicos e consumidores afetados por condutas anticoncorrenciais. A transferência desse encargo para o Poder Judiciário não parece ser suficiente para reverter o quadro atual de subutilização das ARDCs e sequer razoável ou possível, tendo em vista a complexidade e especialidade do tema.

50. A regra de competência está prevista no Art. 53, IV, *a*, do Código de Processo Civil, *in verbis,* "é competente o foro (...) IV – do lugar do ato ou fato para a ação: *a*) de reparação de dano".
51. C.f. PEIXOTO, Bruno Lanna; SILVA, Ludmilla Martins. Op. cit.

Diante disso, foram apresentadas algumas propostas que ampliariam os incentivos dos agentes econômicos afetados por ilícitos concorrenciais a buscarem a justa reparação de seus prejuízos sofridos. Em síntese, torna-se relevante que sejam aprovadas emendas à Lei n. 12.529/2011 de modo a estabelecer:

1) a abertura de inquérito ou processo administrativo pelo CADE como causa interruptiva do prazo prescricional;
2) dever de indenização em dobro (*double damages*) para os infratores que não cooperarem com o CADE, por meio de Acordo de Leniência ou Termos de Compromisso de Cessação, excluindo ainda a incidência da solidariedade passiva sobre aqueles que cooperarem;
3) mecanismo para inversão do ônus do tempo do processo por meio da concessão de tutela provisória de evidência baseada na decisão final do Tribunal Administrativo do CADE e nos mesmos moldes previstos no Projeto de Lei n. 283/2016;
4) regra que reduza os custos associados às ARDCs por meio da criação de isenção ao pagamento de verbas sucumbenciais e adiantamento das custas processuais, a exemplo do que ocorre no âmbito de ações civil públicas e coletivas para defesa de direitos individuais homogêneos; e
5) previsão expressa que evite o abuso da utilização da *pass-on defense*, destinando eventuais valores repassados por compradores diretos e não reclamados por compradores indiretos ao FDD, a exemplo do previsto no art. 100, parágrafo único, do Código de Defesa do Consumidor, evitando, com isso, o enriquecimento ilícito de qualquer uma das partes.

Por fim, vale ressaltar, que nenhuma das sugestões supramencionadas é estranha ao Sistema Jurídico Brasileiro, já havendo positivações em igual sentido em outros microssistemas que compõem o Ordenamento pátrio.

Referências bibliográficas

BRASIL. Ministério Público Federal. 2ª Câmara de Coordenação e Revisão. Orientação n. 08/2014. Disponível em: <http://www.mpf.mp.br/atuacao-tematica/ccr2/orientacoes/documentos/Orientacao nb008.pdf.>. Acesso em: 15 jun. 2017.

______. Senado Federal. Projeto de Lei do Senado n. 283/2016. Relator Antonio Anastasia. Disponível em: <https://www25.senado.leg.br/web/atividade/materias/-/materia/126392>. Acesso em: 15 jun. 2017.

COLEMAN, Jules L. Mental Abnormality. Personal Responsability, and Tort Liability. In: POSNER, Richard A. The concept of corrective justice in recent theories of tort law. *The Journal of Legal Studies*, v. 10, n. 1, jan. 1981.

CONNOR, John M. Optimal Deterrence and Private International Cartels. 2007. Disponível em: <http://dx.doi.org/10.2139/ssrn.787927>. Acesso em: 16 jun. 2017.

______; LANDE, Robert H. Cartels as rational business strategy: crimes pays. *Cardozo Law Review*, 34, nov. 2012, p. 427-490. p. 434. Disponível em: <https://papers.ssrn.com/sol3/papers2.cfm?abstract_id=1917657>. Acesso em: 15 fev. 2017.

GEHRING, Andrew S. The power of the purchaser: the effect of indirect purchaser damages suits on deterring antitrust violations. *New York University Journal of Law & Liberty*, v. 5, 2010, p. 209-246. Disponível em: <http://www.law.nyu.edu/sites/default/files/ECM_PRO_065898.pdf>. Acesso em: fev. 2017.

GONÇALVES, Carlos Roberto. *Responsabilidade civil*. 16. ed. São Paulo: Saraiva, 2015.

LANDES, William M. Optimal Sanctions for Antitrust Violations. *University of Chicago Law Review*, 1983, p. 652-678.

LEAL, Antônio Luís da Câmara. *Da prescrição e da decadência*. Teoria geral do direito civil. 4. ed. atual. Rio de Janeiro: Editora Forense, 1982. p. 12.

MARINONI, Luiz Guilherme. *Antecipação da tutela*. 12. ed. São Paulo: Editora Revista dos Tribunais, 2011.

MARKY, Thomas. *Curso elementar de direito romano*. São Paulo: Saraiva, 1995.

ORGANISATION FOR ECONOMIC CO-OPERATION AND DEVELOPMENT. OECD. Working Party No. 3 on Co-operation and Enforcement. Relationship between public and private antitrust enforcement in Brazil, 2015. Disponível em: <http://www.oecd.org/officialdocuments/publicdisplaydocumentpdf/?cote=DAF/COMP/WP3(2015)14&doclanguage=en>. Acesso em: 31 jul. 2017.

PEIXOTO, Bruno Lanna; SILVA, Ludmilla Martins. Recovery Actions for Cartel Damages: State of Affairs and Challenges for the Next Five Years. *Brazilian Antitrust Law* (Law No. 12,529/11): 5 years. (obra ainda não publicada)

POSNER, Richard A.; EASTERBROOK, Frank H. Antitrust. Cases, economic notes and other materials. *American Casebook Series*. 2. ed. West Group, 1981.

VIANNA, Aldyr Dias. *Da prescrição no direito civil brasileiro*. Rio de Janeiro: Ed. Forense, 1983.

Valor probatório da decisão do CADE nas Ações de Reparação de Danos decorrentes de Cartel ("ARDCs")

Giuliana Marchezi Franceschi Goncalves e Requena

Paula Müller Ribeiro Bernini

1. Introdução

No momento em que o meio jurídico do antitruste brasileiro discute ativamente o incentivo às Ações de Reparação de Danos decorrentes de Cartel ("ARDCs") e melhores técnicas para o aperfeiçoamento do instituto, é importante que se avalie e se reflita sobre o valor probatório das decisões do Conselho Administrativo de Defesa Econômica ("CADE") para o Poder Judiciário no contexto de tais ações reparatórias. Pela experiência internacional,[1] a consideração da decisão da autoridade antitruste como prova *prima facie* acerca da existência do ilícito e, em alguns casos, até mesmo da existência do dano, representa um elemento que contribuiu vigorosamente para o crescimento desse tipo de demanda.

É notável, portanto, que o CADE esteja adotando medidas a fim de alinhar o seu entendimento com o Poder Judiciário sobre o valor probatório das suas decisões e, assim, acompanhar a evolução das diversas jurisdições nas quais as ARDCs já são amplamente difundidas. Conforme será detalhado a seguir, a Superintendência-Geral do CADE ("SG") recentemente propôs uma

1. Conforme se verá neste artigo, a decisão proveniente da autoridade antitruste é considerada como prova *prima facie* da ocorrência da infração e até mesmo do dano pelos Estados Unidos, pela Comissão Europeia e diversos dos seus países-membros, bem como no Canadá, na Austrália, entre outros.

alteração legislativa[2] para que as decisões finais do Tribunal do CADE sejam consideradas pelo Poder Judiciário como títulos executivos extrajudiciais e prova *prima facie* da existência da conduta e do dano.

Nesse sentido, o então Presidente Interino do CADE, Conselheiro Gilvandro Vasconcelos Coelho de Araújo, ressaltou, durante o evento FONACRE – Fórum Nacional da Concorrência e da Regulação, realizado em 5 de junho de 2017, no Rio de Janeiro, a importância de o Tribunal do CADE proferir decisões que sejam eficazes perante o Judiciário:

> Para haver uma política concorrencial efetiva, a Autoridade Antitruste Brasileira necessita avaliar como o Judiciário olha para as questões concorrenciais antes de emitir suas decisões. O CADE precisa ser cuidadoso para utilizar elementos de convicção possíveis, do contrário, suas decisões serão revertidas quando de seu reexame pelos Tribunais.[3-4]

Esse posicionamento externa, portanto, a preocupação do CADE de que seus julgamentos sejam efetivos e exequíveis quando levados ao Judiciário, seja em sede de reexame da decisão administrativa em Ação Anulatória ou mesmo em ARDC. Para tanto, as decisões do CADE em sede de processo administrativo devem ser embasadas em conjunto probatório contundente e suficiente a justificar o resultado de um processo sancionatório, seja ele condenatório ou absolutório, a fim de evitar questionamentos quando da análise da existência da conduta anticompetitiva perante o Judiciário.

É importante ressaltar que este artigo não busca discutir se o mérito das decisões do CADE (e de outros órgãos administrativos) são passíveis de reanálise pelo Poder Judiciário[5] e nem mesmo avaliar a proposta de alteração legislativa do CADE nesse tocante. Diferentemente disso, o foco deste trabalho

2. BRASIL. Conselho Administrativo de Defesa Econômica. Superintendência Geral. Nota Técnica n. 24/2016/CHEFIA GAB-SG/SG/CADE. Disponível em: <http://sei.cade.gov.br/sei/institucional/pesquisa/documento_consulta_externa.php?7kPOxkDr7Hdy3nk8N7KWlj4Aaib6rj2o5ZKJrkFLovgm9l4TV4zQUY7a3MW4omo9BwdVCnAIQZcpqBftsU_mXg>. Acesso em: 20 jun. 2017.
3. MLex (www.mlex.com). CADE must consider courts' thinking before making its decisions, interim President says. 6-6-2017. Disponível para assinantes em: <http://www.mlex.com/GlobalAntitrust/DetailView.aspx?cid=893093&siteid=203>. Acesso em: 20 jun. 2017.
4. "To have an effective competition policy, the Brazilian antitrust watchdog needs to look at how courts think about antitrust issues before making its own decisions, the regulator's interim president said."
5. Tópico este que ensejaria aprofundada digressão e que é tema de artigo específico dentro desta mesma Obra.

é analisar a abordagem adotada pelos magistrados e desembargadores quando confrontados com uma decisão condenatória do CADE como principal prova da conduta anticompetitiva, especificamente nas ARDCs. Este exame do valor probatório das decisões do CADE será realizado a partir do levantamento jurisprudencial realizado pelos membros do grupo de Contencioso Econômico do IBRAC na Jurisprudência dos principais Tribunais Brasileiros, na esfera Federal e Estadual[6] ("Levantamento Jurisprudencial"). Também é feita uma avaliação de tal instituto jurídico no Direito Comparado, justamente visando entender a experiência internacional que já se encontra consolidada nesse campo.

Como resultado desse Levantamento Jurisprudencial, verificou-se que, na maior parte das ações e recursos dos (poucos) casos relacionados identificados,[7] a existência de decisões proferidas pelo CADE foi considerada como importante elemento probatório para fins de convencimento dos magistrados e desembargadores nas ARDCs. Isso demonstra que, mesmo diante do sistema atual, em que ainda não há incentivo legislativo específico vigente para a evolução das ARDCs, o Judiciário já atribui um significativo valor probante às decisões proferidas em sede de processo administrativo pelo CADE.

Não há que se olvidar, no entanto, que existem casos emblemáticos, como o caso do Cartel dos Gases Hospitalares[8] e o Cartel dos Genéricos,[9] nos quais as decisões condenatórias proferidas pelo CADE foram questiona-

---

6. Para maiores detalhes sobre o Levantamento Jurisprudencial, vide Introdução desta Obra.
7. Conforme já ressaltado nesta obra, o levantamento jurisprudencial realizado pelos membros do Grupo de Contencioso Econômico do IBRAC encontrou obstáculos quando da identificação dos julgados judiciais envolvendo as ARDCs em razão de: i) diversas ações judiciais estarem protegidas por segredo de justiça e, ii) o fato de as ARDCS ainda não estarem difundidas no Brasil.
8. BRASIL. Conselho Administrativo de Defesa Econômica – CADE. Processo Administrativo n. 08012.009888/2003-70. Disponível em: <http://sei.cade.gov.br/sei/institucional/pesquisa/processo_exibir.php?g3XpuoWYp-7HVPth0qfy4BTn-TQGB-1fZe5x7Wj6r2vskRSyioLdLoEYtshlvq8IZ4NnIexeL8VFC4dts9J_7JA,,>. Acesso em: 20 jun. 2017.

   Decisão condenatória pela prática de cartel proferida em Set. 2010 e posteriormente anulada pela Justiça Federal do Distrito Federal em 2015.
9. BRASIL. Conselho Administrativo de Defesa Econômica – CADE. Processo Administrativo n. 08012.009088/1999-48. Disponível em: <http://sei.cade.gov.br/sei/institucional/pesquisa/processo_exibir.php?tzuQpynClZls_rHQcc3f-Mu8I2htJ1ahuckyi_C139hQUn9S18PinuRJGCSNvlbxv16TyS1s3G9ICPsyc-CkzFYQ,>. Acesso em: 20 jun. 2017.

das em seu mérito perante o Judiciário,[10] tendo resultado em enfrentamento e reanálise do conjunto probatório utilizado pela autarquia para alcançar a conclusão acerca da existência desses cartéis. Vale referir que, em que pese tais ações judiciais não se tratarem de ARDCs, elas apresentam uma abordagem importante sobre os requisitos mínimos de prova esperados desta Autoridade Administrativa e acendem uma ampla discussão acerca do valor probatório das decisões do CADE.

Dessa forma, a corrente preocupação do CADE em emitir decisões condenatórias eficazes é compatível com o atual momento do Direito Concorrencial no cenário brasileiro, vez que é eminente a proliferação da cultura das ARDCs, seguindo-se a posição já consolidada nos Estados Unidos, Canadá, Austrália e em diversos países da União Europeia.

2. Da decisão da autoridade antitruste como *prova prima facie* no direito comparado e da proposta de alteração legislativa da autoridade antitruste brasileira

Um dos fatores de extrema relevância e que irá influenciar diametralmente a evolução (ou o desencorajamento) das ARDCs no Brasil certamente está relacionado aos efeitos pelos quais serão recebidas as decisões do CADE pelo Judiciário. É importante que o Judiciário Brasileiro consiga acompanhar a tendência – que já pode mesmo ser caracterizada como experiência – Europeia, Norte-Americana, Canadense e Australiana – nos quais a decisão definitiva condenatória proferida pela autoridade antitruste constitui um elemento de prova *prima facie* da infração à ordem econômica.

Se o Brasil acompanhasse a tendência, a decisão condenatória seria analisada, portanto, juntamente com outros elementos de prova, mas serviria como uma prova mais robusta que traria uma presunção da ocorrência do ilícito. Caberia aos requerentes que ajuizassem ARDCs baseados em decisão final

Decisão condenatória pela prática de cartel proferida em dez. 2005, posteriormente anulada pela Justiça Federal do Distrito Federal em 2011.

10. Vide decisão de Apelação da Ação Anulatória do Cartel dos Gases: BRASIL. Tribunal Regional Federal da 1ª Região. Apelação 0049539-03.2010.4.01.3400. Relator: Souza Prudente. Brasília. J. em 27-4-2016. Disponível em: < http://processual.trf1.jus.br/consultaProcessual/processo.php>. Acesso em: 13 jul. 2017 e a decisão da Apelação da Ação Anulatória do Cartel dos Genéricos: BRASIL, Tribunal Regional Federal da 1ª Região. Apelação n.0043979-85.2007.4.01.3400. Relator: Kassio Marques. Brasília. J. em 3-8-2016. Disponível em:<http://arquivo.trf1.jus.br/PesquisaMenuArquivo.asp?p1=200734000443146&pA=200734000443146&pN=43979852007401340 0>. Acesso em: 13 jul. 2017.

proferida pelo Tribunal do CADE produzirem apenas a prova do dano (e sua respectiva quantificação) e do seu nexo causal com a conduta (já provada).

Alguns países como Reino Unido, Alemanha e Canadá vão além e consideram que referida presunção também é extensiva à existência do dano e não apenas do ilícito. É essa justamente a proposta de alteração legislativa da Superintendência-Geral do CADE, veiculada por meio do da Nota Técnica n. 24/2016/CHEFIA GAB-SG/SG/CADE:[11]

> 172. Finalmente, sugere-se que o juiz cível possa utilizar a decisão condenatória do Plenário do Tribunal do CADE como título executivo extrajudicial e prova *prima facie* da *existência da conduta e do dano*, de forma a facilitar o ajuizamento das ações civis do tipo "*follow-on*". Assim, restaria às partes potencialmente lesadas provar apenas o *quantum* do dano e o nexo causal, tal como ocorre em quase todas as jurisdições analisadas (União Europeia, Reino Unido, Alemanha, Holanda, Austrália e Canadá). Em que pese tal proposta, ações autônomas continuariam a ser ajuizadas concomitantemente à investigação do CADE, independentemente do Inquérito ou Processo Administrativo, nos termos do próprio *caput* do art. 47 da Lei n. 12.529, de 2011. (grifo das autoras)

Cumpre ressaltar que, a previsão de existência de título executivo do art. 93 da Lei n. 12.529/2012[12] não supre a necessidade de alteração legislativa nesse aspecto, uma vez que ela não pode ser aproveitada no âmbito de ARDCs, mas tão somente para a execução das multas aplicadas pelo CADE.

A importância da presunção da ocorrência do ilícito proveniente de decisões finais de autoridade antitruste em ARDCs já é foco de preocupação da Comissão Europeia desde 2007, quando da elaboração do estudo intitulado "Making antitrust damages actions more effective in the EU: welfare impact and potential scenarios"[13] ("Tornando as ações reparatórias antitruste mais efetivas na UE: impacto no bem-estar e cenários potenciais"[14]), quando se concluiu que:

11. Op. cit.
12. Art. 93 da Lei n. 12.529, de 2011: "A decisão do Plenário do Tribunal, cominando multa ou impondo obrigação de fazer ou não fazer, constitui título executivo extrajudicial."
13. REPORT FOR THE EUROPEAN COMMISSION. Making antitrust damages actions more effective in the EU: welfare impact and potential scenarios. Bruxelas, Roma e Rotterdam. 21 Dez. 2007 Disponível em: <http://ec.europa.eu/competition/antitrust/actionsdamages/files_white_paper/impact_study.pdf>. Acesso em: 21 jun. 2017.
14. Tradução livre das autoras.

Nesta seção, avaliamos as possíveis opções que podem encontrar o equilíbrio entre a necessidade de facilitar ações reparatórias de danos privados para as vítimas de infração antitruste e a necessidade de evitar reivindicações não meritórias. Depois de ter analisado a perspectiva *ex ante* do futuro abusador na parte anterior deste Relatório, aqui completamos o quadro, analisando as formas de incentivo do candidato a demandante da ação reparatória e, quando apropriado, do advogado. Elementos importantes a serem levados em consideração são, portanto, o incentivo privado do demandante para processar o infrator por danos; a função de esforço do advogado; e o incentivo socialmente adequado para usar o sistema legal. Há muitas maneiras pelas quais as alegações podem ser facilitadas.

Estas incluem:

[...]

(V) facilitar as ações reparatórias, estabelecendo que as decisões públicas anteriores serão evidência prima facie a favor da parte demandante.[15]

Passados sete anos, o importante incentivo descrito no item (v) acima veio positivado na Diretiva do Parlamento Europeu e do Conselho da União Europeia de 26 de novembro de 2014[16] , que estabelece as regras sobre as indenizatórias no âmbito do Direito da Concorrência, tanto na parte dos "considerandos" quanto nos respectivos artigos:

15. "In this section, we assess possible options that might strike the balance between the need to facilitate private damages actions for victims of antitrust infringement, and the need to avoid unmeritorious claims. After having analyzed the *ex ante* perspective of the would-be wrongdoer in the previous part of this Report, here we complete the picture by analysing the incentive schemes of the would-be plaintiff and, where appropriate, her lawyer. Important elements to be taken into account are thus the plaintiff's private incentive to sue for damages; the lawyer's effort function; and the socially optimal incentive to use the legal system. There are many ways in which claims can be facilitated.

    These include:

    [...]

    (v) facilitating follow-on actions by establishing previous public decisions as prima facie evidence in favor of the plaintiff."

16. DIRETIVA 2014/104/UE DO PARLAMENTO EUROPEU E DO CONSELHO. Relativa a certas regras que regem as ações de indemnização no âmbito do direito nacional por infração às disposições do direito da concorrência dos Estados-Membros e da União Europeia. *Jornal Oficial da União Europeia*, Europa, 5-12-2014. Disponível em: <http://eur-lex.europa.eu/legal-content/PT/TXT/PDF/?uri=CELEX:32014L0104&from=DE>. Acesso em: 23 jun. 2017.

Considerando o seguinte:

(...)

(35) Caso uma ação de indemnização seja intentada num Estado-Membro diferente do Estado-Membro da autoridade nacional da concorrência ou do tribunal de recurso que declarou a infração aos arts. 101.º ou 102.º do TFUE a que a ação se refere, *essa declaração contida numa decisão definitiva proferida pela autoridade nacional da concorrência ou pelo tribunal de recurso deverá poder ser apresentada junto de um tribunal nacional pelo menos como elemento de prova prima facie da verificação de uma infração ao direito da concorrência*. A declaração pode ser avaliada, conforme apropriado, juntamente com quaisquer outros elementos de prova produzidos pelas partes. O efeito de decisões tomadas por autoridades nacionais da concorrência e tribunais de recurso que declaram uma infração às regras de concorrência não prejudica os direitos e obrigações dos tribunais nacionais ao abrigo do art. 267.º do TFUE. (grifo das autoras)

Art. 9.º Efeito das decisões nacionais

1. Os Estados-Membros asseguram que uma infração ao direito da concorrência declarada por decisão definitiva de uma autoridade nacional da concorrência ou por um tribunal de recurso seja considerada irrefutavelmente estabelecida para efeitos de ação de indemnização intentada nos seus tribunais nacionais ao abrigo do art. 101.º ou do art. 102.º do TFUE ou do direito nacional da concorrência.

2. Os Estados-Membros asseguram que, caso as decisões definitivas a que se refere o n. 1 sejam proferidas noutro Estado-Membro, essas decisões possam ser apresentadas nos seus tribunais nacionais, de acordo com o seu direito nacional, pelo menos como elemento de prova *prima facie* de uma infração ao direito da concorrência e, conforme apropriado, possam ser avaliadas juntamente com quaisquer outros elementos aduzidos pelas partes.

Para a Comissão Europeia, portanto, a decisão definitiva da autoridade Antitruste deve ser considerada como prova irrefutável da ocorrência da infração concorrencial. Veja-se, no entanto, que não há expressa referência no artigo acima transcrito acerca da presunção da ocorrência do dano.

A Diretiva Europeia acompanha o que há muito tempo já se verifica no âmbito das revisões judiciais das decisões administrativas na Europa, as quais se limitam à análise da legalidade do ato, não adentrando no mérito das decisões, especialmente aquelas em que a Comissão Europeia se dedicou a um complexo estudo econômico.[17-18-19]

O mesmo ocorre no Direito Norte Americano, no qual as ARDCs são altamente difundidas e as decisões antitruste são também consideradas como direito irrefutável da existência do cartel. Em tal sentido, é a contribuição dos Estados Unidos para o Relatório OCDE[20] 2015:

> 3. Relação dos processos da Divisão Antitruste com os casos Privados
>
> A Divisão Antitruste não auxilia os advogados de demandantes privados que ingressam com ações de danos, embora os processos da Corte Antitruste sejam frequentemente seguidos por ações reparatórias de danos civis.
>
> As condenações de cartel que a Divisão Antitruste condena, incluindo as garantidas por meio de argumentos de culpabilidade, constituem "prova prima facie" em ações reparatórias de danos privados contra as empresas e indivíduos condenados. Em termos práticos, portanto, os demandantes geralmente precisam provar apenas a existência do dano e a sua quantificação (e, em ações coletivas, cumprir os padrões para a reparação). As regras de instrução dos casos permitem que os demandantes privados obtenham dados e documentos dos participantes do cartel que comprovem o cartel.[21]

17. FORRESTER, Ian S. A Bush in Need of Pruning: the Luxuriant Growth of "Light Judicial Review". In: MARTINEZ, Ana Paula (Org.). *Temas atuais de direito da concorrência*. São Paulo: Singular, 2012.
18. Conforme acima mencionado, esta diretriz é aplicável não apenas à Comissão Europeia como também pelos seus países membros da União Europeia como Alemanha, Holanda, Reino Unido bem como na Austrália e no Canadá e, não por coincidência, estes países vêm percebendo o uso crescente das ARDCs.
19. Importante referir, ainda, que as decisões também constituem evidência *prima facie* entre os Estados Membros, que reconhecem a decisão emanada por autoridade estrangeira.
20. CONTRIBUIÇÃO DOS ESTADOS UNIDOS AO RELATÓRIO OCDE 2015. Disponível em: <http://www.oecd.org/officialdocuments/publicdisplaydocumentpdf/?cote=DAF/COMP/WP3/WD(2015)11&docLanguage=En>. Acesso em: 21 jun. 2017.
21. "3. Relationship of Antitrust Division Proceedings to Private Cartel Cases

    The Antitrust Division does not assist private plaintiffs' lawyers pursuing damages actions, although Antitrust Division cartel prosecutions are frequently followed by private civil damages actions.

    The cartel convictions that the Antitrust Division secures, including those secured through guilty pleas, constitute 'prima facie evidence' in follow-on private damages actions against those companies and individuals convicted. As a practical matter, therefore, plaintiffs usually need to prove only the fact of harm

Com efeito, constata-se que nas jurisdições mais evoluídas com relação às ARDCs a decisão definitiva da autoridade antitruste é uma prova *prima facie* da ocorrência da infração concorrencial e, em algumas delas, até mesmo da existência do dano. Tal fato certamente é um fator importante para incentivar o crescimento do número das ARDCs no Brasil o que viria acompanhando de uma importante segurança jurídica à sociedade.

3. Das decisões do CADE como prova do ilícito anticompetitivo nas decisões mapeadas pelo levantamento jurisprudencial

Em âmbito nacional, a Lei que versa sobre o Direito Concorrencial (Lei Federal n. 12.529/2011), expressamente considera ser desnecessária a existência de uma decisão prévia e favorável do CADE para o pleno exercício do direito de ação visando ao ressarcimento dos danos causados pelo cartel, nos termos do seu art. 47 abaixo colacionado:

> Art. 47. Os prejudicados, por si ou pelos legitimados referidos no art. 82 da Lei n. 8.078, de 11 de setembro de 1990, poderão ingressar em juízo para, em defesa de seus interesses individuais ou individuais homogêneos, obter a cessação de práticas que constituam infração da ordem econômica, *bem como o recebimento de indenização por perdas e danos sofridos, independentemente do inquérito ou processo administrativo*, que não será suspenso em virtude do ajuizamento de ação. (grifos das autoras)

Todavia, pelo Levantamento Jurisprudencial, notou-se que as principais ações reparatórias em andamento no país[22] estão relacionadas a cartéis que já foram julgados e condenados pelo CADE. Portanto, tais ações utilizam a decisão final do CADE como importante elemento probatório da ocorrência da infração. Consequentemente, nos referidos casos existe uma confirmação do CADE acerca da participação das empresas envolvidas nas práticas anticompetitivas outrora investigadas, como ocorre, por exemplo, no cartel dos verga-

and the amount of damage in order to recover (and, in class actions, meet the standards for class recovery). The rules of civil discovery allow private plaintiffs to obtain from cartel participants data and documents evidencing the cartel."

22. Ressalta-se que não foi localizado pelo Levantamento Jurisprudencial nenhuma ARDC com decisão transitada em julgado. A análise ora realizada é pautada em decisões proferidas pelos Tribunais no curso do exame de Agravos de Instrumentos e Apelações.

lhões de aço,[23] dos gases hospitalares[24] e, mais recentemente, do cimento.[25] Há, outrossim, um pequeno número de ações reparatórias de danos ocasionados por cartéis de menor escala, que por razões diversas não chegaram a ser objeto de processo administrativo perante o CADE.[26] Tais ações foram denominadas *Stand Alone* no Levantamento Jurisprudencial e serão estudadas em capítulo específico desta Obra.

Questiona-se, então, se no Brasil as decisões condenatórias do CADE já são consideradas como prova *prima-facie* do ilícito concorrencial nas ações que buscam a reparação pelos danos oriundos de conduta anticompetitiva? É incontroverso que o CADE é a autoridade federal especializada detentora de competência exclusiva para decidir sobre a existência de infrações à ordem econômica,[27] ao mesmo tempo em que suas decisões estão sujeitas ao reexame pelo Judiciário em atenção ao princípio da inafastabilidade da jurisdição.

23. BRASIL. CONSELHO ADMINISTRATIVO DE DEFESA ECONÔMICA – CADE. Processo Administrativo n. 08012.004086/2000-21. Disponível em: <http://sei.cade.gov.br/sei/institucional/pesquisa/processo_exibir.php?g3XpuoWYp-7HVP-th0qfy4BTnTQGB-1fZe5x7Wj6r2vvpFASHuLI_RgT93-k-ORA0bO--L0na-97FV8s5BY0bc6Q,,>. Acesso em: 14 jul. 2017.
24. BRASIL. CONSELHO ADMINISTRATIVO DE DEFESA ECONÔMICA – CADE. Processo Administrativo n. 08012.009888/2003-70. Disponível em: <http://sei.cade.gov.br/sei/institucional/pesquisa/processo_exibir.php?g3XpuoWYp-7HVP-th0qfy4BTnTQGB-1fZe5x7Wj6r2vskRSyioLdLoEYtshlvq8IZ4NnIexeL8VFC4dts9J_7JA,,>. Acesso em: 14 jul. 2017.
25. BRASIL. CONSELHO ADMINISTRATIVO DE DEFESA ECONÔMICA – CADE. Processo Administrativo n. 08012.011142/2006-79. Disponível em: <http://sei.cade.gov.br/sei/institucional/pesquisa/processo_exibir.php?NJlLMKAUD29j6X1yj2GO_P27TZb287t6FyKxmleAun2RLsf8UiVKsmB-DBt_IDV6U-Cu0jGxQv7dNel2ogQ7aNg,,>. Acesso em: 14 jul. 2017.
26. Por exemplo: BRASIL. Tribunal de Justiça do Estado de São Paulo. Apelação 0010500-24.1999.8.26.0047. Relatora: Marcia Tessitore. São Paulo. J. em 24-2-2015. Disponível em: <https://esaj.tjsp.jus.br/cposg/search.do;jsessionid=A95BA99692A4BE348CC48353BE1D82D9.cposg1?conversationId=&paginaConsulta=1&localPesquisa.cdLocal=3&cbPesquisa=NUMPROC&tipoNuProcesso=UNIFICADO&numeroDigitoAnoUnificado=0010500-24.1999&foroNumeroUnificad=0047&dePesquisaNuUnificado=0010500-24.1999.8.26.0047&dePesquisa=&uuidCaptcha>. Acesso em: 13 jul. 2017.

    Processo que analisava cartel no mercado de postos de gasolina na cidade de Assis e foi julgado improcedente por insuficiência de provas da existência do cartel (sem a respectiva investigação no CADE).
27. Art. 9º, II, da Lei n. 12.529/2011.

Mesmo diante de tal premissa, verificou-se pelo Levantamento Jurisprudencial que o Judiciário tem aceitado as decisões do CADE como prova da prática anticompetitiva para concessão de tutelas antecipadas e provimento de ações indenizatórias. Destarte, pode-se dizer que existe uma tendência de as decisões do Tribunal do CADE serem consideradas como elemento de prova *prima facie* (ou fatos incontroversos) pelo Judiciário quando do julgamento das ARDCs,[28] o que se constatou pela análise da abordagem utilizada por magistrados e desembargadores quando deparados com essa situação nos casos analisados.

Nesse contexto, reporta-se a decisão judicial prolatada pelo Judiciário Estadual de São Paulo na ação indenizatória ajuizada por Granel Química Ltda. em face de Air Liquide Brasil Ltda.,[29] visando ao ressarcimento de danos decorrentes de contrato de compra mensal de nitrogênio líquido cujo preço foi afetado pelo cartel dos gases hospitalares. A sentença prolatada reconheceu o caráter incontroverso da decisão do CADE, tendo sido este fator decisivo para a procedência da ação e consequente condenação da empresa Air Liquide ao ressarcimento dos danos reclamados. Vejamos:

> [...] Ao que se colhe dos autos, é fato incontroverso a existência de contrato de fornecimento de nitrogênio e contrato de locação de Floxal I no período de 1997 a 2003. *Incontroversa também a constatação pelo CADE - Conselho Administrativo de Defesa Econômica de prática de concorrência desleal e constituição de cartel pela empresa ré juntamente com diversas outras empresas do ramo.*
>
> [...]
>
> O CADE, órgão com jurisdição em todo território nacional, passa então através de seu Plenário a ser competente para decidir sobre a existência de infração à ordem econômica e aplicar as penalidades previstas em lei, dentre outras matérias. Assim é que nos autos do processo administrativo

28. Importante ressaltar que esta conclusão está adstrita aos casos de ações indenizatórias em que a decisão do CADE não foi questionada. Isso porque, conforme se verá, existem sim casos em que o Judiciário fez nova análise das provas utilizadas pela Autoridade Antitruste quando da condenação das representadas em sede de Ação Anulatória.
29. BRASIL. Tribunal de Justiça do Estado de São Paulo. Apelação 0130316-15.2011.8.26.0100. Relatora: Maria De Lourdes Lopez Gil. São Paulo. J. em 22-6-2017. Disponível em: <https://esaj.tjsp.jus.br/cposg/search.do?conversationId=&paginaConsulta=1&localPesquisa.cdLocal=3&cbPesquisa=NUMPROC&tipoNuProcesso=UNIFICADO&numeroDigitoAnoUnificado=0130316-15.2011&foroNumeroUnificado=0100&dePesquisaNuUnificado=0130316-15.2011.8.26.0100&dePesquisa=&uuidCaptcha>. Acesso em: 13 jul. 2017.

> n. 08012.009888/2003-70, que teve como uma das representadas a ré Air Liquide Brasil Ltda., o CADE, nos termos do voto do Conselheiro-Relator Fernando de Magalhães Furlan, após análise da prova concluiu "que efetivamente ocorreram contatos entre competidores com o intuito e o efeito de suprimir a concorrência e dividir mercados".
>
> [...]
>
> E este Juízo, com amparo na prova documental existente nos autos (nela se incluindo a decisão do CADE), nos termos acima expostos, convenceu-se da formação do cartel com resultados danosos à autora. Note-se ademais, que a decisão do CADE é fundada em diversos documentos encontrados na sede da ré e nas sedes das outras representadas. (grifos das autoras)

Quando da análise em primeira instância do caso, considerou-se incontestável a existência de conduta anticompetitiva pela empresa Air Liquide Brasil, principalmente em decorrência da conclusão alcançada pelo CADE. Como consequência disso, foi reconhecida a existência do dano reclamado (e o *quantum*) e do nexo causal deste com a infração reportada.

Todavia, em momento subsequente, quando do exame da Apelação interposta pela Air Liquide pelo Tribunal de Justiça do Estado de São Paulo, verificou-se que a decisão proferida pelo CADE havia sido anulada em sede de Ação Anulatória, que tramitou perante a Justiça Federal[30], justamente em razão da ilicitude da prova utilizada pelo CADE produzidas no âmbito da ação criminal. Desta forma, o conjunto probatório apresentado pela Granel Química Ltda. que outrora fora considerado robusto pelo Judiciário para embasar a condenação ao ressarcimento de danos concorrenciais, não mais existia. Em sendo anulada a decisão do CADE – principal prova dos autos – coube ao Tribunal Estadual de São Paulo reformar a decisão de primeira instância por ausência de provas, conforme se verifica do trecho relevante abaixo colacionado:

> [...] Ocorre que o processo administrativo instaurado pelo CADE foi objeto de ação, de competência da Justiça Federal (Proc. n. 0049217-80.2010.4.01.2400/DF), em que o Eg. Tribunal Regional Federal da 1ª Região referendou entendimento de que, naquele processo administrativo, houve utilização de acervo probatório diretamente decorrente de provas ilícitas.[31]

30. BRASIL. Tribunal Regional Federal da 1ª Região. Apelação 0049539-03.2010.4.01.3400. Relator: Souza Prudente. Brasília. J. em 27-4-2016. Disponível em: <http://processual.trf1.jus.br/consultaProcessual/processo.php>. Acesso em: 13 jul. 2017.

31. BRASIL. Superior Tribunal de Justiça. *Habeas Corpus* 190.334/SP. Relator: Marco Aurélio Bellizze. Brasília. J. em 10-5-2011. Disponível em: <https://ww2.stj.jus.br/processo/pesquisa/>. Acesso em: 13 jul. 2017.

Este fato conduz, via de consequência, à contaminação também da sobredita prova documental utilizada na presente ação, porque igualmente derivada de prova ilícita.[32]

Resta, então, evidenciado na decisão acima o valor probatório da decisão final do Tribunal do CADE, que foi considerada como a prova central da Ação Indenizatória. No momento em que esta prova foi desconstituída, o direito da autora foi perdido, porquanto não teria comprovado, por outras vias,[33] a existência do ato colusivo a gerar o dano e o nexo causal com o consequente direito à indenização.

Em outro caso discutindo os danos ocasionados pelo cartel dos gases industriais e hospitalares, o Tribunal de Justiça do Estado do Paraná entendeu que esta mesma decisão condenatória do CADE no caso do Cartel dos Gases é meio hábil para comprovar a verossimilhança das alegações da parte no que concerne à ocorrência da violação à ordem econômica em sede de juízo provisório. Veja-se que o Tribunal assim entendeu mesmo após a suspensão da decisão do CADE pela Justiça Federal na decisão acima referida.

Com efeito, na decisão de Agravo de Instrumento[34] que visava discutir a manutenção da tutela antecipada concedida a Liga Paranaense de Combate ao Câncer contra a White Martins, a decisão do CADE foi indicada como prova

32. BRASIL. Tribunal de Justiça do Estado de São Paulo. Apelação 0130316-15.2011.8.26.0100. Relatora: Maria de Lourdes Lopez Gil. São Paulo. J. em 22-6-2017. Disponível em: <https://esaj.tjsp.jus.br/cposg/search.do?conversationId=&paginaConsulta=1&localPesquisa.cdLocal=3&cbPesquisa=NUMPROC&tipoNuProcesso=UNIFICADO&numeroDigitoAnoUnificado=0130316-15.2011&foroNumeroUnificado=0100&dePesquisaNuUnificado=013-0316-15.2011.8.26.0100&dePesquisa=&uuidCaptcha>. Acesso em: 13 jul. 2017.

33. Interessante notar que no Acórdão da Apelação a Nobre Desembargadora ressaltou que a Apelante poderia comprovar a existência do cartel por outros meios que não somente pela decisão do CADE, mas desse ônus ela se desincumbiu: "De modo que cumpria a ela provar, e de forma suficiente, os fatos constitutivos de seu direito, na forma exigida pelo art. 333, I, do CPC/73 (art. 373, I, do CPC/2015). Ocorre que, não tendo sido realizada sequer perícia atestando a alegada prática de sobrepreço, ou existente qualquer outro elemento nos autos a comprová-lo de forma suficiente, e que ocorrido em razão de dolo da ré, decerto descumpriu com o ônus que lhe competia nesse sentido, notadamente ao pedir o julgamento antecipado da lide (fl. 398) e contra isso não se insurgir nas suas contrarrazões".

34. BRASIL. Tribunal de Justiça do Estado do Paraná. Agravo de Instrumento 1190338-9. Relator: João Domingos. Curitiba. J. em 9-6-2014. Disponível em: <https://portal.tjpr.jus.br/consulta-processual/publico/b2grau/consultaPublica.do?tjpr.url.crypto=8a6c53f8698c7ff78efe7164da319419a0029f16683ea4ab7db8

contundente da verossimilhança das alegações das partes, nos termos do art. 273 do antigo Código de Processo Civil[35-,36] mesmo após a sua suspensão pelo Judiciário, senão vejamos:

> [...] No caso em tela, em que pese a agravante afirmar que as decisões do CADE foram suspensas diante da nulidade das provas que embasaram o processo, não se pode afastar existência de verossimilhança das alegações da agravada, uma vez que de fato há uma ação judicial na qual se verifica a existência ou não da ocorrência do cartel.
>
> Assim, a verossimilhança das alegações se mostram presentes nas alegações da agravada, uma vez que a decisão do CADE, embora suspensa, indica a formação do alegado cartel. (grifo das autoras)

A verossimilhança das alegações, ora reconhecida pelos Desembargadores, deve estar, portanto, embasada em uma prova inequívoca[37] da prática anticompetitiva e a decisão do CADE, mesmo que suspensa, foi considerada robusta e suficiente para este fim, ao menos em sede de cognição sumária.

Uma decisão do Tribunal de Justiça do Estado de Minas Gerais foi mais além em outra ARDC promovida em razão dos danos oriundos do cartel dos gases hospitalares e industriais. Em Agravo de Instrumento[38] interposto

---

b67f77aff753d415f5015cd7079db6e47af7fe0d81bb5ce7b8bfbe8263a1>. Acesso em: 13 jul. 2017.

35. Agravo de Instrumento interposto contra a decisão proferida em Ação de Cumprimento de Obrigação de Fazer combinado com Indenização por Perdas e Danos, ajuizada pela Liga Paranaense de Combate ao Câncer em face da White Martins Gases Instruais Ltda., que concedeu a liminar pleiteada pela Agravada, determinando que a Agravante forneça à Agravada os produtos que se obrigou no contrato pelos preços praticados no mercado concorrencial. Cumpre ressaltar que o Desembargador Relator concedeu a tutela antecipada requerida mesmo tendo conhecimento que a decisão condenatória do CADE sobre o cartel dos gases estava suspensa.
36. Correspondente ao art. 300 do Novo Código de Processo Civil (Lei Federal 13.105/2015).
37. "É a prova inequívoca que conduz o magistrado a um estado de verossimilhança da alegação. Verossimilhança no sentido de que aquilo que foi narrado e provado parece ser verdadeiro." BUENO, Cassio Scarpinella. *Curso sistematizado de direito processual civil 1*: teoria geral do direito processual civil. São Paulo. Saraiva, 2007.
38. BRASIL. Tribunal de Justiça do Estado de Minas Gerais. Agravo de Instrumento 1.0024.09.709934-5/005. Relator: Alberto Henrique. Belo Horizonte. J. em 26-4-2012. Disponível em: <http://www4.tjmg.jus.br/juridico/sf/proc_resultado2.jsp?tipoPesquisa2=1&txtProcesso=10024097099345005&nomePessoa=&tipoPessoa=X&naturezaProcesso=0&situacaoParte=X&codigoOAB2=&tipoOAB=N&ufO

contra o deferimento de tutela antecipada proibindo o sobrepreço em Ação Coletiva ajuizada pela Associação dos Hospitais de Minas Gerais em face de Linde Gases Ltda., o Desembargador Relator transcendeu os institutos da verossimilhança das alegações e da prova inequívoca, ao afirmar que as decisões administrativas do CADE possuem total legitimidade e eficácia e que inclusive constituem título executivo extrajudicial para o fim de cobrança da multa imposta pela decisão condenatória.[39] Ressalte-se que referida decisão fora tomada após a suspensão da decisão do CADE pela Justiça Federal, conforme relatado anteriormente. Vejamos:

> [...] Comprovou ela através de farta documentação, estarem as empresas requeridas sendo investigadas pelo Ministério Público, bem como pela Polícia Federal, pelos indícios de cartelização no mercado de gases industriais e hospitalares, o que inclusive foi objeto de processo administrativo instaurado pelo CADE, que concluiu pela cobrança de sobrepreços pelas requeridas, e pela formação de CARTEL o que causava patentes prejuízos não só às empresas não incluídas no processo de cartelização, como a população de um modo geral.
>
> Diante disso, não poderia a d. magistrada decidir de forma diferente. Os documentos anexados pela agravada devem ser considerados prova inequívoca que leve à verossimilhança das alegações dos autores, diante da sua robustez e consistência. *Devo aqui ressaltar que as decisões administrativas do CADE, possuem tanta legitimidade e eficácia, que são consideradas títulos executivos, passiveis de execução.* (grifo das autoras)

O Judiciário apresenta, portanto, uma tendência de considerar a decisão condenatória do CADE como prova inequívoca da ocorrência da conduta anticompetitiva em sede de Ações Indenizatórias. Isso não significa, entretanto, que as decisões do CADE não são passíveis de revisão pelo Judiciário em sede de Ações Anulatórias no sistema atual.

Tanto é assim que a já referida e recente decisão do Tribunal Regional Federal da Primeira Região anulou a decisão do CADE no Cartel dos Gases[40] em razão da considerada ilegalidade das provas emprestas da esfera criminal.

AB=MG&numero=20&select=1&listaProcessos=10024097099345005&tipoConsulta=1&natureza=0&ativoBaixado=X&comrCodigo=0024>. Acesso em: 13 jul. 2017.

39. Vide art. 93 da Lei 12.529/2011, aplicável às execuções de multas impostas e obrigações de fazer ou não fazer.

40. BRASIL. Tribunal Regional Federal da 1ª Região. Apelação 0049539-03.2010.4.01.3400. Relator: Souza Prudente. Brasília. J. em 27-4-2016. Disponível em: <http://processual.trf1.jus.br/consultaProcessual/processo.php>. Acesso em: 13 jul. 2017.

Neste mesmo sentido, temos a paradigmática decisão do Tribunal Federal do Distrito Federal sobre o cartel dos Genéricos,[41] no qual o Judiciário, ao analisar as provas que embasaram a decisão do CADE, focou a análise tanto na ausência de individualização da conduta de cada representado, bem como no fato que mero indício de prova não seria capaz de embasar uma condenação por parte do CADE. Em ambos os casos as decisões condenatórias do CADE foram desconstituídas por não terem respeitado os requisitos mínimos de prova que devem embasar a decisão administrativa para que esta se torne prova inequívoca ou *prima facie* da infração.

Portanto, verifica-se que, em pese o Judiciário já aceitar amplamente a decisão do Tribunal do CADE como importante prova acerca da existência da conduta anticompetitiva, esta ainda não pode ser considerada uma prova *prima facie* do referido ilícito ou do dano e menos ainda um título executivo, conforme sugerido pela SG na proposta de alteração legislativa. É notório que o CADE está sofisticando cada vez mais a sua exigência com relação ao padrão mínimo de prova necessário a embasar uma condenação por cartel e imagina-se que este seja o caminho a ser trilhado em direção ao avanço das ARDCs no Brasil. Quanto mais robusta a prova produzida em sede de Processo Administrativo, menor será a chance de esta ser anulada pelo Judiciário e maior será a credibilidade que decisão do Tribunal do CADE terá perante o Judiciário quando estiver frente a uma ARDC.

4. Considerações finais

No Brasil, que lentamente inicia a busca pelo encorajamento das ARDCs, é possível notar uma forte tendência do Judiciário em aceitar a decisão final condenatória proferida pelo Tribunal do CADE como prova inequívoca da existência do cartel.

Entretanto, verifica-se que, apensar da existência da referida tendência, o sistema atual não concede segurança jurídica à sociedade de que a decisão administrativa que declarou a existência de um cartel será interpretada da mesma forma pelo Judiciário. Isso porque, em que pese o reconhecimento da força probatória da decisão do CADE pelo Judiciário na amostra de decisões judiciais aqui estudadas, a decisão do CADE ainda não pode ser considerada como prova irrefutável ou *prima facie* da ocorrência da infração.

41. BRASIL. Tribunal Regional Federal da 1ª Região. Apelação 0043979-85.2007.4.01.3400. Relator: Kassio Nunes Marques. Brasília. J. em 30-3-2015. Disponível em: <http://processual.trf1.jus.br/consultaProcessual/processo.php>. Acesso em: 13 jul. 2017.

Para dar maior suporte a este posicionamento, a própria Superintendência Geral do CADE sugeriu alteração legislativa para o fim de elevar as decisões administrativas do Tribunal do CADE ao status de prova *prima facie* tanto da conduta como do dano. Referida alteração seria uma solução futura na busca pelo desenvolvimento das ARDCs no Brasil, mas é sabido que tal caminho é tortuoso e muitas vezes demorado.

Como solução provisória e imediata, entendemos que o padrão de prova a ser adotado pelo CADE deveria ser, desde já, mais rigoroso a ponto de evitar a revisão ou anulação das suas decisões pelo Judiciário. Conforme destacado pelo Conselheiro Gilvandro Vasconcelos Coelho de Araújo no exercício do cargo de Presidente Interino do CADE, é necessário que a Autoridade Antitruste atente para os requisitos mínimos de provas exigidos pelo Judiciário nas questões concorrenciais. Deve, o órgão, ser "cuidadoso para utilizar elementos de convicção possíveis, do contrário, suas decisões serão revertidas quando de seu reexame pelos Tribunais[42]".

É notável que o CADE esteja atento à problemática encontrada e que venha, efetivamente, sofisticando muito o padrão das provas consideradas nas suas condenações. Tal persecução por um padrão de prova mais robusto ficou evidente nos julgamentos dos casos do Cartel de Mangueiras Marítimas,[43] no Cartel das Cargas Aéreas[44] e no Cartel das Vitaminas[45] pelo Tribunal do CADE, e deve ser aplaudida, pois trazem maior força e encorajam o Judiciário a dar cada vez maior credibilidade às decisões condenatórias do CADE.

42. Op. cit.
43. BRASIL. CONSELHO ADMINISTRATIVO DE DEFESA ECONÔMICA – CADE. Processo Administrativo n. 08012.010932/2007-18. Disponível em: <http://sei.cade.gov.br/sei/institucional/pesquisa/processo_exibir.php?NJlLMKAUD29j6X1yj2GO_P27TZb287t6FyKxmleAun0_7Xic_7N8S85pT009WCRwf8wJjAaFJbZklqt_fAQ0ng,,>. Acesso em: 14 jul. 2017.
44. BRASIL. CONSELHO ADMINISTRATIVO DE DEFESA ECONÔMICA – CADE. Processo Administrativo n. 08012.011027/ 2006-02. Disponível em: <http://sei.cade.gov.br/sei/institucional/pesquisa/processo_exibir.php?g3XpuoWYp-7HVPth0qfy4BTnTQGB-1fZe5x7Wj6r2vu8Z_OW3-1zux83ApV_27nfgv58AivWJQK5Zb5aF-J94g,,>. Acesso em: 14 jul. 2017.
45. BRASIL. CONSELHO ADMINISTRATIVO DE DEFESA ECONÔMICA – CADE. Processo Administrativo n. 08012.006241/1997-03. Disponível em: <http://sei.cade.gov.br/sei/institucional/pesquisa/processo_exibir.php?g3XpuoWYp-7HVPth0qfy4BTnTQGB-1fZe5x7Wj6r2vuXnBMDc9EwkoUjouGQVze7bJ7TlWGFGMBXVcIoHGUaCQ,,>. Acesso em: 14 jul. 2017.

Somente assim a decisão do CADE poderá ter cunho mais definitivo e efetivo após proferida, evitando-se, as anulações quando combatidas no Judiciário pelas empresas vencidas. Da mesma forma, em assim procedendo, o CADE poderá reforçar a tendência já existente, qual seja, de suas decisões serem consideradas provas irrefutáveis – ou provas *prima facie* – da existência do cartel quando utilizadas para subsidiar ações indenizatórias/reparatórias dos danos oriundos do cartel, as ARDCs, que vem ganhando cada vez mais espaço no cenário econômico nacional.

Inclusive, esta já é a abordagem adotada pelos Estados Unidos, Canadá, Austrália, União Europeia e diversos de seus estados membros, nos quais a decisão da autoridade antitruste local tem caráter de decisão vinculativa da existência do cartel e, em algumas jurisdições, até da existência do dano ocasionado por este cartel.

Com essa medida, acredita-se que haverá um encorajamento maior pelas partes lesadas em acionar judicialmente as empresas cartelistas para reaver os prejuízos sofrido, decorrente do cartel, além do que será concedida uma maior segurança jurídica à sociedade, que terá a seu favor mais um instrumento para o combate aos cartéis.

Referências bibliográficas

BRASIL. Conselho Administrativo de Defesa Econômica – CADE. Nota Técnica n. 24/2016/Chefia GAB-SG/SG/CADE. Conselho Administrativo de Defesa Econômica. Superintendência Geral. Disponível em: <http://sei.cade.gov.br/sei/institucional/pesquisa/documento_consulta_externa.php?7kPOxkDr7Hdy3nk8N7KWlj4Aaib6rj2o5ZKJrkFLovgm9l4TV4zQUY7a3MW4omo9BwdVCnAIQZcpqBftsU_mXg>. Acesso em: 20 jun. 2017.

______. ______. Processo Administrativo n. 08012.006241/1997-03. Disponível em: <http://sei.cade.gov.br/sei/institucional/pesquisa/processo_exibir.php?g3XpuoWYp-7HVPth0qfy4BTnTQGB-1fZe5x7Wj6r-2vuXnBMDc9EwkoUjouGQVze7bJ7TlWGFGMBXVcIoHGUaCQ,,>. Acesso em: 14 jul. 2017.

______. ______. Processo Administrativo n. 08012.004086/2000-21. Disponível em: <http://sei.cade.gov.br/sei/institucional/pesquisa/processo_exibir.php?g3XpuoWYp-7HVPth0qfy4BTnTQGB-1fZe5x7Wj6r-2vvpFASHuLI_RgT93-k-ORA0bO--L0na97FV8s5BY0bc6Q,, >. Acesso em: 14 jul. 2017.

______. ______. Processo Administrativo n. 08012.009888/2003-70. Disponível em: <http://sei.cade.gov.br/sei/institucional/pesquisa/processo_exibir.php?g3XpuoWYp-7HVPth0qfy4BTnTQGB-1fZe5x7Wj6r-

2vskRSyioLdLoEYtshlvq8IZ4NnIexeL8VFC4dts9J_7JA,,>. Acesso em: 20 jun. 2017.

______. ______. Processo Administrativo n. 08012.011142/2006-79. Disponível em: <http://sei.cade.gov.br/sei/institucional/pesquisa/processo_exibir.php?NJlLMKAUD29j6X1yj2GO_P27TZb287t6FyKxmleAun2RLsf8UiVKsmBDBt_IDV6U-Cu0jGxQv7dNel2ogQ7aNg,,>. Acesso em: 14 jul. 2017.

______. ______. Processo Administrativo n. 08012.011027/2006-02. Disponível em: <http://sei.cade.gov.br/sei/institucional/pesquisa/processo_exibir.php?g3XpuoWYp-7HVPth0qfy4BTnTQGB-1fZe5x7Wj6r-2vu8Z_OW3-1zux83ApV_27nfgv58AivWJQK5Zb5aF-J94g,,>. Acesso em: 14 jul. 2017.

______. ______. Processo Administrativo n. 08012.010932/2007-18. Disponível em:<http://sei.cade.gov.br/sei/institucional/pesquisa/processo_exibir.php?NJlLMKAUD29j6X1yj2GO_P27TZb287t6FyKxmleAun0_7Xic_7N8S85pT009WCRwf8wJjAaFJbZklqt_fAQ0ng,,>. Acesso em: 14 jul. 2017.

______. Tribunal de Justiça do Estado de Minas Gerais. Agravo de Instrumento 1.0024.09.709934-5/005. Relator: Alberto Henrique. Belo Horizonte. J. em 26-4-2012. Disponível em: <http://www4.tjmg.jus.br/juridico/sf/proc_resultado2.jsp?tipoPesquisa2=1&txtProcesso=10024097099345005&nomePessoa=&tipoPessoa=X&naturezaProcesso=0&situacaoParte=X&codigoOAB2=&tipoOAB=N&ufOAB=MG&numero=20&select=1&listaProcessos=10024097099345005&tipoConsulta=1&natureza=0&ativoBaixado=X&comrCodigo=0024>. Acesso em: 13 jul. 2017.

______. Tribunal de Justiça do Estado do Paraná. Agravo de Instrumento 1190338-9. Relator: João Domingos. Curitiba. J. em 9-6-2014. Disponível em: <https://portal.tjpr.jus.br/consulta-processual/publico/b2grau/consultaPublica.do?tjpr.url.crypto=8a6c53f8698c7ff78efe7164da319419a0029f16683ea4ab7db8b67f77aff753d415f5015cd7079db6e47af7fe0d81bb5ce7b8bfbe8263a1>. Acesso em: 13 jul. 2017.

______. Tribunal de Justiça do Estado de São Paulo. Apelação 0010500-24.1999.8.26.0047. Relatora: Marcia Tessitore. São Paulo. J. em 24-2-2015. Disponível em: <https://esaj.tjsp.jus.br/cposg/search.do;jsessionid=A95BA99692A4BE348CC48353BE1D82D9.cposg1?conversationId=&paginaConsulta=1&localPesquisa.cdLocal=3&cbPesquisa=NUMPROC&tipoNuProcesso=UNIFICADO&numeroDigitoAnoUnificado=0010500-24.1999&foroNumeroUnificad=0047&dePesquisaNuUnificado=0010-500-24.1999.8.26.0047&dePesquisa=&uuidCaptcha>. Acesso em: 13 jul. 2017.

______. ______. Apelação 0130316-15.2011.8.26.0100. Relatora: Maria De Lourdes Lopez Gil. São Paulo. J. em 22-6-2017. Disponível em: <https://

esaj.tjsp.jus.br/cposg/search.do?conversationId=&paginaConsulta=1&localPesquisa.cdLocal=3&cbPesquisa=NUMPROC&tipoNuProcesso=UNIFICADO&numeroDigitoAnoUnificado=0130316-15.2011&foroNumeroUnificado=0100&dePesquisaNuUnificado=0130316-15.2011.8.26.0100&dePesquisa=&uuidCaptcha>. Acesso em: 13 jul. 2017.

BRASIL. Tribunal Regional Federal da 1ª Região. Apelação 0049539-03.2010.4.01.3400. Relator: Souza Prudente. Brasília. J. em 27-4-2016. Disponível em: <http://processual.trf1.jus.br/consultaProcessual/processo.php>. Acesso em: 13 jul. 2017.

______. ______. Apelação n. 0043979-85.2007.4.01.3400. Relator: Kassio Marques. Brasília. J. em 3-8-2016. Disponível em: <http://arquivo.trf1.jus.br/PesquisaMenuArquivo.asp?p1=200734000443146&pA=200734000443146&pN=439798520074013400 >. Acesso em: 13 jul. 2017.

______. Superior Tribunal de Justiça. *Habeas Corpus* 190.334/SP. Relator: Marco Aurélio Bellizze. Brasília. J. em 10-5-2011. Disponível em: <https://ww2.stj.jus.br/processo/pesquisa/>. Acesso em: 13 jul. 2017.

BUENO, Cassio Scarpinella. *Curso sistematizado de direito processual civil 1:* teoria geral do direito processual civil. São Paulo. Saraiva, 2007.

CONTRIBUIÇÃO DOS ESTADOS UNIDOS AO RELATÓRIO OCDE 2015. Disponível em: <http://www.oecd.org/officialdocuments/publicdisplaydocumentpdf/?cote=DAF/COMP/WP3/WD(2015)11&docLanguage=En>. Acesso em: 21 jun. 2017.

DIRETIVA 2014/104/UE DO PARLAMENTO EUROPEU E DO CONSELHO. Relativa a certas regras que regem as ações de indemnização no âmbito do direito nacional por infração às disposições do direito da concorrência dos Estados-Membros e da União Europeia. *Jornal Oficial da União Europeia*, Europa, 5-12-2014. Disponível em: <http://eur-lex.europa.eu/legal-content/PT/TXT/PDF/?uri=CELEX:32014L0104&from=DE>. Acesso em: 23 jun. 2017.

FORRESTER, Ian S. A Bush in Need of Pruning: the Luxuriant Growth of "Light Judicial Review". In: MARTINEZ, Ana Paula (Org.). *Temas atuais de direito da concorrência*. São Paulo: Singular, 2012.

MLex (www.mlex.com). CADE must consider courts' thinking before making its decisions, interim President says. 6-6-2017. Disponível para assinantes em: <http://www.mlex.com/GlobalAntitrust/DetailView.aspx?cid=893093&siteid=203>. Acesso em: 20 jun. 2017.

REPORT FOR THE EUROPEAN COMMISSION. Making antitrust damages actions more effective in the EU: welfare impact and potential scenarios. Bruxelas, Roma e Rotterdam. 21-12-2007. Disponível em: <http://ec.europa.eu/competition/antitrust/actionsdamages/files_white_paper/impact_study.pdf>. Acesso em: 21 jun. 2017.

A Arbitragem e o Direito da Concorrência

Daniel Costa Caselta

1. Introdução

O presente artigo examinará a interação entre o direito da concorrência e o instituto da arbitragem, com ênfase na discussão acerca da arbitrabilidade de conflitos relacionados às normas de defesa da concorrência.

A arbitragem consiste em meio alternativo de solução de controvérsias, segundo o qual determinada disputa é solucionada em caráter definitivo por um terceiro, que não faz parte dos órgãos jurisdicionais estatais e recebe seus poderes de uma convenção privada.[1]

O fundamento da arbitragem é a autonomia da vontade, a qual, contudo, não é ilimitada. Por razões de interesse público, os diferentes ordenamentos jurídicos impõem que determinados conflitos – em razão das partes envolvidas ou da natureza da matéria controvertida – devam permanecer sob

1. Segundo Carlos Alberto Carmona, a arbitragem constitui "meio alternativo de solução de controvérsias através da intervenção de uma ou mais pessoas que recebem seus poderes de uma convenção privada, decidindo com base nela, sem intervenção estatal, sendo a decisão destinada a assumir a mesma eficácia da sentença judicial". O autor esclarece ainda que "a terminologia tradicional, que se reporta a 'meios alternativos' parecer estar sob ataque, na medida em que uma visão mais moderna do tema aponta meios adequados (ou mais adequados) de solução de litígios, não necessariamente alternativos" (*Arbitragem e processo:* um comentário à Lei n. 9.307/96. 3. ed. São Paulo: Atlas, 2009, p. 31-32).

competência exclusiva do Poder Judiciário.[2] De qualquer modo, observa-se, tanto no Brasil como no cenário internacional, uma ampliação das matérias passíveis de serem resolvidas por arbitragem, num fenômeno chamado de expansão da arbitrabilidade.[3]

Em uma primeira análise, pode-se dizer que o direito da concorrência e o instituto da arbitragem possuem naturezas bem distintas: como adiantado, a arbitragem é informada pelo princípio da autonomia da vontade, ao passo que o direito concorrencial se destaca pela presença de normas de ordem pública que visam, sobretudo, proteger a concorrência e o sistema econômico como um todo.[4]

Não obstante essas diferenças, o fato é que a arbitragem costuma ser utilizada, sobretudo, para dirimir controvérsias entre empresas de grande porte, as quais são justamente as mais suscetíveis de se envolverem em questões relacionadas ao direito antitruste, razão pela qual não é incomum que a

2. João Luiz Lessa Neto esclarece que "a arbitrabilidade pode ser definida como a aptidão de determinada matéria ou entidade de ser julgada pela arbitragem. Há questões e entidades que apenas podem ser julgadas pelo Poder Judiciário. Assim, é possível falar em arbitrabilidade em sentido objetivo para designar o que (quais matérias) pode ser julgado por arbitragem e em sentido subjetivo relacionando-se com quem pode se submeter a arbitragem" (*Arbitragem e Poder Judiciário:* a definição da competência do árbitro. Salvador: JusPodivm, 2016, p. 116)
3. De acordo com Alexis Mourre "it is generally acknowledged that states may set restrictions to the parties' right to enter into an arbitration agreement with respect to certain types of disputes touching upon sensitive public policy issues that the state wishes to remain in national courts' exclusive jurisdiction. (...) There has been, in the last three decades, a general trend towards the expansion of the category of arbitrable disputes. (...) As arbitration became the normal means of solving business disputes, restrictions to arbitrability tended to diminish or even disappear. One could say that the greater confidence placed upon arbitration as a means of dispute resolution, the wider the domain of arbitrability becomes" Arbitrability of Antitrust Law from the European and US Perspectives. In: BLANKE, Gordon; LANDOLT, Phillip, *EU and US Antitrust Arbitration: A Handbook for Practitioners.* Kluwer Law International, 2011, p. 6).
4. Laurence Idot escreve que "at first glance, the two branches of law are opposite. Competition law is dominated by public order while, in contrast, arbitration law is dominated by the principle of will. This explains why, initially, the competition authorities were for a long time wary and reluctant vis-à-vis arbitration as method of dispute resolution" (Arbitration and Competition. In: OCDE. Arbitration and Competition, 2010. p. 56. Disponível em: <http://www.oecd.org/competition/abuse/49294392.pdf>. Acesso em: 29 jun. 2017).

aplicação das normas de defesa da concorrência seja suscitada no âmbito de procedimentos arbitrais.[5]

Nesse contexto, o presente artigo examinará inicialmente a evolução da discussão sobre arbitrabilidade de questões concorrenciais no direito estrangeiro (Estados Unidos e Europa) e, em seguida, estudará o tema à luz do ordenamento jurídico brasileiro. Ao final, com apoio em pesquisa jurisprudencial, serão analisados exemplos de litígios envolvendo a aplicação de normas de defesa da concorrência, avaliando-se a potencial arbitrabilidade de tais litígios.

Trata-se de tema de inegável importância, o qual é objeto de discussão há várias décadas no direito estrangeiro e que somente nos últimos anos – em razão da ampliação da utilização da arbitragem e da importância crescente atribuída ao direito concorrencial – tem despertado a atenção dos operadores do direito no Brasil.

2. Panorama da evolução da discussão no direito estrangeiro

O debate acerca da arbitrabilidade de questões antitruste teve desenvolvimento semelhante nos Estados Unidos e na Europa. Após um período em que se entendia que quaisquer litígios relacionados ao direito antitruste somente poderiam ser solucionados no âmbito do Poder Judiciário, passou-se a reconhecer a arbitrabilidade de determinadas disputas envolvendo a matéria.

No direito norte-americano, até meados de década de 1980, prevalecia o entendimento de que as questões concorrenciais não podiam ser submetidas ao juízo arbitral. Até então, os tribunais entendiam, em síntese, que as contro-

5. Sobre o assunto, Pedro Paulo Salles Cristofaro e Rafael de Moura Rangel Ney escrevem que "embora não haja nenhum impedimento a que litígios de pouca monta sejam objeto de arbitragem, é incontestável que, em todo o mundo, a arbitragem vem sendo utilizada sobretudo em relação a contratos de maior complexidade, tornando-se o modo habitual de dirimir conflitos relacionados a temas como comércio internacional, joint ventures, transferência de tecnologia, etc. Não por acaso, em razão da complexidade e importância das questões mais comumente submetidas à arbitragem, é normal que os procedimentos arbitrais tenham como partes empresas de grande porte, com interesses que superam as fronteiras de um único país e com posição de destaque nas respectivas áreas de atuação. Essas empresas de grande porte, por seu turno, são exatamente aquelas cuja atuação é mais sensível no que diz respeito a outro ramo do direito que, nos últimos anos, vem tendo importância crescente no Brasil: o 'Direito Antitruste' ou 'Direito da Concorrência'" (Possibilidade de Aplicação de Normas do Direito Antitruste pelo Juízo Arbitral. In: ALMEIDA, Ricardo Ramalho (Coord.). *Arbitragem interna e internacional.* Rio de Janeiro: Renovar, 2003, p. 333-334).

vérsias relacionadas ao direito antitruste não envolvem apenas os interesses particulares das partes, tendo o potencial de afetar a economia como um todo, razão pela qual não poderiam ser dirimidas por arbitragem.[6]

Esse posicionamento prevaleceu até 1985, quando a Suprema Corte norte-americana, ao proferir decisão no caso *Mitsubishi Motors Corp. vs. Soler Chrysler-Plymounth, Inc.*, entendeu que uma disputa envolvendo o direito antitruste relacionada ao rompimento de um contrato internacional de distribuição no mercado automobilístico poderia ser solucionada por arbitragem.[7]

Embora o precedente em questão tenha sido proferido no âmbito de controvérsia envolvendo uma arbitragem internacional, o posicionamento em favor da arbitrabilidade de questões concorrenciais foi posteriormente estendido pelos tribunais norte-americanos às arbitragens domésticas.[8]

6. Veja-se, a respeito, o entendimento manifestado na decisão proferida no caso American Safety Equipment Corp. v. J.P. Maguire & Co.: "A claim under the antitrust laws is not merely a private matter. The Sherman Act is designed to promote the national interest in a competitive economy; thus, the plaintiff asserting his rights under the Act has been likened to a private attorney-general who protects the public's interest. (...) Antitrust violations can affect hundreds of thousands – perhaps millions – of people and inflict staggering economic damage. (...) We do not believe that Congress intended such claims to be resolved elsewhere than in the courts." (American Safety Equipment Corp. v. J.P. Maguire & Co., U.S. Court of Appeals for the Second Circuit – 391 F.2d 821 (2d Cir. 1968)).
7. US Supreme Court, Mitsubishi v. Soler Chrysler-Plymouth, 473 U.S. 614 (1985).
8. A respeito da evolução dos precedentes norte-americanos no sentido de aplicar, com relação às arbitragens domésticas, o entendimento adotado no caso *Mitsubishi*, veja-se: "A year later, a Pennsylvania district court extended the Mitsubishi holding to domestic antitrust disputes. In Genna v. Foot International, the court concluded that the Mitsubishi rationale was even more compelling in domestic disputes where arbitrators benefit from greater exposure to the virtues of free competition. The Supreme Court agreed. In Shearson/American Express v. McMahon, the Court, relying heavily on Mitsubishi, held that both RICO claims and claim brought under Section 10(b) of the Securities Exchange Act of 1934 are subject to arbitration. Since McMahon, the courts generally have applied Mitsubishi to permit arbitration of purely domestic antitrust disputes" (AMERICAN BAR ASSOCIATION, *Antitrust Law Developments.* 6. ed. ABA Section of Antitrust Law, 2007, v. I, p. 999-1000). Sobre o mesmo tema, Laurence Idot esclarece: "Despite the ratio decidendi of the Mitsubishi ruling, which was clearly geared towards international arbitration, the lower courts have generally agreed to implement domestic arbitration as a solution" (Arbitration and Competition cit. p. 56).

De todo modo, a jurisprudência norte-americana reconhece que há matérias envolvendo o direito antitruste que são de competência exclusiva das autoridades de defesa da concorrência ou do Poder Judiciário, como, por exemplo, a aplicação de multas e a imposição de sanções criminais. Entende-se que os tribunais arbitrais têm competência para decidir sobre as consequências privadas relacionadas ao direito antitruste, como a condenação de infratores a pagarem indenizações e a cessarem práticas ilícitas, bem como a declaração de invalidade de contratos por infringirem a legislação antitruste.[9]

Na Europa, a arbitrabilidade de questões antitruste, após um período em que foi objeto de resistência em algumas jurisdições, passou a ser amplamente aceita. Na França, por exemplo, a jurisprudência por muitos anos impôs restrições à arbitrabilidade de questões antitruste, sob o fundamento de se tratar de matéria de ordem pública. Tal entendimento, contudo, veio a ser modificado pelos tribunais judiciais franceses, que passaram a admitir a possibilidade de os tribunais arbitrais condenarem infratores ao pagamento de indenizações e declararem a nulidade de contratos com fundamento nas normas de defesa da concorrência.[10]

Assim como ocorre no direito norte-americano, também se reconhece na Europa que determinadas matérias envolvendo o direito antitruste não podem ser resolvidas por arbitragem, como, por exemplo, a aplicação de multas e de sanções criminais, que constituem competência exclusiva das autoridades concorrenciais e do Poder Judiciário.[11]

9. Veja-se o esclarecimento de Alexis Mourre acerca da jurisprudência norte-americana: "An arbitral tribunal would obviously have no power to take decisions of a public nature, such as fines or criminal sanctions. Those sanctions are within the exclusive power of competition agencies, public offices, and courts. (...) What an arbitral tribunal can do is to draw the civil consequences of a violation of antitrust laws, by enjoining a party to cease violating the other's rights, awarding damages, or invalidating the contract" (Arbitrability of Antitrust Law from the European and US Perspectives. In: BLANKE, Gordon; LANDOLT, Phillip. *EU and US Antitrust Arbitration:* a handbook for practitioners. Kluwer Law International, 2011, p. 29).
10. Nathalie Jalabert-Doury esclarece que "the Paris Court of Appeal has ruled that arbitrators have jurisdiction to decide upon the existence and consequences of an infringement of EC and national competition law" (France. In: FOER, Albert A.; CUNEO, Jonathan W. (Org.). *The International Handbook of Private Enforcement of Competition Law.* Cheltenham, Edward Elgar Publishing, 2010, p. 321).
11. Servando sobre a experiência europeia, Alexis Mourre defende que "it is now settled law that arbitrators can apply antitrust rules to award damages or to ascertain that a contract is null and void for breach of competition law. (...) It is

3. Arbitrabilidade de questões concorrenciais no direito brasileiro

Após o breve exame da experiência estrangeira, passa-se a analisar a arbitrabilidade de matérias envolvendo o direito da concorrência à luz do direito brasileiro.

3.1 A arbitragem no direito brasileiro e os limites para a arbitrabilidade de disputas

A Lei n. 9.307/96, conhecida como Lei da Arbitragem, define, em seu art. 1º, quais tipos de litígio podem ser solucionados por arbitragem no direito brasileiro, estabelecendo que "as pessoas capazes de contratar poderão valer-se da arbitragem para dirimir litígios relativos a direitos patrimoniais disponíveis".

Da análise do dispositivo, verifica-se que o primeiro requisito para a submissão de um litígio à arbitragem diz respeito à capacidade de contratar das partes (a chamada arbitrabilidade subjetiva). O segundo requisito, por sua vez, relaciona-se com a natureza do direito envolvido (a chamada arbitrabilidade objetiva), reservando-se a arbitragem para a solução de conflitos envolvendo direitos patrimoniais disponíveis, quais sejam, os direitos que tenham expressão econômica e que possam ser objeto de renúncia ou transação.[12]

Em geral, são tidas como não arbitráveis as questões relacionadas ao direito de família (em especial aquelas envolvendo questões de estado das pessoas), direito das sucessões e direito penal, dentre outras. Não obstante, ainda que se trate de direito indisponível, entende-se que as consequências patrimoniais relacionadas a tais disputas – por exemplo, o valor de indenização em caso de responsabilidade civil decorrente de conduta criminosa – podem ser objeto de arbitragem.[13]

---

beyond doubt, conversely, that an arbitral tribunal could not take any decision that falls under the exclusive jurisdiction of a national court or a competition authority. Courts and competition authorities, as a matter of fact, are vested with exclusive powers to take decisions of an administrative or criminal nature in the name of the public interest" (Arbitrability of Antitrust Law from the European and US Perspectives cit., p. 43).

12. Pedro Paulo Salles Cristofaro e Rafael de Moura Rangel Ney, Possibilidade de aplicação de normas do direito antitruste pelo juízo arbitral. In: ALMEIDA, Ricardo Ramalho (Coord.). *Arbitragem interna e internacional.* Rio de Janeiro: Renovar, 2003, p. 336.

13. Veja-se a lição de Carlos Alberto Carmona: "De maneira geral, não estão no âmbito do direito disponível as questões relacionadas ao direito de família (em especial ao estado das pessoas, tais como filiação, pátrio poder, casamento, alimentos),

Como se verá no tópico seguinte, essa distinção entre os direitos indisponíveis e suas consequências estritamente patrimoniais será de grande importância na análise da arbitrabilidade de questões envolvendo direito da concorrência.

3.2 O direito da concorrência e a arbitrabilidade de questões concorrenciais

No direito brasileiro, a defesa da concorrência é assegurada pelo art. 173, § 4º da Constituição Federal.[14] Em âmbito infraconstitucional, a Lei n. 12.529/2011, também conhecida por Lei de Defesa da Concorrência, disciplina as competências do CADE, autarquia federal que tem por objetivo, em síntese, exercer o controle prévio de atos que possam resultar em concentração econômica (o chamado *controle de estruturas*), bem como reprimir as infrações à ordem econômica e impor as respectivas penalidades (o chamado *controle de condutas*).[15]

O art. 1º, parágrafo único, da Lei de Defesa da Concorrência dispõe que "a coletividade é a titular dos bens jurídicos protegidos por esta lei", entendendo-se que o objeto primário de proteção do direito concorrencial seja a própria *concorrência*,[16] e não os concorrentes, consumidores ou eventuais partes prejudicadas diretamente.

aquelas atinentes ao direito de sucessão, as que têm por objeto as coisas fora do comércio, as obrigações naturais, as relativas ao direito penal, entre tantas outras, já que ficam estas matérias todas fora dos limites em que pode atuar a autonomia da vontade dos contendentes. Estas constatações não são suficientes, porém, para excluir de forma absoluta do âmbito da arbitragem toda e qualquer demanda que tanja o direito de família ou o direito penal, pois as consequências patrimoniais tanto num caso como noutro podem ser objeto de solução extrajudicial. Dizendo de outro modo, se é verdade que uma demanda que verse sobre o direito de prestar e receber alimentos trata de direito indisponível, não é menos verdadeiro que o quantum da pensão pode ser livremente pactuado pelas partes (e isto torna arbitrável esta questão); da mesma forma, o fato caracterizador da conduta antijurídica típica deve ser apurado exclusivamente pelo Estado, sem prejuízo de as partes levarem à solução arbitral a responsabilidade civil decorrente de ato delituoso" (*Arbitragem e processo...* cit., p. 38-39).

14. "Art. 173. (...) § 4º A lei reprimirá o abuso do poder econômico que vise à dominação dos mercados, à eliminação da concorrência e ao aumento arbitrário dos lucros".
15. Sobre o tema, *vide*: Paula Andrea Forgioni, *Os fundamentos do antitruste.* São Paulo: Revista dos Tribunais, 1998.
16. Calixto Salomão Filho, *Direito concorrencial* – as condutas. 2. ed. São Paulo: Malheiros, 2007, p. 75-81.

A defesa da concorrência também é objeto da Lei n. 8.137/90 (Lei de Crimes Econômicos), a qual define os crimes contra a ordem econômica, estabelecendo que determinadas infrações concorrenciais – notadamente a prática de cartel[17] – constituem crime e ficam sujeitos à pena de reclusão.[18]

Nesse contexto, tendo em vista a restrição da arbitragem aos conflitos relativos a direitos patrimoniais disponíveis, questiona-se se é possível a utilização da arbitragem para solucionar conflitos que se relacionem com o direito da concorrência.

Na análise da questão, deve-se ter presente que, embora as infrações à ordem econômica inegavelmente resultem em efeitos adversos para a *concorrência* – ou seja, ao sistema concorrencial – referidas condutas também podem acarretar efeitos patrimoniais aos eventuais prejudicados.

Tanto é assim que o art. 47 da Lei de Defesa da Concorrência estabelece que os prejudicados pela prática de infração à ordem econômica poderão ingressar em juízo para obter a cessação das práticas que constituam infração à ordem econômica e pleitear indenização por perdas e danos.[19]

Nesse sentido, com base na distinção acima mencionada entre os direitos indisponíveis e seus efeitos patrimoniais, é possível concluir, de modo semelhante à orientação adotada no direito estrangeiro, que – embora o direito antitruste, tanto em sua esfera administrativa como em sua esfera penal, tenha por objeto

17. Os cartéis são definidos como "acordos explícitos ou tácitos entre concorrentes do mesmo mercado, envolvendo parte substancial do mercado relevante, em torno de itens como preços, quotas de produção e divisão territorial, na tentativa de aumentar preços e lucros conjuntamente para níveis mais próximos dos de monopólio" (Resolução CADE n. 20/99).

18. Art. 4° Constitui crime contra a ordem econômica: I – abusar do poder econômico, dominando o mercado ou eliminando, total ou parcialmente, a concorrência mediante qualquer forma de ajuste ou acordo de empresas; II – formar acordo, convênio, ajuste ou aliança entre ofertantes, visando: a) à fixação artificial de preços ou quantidades vendidas ou produzidas; b) ao controle regionalizado do mercado por empresa ou grupo de empresas; c) ao controle, em detrimento da concorrência, de rede de distribuição ou de fornecedores. Pena – reclusão, de 2 (dois) a 5 (cinco) anos e multa.

19. Art. 47. Os prejudicados, por si ou pelos legitimados referidos no art. 82 da Lei n. 8.078, de 11 de setembro de 1990, poderão ingressar em juízo para, em defesa de seus interesses individuais ou individuais homogêneos, obter a cessação de práticas que constituam infração da ordem econômica, bem como o recebimento de indenização por perdas e danos sofridos, independentemente do inquérito ou processo administrativo, que não será suspenso em virtude do ajuizamento de ação.

preponderante a proteção de direitos indisponíveis – as consequências estritamente patrimoniais relacionadas ao direito concorrencial podem ser dirimidas por meio de arbitragem.[20] No item seguinte, serão examinados alguns exemplos de questões concorrenciais que podem ser solucionadas por arbitragem.

3.3 Controvérsias envolvendo direito concorrencial e avaliação da arbitrabilidade

Tendo ficado estabelecido, a partir da análise empreendida no item acima, que, em princípio, não há óbice para que o juízo arbitral aprecie questões relacionadas ao direito da concorrência com o objetivo de solucionar controvérsias relacionadas aos seus desdobramentos patrimoniais, serão examinados a seguir alguns exemplos de questões concorrenciais que podem ser solucionadas mediante arbitragem.

Para tanto, é útil analisar quais as questões envolvendo direito da concorrência que têm sido submetidas ao Poder Judiciário, para, a partir daí, avaliar se tais questões poderiam ser submetidas ao juízo arbitral caso as partes assim estabelecessem.

Com base na ampla pesquisa em Levantamento Jurisprudencial empreendido pelo Comitê de Contencioso Econômico do Instituto Brasileiro de Estudos de Concorrência, Consumo e Comércio Internacional ("IBRAC"), foram catalogados diversos precedentes nos quais o Poder Judiciário examinou questões envolvendo a aplicação do direito concorrencial.

Os julgados mapeados no Levantamento Jurisprudencial podem ser classificados da seguinte forma: (i) ações judiciais questionando decisões (interlocutórias ou finais) proferidas pelo CADE em processos administrativos envolvendo o controle de estruturas e de condutas, tanto em virtude

20. Nesse sentido, veja-se entendimento de Pedro Paulo Salles Cristofaro e Rafael de Moura Rangel Ney: "(...) o conteúdo imediato do Direito Antitruste não é de natureza patrimonial, seja em sua face administrativa – cuja aplicação incumbe ao CADE – seja na esfera penal. (...) Em vista de tal constatação, na medida em que, como referido de início, podem ser objeto de arbitragem no Brasil apenas os 'direitos patrimoniais disponíveis', chega-se à conclusão óbvia de que foge aos domínios de uma arbitragem substituir-se às autoridades administrativas ou judiciais na aplicação do Direito Antitruste. (...) Isso não significa, todavia, que, indiretamente, a aplicação do Direito Antitruste deixe de ter reflexos na esfera patrimonial das partes envolvidas, trazendo a discussão quanto à arbitrabilidade para outro plano" (Possibilidade de aplicação de normas do direito antitruste pelo juízo arbitral cit., p. 345-346).

de aspectos de mérito com em razão de alegações relacionadas ao devido processo legal; (ii) ações penais relacionadas ao direito da concorrência; (iii) disputas contratuais no âmbito das quais há discussão relacionada ao direito da concorrência; e (iv) ações pleiteando indenização por danos decorrentes de infrações à ordem econômica.

3.3.1 Questionamento de decisões do CADE

Muitos dos litígios relacionados ao direito concorrencial em discussão no Poder Judiciário envolvem o questionamento de decisões proferidas pelo CADE.

Dentre os principais exemplos de litígios nessa categoria, incluem-se ações judiciais questionando decisões do CADE proferidas no âmbito da análise de atos de concentração. Nessas ações, as empresas que tiveram operações vetadas (ou substancialmente restringidas) pelo CADE alegam que a autarquia aplicou incorretamente a lei concorrencial. O questionamento em geral pode envolver tantos aspectos de mérito da operação (por exemplo, alegando-se que o CADE avaliou incorretamente o poder de mercado das empresas envolvidas na operação) como aspectos formais do processo administrativo (por exemplo, alegando-se que o CADE descumpriu formalidades ou prazos impostos pela lei para análise da operação).[21]

Também podem ser mencionados os processos judiciais no âmbito dos quais empresas ou indivíduos pleiteiam a anulação de decisões proferidas pelo CADE nos processos administrativos para imposição de sanções por infração à ordem econômica. Nesses casos, os questionamentos em geral podem envolver tantos aspectos de direito material (por exemplo, alegação de que a conduta foi incorretamente caracterizada como infração ou que o montante da penalidade desobedeceu ao princípio da proporcionalidade) como questões

21. Como exemplo, pode-se mencionar o processo judicial ajuizado com o objetivo de desconstituir a decisão do CADE que havia vetado a operação envolvendo as empresas Nestlé Brasil Ltda. e Chocolates Garoto S/A ("caso Nestlé/Garoto"). Na ação judicial, além de alegarem que o CADE avaliou incorretamente a participação de mercado das empresas envolvidas na operação, as partes sustentaram que o CADE descumpriu o prazo máximo para aprovação da operação previsto na lei concorrencial então em vigor (Lei n. 8.884/94), de modo que a operação deveria ser automaticamente aprovada. A decisão do Tribunal Regional Federal da 1ª Região anulou a decisão administrativa e determinou que o CADE proferisse novo julgamento (TRF-1, Apelação Cível n. 2005.34.00.015042-8/DF, Relator João Batista Moreira, j. 21-1-2009).

envolvendo o devido processo legal (por exemplo, questionando a admissão pelo CADE de provas consideradas ilícitas pelos demandantes).[22]

Em muitos casos, os questionamentos relacionados ao devido processo legal são levados ao Poder Judiciário antes mesmo de ser proferida decisão final pelo CADE. Nesse sentido, há diversos casos em que os representados em processos administrativos buscam invalidar determinadas decisões interlocutórias proferidas pelo CADE no âmbito de processos administrativos (por exemplo, decisões indeferindo a oitiva de testemunhas).[23]

Com base no art. 1º da Lei n. 9.307/96, conclui-se que os litígios envolvendo decisões proferidas pelo CADE no âmbito do controle de estruturas e de condutas não podem ser objeto de arbitragem, uma vez que tais litígios não envolvem direitos patrimoniais disponíveis.

Com efeito, a atuação do CADE no âmbito da análise de atos de concentração tem por objetivo evitar a formação de estruturas empresariais que possam resultar em dominação de mercado e, consequentemente, gerar prejuízos ao ambiente competitivo. De modo semelhante, as competências atribuídas ao CADE para impor sanções às empresas e indivíduos condenados por infração à ordem econômica têm o objetivo de coibir condutas ilícitas que tenham por objeto ou possam produzir efeitos adversos à concorrência.

Embora as decisões do CADE possam inegavelmente acarretar consequências patrimoniais relevantes aos envolvidos – basta pensar, por exemplo, numa decisão que veta ou impõe restrições a uma determinada operação no âmbito do controle de condutas ou numa decisão que impõe penalidades pecuniárias em sede de controle de condutas – é evidente que os processos questionando referidas decisões não envolvem direitos disponíveis.

22. Um exemplo é o julgado que anulou decisão administrativa por meio da qual o CADE havia condenado laboratórios farmacêuticos por supostamente se reunirem com o objetivo de dificultar o ingresso de medicamentos genéricos no país. A decisão do Tribunal Regional Federal da 1ª Região, que ainda não transitou em julgado, anulou a multa imposta pelo CADE por entender que as provas constantes do processo administrativo não evidenciavam a prática de infração à ordem econômica (TRF-1, Apelação Cível n. 0043687-03.2007.4.01.3400, Relator Kássio Nunes Marques, j. 30-3-2015).

23. A respeito da revisão judicial das decisões do CADE, vide: Fabrício Antonio Cardim de Almeida (coord.), Revisão Judicial das Decisões do Conselho Administrativo de Defesa Econômica (CADE) – Pesquisa Empírica e Aplicada sobre os Casos Julgados pelos Tribunais Regionais Federais (TRFs), Superior Tribunal de Justiça (STJ) e Supremo Tribunal Federal (STF), Belo Horizonte, Fórum, 2011.

Desse modo, assim como seria impensável imaginar que os árbitros pudessem se substituir ao CADE em suas competências, é inegável que os litígios envolvendo o questionamento de decisões do CADE não podem ser solucionados por arbitragem.

3.3.2 Questões penais

O Levantamento Jurisprudencial também identificou diversos precedentes em ações penais ajuizadas com fundamento na Lei de Crimes Econômicos. Como consequência dos esforços das autoridades de investigação e persecução penal – incluindo a criação de áreas especializadas de combate a cartéis no âmbito dos Ministérios Públicos[24] – verificou-se nos últimos anos um incremento importante na quantidade de decisões judiciais em âmbito penal envolvendo crimes contra a ordem econômica.[25]

É evidente que a imposição de sanções criminais é atribuição exclusiva do Poder Judiciário, de modo que tais matérias não podem ser objeto de arbitragem. Como visto acima, essa orientação também é adotada no direito estrangeiro.

3.3.3 Juízo de validade de disposições contratuais à luz do direito da concorrência

Outra discussão importante que pode ser identificada no Levantamento Jurisprudencial diz respeito às disputas contratuais no âmbito das quais as partes suscitam questões envolvendo o direito da concorrência.

Dentre os exemplos de disputas desse tipo encontradas no Levantamento Jurisprudencial, pode ser mencionada ação movida por lojistas de *shopping centers* pleiteando a declaração de nulidade de cláusula de raio pactuada nos contratos de locação, sob o fundamento de que a proibição de que os lojistas instalem outras lojas em determinado raio de atuação seria nula por violar a lei concorrencial.[26]

24. Como exemplo, pode-se citar o Grupo de Atuação Especial de Repressão à Formação de Cartéis e Lavagem de Dinheiro (GEDEC) do Ministério Público do Estado de São Paulo.
25. Sobre o tema, vide: Ana Paula Martinez, *Repressão a cartéis*: interface entre direito administrativo e direito penal. São Paulo: Singular, 2013.
26. No caso em questão, o Superior Tribunal de Justiça entendeu que a inserção de cláusula de raio nos contratos de locação não seria abusiva, afirmando que "o dono do negócio pode impor limitações e condições para o uso de sua propriedade por terceiros" e, no tocante à alegação de ilícito concorrencial, "a conquista de mercado resultante de processo natural fundado na maior eficiência de agente

Nesse contexto, a questão que surge é se, em controvérsias semelhantes relacionadas a disputas contratuais submetidas à arbitragem, os árbitros poderiam se pronunciar sobre questões concorrenciais suscitadas pelas partes, proferindo decisão, por exemplo, acerca da nulidade de eventual cláusula com fundamento na Lei de Defesa da Concorrência.

Tratando-se de direitos patrimoniais disponíveis – e, portanto, passíveis de resolução por arbitragem – conclui-se que os árbitros podem, no âmbito de uma disputa relacionada à validade ou invalidade de uma disposição contratual, aplicar a Lei de Defesa da Concorrência para dirimir a controvérsia. Caso a disputa exemplificada acima fosse submetida à arbitragem, o tribunal arbitral poderia, por exemplo, declarar a nulidade de cláusula de raio com base na legislação concorrencial. Deve-se ter presente, aqui, a distinção mencionada acima entre os direitos indisponíveis e seus efeitos estritamente patrimoniais.

Note-se que em diversas situações, mesmo em matérias não relacionadas ao direito concorrencial, o árbitro, ao proferir decisão acerca de controvérsias envolvendo direitos patrimoniais disponíveis, pode ter que decidir acerca da validade ou invalidade de atos jurídicos. Desse modo, o simples fato de no âmbito de uma sentença arbitral ser necessário apreciar a validade de uma disposição contratual à luz da Lei de Defesa da Concorrência não faz com que a disputa deixe de envolver direito disponível e, portanto, não torna a matéria insuscetível de ser dirimida por arbitragem.[27]

econômico em relação a seus competidores não caracteriza qualquer ilícito, visto que prevista como excludente, nos exatos termos do estabelecido no § 1º do art. 36 da Lei n. 12.529/2011" (REsp 1535727/RS, Rel. Ministro Marco Buzzi, Quarta Turma, j. 10-5-2016).

27. Nesse sentido, veja-se o entendimento de Pedro Paulo Salles Cristofaro e Rafael de Moura Rangel Ney: "(...) o fato de, no processo lógico de formação da decisão em uma arbitragem, ser necessário examinar a eventual nulidade de disposições contratuais – ou mesmo de um contrato como um todo – não afasta a 'disponibilidade' dos direitos em controvérsia, nem impede o prosseguimento do Juízo arbitral. Qualquer entendimento diverso representaria inaceitável restrição à arbitragem capaz de praticamente inviabilizar o instituto. Veja-se que, a todo momento, pode ser o árbitro confrontado com leis cogentes, incidentes sobre o conflito, obrigando-o a aplicar tais normas às situações concretas. (...) Do mesmo modo, a necessidade de apreciação da validade de uma disposição contratual à luz da Lei Antitruste, por mais complexa que seja essa tarefa, não implica na paralisação do processo arbitral nem constitui hipótese de incidência do art. 25 da Lei n. 9.307/96" (Possibilidade de aplicação de normas do direito antitruste pelo juízo arbitral cit., p. 348-349).

3.3.4 Indenização por danos decorrentes de infrações à ordem econômica

Por fim, um aspecto da aplicação da Lei de Defesa da Concorrência que tem se desenvolvido nos últimos anos no Brasil são as ações por meio das quais os prejudicados pleiteiam indenização pelos prejuízos causados por práticas anticompetitivas.

Nesse sentido, como acima adiantado, o art. 47 da Lei de Defesa da Concorrência estabelece que os prejudicados pela prática de infrações à ordem econômica poderão ingressar em juízo para "obter a cessação das práticas" e o "recebimento de indenização por perdas e danos sofridos", independentemente da investigação da prática na esfera administrativa, que não será suspensa em razão do ajuizamento da ação.

No âmbito do Levantamento Jurisprudencial, foram identificados diversos julgados discutindo a responsabilidade civil por danos decorrentes de infrações à ordem econômica. A maior parte dos casos constituem ações civis públicas movidas pelo Ministério Público com o objetivo de obter reparação pelos danos causados à coletividade – incluindo danos patrimoniais e danos morais coletivos – em virtude das práticas anticompetitivas.

Há ainda um número crescente de ações de responsabilidade civil movidas por particulares pleiteando indenização por prejuízos causados pela prática de cartel e outras infrações à ordem econômica.

À luz do quanto exposto nos itens acima, conclui-se que as disputas envolvendo pedidos de indenização por infrações à ordem econômica podem ser objeto de arbitragem, por se tratar de discussão referente a direitos patrimoniais disponíveis.[28]

Uma dificuldade prática para a solução de tais litígios por arbitragem decorre da exigência de que as partes voluntariamente submetam os litígios ao

28. No mesmo sentido, admitindo a possibilidade de o pleito indenizatório por danos decorrentes de infração à ordem econômica ser dirimido por arbitragem: Carlos Francisco de Magalhães, Gabriel Nogueira Dias e Cristiano Rodrigo Del Debbio, Brazil. In: GOTTS, Ilene Knable (Org.). *The Private Competition Enforcement Review*. 4. ed. London: Law Business Research Ltd., 2011, p. 31; Daniela Monteiro Gabbay e Ricardo Ferreira Pastore, Arbitragem e outros meios de solução de conflitos em demandas indenizatórias na área de direito da concorrência, *Revista Brasileira de Arbitragem*, n. 43, 2014, p. 19; Bruno Bastos Becker, Concorrência e arbitragem no direito brasileiro – hipóteses de incidência de questões concorrenciais em arbitragens, *Revista Jurídica Luso-Brasileira*, ano 1, n. 2, 2015, p. 259; Alexandre Cordeiro, Arbitragem na concorrência, 2017, disponível em: <https://jota.info/especiais/arbitragem-na-concorrencia-26052017>. Acesso em: 22.jun.2017.

juízo arbitral por meio de cláusula ou compromisso arbitral. Tratando-se de cartel – infração por meio da qual os diversos competidores de um determinado mercado se unem para fixar os preços e prejudicar a concorrência – é difícil imaginar que os réus da demanda concordem em se submeter a um procedimento arbitral, uma vez que o tempo de tramitação de uma arbitragem tende a ser menor do que o de uma ação judicial.[29]

De todo modo, mesmo em caso de cartel, na hipótese de o prejudicado formular o pleito indenizatório em face do membro do cartel com quem contratou diretamente, não está descartada a possibilidade de o litígio ser solucionado por arbitragem, desde que o contrato contenha cláusula arbitral.

Com efeito, embora o cartel seja tido como infração extracontratual – uma vez que o dano decorre de um elemento externo ao contrato, a saber, a combinação ilícita entre concorrentes – o prejudicado nesse caso poderá alegar violação ao dever de boa-fé objetiva previsto no art. 422 do Código Civil, o qual impõe aos contratantes, tanto na celebração como na execução do contrato, a observância dos princípios da probidade e boa-fé.[30] Naturalmente, a possibilidade de solução do pleito indenizatório por arbitragem nessas situações dependerá da abrangência da cláusula arbitral, o que deve ser examinado em cada caso concreto.[31]

29. Nesse sentido, veja-se posicionamento de Carlos Francisco de Magalhães, Gabriel Nogueira Dias e Cristiano Rodrigo Del Debbio: "In theory, it is possible to employ arbitration in Brazil to dispute the amount of damages caused by a cartel, for example. However, it is very unlikely that a defendant would voluntarily join an arbitration with such scope" (Brazil cit., p. 31).

30. Daniel Costa Caselta, *Responsabilidade civil por danos decorrentes da prática de cartel*. São Paulo: Singular, 2016, p. 132-133 e nota de rodapé n. 239.

31. Discutindo a possibilidade teórica de cobrança, por meio de arbitragem, de danos oriundos da prática de cartel no âmbito de relação de fornecimento disciplinada por contrato com cláusula arbitral, Daniela Monteiro Gabay e Ricardo Ferreira Pastore sustentam que "é possível, nesse caso, que a extensão da cláusula arbitral atinja esse litígio, com a possibilidade de se discutir também a violação da boa-fé objetiva em relação ao contrato, uma vez que a empresa omitiu a cartelização para obter vantagem financeira. É claro que isso vai depender muito do caso concreto e da forma como foi redigida a cláusula arbitral, pois a arbitragem tem como pedra fundamental a autonomia da vontade das partes, que escolhem os litígios (ou parcela deles) que serão submetidos a essa forma de solução de conflitos" (Arbitragem e outros meios de solução de conflitos em demandas indenizatórias na área de direito da concorrência cit., p. 24).

4. Conclusão

Com base na análise empreendida nos tópicos acima, concluiu-se que, embora o direito antitruste tenha por objeto preponderante a proteção de direitos indisponíveis, as consequências estritamente patrimoniais em matéria concorrencial podem ser solucionadas por arbitragem.

Examinando-se alguns exemplos de litígios relacionados ao direito da concorrência, foi possível identificar que determinadas matérias – a saber, questões criminais e questionamentos de decisões proferidas pelo CADE no exercício de suas competências – são de competência exclusiva do Poder Judiciário, por não envolverem direitos disponíveis.

Por outro lado, algumas matérias relacionadas ao direito concorrencial – como o exame da validade de disposições contratuais à luz da Lei de Defesa da Concorrência e de pedidos indenizações por danos decorrentes de infrações à ordem econômica – podem ser objeto de arbitragem.

Diante da crescente utilização da arbitragem e da consolidação do direito concorrencial no Brasil, é possível prever que a interação entre esses dois ramos do direito será cada vez mais comum.

Referências Bibliográficas

ALMEIDA, Fabrício Antonio Cardim de (Coord.). *Revisão judicial das decisões do Conselho Administrativo de Defesa Econômica (CADE) – pesquisa empírica e aplicada sobre os casos julgados pelos Tribunais Regionais Federais (TRFs), Superior Tribunal de Justiça (STJ) e Supremo Tribunal Federal (STF).* Belo Horizonte: Fórum, 2011.

AMERICAN BAR ASSOCIATION, *Antitrust Law Developments.* 6. ed. ABA Section of Antitrust Law, 2007, v. I.

BECKER, Bruno Bastos. Concorrência e arbitragem no direito brasileiro – hipóteses de incidência de questões concorrenciais em arbitragens. *Revista Jurídica Luso-Brasileira*, ano 1, n. 2, 2015.

CARMONA, Carlos Alberto. *Arbitragem e processo:* um comentário à Lei n. 9.307/96. 3. ed. São Paulo: Atlas, 2009.

CASELTA, Daniel Costa. *Responsabilidade civil por danos decorrentes da prática de cartel.* São Paulo: Singular, 2016.

CORDEIRO, Alexandre. Arbitragem na concorrência. 2017. Disponível em: <https://jota.info/especiais/arbitragem-na-concorrencia-26052017>. Acesso em: 22. jun. 2017.

CRISTOFARO, Pedro Paulo Salles; NEY, Rafael de Moura Rangel. Possibilidade de aplicação de normas do direito antitruste pelo juízo arbitral. In: ALMEIDA, Ricardo Ramalho (Coord.). *Arbitragem interna e internacional.* Rio de Janeiro: Renovar, 2003.

DINAMARCO, Cândido Rangel. *A arbitragem na teoria geral do processo.* São Paulo: Malheiros, 2013.

FORGIONI, Paula Andrea. *Os fundamentos do antitruste.* São Paulo: Revista dos Tribunais, 1998.

GABBAY, Daniela Monteiro; PASTORE, Ricardo Ferreira. Arbitragem e outros meios de solução de conflitos em demandas indenizatórias na área de direito da concorrência. *Revista Brasileira de Arbitragem*, n. 43, 2014.

IDOT, Laurence. Arbitration and Competition. In: OCDE. *Arbitration and Competition*, 2010. Disponível em: <http://www.oecd.org/competition/abuse/49294392.pdf>. Acesso em: 29 jun. 2017.

JALABERT-DOURY, Nathalie. France. In: FOER, Albert A.; CUNEO, Jonathan W. (Org.). *The International Handbook of Private Enforcement of Competition Law.* Cheltenham, Edward Elgar Publishing, 2010.

LESSA NETO, João Luiz, *Arbitragem e Poder Judiciário:* a definição da competência do árbitro. Salvador: JusPodivm, 2016.

MAGALHÃES, Carlos Francisco; DIAS, Gabriel Nogueira; DEL DEBBIO, Cristiano Rodrigo. Brazil. In: GOTTS, Ilene Knable (Org.). *The Private Competition Enforcement Review.* 4. ed. London: Law Business Research Ltd., 2011.

MARTINEZ, Ana Paula, *Repressão a cartéis:* interface entre direito administrativo e direito penal. São Paulo, Singular, 2013.

MOURRE, Alexis. Arbitrability of Antitrust Law from the European and US Perspectives. In: BLANKE, Gordon; LANDOLT, Phillip. *EU and US Antitrust Arbitration:* a handbook for practitioners. Kluwer Law International, 2011.

SALOMÃO FILHO, Calixto, *Direito concorrencial* - as condutas. 2. ed. São Paulo: Malheiros, 2007.

VAZ, Isabel. Arbitrabilidade do direito da concorrência. *Revista do IBRAC*, v. 16, n. 1, 2009.

Dano antitruste aos compradores diretos e indiretos: breves considerações sobre o *pass-on effect* nos regimes norte-americano, europeu e brasileiro

Pedro C. E. Vicentini

1. Introdução

Uma das características mais marcantes do atual estágio de desenvolvimento da produção industrial é o intenso processo de especialização das atividades econômicas, objetivando aumentar, ao máximo, a eficiência de cada uma das etapas da cadeia produtiva. Daí por que, antes de um produto acabado chegar às mãos do consumidor final, é comum que ele tenha passado por diversas transformações ao longo da cadeia produtiva, levadas a cabo por diferentes agentes econômicos especializados. É natural, portanto, que existam várias interações, tanto do ponto de vista jurídico, como do ponto de vista econômico, entre cada um dos agentes responsáveis pelas diferentes etapas da produção, como se todos fossem partes de uma única engrenagem.

Igualmente natural é o fato de que alterações relevantes no funcionamento de cada peça que integra essa engrenagem, acabem refletindo, em boa parte, no funcionamento normal do sistema. Dito de outra maneira, alterações relevantes no mercado à montante tendem a ser refletidas no mercado a jusante, e vice-versa: uma escassez temporária de cacau, que eleve substancialmente o preço desse insumo, muito provavelmente reverberará ao longo de toda a cadeia produtiva de chocolate, atingindo o consumidor final. Da mesma forma, uma redução sistemática no consumo de chocolate por parte da população (por exemplo, relacionadas à opção por um estilo de vida mais saudável), certamente refletirá na queda de demanda (e muito provavelmente queda do preço) do insumo cacau.

Ter a correta percepção de como mercados inter-relacionados acabam influenciando uns aos outros é de relevância fundamental, especialmente porque, nem sempre essas influências decorrem de fatores naturais e legítimos, como no exemplo acima, relacionados a mudanças na oferta e na demanda do insumo e do produto final. Por vezes – e aqui reside a importância do tema – as influências decorrem de fatores artificiais e ilegítimos, como por exemplo, em decorrência de uma prática anticompetitiva de fixação de preços em patamares superiores ao que seriam praticados em condições normais de mercado. Nesses casos, é imprescindível compreender como a conduta ilícita influencia os diversos agentes que compõem a cadeia produtiva, até para que se viabilize, "de maneira adequada", o *enforcement* das leis antitruste (em especial, no âmbito do *enforcement* privado, isto é, decorrente do relacionamento privado entre os agentes econômicos envolvidos, em oposição ao *enforcement* público, conduzido pelas autoridades antitruste[1]).

Sabe-se que diante da constatação de um ilícito antitruste, existem, basicamente, três possíveis situações em que os danos recuperáveis da(s) vítima(s)[2-3] se manifestam. A primeira, é aquela experimentada pelo(s) indivíduo(s) que diretamente compra(m) um produto com sobrepreço artificial. Por exemplo, é o caso do dono de uma *pick up* que compra diesel de um posto de combustíveis envolvido em cartel para elevar o preço do referido produto em 10%.

A segunda está relacionada ao prejuízo causado ainda em decorrência do sobrepreço imposto pelo ilícito antitruste, mas que foi repassado, total ou parcialmente, ao longo da cadeia produtiva. Também conhecido como *pass-on effect* (efeito repasse), ocorre, por exemplo, quando o caminhoneiro que comprou diesel no mesmo posto de combustíveis repassa integralmente o sobrepreço aos seus clientes, aumentando proporcionalmente o preço do frete cobrado para entrega de um determinado produto. Não se trata aqui

1. Sobre o papel do *enforcement* público e privado, vide FERRAZ JR. (2013), p. 12-20.
2. RBB Economics et all (2016), p. i e ii. Em sentido análogo, MARQUES FRANCISCO (2014), p. 80-82.
3. Nesse ponto, ousamos discordar de MAGGI (2010), p. 155, para quem, o ilícito antitruste pode acarretar em dano moral. Nas palavras do autor, "perda do comprador representada pela possibilidade de ter acesso a um produto ou serviço de melhor qualidade [pautado na ideia de que a diminuição da concorrência desincentiva os agentes a investirem em melhorias] é um dano moral.".

de dano remoto, mas de dano indireto (dano por ricochete), experimentado pelo comprador indireto.[4]

A terceira e última situação decorre da própria decisão de repassar o sobrepreço imposto pelo ilícito antitruste. Ao repassar esse sobrepreço, o comprador direto certamente reduzirá seu próprio dano direto e imediato, mas muito provavelmente experimentará uma redução em suas vendas[5] e, consequentemente, nas margens de lucro associadas a essa diminuição das vendas.[6] Esta perda, também conhecida como *volume effect*, representa lucros cessantes que o comprador direto perceberia, não fosse o aumento de preço causado pelo ilícito antitruste.

Naturalmente, a definição do que representa a "maneira adequada" de se viabilizar o *enforcement* privado das leis antitruste passa não somente pela definição de quais danos são indenizáveis, mas também pela análise dos objetivos que se pretende obter com as ações de reparação de dano: trata-se de puramente compensar as vítimas pelos prejuízos causados ou existe um objetivo dissuasório da prática ilícita? Qual o peso a ser dado a esse efeito dissuasório?

A resposta a essas indagações nos conduzem a outras perguntas. Considerando os objetivos pretendidos com o *enforcement* privado, quem tem o direito de pleitear a reparação de danos? Apenas os que foram diretamente prejudicados ou qualquer vítima que tenha sofrido prejuízo, ainda que de maneira extremamente indireta, difícil de ser aferida?

Mais: considerando as assimetrias de informação existentes entre as vítimas dos ilícitos antitrustes e aqueles que o praticaram, é razoável que os aplicadores da lei confiram algum tipo de incentivo às vítimas, no âmbito das ações privadas? Por exemplo, nos casos envolvendo repasse do sobrepreço, o *pass on effect* pode ser utilizado tanto *como uma espada* (isto é, ofensivamente) pelos compradores indiretos contra o acusado da prática ilegal, alegando terem sofrido prejuízos indiretos, em decorrência do repasse feito pelos agentes a montante, *ou como um escudo* (isto é, defensivamente) pelo acusado da prática ilegal contra os compradores diretos, alegando inexistência ou redução do dano experimentado, em decorrência de repasse feito aos agentes a jusante.[7]

4. MARQUES FRANCISCO (2014), p. 97.
5. Exceto se o produto em questão tiver uma demanda totalmente inelástica, a tendência é que aumentos de preços resultem em diminuição do volume de vendas. Naturalmente, isto dependerá do tamanho do aumento de preço e da análise da elasticidade preço da demanda do produto afetado.
6. RBB Economics et all (2016), p. ii.
7. RBB Economics et all (2016), p. 6.

Nessas hipóteses, quem tem o ônus de provar o repasse? É viável estabelecer uma presunção de que existe o repasse, como forma de auxiliar o pleito dos compradores indiretos, deixando aberta a possibilidade do acusado da prática ilegal de provar o contrário?

Este artigo visa responder, senão todas, boa parte dessas perguntas, a partir da análise das duas principais legislações vanguardistas do antitruste, a saber, os direitos norte americano e europeu. Na sequência, e tendo em vista a ausência de precedentes nas cortes superiores brasileiras sobre o tema, apresentar-se-á o panorama da legislação brasileira, seguida de uma análise teórica de como a legislação tende a ser aplicada, a partir de quatro situações hipotéticas.

O que este artigo propositalmente não abordará são questões envolvendo a quantificação dos danos decorrentes do repasse, tais como modelos para sua identificação e cálculo, a possibilidade inclusão de uma parcela dissuasória (ex. dano punitivo), as questões relativas a ônus da prova do dano e de todo os aspectos processuais envolvidos. Dada a complexidade desses temas, deixamos em aberto a possibilidade de tratarmos desses tópicos, quiçá, em um segundo artigo.

2. O tratamento aos compradores (ou vítimas) diretos e indiretos no direito norte-americano (e o surgimento da *pass-on* defense)

Para compreender a maneira com que o direito norte-americano trata os compradores diretos e indiretos (ou as vítimas diretas ou indiretas) e, consequentemente, os efeitos do *pass on*, é preciso, antes, entender algumas particularidades do sistema antitruste daquele país, até para que se consiga conciliar o racional exposto nas diversas decisões da *Supreme Court of the United States* ("Scotus").

Diferentemente das principais legislações do mundo, as ações de reparação de danos (individuais ou coletivas), com possibilidade de aplicação de *treble damages*,[8] são uma das principais armas de combate aos ilícitos antitruste,

8. Os *treble damages* representam indenização equivalente a três vezes o prejuízo sofrido pela vítima, além dos custos do processo. Nesse sentido, §4 Clayton Act, 15 U.S.C §15: "Except as provided in subsection (b) of this section, any person who shall be injured in his business or property by reason of anything forbidden in the antitrust laws may sue therefor in any district court of the United States in the district in which the defendant resides or is found or has an agent, without respect to the amount in controversy, and shall recover threefold the damages by him sustained, and the cost of suit, including a reasonable attorney's fee".

representando tanto uma função repressiva como punitiva.[9] Nas *class action*, por exemplo, uma determinada vítima do cartel lidera o pleito em nome dela e de todos as outras vítimas que tenham sido igualmente afetadas pelo cartel, compondo a "classe". Considerando a possibilidade de se obter indenização no valor de três vezes o prejuízo sofrido pela "classe", pode-se imaginar o tamanho da contingência envolvida nesses casos. Daí, também, a importância de eleger o demandante correto para liderar o pleito das diversas vítimas, muitas vezes abrangendo uma indústria ou setores inteiros.

De fato, essas ações podem representar um grande negócio. No início dos anos 60, a General Electric, juntamente com outras empresas, pagaram mais de US$ 350 milhões entre gastos com litígios e acordos para encerrar casos de fixação de preço. Em 1973, a empresa Data Control celebrou acordo com a IBM pelo qual recebeu mais de US$100 milhões, no âmbito de uma ação privada envolvendo acusação de tentativa de monopolização, muito embora o *Department of Justice* ("DOJ") posteriormente viesse a arquivar o caso contra a IBM. Consta que diretores da Data Control teriam afirmado que a demanda judicial foi o melhor investimento já realizado pela empresa em toda sua história. Com efeito, nos últimos 50 anos, as cortes passaram a reconhecer a importância das ações privadas para a efetividade das políticas antitruste, de modo que muitos dos obstáculos (processuais, substantivos e relacionados a danos) foram eliminados. Nos últimos 30 anos, contudo, o receio de *overdeterrence* e dos interesses privados de advogados de autores fizeram com que alguns novos obstáculos fossem criados.[10]

Assim, quando se analisa uma decisão da Scotus sobre o papel das vítimas ou compradores diretos e indiretos em uma ação privada de reparação de danos, deve-se ter em mente que, por trás dessa decisão, haverá sempre uma análise quanto a própria abrangência da política dissuasória antitruste.

Até por conta disso, os precedentes envolvendo esses casos são difíceis de serem reconciliados. Nos últimos anos, a Scotus vem considerando os objetivos das leis antitruste e os prováveis custos e benefícios ao sistema antitruste, ao permitir que um determinado demandante reivindique seus direitos. Questões como (i) "os danos causados a um demandante em particular são especulativos ou remotos demais para alça-lo à importante missão de aplicar as leis antitruste?", (ii) "o dano perseguido é do tipo que as leis antitrustes deveriam estar preocupadas em ressarcir?"; (iii) "existe risco de duplicidade na

9. MARQUES FRANCISCO (2014), p. 93.
10. PITOFSKY et all (2010), p. 83.

indenização?" (iv) "haverá incentivo a um uso excessivo da execução/aplicação das leis antitruste?".[11]

No caso *Blue Shield of Virginia vs. McCready*,[12] o autor alegava que a prática da ré (empresa seguradora de saúde) de restringir o reembolso dos segurados por serviços de psicoterapia realizados por psicólogos, mas reembolsar tratamentos semelhantes realizados por psiquiatras, configuraria conspiração ilegal para restringir a competição no mercado de psicoterapia. A Scotus concluiu que o autor, paciente que teve gastos com tratamento de psicoterapia, tinha legitimidade para propor a ação.

Ainda assim, a Scotus identificou duas espécies de limitações para esses tipos de precedentes.[13] A primeira, fazendo referência aos casos *Hawaii vs. Standard Oil Co.*[14] e *Illinois Brick Co. vs. Illinois*[15] (comentado abaixo), o Relator Ministro William J. Brennan pontuou que o risco de duplicidade na indenização apontado nos referidos precedentes não estava presente no caso McCready. Tampouco havia no caso McCready as preocupações de impor aos autores discussões complexas sobre dano (algo que demandaria "provas sólidas e teorias complicadas"), o que poderia desincentivar o ajuizamento de futuras ações.

O segundo tipo de limitação apontado pela Scotus diz respeito à questão de quais demandantes buscam danos remotos demais para justificar dar a eles a legitimidade para aplicar as leis antitrustes. Reconhecendo que a intenção do legislador não foi permitir que qualquer indivíduo tangencialmente afetado por um ilícito antitruste esteja autorizado a obter *treble damages*, mas sopesando a importância de se definir corretamente a abrangência da política antitruste de modo a não desestimular o *enforcement* privado, a Scotus aponta como resposta a análise da "causa próxima". Assim, é preciso observar: (i) o nexo físico e econômico entre a alegada violação e o dano causado ao autor da ação; e (ii) a relação entre o dano alegado e aquelas espécies de danos que o legislador provavelmente se preocuparia em ter definindo a conduta do réu como ilegal, bem como disponibilizando um remédio privado pela *Section* 4.[16]

Em resumo, pode-se concluir que os pacientes foram considerados como legitimados para a propositura da ação por três motivos. Primeiro, porque

11. PITOFSKY et all (2010), p. 84.
12. 475 U.S. 465 (1982).
13. PITOFSKY et all (2010), p. 84-85.
14. 405 U.S. 251 (1972).
15. 431 U.S. 720 (1977).
16. PITOFSKY et all (2010), p. 84.

nenhum outro comprador direto poderia ajuizar ação por danos, tendo em vista que somente os pacientes pagaram as contas médicas. Segundo, porque, no caso concreto, não haveria dificuldade em identificar os diferentes danos e evitar duplicidade de condenação, tendo em vista que o dano causado aos pacientes era diferente dos danos causados aos empregados ou psicólogos. Estes últimos, inclusive, poderiam pleitear danos separados (igualmente indireto), em decorrência da perda de receita pelos pacientes que optaram pelo tratamento psiquiátrico (visando não perder o reembolso). Terceiro, porque o nexo de causalidade não era tão especulativo, tendo em vista que os custos dos pacientes poderiam ser calculados na vírgula, bastando apresentar os comprovantes dos pagamentos.[17]

No caso *Associated General Contractors vs. California State Council of Carpenters*,[18] a Scotus negou legitimidade para os sindicatos que alegavam que (a) os réus teriam boicotado proprietários de terras e empreiteiros que se utilizavam de subempreiteiros sindicalizados, (b) quem, por sua vez, poderiam ter recusado valer-se de subempreiteiros sindicalizados, (c) que, por sua vez, podem ter repassado certos danos (não especificados) para empregados sindicalizados, e que (d), por sua vez, podem ter repassado certos danos (não especificados) para os sindicatos demandantes. A Scotus concluiu que a cadeia causal além de especulativa, abriria margem para dupla penalização e seria difícil de identificar a porção de dano em cada cadeia.[19]

Ainda assim, a Scotus concluiu que os subempreiteiros sindicalizados alegadamente lesados na fase (b) acima teriam legitimidade ativa, ainda que indiretamente prejudicados. A Scotus sopesou o fato de que (i) os proprietários de terras e empreiteiros teriam poucos incentivos para ajuizar a ação indenizatória, na medida em que poderiam evitar o dano pela simples recusa em se utilizar subempreiteiros sindicalizados; (ii) os prejuízos causados aos subempreiteiros sindicalizados de perda de receita eram diferentes do prejuízo causado aos proprietários de terras e empreiteiros; e (iii) o nexo de causalidade não era demasiadamente especulativo, em especial porque o dano aos subempreiteiros sindicalizados era claramente intencional e previsível.[20]

Chegamos então ao caso mais emblemático envolvendo compradores direitos e indiretos, qual seja o *Illinois Brick*. O caso trata de típica situação em que compradores indiretos alegam ter sofrido dano causado por cartel de

17. ELHAUGE & GERADIN (2011), p. 20.
18. 459 U.S 519, 537-46 (1983).
19. ELHAUGE & GERADIN (2011), p. 20.
20. ELHAUGE & GERADIN (2011), p. 20.

fixação de preço, cujo sobrepreço foi repassado a jusante.[21] A empresa Illinois Brick havia vendido blocos de concreto para empreiteiros especializados em alvenaria que foram empregados como subcontratantes por empreiteiros responsáveis por obras de entidades governamentais locais (autoras da ação).[22]

De acordo com o entendimento da maioria da Scotus, o caso foi construído sobre *Hanover Shoe, Inc. vs. United Show Machinery Corp.*, precedente em que restou decidido que a alegação do autor/demandante de que teria pago sobrepreço ilegal não poderia ser superada pela prova de que esse mesmo autor/demandante recapturou todo ou parte desse sobrepreço ao repassar tal valor aos seus clientes. Em outras palavras, a Scotus concluiu que mesmo havendo prova de repasse, isso não impediria a legitimidade ativa do demandante. Ao chegar a essa decisão em *Hanover Shoe*, a Scotus concluiu que seria improvável que um número elevado de consumidores finais tivesse interesse econômico em ajuizar ações, considerando ainda o pequeno prejuízo que efetivamente sofreram.[23]

No caso *Illinois Brick*, o Ministro Byron White, relator do caso, decidiu que a *pass-on theory* não poderia ser utilizada ofensivamente por um comprador indireto (demandante) contra os fabricantes envolvidos no cartel de fixação de preço. Ao rejeitar o uso ofensivo da *pass-on theory*, a Scotus concluiu que qualquer que fosse a regra aplicável, ela deveria ser igual para demandantes e demandados, sobretudo porque os receios a respeito da complexidade e incertezas das provas eram similares em ambos os casos. A Scotus concluiu que o uso ofensivo da *pass on theory* poderia criar a possibilidade de múltiplas ações de reparação de danos contra um único demandado.[24]

A Scotus também mostrou hesitação em envolver o judiciário na aferição de elasticidades de mercado e política de preço (por exemplo, para medir quanto do sobrepreço foi repassado), além de reafirmar a preocupação manifestada no caso *Hanover Shoe* sobre o reduzido incentivo para que compradores indiretos ajuizassem ações privadas, tendo em vista que o repasse reduz o montante a ser buscado a título de reparação de danos. Daí concluiu que o autor/demandante não demonstrou dano juridicamente reconhecível para fins da *Section* 4.[25]

21. ELHAUGE & GERADIN (2011), p. 20.
22. PITOFSKY et all (2010), p. 88.
23. PITOFSKY et all (2010), p. 88.
24. PITOFSKY et all (2010), p. 88.
25. PITOFSKY et all (2010), p. 88.

Ainda assim, a Scotus reconheceu que compradores indiretos podem ter legitimidade para a propositura das ações de reparação de dano se as compras foram realizadas no âmbito de contratos de reembolsos de despesas (i.e., *cost plus contracts*) pré-existentes. Nessa situação, os compradores indiretos seriam admitidos basicamente por três motivos. Primeiro, porque o comprador direto não teria quaisquer incentivos no ajuizamento da ação indenizatória pelo simples fato de que, na vigência um contrato de reembolso de despesas, não experimentaria qualquer dano. Segundo, porque o contrato de reembolso de despesa igualmente eliminaria qualquer dificuldade em calcular a parcela de repasse, afastando risco de indenizações em duplicidade. Terceiro, porque o contrato de reembolso de despesas é prova de que o nexo de causalidade não pode ser considerado especulativo.[26]

Convém mencionar, por fim, que após a decisão da Scotus no caso *Illinois Bricks*, diversos estados promulgaram leis revogando as principais conclusões ali expostas. Tais legislações expressamente passaram a autorizar compradores indiretos a ajuizarem ações de reparação de danos no âmbito das leis antitrustes estaduais.[27] Ou seja, se em âmbito federal a atuação dos compradores indiretos é limitada pela construção jurisprudencial, em diversos estados há liberdade para o ajuizamento das ações de reparação de danos ainda que se trate de um comprador indireto.

3. O panorama europeu

Embora a *Court of Justice of the European Union* ("CJEU") há tempos já tenha decidido que qualquer cidadão ou empresa tem direito à indenização integral pelos danos causados por infração às leis antitruste europeias, na prática, o que se observava é que raramente as vítimas obtinham a devida compensação. Além do custo natural e da dificuldade de iniciar e carregar uma longa e demorada ação indenizatória dessa natureza, trata-se do exercício de um direito regulado pelas leis esparsas de cada país que compõe a União Europeia.[28]

A partir dessa percepção, desde 2004, a *European Commission* ("EC") iniciou um movimento institucional de *advocacy* visando incentivar, ou ao menos tornar mais eficiente, as ações de indenização decorrentes de violação antitruste. Desde então, foram elaborados estudos preparatórios[29] e livros so-

26. ELHAUGE & GERADIN (2011), p. 20.
27. ELHAUGE & GERADIN (2011), p. 20.
28. Vide: <http://ec.europa.eu/competition/antitrust/actionsdamages/>.
29. A saber o estudo intitulado "Study on the conditions of claims for damages in case of infringement of EC competition rules – Analysis of Economic Models for

bre ação indenizatórias por descumprimento das leis antitrustes europeias.[30] Nessa mesma linha, em 2011, a EC emitiu uma recomendação para que os estados membros introduzissem em seus respectivos ordenamentos jurídicos a figura das ações coletivas, inclusive ações coletivas para reparação de danos causados por violações às leis antitrustes.[31]

Talvez o resultado mais expressivo desse movimento tenha sido a propositura, e posterior aprovação, da Diretiva 2014/104/EU ("Diretiva") sobre ações de reparação de danos causados por condutas anticompetitivas, em vigor desde 26-12-2014. Tendo em vista que tal diretiva foi convertida em lei, os Estados-membros da União Europeia necessitam implementá-la em suas respectivas legislações.

Atualmente, a EC está trabalhando na elaboração de um segundo[32] guia sobre quantificação de danos decorrentes de práticas anticompetitivas, agora com foco no *pass on effect*. Tal guia será elaborado a partir de um completo estudo intitulado *Study on the Passing-On of Overcharges* elaborado em conjunto pelo escritório de advocacia Cuatrecasas, Gonçalves Pereira S.L.P. e pela empresa de consultoria econômica RBB Economics LLP ("Estudo"), o qual tem o objetivo de fornecer a juízes, advogados e às partes envolvidas em ações de reparação de danos decorrentes de ilícitos antitruste, um panorama prático para avaliar e quantificar o repasse do sobrepreço. Apoiando-se na teoria eco-

---

the Calculation of Damages", elaborado por Emily Clark, Mat Hughes and David Wirth, datado de 31-8-2004; o estudo intitulado "Making antitrust damages actions more effective in the EU: welfare impact and potential scenarios", elaborado em conjunto por Centre for European Policy Studies (CEPS), Erasmus University Rotterdam (EUR), Luiss Guido Carli (LUISS), datado de 21-12-2007; o estudo intitulado "Quantifying antitrust damages – Towards non-binding guidance for courts", elaborado por Oxera e uma equipe de advogados de diversas jurisdições liderados por Dr. Assimakis Komninos e com participação dos economistas Dr. Walter Beckert, Professor Eric van Damme, Professor Mathias Dewatripont, Professor Julian Franks, Dr. Adriaan ten Kate e Professor Patrick Legros, datado de dezembro de 2009.

30. A saber o Livro Verde (Green Paper), datado de 19-12-2005 (vide: <http://eur-lex.europa.eu/legal-content/EN/ALL/?uri=CELEX:52005DC0672>) e o Livro Branco (White Paper), datado de 2-4-2008 (vide <http://eur-lex.europa.eu/legal-content/EN/ALL/?uri=CELEX:52008DC0165>), ambos sobre "acções de indemnização por incumprimento das regras comunitárias no domínio antitrust".

31. Vide: <http://ec.europa.eu/competition/antitrust/actionsdamages/collective_redress_en.html>.

32. O primeiro foi o estudo entitulado "Quantifying antitrust damages – Towards non-binding guidance for courts", já mencionado.

nômica relevante e em métodos quantitativos, bem como nas normas legais, o Estudo propõe um método não apenas para avaliar a plausibilidade dos pleitos, mas tambem para quantificar os efeitos do repasse e, consequentemente, para avaliar a extensão total da dano sofrido por um determinado autor.[33]

A abordagem europeia em matéria de *pass on effects* difere substancialmente daquela adotada pelo regime norte americano, o qual, como já mencionado acima, analisa o tema a partir de um objetivo maior, qual seja, o de estimular o *enforcement* privado das ações, tendo como principal preocupação definir quem terá legitimidade para aplicar as leis antitrustes no regime do *treble damages* para toda uma indústria/classe afetada pelo ilícito.

Na medida em que vigora no direito europeu a regra de que qualquer prejudicado por uma violação às leis antitruste tem o direito de pleitear a reparação de danos (art. 3 da Diretiva[34]), a questão sobre a legitimidade perde totalmente o sentido. Daí por que o art. 12(1) da Diretiva estabelece expressamente que "[a] fim de garantir a plena efetividade do direito à reparação integral estabelecido no art. 3, os Estados-membros asseguram, (...), que a reparação do dano possa ser reclamada por quem o sofreu, independentemente de ser adquirente direto ou indireto do infrator (...)".

A preocupação do regime europeu em tornarem mais eficazes as ações de reparação de danos decorrentes de ilícitos antitruste também está refletida em diversos outros dispositivos da Diretiva. Por exemplo, o princípio da reparação integral dos danos está positivado no art. 3 da Diretiva, sendo que os arts. 12(3) e 12(4) abordam os conceitos básicos do que deve ser a abrangência dos danos emergentes e lucros cessantes.

Já o art. 13[35] da Diretiva trata especificamente da possibilidade de o acusado da prática anticompetitiva suscitar a *pass on defense*, de modo a reduzir

33. RBB Economics et all (2016), p. i.
34. (1) Os Estados-membros asseguram que as pessoas singulares ou coletivas que sofram danos causados por infrações ao direito da concorrência possam pedir e obter a reparação integral desses danos; (2) A reparação integral coloca a pessoa que sofreu danos na posição em que estaria se a infração ao direito da concorrência não tivesse sido cometida. Por conseguinte, abrange o direito à reparação por danos emergentes e por lucros cessantes acrescido do pagamento de juros. (3) A reparação integral nos termos da presente diretiva não pode conduzir à reparação excessiva, por meio de indemnizações punitivas, múltiplas ou de outro tipo.
35. "Os Estados-membros asseguram que o demandado numa ação de indemnização possa invocar como meio de defesa contra um pedido de indemnização o facto de o demandante ter repercutido total ou parcialmente os custos adicionais resultantes da infração ao direito da concorrência. O ónus da prova de que os custos

ou eliminar a obrigação de ressarcimento de dano emergente a um determinado comprador (direto ou indireto), cabendo a ele, acusado, o ônus da prova. O art. 14 da Diretiva,[36] por sua vez, prevê que os compradores indiretos podem se valer do uso ofensivo do *pass on effect*, desde que consigam provar o nexo de causalidade (na forma delineada pelo item (2), cabendo ao acusado a possibilidade de apresentar prova em contrário.

A Diretiva também positivou a possibilidade da EC orientar as cortes nacionais sobre a forma de calcular o repasse do sobrepreço (art. 16 da Diretiva), muito embora as cortes nacionais devam estar preparadas para apurar os danos (art. 12(5) da Diretiva). Sobre o *disclosure* de informações relevantes que estejam sob a posse do demandado ou de terceiros, a Diretiva determina as circunstâncias em que o fornecimento dessas informações é obrigatório bem como o tratamento a elas conferido (arts. 5, 13 e 14 (1) da Diretiva). Por último, a Diretiva ainda manifesta a preocupação da EC de evitar resultados contraditórios. De um lado, o art. 12(2) impõe aos estados membros a criação de mecanismos processuais que evitem que os danos emergentes conferidos aos demandantes de um determinado nível da cadeia de suprimento não exceda o dano decorrente do sobrepreço apurado a todo aquele nível específico. De outro, o art. 15 da Diretiva impõe às cortes nacionais o cuidado de levar em consideração eventuais outros pleitos paralelos, bem como decisões anteriores

adicionais foram repercutidos recai sobre o demandado, que pode razoavelmente requerer a divulgação de informações pelo demandante ou por terceiros."

36. "(1) Os Estados-membros asseguram que, em ações de indemnização nas quais a existência de um pedido de indemnização ou o montante da reparação a atribuir dependam de terem sido repercutidos custos adicionais no demandante ou do grau de tal repercussão, tendo em conta a prática comercial de repercutir os aumentos de preço a jusante da cadeia de abastecimento, o ónus da prova da existência e do âmbito dessa repercussão recaia sobre o demandante, que pode razoavelmente requerer a divulgação de informações pelo demandado ou por terceiros; (2.) Na situação referida no n. 1, considera-se que o adquirente indireto provou que os custos adicionais foram nele repercutidos, se o adquirente indireto tiver demonstrado que: a) O demandado cometeu uma infração ao direito da concorrência; b) A infração ao direito da concorrência teve como consequência um custo adicional para o adquirente direto do demandado; e c) O adquirente indireto adquiriu os bens ou serviços que são objeto da infração ao direito da concorrência, ou adquiriu bens ou serviços derivados dos bens ou serviços que são objeto dessa infração ou que os contêm. O presente número não se aplica quando o demandado possa demonstrar de maneira credível ao tribunal que o custo adicional não foi repercutido, ou não o foi na íntegra, no adquirente indireto."

a respeito dos diferentes níveis da cadeia de suprimentos, além de informações relevantes disponíveis no âmbito do *public enforcement*.

No que diz respeito à jurisprudência europeia sobre o *pass on effect* em matéria antitruste, são poucos os precedentes, até porque a Diretiva ainda é nova e sequer foi implementada em todos os estados membros. Existem, contudo, diversos precedentes envolvendo reembolso de impostos ou encargos ilegalmente cobrados em violação às leis da EU, que tangenciam as discussões sobre repasse. Esses precedentes vêm, aos poucos, sendo reafirmados tanto pela CJEU como pelas cortes nacionais no contexto de reparação de danos decorrentes de ilícitos antitruste.[37]

O Estudo apresenta os principais precedentes que formam a jurisprudência em matéria de *pass on*. Por exemplo, o caso *Ireks-Arkady*[38] é apontado como o precedente que primeiro reconheceu que o *pass-on* é um fator relevante para as cortes na determinação do dano experimentado nos diferentes níveis da cadeia de distribuição. Desde então, aponta o Estudo, esse princípio acabou consolidando a ideia de que o demandante não deve receber mais do que os danos realmente experimentados, sob pena de enriquecimento sem causa (muito embora a jurisprudência interprete esse princípio de maneira restritiva, nas hipóteses em que o *pass on* está sendo usado defensivamente[39]).

Reflexo desta intepretação restritiva, é o entendimento manifestado no caso *Comateb and Others vs. Directeur général des douanes and droits indirects*.[40] Nesse precedente, a CJEU estabeleceu que mesmo que o repasse possa ser considerado prática comercial normal, não se pode estabelecer uma presunção de transferência. Ou seja, em linha com a Diretiva, a ocorrência do *pass on* tem de ser demonstrada pelos compradores indiretos. Outro reflexo dessa interpretação restritiva se mostra em matéria de ônus da prova. No caso *Amministrazione delle finanze dello Stato vs. San Giorgio*,[41] a CJEU definiu que não pode recair sobre o demandante o ônus de fazer prova negativa do repasse, quer por questão de direito, quer porque o pressuposto é

37. RBB Economics et all (2016), p. 20.
38. Ireks-Arkady v. Council and Commission, EU:C:1979:226.
39. RBB Economics et all (2016), p. 21. Sobre a interpretação restritiva no uso defensivo do *pass on*, o Estudo aponta o caso Weber's Wine World and Others, C-147/01, EU:C:2003:533.
40. EU:C:1997:12, parágrafo 25. Vide também Weber's Wine World and Others, EU:C:2003:533, paragraphs 96-97.
41. EU:C:1983:318. Vide também Weber's Wine World and Others, EU:C:2003:533, parágrafo 111.

que o requerente já tenha apresentado provas documentais demonstrando o repasse, como requisito para o seu pleito.[42]

No que diz respeito aos meios de prova quanto a existência do repasse, o Estudo indica que os *guidelines* partem das conclusões do parecer do Procurador Geral referendado na decisão da CJEU no caso *Commission vs. Italy*.[43] O referido parecer ressalta o fato de que isolar o *pass on effect* pode ser um exercício difícil, de modo que uma análise econômica completa é essencial, dada a grande quantidade de fatores que podem influenciar os preços. Para tanto, o parecer aponta para a necessidade de se realizar uma profunda análise do mercado, levando em consideração um grande número de variáveis, como a estrutura do mercado em questão (mais ou menos fornecedores) e a disponibilidade de possíveis substitutos para o produto afetado. Além disso, o parecer ressalta que para aferir o *pass on* é preciso levar em conta qual seria o preço fixado na ausência do sobrepreço. Assim, cabe ao demandado demonstrar que o preço teria sido diferente (menor) sem o sobrepreço (e que o autor não teria adotado o preço que aplicou de qualquer maneira). Para tanto, caberia uma prova contrafactual para demonstrar quais as consequências ao preço, na ausência do sobrepreço.[44]

Por último, o Estudo aponta o entendimento da CJEU em relação ao *volume effect*, assim entendido como os lucros cessantes decorrentes da perda de volume de vendas. Vigora o entendimento de que os demandados necessitam não apenas provar em que medida o repasse reduziu os danos emergentes experimentados pelo demandante, mas também levar em consideração o cálculo dos lucros cessantes que o demandante experimentou com a decisão de repassar o sobrepreço no mercado a jusante. O Estudo cita os precedentes *Comateb and Others vs. Directeur général des douanes and droits indirects*,[45] *Michailidis*[46] e *Weber's Wine World and Others*.[47] O posicionamento do CJEU de levar em consideração o *volume effect* está ligado ao princípio da vedação ao enriquecimento sem causa, presente em diversos desses casos. De acordo com este princípio, para que uso defensivo do *pass on* obtenha sucesso, o demandado deve demonstrar que a indenização em perdas e danos resultaria em enriquecimento sem causa ao requerente, considerando não apenas o dano direta experimentado com o sobrepreço (isto é, o que não foi transmitido, mas

42. RBB Economics et all (2016), p. 21.
43. C-129/00, EU:C:2003:319.
44. RBB Economics et all (2016), p. 22-23.
45. Op. cit.
46. EU:C:2000:479.
47. Op. cit.

foi absorvido pelo requerente), mas também do dano resultante do efeito de volume.

A par dos precedentes no âmbito da CJEU, o estudo ainda aponta alguns precedentes no âmbito das cortes nacionais. Contudo, tendo em vista que todos esses precedentes são anteriores à Diretiva, uma análise mais acurada deverá ser refeita quando os primeiros precedentes pós diretiva forem julgados.

4. O direito brasileiro

4.1 Legislação e doutrina

No Brasil, o art. 47 da Lei n. 12.529/2011 estabelece que "[o]s prejudicados, por si ou pelos legitimados referidos no art. 82 da Lei n. 8.078, de 11 de setembro de 1990, poderão ingressar em juízo para, em defesa de seus interesses individuais ou individuais homogêneos, obter a cessação de práticas que constituam infração da ordem econômica, bem como o recebimento de indenização por perdas e danos sofridos, independentemente do inquérito ou processo administrativo, que não será suspenso em virtude do ajuizamento de ação".

Assim como no modelo europeu, a legislação brasileira adotou o princípio de que qualquer prejudicado por uma infração à ordem econômica terá legitimidade para obter a correspondente reparação. Não havendo qualquer ressalva ou restrição sobre o direito dos compradores indiretos de ajuizarem ações indenizatória, a questão da legitimidade ativa, amplamente discutida no sistema americano, perde razão de ser.

Ou seja, pelas regras gerais da responsabilidade civil, aos prejudicados, sejam eles compradores direitos e indiretos, está garantido o direito de ação, sendo certo que o sucesso do pleito dependerá da demonstração de três elementos: (i) a existência de um ilícito antitruste (isto é, violação da Lei n. 12.529/2011); (ii) a ocorrência de um dano; (iii) e a relação de causalidade entre o ilícito antitruste e o dano experimentado.[48]

No que diz respeito ao dano, muito embora o art. 47 da Lei n. 12.529/2011 diga genericamente apenas que os prejudicados poderão obter indenização "por perdas e danos sofridos", naturalmente isto não pode ser interpretado como algo restritivo. A despeito do que diz a Lei n. 12.529/2011, aplica-se paralelamente o princípio da reparação integral dos danos, tido como premissa

48. FERRAZ JR. (2013), p. 14.

básica e fundamental tanto do regime jurídico da responsabilidade civil como do próprio regime processualista.[49]

Sobre a utilização da *pass on defense* (isto é, como escudo ou defensivamente), há consenso de que, assim como no modelo europeu, tal defesa é permitida. O que se busca é tornar a vítima do ilícito antitruste *indene*, isto é, voltar ao status de como seria se não tivesse ocorrido o ilícito, sob pena de enriquecimento sem causa. Impor qualquer restrição quanto à defesa do demandado poderia obscurecer essa premissa.

Quando ao uso ofensivo ou defensivo da *pass on* no âmbito das discussões a respeito do ônus da prova do repasse, parte da doutrina entende que ele deva recair sempre sobre o demandado. Para Ferraz Jr. (2013), "[d]iante da prova de violação da lei concorrencial, o efeito prejudicial aos concorrentes (linha horizontal) e adquirentes diretos (linha vertical) é presunção implícita no mandamento legal. Por conta disso, em face de alegação pelo réu de repasse pelo autor, cabe ao réu o ônus da prova do repasse, jamais cabendo ao autor a prova negativa de que não repassou.".[50] Esse mesmo autor, citando Nelson e Rosa Nery, entende aplicável, por analogia, os arts. 81 e seguintes do CDC.

De outro lado, Marques Francisco (2014) entende que a adoção de uma presunção relativa de repasse e a inversão do ônus da prova se aplicaria apenas aos casos efetivamente regidos pelo CDC, isto é, quando o próprio consumidor final é autor da ação. Para ações movidas por outros agentes da cadeia de produção, entende que cabe a eles a demonstração do repasse.[51]

Adotando uma abordagem mais processualista, mas ainda sob a ótica do antigo CPC, Caselta (2015), ao tratar da *pass on defense*, entende que a defesa é admitida no direito brasileiro. Segundo ele, o ônus de provar o repasse é do réu, que, no entanto, caso consiga demonstrar que os documentos necessários para a prova do repasse estão na posse do autor, poderá requerer que o este os exiba nos autos.

Nos parece que o CDC realmente é aplicável somente nos casos em que o consumidor final figura no polo ativo da ação. Nesses casos, há inversão completa do ônus, em linha com o art. 6º, VIII, do CDC. Tratando-se, no entanto, de outros intermediários na cadeia produtiva, deve-se aplicar a regra geral de distribuição dinâmica do ônus da prova introduzida pelo novo CPC no art. 373, § 1º ("Nos casos previstos em lei ou diante de peculiaridades da causa relacionadas à impossibilidade ou à excessiva dificuldade de cumprir o encargo nos termos do *caput* ou à maior facilidade de obtenção da prova do

49. MARQUES FRANCISCO (2014), p. 51.
50. FERRAZ JR. (2013), p. 19.
51. MARQUES FRANCISCO (2014), p. 100.

fato contrário, poderá o juiz atribuir o ônus da prova de modo diverso, desde que o faça por decisão fundamentada, caso em que deverá dar à parte a oportunidade de se desincumbir do ônus que lhe foi atribuído"). Se é certo, como bem aponta Ferraz Jr. que não se pode imputar a alguém fazer prova negativa do repasse, é possível, ao menos, criar condições para que o interessado possa ter acesso aos elementos necessários (histórico de preços de vendas, por exemplo) que estejam em mãos da outra parte ou de terceiros, de modo a apurar a existência, ou não, do repasse.

No mais, a inexistência de precedentes nas cortes superiores sobre os temas aqui tratados nos impõe fazer um exercício teórico de como a legislação brasileira seria aplicada na prática, a partir de quatro situações hipotéticas.

4.2 Exemplos práticos na aplicação da legislação brasileira

A partir das quatro situações hipotéticas descritas abaixo, tentaremos demonstrar a aplicabilidade prática da legislação brasileira de maneira bastante didática, a partir da resposta às seguintes perguntas: (i) quem tem legitimidade ativa para a propositura da ação de reparação de danos? (ii) o que cada um dos legitimados poderá pleitear? (iii) quem tem o ônus de demonstrar o repasse?

Hipótese 1 – Cartel na indústria de cimento e repasse total ao consumidor

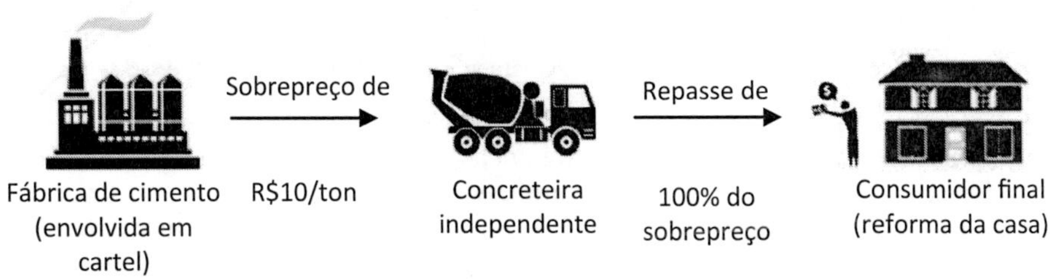

	Legitimidade ativa para a propositura de ação contra a fábrica de cimento?	O que pode pleitear?	Ônus de demonstrar o repasse
Concreteira	Sim	*Volume effect* (lucros cessantes pela diminuição das vendas)	Da fábrica de cimento (uso defensivo do *pass on*)
Consumidor	Sim	Dano emergente, equivalente ao sobrepreço multiplicado pela quantidade de toneladas de cimento utilizada na obra	Da fábrica de cimento (art. 6º, VIII, CDC)

Hipótese 2 – Cartel na indústria de cimento e repasse parcial ao consumidor

	Legitimidade ativa para a propositura de ação contra a fábrica de cimento?	**O que pode pleitear?**	**Ônus de demonstrar o repasse**
Concreteira	Sim	Dano direto, equivalente a 50% do sobrepreço, multiplicado pela quantidade de cimento adquirida *Volume effect* (lucros cessantes pela diminuição das vendas)	Da fábrica de cimento (uso defensivo do *pass on*)
Construtora/ Incorporadora	Sim	Dano direto, equivalente a 40% do sobrepreço, multiplicado pela quantidade de cimento adquirida *Volume effect* (lucros cessantes pela diminuição das vendas de apartamentos associadas ao aumento do preço **(*)**	Da construtora/ incorporadora (uso ofensivo do pass on)
Consumidor	Sim	Dano emergente, equivalente 5% do sobrepreço	Da fábrica de cimento (art. 6º, VIII, CDC)

(*) Em um cenário em que estivéssemos analisando uma operação isolada de compra de concreto para um único empreendimento imobiliário, e nesse empreendimento imobiliário a construtora/incorporadora obteve sucesso na venda de 100% das unidades, nesse caso, entendemos que seria difícil falar em lucros cessantes.

Hipótese 3 – Cartel na indústria de latas de alumínio e repasse parcial ao consumidor

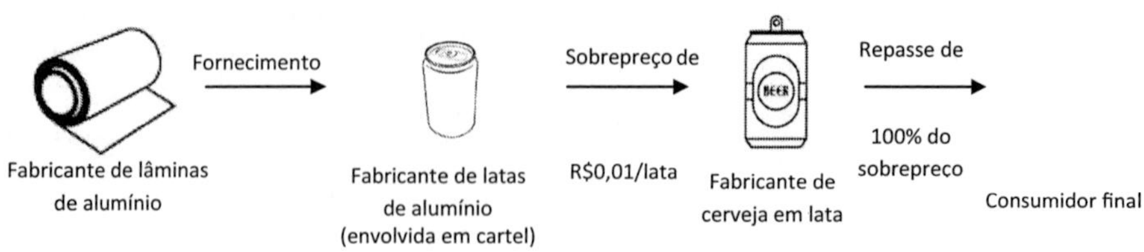

	Legitimidade ativa para a propositura de ação contra a fabricante de latas?	O que pode pleitear?	Ônus de demonstrar o repasse
Fabricante de lâminas	Sim	*Volume effect* (lucros cessantes pela diminuição das vendas de lâminas, decorrente da diminuição no consumo de cerveja em lada)	N/A
Fabricante de cerveja	Sim	*Volume effect* (lucros cessantes pela diminuição no consumo de cerveja em lata)	Da fabricante de latas (uso defensivo do *pass on*)
Consumidor	Sim	Dano emergente, equivalente R$0,01 (sobrepreço) multiplicado pelo número de latas de cerveja consumidas. **(**)**	Da fabricante de latas (art. 6º, VIII, CDC)

(**) Esta situação retrata bem uma das preocupações do sistema norte americano em conferir legitimidade ao comprador direto, em detrimento do indireto. Nesse exemplo, é improvável que os consumidores de cerveja em lata (compradores indiretos) ajuízem ações indenizatórias para a cobrança de um dano tão pequeno.

Hipótese 4 – Cartel na indústria de lâminas de alumínio, sem repasse ao consumidor

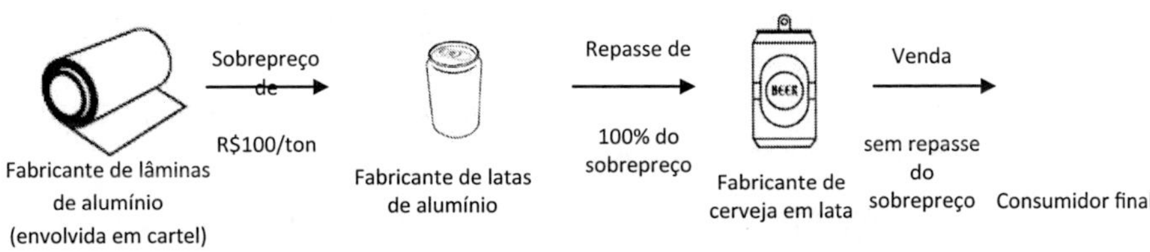

	Legitimidade ativa para a propositura de ação contra a fabricante de latas?	O que pode pleitear?	Ônus de demonstrar o repasse
Fabricante de latas	Sim	Tendo em vista que a fabricante de latas repassou 100% do sobrepreço, e admitindo-se que tal sobrepreço foi 100% internalizado pela indústria a jusante, sem impactos na oferta e demanda dos produtos intermediários ou final, em tese não há danos emergentes ou lucro cessantes a serem pleiteados.	Se ainda assim a fábrica de latas ajuíza ação, o ônus recai sobre a fabricante de lâminas (uso defensivo do pass on), a qual poderá requerer a distribuição dinâmica nos termos do art. 373, § 1º, do CPC.
Fabricante de cerveja	Sim	Dano emergente, equivalente a R$100 (sobrepreço) multiplicado pela quantidade de toneladas de latas de alumínio adquiridas.	Da fabricante de lâminas (uso defensivo do *pass on*)
Consumidor	Sim	Embora tenha legitimidade processual para a propositura da ação, não há danos a serem pleiteados	Se ainda assim o consumidor ajuíza ação, o ônus recai sobre a fabricante de lâminas (art. 6º, VIII, CDC)

5. Conclusão

Mesmo que as questões aqui discutidas ainda não tenham sido enfrentadas nas cortes superiores pátrias, percebe-se que o arcabouço legal brasileiro nos permite concluir que o tratamento a ser conferido aos compradores diretos e indiretos, bem como às consequências do *pass on*, aproxima-se muito mais do regime europeu do que o do norte-americano.

Enquanto o regime norte americano, ao menos no que diz respeito à esfera federal, aborda o tema a partir do estabelecimento da abrangência e dos limites da própria política dissuasória das leis antitruste, o regime europeu trata o assunto a partir do desenvolvimento de uma política pública de criar incentivos para que as ações de indenização decorrentes de ilícito antitruste se tornem mais eficazes, fundamentada em dois pilares: no princípio da reparação integral dos danos e no princípio da vedação ao enriquecimento sem causa (igualmente presentes no regime da responsabilidade civil brasileira).

São realmente louváveis os esforços dos europeus no sentido de unificar a legislação dos Estados-membros e, ao mesmo tempo, garantir que todos aqueles lesados por práticas anticompetitivas recebam a devida reparação.

Muito embora o ápice desse esforço provavelmente tenha sido a promulgação da Diretiva, de nada adiantara criar os mecanismos legais para a propositura das ações reparatórias se, juntamente, não se propiciar condições materiais para que os prejudicados demonstrem o seu efetivo prejuízo. Daí por que é de se aplaudir ainda mais a publicação dos estudos sobre quantificação de danos e dos efeitos do repasse de sobrepreço: dada a complexidade dos assuntos, é fundamental criar parâmetros para que as cortes possam efetivamente aplicar a lei.

No Brasil, a ausência de legislação específica tratando de ações de reparação por danos decorrentes de ilícitos antitrustes não chega a ser um obstáculo para seu desenvolvimento. Pelo contrário, o arcabouço jurídico brasileiro confere ampla guarida aos prejudicados. Em nossa visão, o que realmente falta para que as ações privadas decolem no Brasil é justamente a elaboração de *guidelines*, como os publicados pelos europeus, que auxiliem, principalmente juízes e vítimas de práticas anticoncorrencias, a desmistificarem o tema. Nesse sentido, o CADE e a Superintendência Geral do CADE possuem papel relevante para impulsionar o *enforcement* privado da legislação antitruste no Brasil.

Referências bibliográficas

CASELTA, Daniel Costa. *Responsabilidade civil por danos decorrentes da prática de cartel.* Dissertação de mestrado apresentada à Faculdade de Direito da Universidade de São Paulo para obtenção do Título de Mestre. Orientador Prof. Doutor José Marcelo Martins Proença. São Paulo, 2015.

DIRECTORATE-GENERAL FOR COMPETITION OF THE EUROPEAN COMMISSION. Study on the passing-on of overcharges – Final report. Estudo preparado para a Direção-Geral da Concorrência da Comissão Europeia por RBB Economics LLP e Cuatrecasas, Gonçalves Pereira S.L.P, 2016. Disponível em: <http://ec.europa.eu/competition/publications/reports/KD0216916ENN.pdf>. Acesso em: 17 jul. 2017.

ELHAUGE, Einer, GERADIN, Damien. Global Law and Economics. 2 ed. Foundation Press, 2011.

FERRAZ JR., Tércio Sampaio. Direito da concorrência e *enforcement* privado na legislação brasileira. *RDC*, v. 1, n. 2, nov. 2013, p. 11-31.

MAGGI, Bruno Oliveira. *O cartel e seus efeitos no âmbito da responsabilidade civil.* Dissertação de mestrado apresentada à Faculdade de Direito da Universidade de São Paulo para obtenção do Título de Mestre. Orientadores Prof. Doutor Antonio Junqueira de Azevedo e Professor Claudio Luiz Bueno de Godoy. São Paulo, 2010.

MARQUES FRANCISCO, André. Responsabilidade civil por infração da ordem econômica. Dissertação apresentada ao Departamento de Direito Comercial da Faculdade de Direito da Universidade de São Paulo para obtenção do Título de Mestre. Orientador Prof. Doutor Paulo Salvador Frontini. São Paulo, 2014.

PITOFSKY, Robert, GOLDSCHMID, Harvey J., WOOD, Diane P. *Trade Regulation – Cases and Materials.* 6. ed. Foundation Press, 2010.

Parte III.

Ações *Stand Alone*

A competência do Poder Judiciário na análise de demandas concorrenciais autônomas (ações *stand alone*)

Levi Borges de Oliveira Veríssimo

Nayara Mendonça

1. Introdução

O sistema de unidade de jurisdição utilizado no Brasil implica que, salvo exceções constitucionais[1] praticamente todas as lides sejam submetidas ao Judiciário brasileiro. Com o incremento da informação sobre o direito concorrencial no Brasil, corroborado pela vigorosa atuação do CADE no controle repressivo e preventivo, vê-se um fenômeno de aumento do número de ações judiciais que tratam sobre o tema de direito da concorrência. Essas ações privadas são, em sua maioria, aquilo que chamaremos de ações complementares ou *follow-on actions.* Trata-se de um contencioso que visa a reformar as decisões do CADE, ou até mesmo requerer reparação de danos a partir da constatação da autoridade concorrencial da existência de um ilícito. Por outro lado, categoria menos discutida academicamente e objeto da presente pesquisa é a das ações independentes de decisões da autoridade concorrencial, chamadas *stand alone actions,* ou ações autônomas.

As ações autônomas podem ser definidas, como explica Amaro (2012, p. 10), como o "litígio de matéria concorrencial apresentado aos tribunais sem

1. O julgamento de processo de impeachment de Presidente da República por crime de responsabilidade no Senado Federal e o julgamento das contas dos responsáveis pelos bens públicos são exceções à unidade da jurisdição e não passam por apreciação do Judiciário.

provocação anterior das autoridades de concorrência ou em casos em que a autoridade concorrencial escolhe discricionariamente não investigar determinadas condutas".[2]

Em uma ação autônoma a Lei de Defesa da Concorrência pode ser utilizada tanto por particulares, em ações que envolvam meramente interesses privados de competidores, quanto pelo Ministério Público, em defesa dos direitos difusos. Como entendem Hüschelrath e Peyer (2013, p. 21), as ações autônomas, por focarem em violações não previamente detectadas pela autoridade antitruste, têm grande importância por dois aspectos: menor interferência na aplicação pública do direito da concorrência e impulso potencial do efeito dissuasório da aplicação do direito antitruste.

Desta forma, o presente artigo pretende apresentar o fundamento normativo dos litígios autônomos no país e demonstrar, por meio da análise do levantamento jurisprudencial realizado pelo Comitê de Contencioso Econômico do IBRAC em relação às ações de *stand alone*, qual é o estágio de evolução da análise jurídico-concorrencial realizada pelos tribunais brasileiros.

2. Fundamento normativo das demandas concorrenciais autônomas no Brasil

O papel do Estado na ordem econômica é estabelecido no art. 174 do texto constitucional de 1988, como o "agente normativo e regulador da atividade econômica". No âmbito do direito concorrencial brasileiro este papel é pautado pelos princípios gerais da atividade econômica da livre-iniciativa e da livre concorrência, ditados no art. 170.[3]

2. Tradução livre. Para um estudo detalhado dos litígios privados das práticas anticoncorrenciais, veja (AMARO, 2012).
3. Art. 170. A ordem econômica, fundada na valorização do trabalho humano e na livre iniciativa, tem por fim assegurar a todos existência digna, conforme os ditames da justiça social, observados os seguintes princípios:

   I – soberania nacional;

   II – propriedade privada;

   III – função social da propriedade;

   IV – livre concorrência;

   V – defesa do consumidor;

   VI – defesa do meio ambiente, inclusive mediante tratamento diferenciado conforme o impacto ambiental dos produtos e serviços e de seus processos de elaboração e prestação;

O princípio da livre-iniciativa garante o livre exercício de atividades econômicas, na forma da lei (art. 170, parágrafo único). De maneira complementar, o princípio da livre concorrência (art. 170, IV) resguarda a competição saudável entre os agentes econômicos, sem limitações pelo Estado ou por concorrentes.[4]

No mesmo sentido, o art. 173, § 4º, preceitua a obrigação do Estado em impedir condutas que restrinjam a concorrência. Na esfera legal, a Lei n. 12.529/2011 estrutura a defesa da concorrência no país, estipulando o dever de coerção aos agentes que pratiquem condutas anticompetitivas e a necessidade de controle prévio de atos de concentração pela autoridade concorrencial. Ademais, a Lei n. 8.137/90, com a redação atualizada pela mesma Lei de Defesa da Concorrência, disciplina os crimes contra a ordem econômica[5] (NETO e CASAGRANDE, 2016, p. 25-27).

Assim, percebe-se que a tutela do direito da concorrência brasileiro ocorre tanto na órbita administrativa como judicial, assim como observado nas

---

VII – redução das desigualdades regionais e sociais;

VIII – busca do pleno emprego;

IX – tratamento favorecido para as empresas de pequeno porte constituídas sob as leis brasileiras e que tenham sua sede e administração no País.

Parágrafo único. É assegurado a todos o livre exercício de qualquer atividade econômica, independentemente de autorização de órgãos públicos, salvo nos casos previstos em lei.

4. Fonseca (1999, p. 90) aponta que o princípio da livre concorrência deve ser visto "como forma de alcançar o equilibro, não mais aquele atomístico do liberalismo tradicional, mas um equilíbrio entre os grandes grupos e um direito de estar no mercado também para as pequenas empresas".

5. Os crimes contra a ordem econômica são investigados e denunciados pelo Ministério Público e estão previstos no art. 4º da Lei 8.137/90, a saber:

   Art. 4º Constitui crime contra a ordem econômica:

   I – abusar do poder econômico, dominando o mercado ou eliminando, total ou parcialmente, a concorrência mediante qualquer forma de ajuste ou acordo de empresas;

   II – formar acordo, convênio, ajuste ou aliança entre ofertantes, visando:

   a) à fixação artificial de preços ou quantidades vendidas ou produzidas;

   b) ao controle regionalizado do mercado por empresa ou grupo de empresas;

   c) ao controle, em detrimento da concorrência, de rede de distribuição ou de fornecedores.

   Pena – reclusão, de 2 (dois) a 5 (cinco) anos e multa.

demais jurisdições desenvolvidas em direito antitruste, como Estados Unidos e União Europeia (OLIVEIRA, 2002, p. 35-38).

No âmbito nacional, a aplicação administrativa do direito antitruste é exercida pelo Sistema Brasileiro de Defesa da Concorrência - SBDC, do qual fazem parte a SEAE (Secretaria de Acompanhamento Econômico), do Ministério da Fazenda, e o CADE (Conselho Administrativo de Defesa Econômica), autarquia federal vinculada ao Ministério da Justiça. A Lei n. 12.529/2011 atribui à SEAE o papel de advocacia da concorrência e ao CADE, dividido entre Tribunal Administrativo e Superintendência-Geral, o papel de julgar os atos de concentração e condutas anticompetitivas e investigá-las, além de também ter a função de promover a concorrência, em conjunto com a SEAE.

Paralelamente, a tutela judicial do direito da concorrência possui dois âmbitos: o penal e o civil.[6] No âmbito civil, pode ser exercida em três casos distintos: (i) por provocação do CADE, para execução das decisões administrativas proferidas, (ii) por provocação de empresa inconformada com uma decisão administrativa,[7] e, a partir da Constituição de 1988, (iii) em casos *stand alone* ou autônomos, em que uma pessoa física, o Ministério Público ou uma empresa podem recorrer ao Poder Judiciário para a tutela do princípio da livre concorrência, independentemente de existência prévia de análise administrativa da questão.

A possibilidade da tutela judicial do direito da concorrência está pautada no princípio da inafastabilidade da tutela jurisdicional previsto na Constituição Federal (art. 5º, XXXV, CF) e prevê que "a lei não excluirá da apreciação do Poder Judiciário lesão ou ameaça de lesão a direito". No mesmo sentido, o Código de Processo Civil de 2015, em seu art. 3º, expressa a possibilidade de tutela preventiva e reparatória de direitos,[8] o que abrange também o

6. Para discussão sobre a aplicação privada do direito da concorrência no Brasil, veja Gouvêa (2017).
7. No mesmo sentido, Oliveira (2002, p. 35-38).
8. Art. 3º Não se excluirá da apreciação jurisdicional ameaça ou lesão a direito.

   § 1º É permitida a arbitragem, na forma da lei.

   § 2º O Estado promoverá, sempre que possível, a solução consensual dos conflitos.

   § 3º A conciliação, a mediação e outros métodos de solução consensual de conflitos deverão ser estimulados por juízes, advogados, defensores públicos e membros do Ministério Público, inclusive no curso do processo judicial.

direito à livre concorrência.[9] Nesse sentido, a existência de instância administrativa competente para discutir assuntos concorrenciais não cria necessidade de prévio recurso ao CADE antes de se recorrer ao Judiciário, como era o caso na Constituição de 1969, em que existia a chamada "jurisdição condicionada" ou "instância administrativa de curso forçado".[10]

No direito concorrencial, o princípio da inafastabilidade jurisdicional é reforçado pelo art. 47 da Lei n. 12.529/2011, que preceitua que:

> (...) os prejudicados (...) poderão ingressar em juízo para, em defesa de seus interesses individuais ou individuais homogêneos, obter a cessação de práticas que constituam infração da ordem econômica, bem como o recebimento de indenização por perdas e danos sofridos, independentemente do inquérito ou processo administrativo, que não será suspenso em virtude do ajuizamento da ação.

Com base no princípio da inafastabilidade judicial, o Poder Judiciário deve analisar demandas cíveis ou criminais relacionadas a infrações à ordem econômica mesmo que não tenham sido ou nunca sejam analisadas pelo CADE (FORGIONI, 2012). Portanto, além da atuação da autoridade concorrencial, de inegável protagonismo em relação à defesa da concorrência, também o Judiciário brasileiro, provocado por particulares ou pelo Ministério Público, é "uma parte crítica do processo de aplicação do direito da concorrência" (OCDE, 2010, p. 59).

Como afirma o ex-procurador geral do CADE Vitor Rufino (2016), a ausência de participação do CADE nas ações de *stand alone* pode ser um problema por levar a decisões sem critério mais apurado.[11] Como veremos adiante, essa questão pode ser mitigada pela especialização dos juízes responsáveis pelo julgamento desses casos, e pela intervenção do CADE nos casos de maior relevância para o ambiente concorrencial.

9. Para mais detalhes sobre a abordagem dos princípios no direito processual civil, veja Alvim (2015, p. 29-36).
10. A jurisdição condicionada foi inserida na Constituição de 1969 pela Emenda Constitucional n. 7/77, que inseria no art. 153 o § 4º: "A lei não poderá excluir da apreciação do Poder Judiciário qualquer lesão de direito individual. O ingresso em juízo poderá ser condicionado a que se exauram previamente as vias administrativas, desde que não exigida garantia de instância, nem ultrapassado o prazo de cento e oitenta dias para a decisão sobre o pedido" (NERY JUNIOR, 2016, p. 208-217).
11. Informação verbal provinda de palestra proferida no Painel 8 do 22º Seminário do IBRAC, em 21 de outubro de 2016. Disponível em: <https://youtu.be/fbxDE1HM83k>. Acesso em: 8 maio 2017.

3. As ações *stand alone* no Judiciário

As questões jurídicas relativas à ordem econômicas são objeto de discussão não apenas no contexto das autoridades integrantes do Sistema Brasileiro de Defesa da Concorrência. Por diversas ocasiões, o Poder Judiciário é instado a se manifestar sobre questões essencialmente inerentes ao Direito Concorrencial, ocasiões em que se debate em qual medida o Judiciário possui competência para analisar tais demandas e de que modo os tribunais têm se posicionado sobre os temas concorrenciais.

Para fins do levantamento jurisprudencial realizado pelo Comitê de Contencioso Econômico do IBRAC, foram consideradas *stand alone* as ações judiciais que versam sobre Direito da Concorrência e propostas de maneira isolada pelos agentes econômicos (sem, portanto, uma análise prévia da autoridade de defesa da concorrência). Trata-se, por conseguinte, da apreciação originária do Poder Judiciário do ilícito antitruste, de ação interposta de maneira autônoma pelos agentes. Cumpre esclarecer que as ações de reparação de dano concorrencial foram consideradas no levantamento jurisprudencial realizado pelo Comitê de Contencioso Econômico do IBRAC como pertencentes à uma categoria à parte e, destarte, não são objeto do presente ensaio.

O levantamento jurisprudencial realizado pelo Comitê de Contencioso Econômico do IBRAC considerou cento e vinte e quatro ações *stand alone* (dentre as quais noventa e seis já haviam transitado em julgado) que envolviam assuntos como cartel, cláusula de exclusividade, aumento arbitrário de lucros, preços predatórios, fixação de preços, venda casada, cláusula de raio, recusa de venda e outras condutas anticompetitivas.

As controvérsias jurídicas surgidas no âmbito de ações *stand alone* passam por questões processuais relativas à competência, mas envolvem principalmente questões de mérito econômico das lides. Conforme veremos adiante, por diversas ocasiões a posição do Poder Judiciário é conflitante com o entendimento do CADE.

No plano processual, a questão da competência para julgamento se desdobra da seguinte maneira: (i) matérias de competência privativa do CADE; (ii); competência da Justiça Estadual ou Federal; e (iii) competência interna de julgamento, que discute se as ações deveriam ser julgadas pelas Câmaras de Direito Público ou de Direito Privado. Em seguida, analisaremos em que medida o posicionamento do juízo converge com o do CADE.

Diante desse recorte metodológico, analisaremos a seguir as principais premissas adotadas pelo Poder Judiciário no âmbito da apreciação de ações *stand alone*, sempre à luz da legislação correlata.

3.1. *Competência privativa do CADE*

A primeira controvérsia surgida no âmbito da análise de ações *stand alone* dizia respeito à suposta incompetência do Judiciário em analisá-las, diante da previsão da Lei 12.529/2011 em estabelecer a competência do CADE para apreciar infrações à ordem econômica.

Em verdade, a controvérsia a respeito da competência privativa surgiu à época da antiga Lei de Defesa da Concorrência (n. 8.884/94), que estabeleceu a autonomia administrativa e a competência do CADE para "decidir sobre a existência de infração à ordem econômica e aplicar as penalidades previstas em lei" (art. 7º, II). Posteriormente, com a aprovação da Lei n. 12.529/2011, a mesma previsão normativa foi mantida (art. 9º, II).

Diante de tal panorama normativo, surge o questionamento quanto à competência do Judiciário para examinar de maneira independente sobre a existência de infrações à ordem econômica no âmbito de ações *stand alone*. A competência estabelecida pelo art. 7º, II, da Lei n. 8.884/94 e, posteriormente, mantido pelo art. 9º, II, da Lei n. 12.529/2011, seria suficiente para afastar a tutela jurisdicional do Poder Judiciário em todos os casos? Seria a análise prévia da autoridade antitruste uma condição mandatória?

Embora tal controvérsia pareça de simples resolução à luz do princípio da inafastabilidade do Poder Judiciário e do art. 46 da Lei n. 12.529/2011, o levantamento jurisprudencial realizado pelo Comitê de Contencioso Econômico do IBRAC encontrou dois casos[12] em que a análise da lide concorrencial foi afastada como preliminar de incompetência. Entretanto, tal posicionamento foi superado pelo entendimento das instâncias superiores e o Judiciário não tem se eximido de analisar matérias que possuam como objeto infrações à ordem econômica.

No âmbito do Agravo de Instrumento n. 951.087-0/9, que versava no mérito sobre o "índice de fidelidade" observado por montadoras de veículos em relação às fabricantes de autopeças, a 29ª Câmara de Direito Privado do Tribunal de Justiça de São Paulo negou, em 2005, provimento à ação por en-

12. TJSP AI: 951.087-0/9 SP 9004759-78.2005.8.26.0000, Relator: Manoel de Queiroz Pereira Calças, Data de Julgamento: 24-8-2005, 29ª Câmara de Direito Privado, Data da Publicação: 2-9-2005. e TJES AI: 0926768-42.2000.8.08.0000 (011.00.900120-4), Relator: Jorge Goés Coutinho, Data de Julgamento: 20-8-2002, 2ª Câmara Cível, Data de Publicação: 2-10-2002.

tender que a acolhida pelo Poder Judiciário caracterizaria "usurpação das funções legais outorgadas ao CADE e à SDE".[13]

Igualmente, o juízo de origem, no mesmo caso, já havia decidido neste sentido: "não houve prévio exaurimento de vias alternativas menos drásticas, porém eficazes à tutela dos fins perseguidos por meio da presente ação[14]". Tal entendimento, no entanto, não prevalece nos demais precedentes analisados, de modo que a posição pacífica do Judiciário atualmente é no sentido de que cabe ao Judiciário apreciar tais demandas independentemente do esgotamento das vias administrativas.

O próprio art. 29 da Lei n. 8.884/94 (equivalente ao art. 47 da Lei n. 12.529/2011) dispunha expressamente sobre a possibilidade de ingresso em juízo pelos prejudicados por infrações da ordem econômica para cessação da conduta e/ou obtenção de reparação dos danos sofridos, independentemente do processo administrativo, que não seria suspenso em virtude do ajuizamento de ação.

Tal previsão legal se justifica também pela ausência de competência do CADE em determinar a indenização a quem se sentir lesado pelos ilícitos concorrenciais de terceiros. Assim, a competência do CADE não seria sufi-

13. Destaca-se o seguinte trecho do voto condutor: "impende destacar que as medidas liminares requeridas pelo Ministério Público, configuram temas inseridos na competência exclusiva do Conselho Administrativo de Defesa Econômica – CADE –, nos termos da Lei n. 8.884, de 11 de junho de 1994, autarquia federal a quem compete tomar as medidas legais para a prevenção e a repressão às infrações contra a ordem econômica, sob a óptica dos postulados constitucionais da liberdade de iniciativa, livre concorrência, função social da propriedade, defesa dos consumidores e repressão ao abuso do poder econômico. Outrossim, sendo o Conselho Administrativo de Defesa Econômica – CADE –, órgão judicante com jurisdição em todo território nacional, é ele o órgão previsto na lei infraconstitucional que tem competência exclusiva para, juntamente com a Secretaria de Direito Econômico – SDE – averiguar, investigar e decidir sobre a prática de infrações à ordem econômica, especialmente aquelas elencadas nos arts. 20 e 21 da lei de regência, podendo, se for o caso, instaurar processo administrativo e impor as penalidades cabíveis, sendo certo que as decisões do CADE constituem-se em títulos executivos extrajudiciais, que poderão ser executadas na via judicial, a teor do art. 7º, XIII c.c. o art. 60 da Lei n. 8.884/94" (TJSP AI: 951.087-0/9 SP 9004759-78.2005.8.26.0000, Relator: Manoel de Queiroz Pereira Calças, Data de Julgamento: 24-8-2005, 29ª Câmara de Direito Privado, Data da Publicação: 2-9-2005)
14. Processo n. 9004759-78.2005.8.26.0000 (n. origem: 107.843/04), 40ª Vara Cível de São Paulo – SP.

ciente para determinar a responsabilidade civil perante terceiros (TIMM, CHIATTONE e TRINDADE, 2009).

Em relação à extensão da competência do controle judicial sobre o mérito das matérias, o Superior Tribunal de Justiça tem se restringido à análise dos casos concretos, em homenagem não à competência da autoridade antitruste, mas sim da autonomia privada, *pacta sunt servanda* e livre iniciativa.[15]

Nada obstante, as cortes buscam aperfeiçoar o entendimento no mérito da matéria concorrencial. Nesse sentido, o Conselho de Justiça Federal aprovou recentemente proposta a fim de recomendar que os Tribunais Regionais Federais especializem, porém sem exclusividade, varas federais já existentes em Direito da Concorrência.[16]

Importante lembrar ainda que a Lei n. 8.884/94 incluiu, com seu art. 88, as infrações à ordem econômica no rol de ações regidas pela Lei n. 7.347/85, que disciplina a ação civil pública. Da mesma forma, essas infrações permaneceram previstas no art. 117 da Lei n. 12.529/2011. Assim, não restam dúvidas quanto ao cabimento deste instrumento processual para tratar de matérias de ordem econômica. Por se tratar de matéria de livre concorrência sujeita à apreciação do Judiciário, a ação civil pública é meio amplamente utilizado pelo Ministério Público na busca pela observância dos ditames legais neste contexto.

3.2. Competência federal ou estadual

Superada a questão da competência do Poder Judiciário em analisar o mérito das demandas afeitas ao Direito da Concorrência, em razão especialmente do princípio da inafastabilidade da prestação jurisdicional, passa-se à questão do conflito de competência entre justiça federal e estadual neste âmbito. Dois principais pontos emergem dessa discussão: (i) o critério objetivo em

15. Trecho do voto do Ministro Marco Buzzi no âmbito do REsp n. 2015/0130632-3: “O controle judicial sobre eventuais cláusulas abusivas em contratos de cunho empresarial é restrito, face a concretude do princípio da autonomia privada e, ainda, em decorrência de prevalência da livre iniciativa, do pacta sunt servanda, da função social da empresa e da livre concorrência de mercado” (STJ, REsp n. 1.535.727/RS (2015/0130632-3) 0044239-60.2015.8.21.7000, Relator: Ministro Marco Buzzi, Data de Julgamento: 10-5-2016, Quarta Turma, Data de Publicação: 20-6-2016).
16. Disponível em: <http://www.cjf.jus.br/cjf/noticias/2017/maio/especializacao-de-varas-federais-em-direito-da-concorrencia-e-comercio-internacional-e-aprovada>. Acesso em: 8 jun. 2017.

relação às partes envolvidas no litígio (e a necessidade ou não de intervenção do CADE em todos os casos) e (ii) o critério funcional das justiças federal e estadual em relação ao mérito das matérias.

Encontra-se na jurisprudência larga divergência em relação ao elemento de competência funcional para analisar demandas concorrenciais. Dentre os casos analisados no âmbito do levantamento jurisprudencial do IBRAC, há o caso de ação civil pública interposta que tinha como objeto a cessação de prática caracterizadora de infração contra a ordem econômica (cartel) em postos de gasolina no município de Marília – SP. No caso em questão, o juízo de segundo grau entendeu que a matéria era de interesse do CADE e, na qualidade de autarquia federal, a justiça estadual seria incompetente para analisar a demanda.[17]

Igualmente, no âmbito do agravo de instrumento n. 0926768-42.2000.8.08.0000, julgado em 2002, arguiu-se exceção de incompetência da Justiça Estadual, uma vez que objeto material da demanda era de Direito Concorrencial. *In casu,* a preliminar de incompetência foi acolhida sob o argumento de que a matéria tratava de Direito Concorrencial, e por tal razão o processo deveria ser remetido à Justiça Federal.[18]

Em sentido oposto, nos autos n. 0043573-34.2008.4.05.0000, o Tribunal Regional Federal da 5ª Região reconheceu incompetência da Justiça Federal para processar o feito em decorrência de manifestação do CADE no sentido de que a demanda tratava somente de interesses particulares.[19]

Percebe-se uma clara linha de entendimento no sentido de que, havendo intervenção do CADE na demanda, a competência da Justiça Federal se firma na medida em que há autarquia federal como interveniente. Sabe-se, entretanto, que a questão da natureza jurídica da intervenção do CADE não é questão pacífica na doutrina processual (TIMM e CRAVO, 2017).

Como por força do disposto no art. 118 da Lei n. 12.529/2011, o CADE deve ser intimado em todos os processos que "discutam a aplicação" da Lei de Defesa da Concorrência, teríamos em tese uma competência inicial da Justiça

17. TJSP AI: 0031287-84.2000.8.26.0000, Relator: Cyro Bonilha, Data de Julgamento: 11-12-2000, 1ª Câmara de Direito Privado, Data da Publicação: 19-12-2000.
18. TJES AI: 0926768-42.2000.8.08.0000 (011.00.900120-4), Relator: Jorge Goés Coutinho, Data de Julgamento: 20-8-2002, 2ª Câmara Cível, Data de Publicação: 02-10-2002
19. TRF-5 AI: AGTR89234-RN 0043573-34.2008.4.05.0000, Relator: Paulo Gadelha, Data de Julgamento: 19-10-2010, Segunda Turma, Data da Publicação: 28-10-2010.

Federal para que o CADE se manifeste sobre a vontade de intervir no feito para, em seguida, haver definição quanto à competência.

O Tribunal de Justiça de São Paulo, por ocasião do julgamento do Agravo de Instrumento n. 0157565-13.2012.8.26.0000,[20] julgado em 2013, entendeu desnecessária a intervenção do CADE por entender que a matéria tratava de interesses "meramente privados" e manteve o processo sob sua jurisdição. Na origem, discutia-se o suposto descumprimento de cláusula contratual pela prática de sobrepreço no mercado de distribuição de gás.

Restam incertezas, ainda, na hipótese em que o CADE atua como *amicus curiae*, ou seja, sem interesse material na causa: seria também competente o foro da Justiça Federal em razão da natureza jurídica da autarquia? Tais questões não possuem um entendimento pacificado no Judiciário, embora os casos tenham em maioria (78%) sido julgados pela Justiça Estadual, em que prevalece o entendimento de que as lides de Direito Concorrencial possuem um caráter predominantemente privado.

3.3. Competência interna do Tribunal

Internamente, o Tribunal de Justiça de São Paulo discutiu em algumas oportunidades se os temas ligados ao Direito da Concorrência devem ser julgados nas Câmaras de Direito Privado ou nas Câmaras de Direito Público.

20. Diz trecho da ementa: "Pedido de intimação do CADE para que esclareça se tem interesse de intervir no feito Art. 118 da Lei 12.529, de 30.11.2011 - Confirmação da decisão que indefere a intimação O espectro institucional abrangente do CADE não pode ser conspurcado com sua chamada para intervenção em interesses meramente particulares, tanto que Paula A. Forgioni, em seu até agora insuperável livro sobre o tema (*Os fundamentos do antitruste*, 5. ed. Editora Revista dos Tribunais, p. 122) fala sobre o 'aumento do respeito institucional do Poder Judiciário pelo CADE', lembrando que sua presença 'junto aos Tribunais foi incisiva e responsável, com o aumento da qualidade do corpo técnico dedicado à defesa das posições da Autarquia', demonstrando que efetivamente sua chamada aos autos só é necessária para defesa das posições do próprio CADE. Para defesa de interesses meramente particulares decorrentes de interferências em contratos como este em discussão nos autos, mais recomendável é que não seja intimada a autarquia, nada impedindo que o magistrado, necessitando de qualquer tipo de informação ou parecer a respeito da matéria para auxiliar na prestação jurisdicional, oficie ao CADE. Recurso não provido" (TJSP - AI: 01564687520128260000 SP 0156468-75.2012.8.26.0000, Relator: Manoel Justino Bezerra Filho, Data de Julgamento: 19-3-2013, 28ª Câmara de Direito Privado, Data de Publicação: 21-3-2013).

Embora os casos sejam majoritariamente julgados pelas Turmas de Direito Privado,[21] os casos julgados pelas Câmaras de Direito Público discutiram matérias que tratavam de direitos individuais homogêneos, especialmente com relação a Direito do Consumidor.

No âmbito das apelações n. 0005205-76.2011.8.26.0114[22] e 9052000-24.2000.8.26.0000,[23] julgadas respectivamente pelas 3ª e 8ª Câmaras de Direito Público do TJSP em 2013 e em 2005, os julgadores discutiram competência do PROCON em aplicar multas em razão de atos caracterizados como "prática desleal do comércio". Tem-se, portanto, um caráter de interesse público presente que, conforme entendimento da corte, justificaria a competência das Câmaras de Direito Público para analisá-las.

Por outro lado, a 13ª Câmara de Direito Público se esquivou, em 2010, da competência de analisar a Apelação n. 9071001-53.2004.8.26.0000, que tratava de suposta conduta de venda casada no mercado varejista de medicamentos. O colegiado entendeu que a matéria seria lide exclusivamente privada e que não tratava de questão de Direito Administrativo. Assim, suscitou dúvida de competência perante o órgão especial da corte, que decidiu pela remessa do processo às Câmaras de Direito Privado.[24]

Com exceção do Tribunal de Justiça de São Paulo, a discussão acerca da competência interna não se travou no âmbito de outros tribunais. De tal modo, pode-se concluir como majoritário o entendimento no sentido de que há competência das varas de direito privado para analisar demandas concorrenciais autônomas, exceto em casos relativos a direitos individuais homogêneos e questões atinentes a atribuições de órgãos do Estado.

3.4. Divergências e semelhanças de posicionamento entre CADE e Judiciário

Em regra, o Poder Judiciário e o CADE possuem posições convergentes no que se refere à caraterização de ilícitos antitruste. Por meio da revisão de

21. Dentre os 51 casos julgados pelo TJSP e analisados pelo Comitê de Contencioso Econômico do IBRAC, apenas seis recursos foram julgados pelas Câmaras de Direito Público, cerca de 12% do total.
22. TJSP Apelação: 0005205-76.2011.8.26.0114, Relator: Ronaldo Andrade, Data de Julgamento: 12-11-2013, 3ª Câmara de Direito Público, Data da Publicação: 6-12-2013.
23. TJSP Apelação: 9052000-24.2000.8.26.0000, Relator: Toledo Silva, Data de Julgamento: 30-3-2005, 8ª Câmara de Direito Público.
24. TJSP Apelação: 9071001-53.2004.8.26.0000, Relator: Peiretti de Godoy, Data de Julgamento: 24-11-2010, 13ª Câmara de Direito Público, Data da Publicação: 9-12-2010.

jurisprudência realizada, percebe-se que as decisões judiciais que se antecipam à decisão antitruste em geral se demonstram, ao final, convergentes com o posicionamento adotado pelo CADE.

Naturalmente, diante da característica "maleável" da conceituação de ilícito antitruste (MENDES, 2012, p. 14), magistrados e conselheiros do CADE obtiveram entendimentos diferentes em determinados casos concretos. Nada obstante, no escopo dos julgados levantados pelo Comitê de Contencioso Econômico do IBRAC, destacam-se casos de divergência de posicionamento entre o Poder Judiciário e a jurisprudência consolidada da autoridade antitruste.

Caso emblemático diz respeito à caracterização da adoção da chamada cláusula de raio por parte de shopping centers a lojistas. Em linhas gerais, cláusulas de raio são restrições geográficas impostas pelos locadores para que os locatários se eximam de exercer atividade econômica realizada no imóvel locado em um determinado raio de distância do estabelecimento.

A primeira decisão do CADE em relação a esse tema surgiu em 2016 no âmbito do Processo Administrativo n. 08012.012740/2007-46, que apurou a prática de adoção de cláusula de raio em contratos de locação de espaços comerciais por shopping centers no município de Porto Alegre – RS. Naquele caso, o conselheiro relator Márcio de Oliveira Júnior entendeu que as cláusulas de raio impostas nos contratos possuíam o potencial de ocasionar fechamento de mercado, unilateralmente e por tempo indeterminado.

Embora não tenha determinado que a inclusão deste tipo de cláusula configure um ilícito *per se*, o CADE voltou a se posicionar a restringir a prática no Processo Administrativo 08700.004938/2014-27, que envolveu a adoção de cláusula de raio no município de Fortaleza – CE. O Poder Judiciário, por outro lado, já se posicionou no sentido de que a imposição de "exclusividade territorial" tem por finalidade a proteção da clientela e interesse dos próprios lojistas, de modo que tal previsão "não ofende os princípios constitucionais da ordem econômica preservação da liberdade de iniciativa e de concorrência (...)".[25]

De maneira semelhante, CADE e Poder Judiciário divergiram no passado em relação à questão da unimilitância, denominação usada para definir a cláusula de exclusividade estabelecida entre médicos e Planos de Saúde. Na visão

25. TJSP Apelação: 9128982-64.2009.8.26.0000, Relator: Edgar Rosa, Data de Julgamento: 21-9-2011, 30ª Câmara de Direito Privado, Data da Publicação: 23-9-2011.

do CADE,[26] tal conduta configuraria imposição de dificuldade para contratação direta de médicos por operadoras de planos de saúde e, por isso, condenou as a representada por prática de conduta anticompetitiva.

Em uma das primeiras decisões sobre o tema nos tribunais superiores, no contexto do Recurso Especial 2000/0053298-3, julgado em 2004, o Superior Tribunal de Justiça entendeu que o estabelecimento de cláusula de exclusividade entre médico e plano de saúde não caracteriza ilícito antitruste, pois a potencial restrição à concorrência seria compensada pelo aumento de rivalidade entre planos de saúde distintos, aplicando, portanto, a regra da razão.[27]

Posteriormente, entretanto, o STJ passou a reconhecer a ilegalidade da imposição sob a ótica da Lei n. 9.656/98, que dispõe sobre Planos e Seguros de Saúde, e da Lei n. 5.764/71, que define a Política Nacional de Cooperativismo, firmando entendimento no sentido de que a cláusula de unimilitância é ilegal, ainda que inserida em estatutos de cooperativas prestadores de serviços médicos.[28] A pacificação da jurisprudência no sentido de condenação da prática de unimilitância nas duas esferas criou um movimento de empresas do setor de planos de saúde junto ao CADE para busca de soluções consensuais e cessação das práticas.

Coincidentemente, as divergências de mérito entre CADE e Poder Judiciário evidenciadas por meio da presente pesquisa envolveram a questão da licitude de adoção de cláusula de exclusividade. Em outros casos,[29] como de

26. Processo Administrativo n. 08700.009890/2014-43. No mesmo sentido, segundo informações da Advocacia Geral da União, entre 1994 até 2013, o CADE proferiu 58 condenações contra as cooperativas da Unimed, representando 32,58% das condenações do Conselho proferidas no período. Ainda segundo a AGU, todas as decisões foram contestadas na Justiça, pois as entidades resistiam em cumpri-las principalmente porque não havia a sedimentação de jurisprudência favorável ao Conselho. Disponível em: http://agu.gov.br/page/content/detail/id_conteudo/233593. Acesso em 11-6-2017.

27. STJ – REsp 261155 SP 2000/0053298-3, Relator: Ministro Ruy Rosado de Aguiar, Data de Julgamento: 10-3-2004, S2 – Segunda Seção, Data de Publicação: 3-5-2004.

28. STJ REsp n. 191.080/SP (1998/0074682-0), Relator: Ministro Luís Felipe Salomão, Data de Julgamento: 1-12-2008, Quarta Turma, Data de Publicação: 20-4-2009.

29. Vide, ilustrativamente: TRF-5 AI: 2007.01.00.027492-7 (2005.38.00.010174-2/JFMG), Relatora: Isabel Gallotti, Data de Julgamento: 27-11-2009, Sexta Turma, Data da Publicação: 18-1-2010; e TJSP Apelação: 9206048-33.2003.8.26.0000, Relator: Luis Ganzerla, Data de Julgamento:8-2-2010, 11ª Câmara de Direito Público, Data da Publicação: 3-3-2010.

condutas unilaterais e práticas de cartel, Poder Judiciário e CADE costumam ter posicionamentos convergentes em termos de mérito.

4. Conclusões

Por meio da análise jurisprudencial, é possível perceber um crescente movimento de empresas e indivíduos rumo à solução judicial de demandas concorrenciais, o que demonstra a necessidade de especialização do Poder Judiciário nesse sentido.

Igualmente, é possível constatar que o Judiciário não tem se eximido de sua competência jurisdicional no tocante às ações concorrenciais *stand alone* ou autônomas. Nesse contexto, iniciativas como a criação de varas especializadas surgem como um caminho para o aprimoramento da jurisprudência.

Nada obstante a evidente competência do Judiciário em analisar tais demandas concorrenciais, conforme amplamente explorado ao longo do presente artigo, a legislação ainda possui lacunas importantes quanto a critérios de competência em relação aos casos em que o CADE intervenha (como assistente ou *amicus curiae*) e competência interna dos tribunais.

Por fim, eventuais divergências de mérito entre CADE e o Poder Judiciário são vistas com naturalidade e devem ser analisadas caso a caso, e indicam a necessidade de aprimoramento do diálogo entre as instituições para criação de um ambiente concorrencial com maior segurança jurídica.

Referências bibliográficas

ALVIM, J. E. C. *Comentários ao Novo Código de Processo Civil.* Curitiba: Juruá Editora, 2015, v. 1.

AMARO, R. *Le contentieux privé des pratiques anticoncurrentielles:* étude des contentieux privés autonome et complémentaire devant les juridictions judiciaires. Paris: Université Paris V (Descartes), 2012.

CASTRO, B. B. D. Remédios jurídicos no direito concorrencial brasileiro: um panorama. In: OLIVEIRA, A. F. D.; RUIZ, R. M. *Remédios antitruste.* São Paulo: Singular, 2011.

CRAVO, D. C. A natureza da intervenção judicial do Cade. *SEAE V Prêmio SEAE.* Brasília: [s.n.], 2010. p. 571-618.

FONSECA, J. B. L. D. *Direito econômico.* Rio de Janeiro: Forense, 1999.

FORGIONI, P. *Os fundamentos do antitruste.* 5. ed. São Paulo: Revista dos Tribunais, 2012.

GOUVÊA, M. D. F. Aplicação privada da Lei Antitruste no Brasil. *Revista de Defesa da Concorrência*, Brasília, v. 5, maio 2017, p. 205-230.

HÜSCHELRATH, K.; PEYER, S. Public and Private Enforcement of Competition Law: A Differentiated Approach. *CCP Working Paper 13-5*, Mannheim, 2013. Disponivel em: <http://competitionpolicy.ac.uk/documents/8158338/8235394/CCP+Working+Paper+13-5.pdf/86d76261-eda5-4de7-af2a-51d9684e0c45>. Acesso em: 10 jun. 2017.

LAZZARINI, A. A. A intervenção do CADE no processo judicial. *Revista de Processo*, São Paulo, v. 105, p. 240-248, 2002.

MENDES, F. S. *O controle de condutas no direito concorrencial brasileiro:* características e especificidades. [S.l.]: Universidade de Brasília, 2012.

NERY JUNIOR, N. *Princípios do processo na Constituição Federal.* 12. ed. São Paulo: Revista dos Tribunais – RT, 2016.

NETO, C. M. D. S. P.; CASAGRANDE, P. L. *Direito concorrencial.* São Paulo: Saraiva, 2016.

OCDE. *Lei e política de concorrência no Brasil: u*ma revisão pelos pares. [S.l.]: [s.n.], 2010.

OLIVEIRA, A. F. D. *O direito da concorrência e o Poder Judiciário.* Rio de Janeiro: Editora Forense, 2002.

RUFINO, V. O papel do Judiciário no direito da concorrência. *IBRAC - YouTube,* 21-10-2016. Disponivel em: <https://www.youtube.com/watch?v=fbxDE1HM83k>. Acesso em: 8 jun. 2017.

SECRETARIA DE DIREITO ECONÔMICO E CONSELHO ADMINISTRATIVO DE DEFESA ECONÔMICA. *Defesa da concorrência no Judiciário.* Brasília: Publicação Oficial, 2010.

TIMM, L. B.; CHIATTONE, Â. A. B.; TRINDADE, M. G. N. As recentes alterações legislativas sobre os recursos aos Tribunais Superiores: a repercussão geral e os processos repetitivos sob a ótica da law and economics. *Revista de Processo*, São Paulo, 2009, p. 154-179.

______; CRAVO, D. Intervenção do CADE nos processos judiciais. 2017. Disponível em: <http://livepublish.iob.com.br/ntzajuris/lpext.dll/infobase/90a7/9129/94b7?fn=document-frame.htm&f=templates&2.0>. Acesso em: 8 jun. 2017.

Panorama e efeitos das ações *stand alone* no Poder Judiciário

Vinícius Hercos da Cunha

1. Introdução

Com o desenvolvimento do direito da concorrência no Brasil e uma atuação repressiva maior do Conselho Administrativo de Defesa Econômica na fiscalização e repressão de infrações à ordem econômica, em especial nas condutas colusivas, há uma tendência de crescimento de ações de matéria concorrencial também nos tribunais brasileiros.

O art. 5º, XXXV,[1] da Constituição Federal prevê o direito subjetivo de ação ao dispor sobre a inafastabilidade do Poder Judiciário para analisar lesão ou ameaça de direito. Dessa forma, é clara a competência do Poder Judiciário para analisar quaisquer tipos de ações, ainda que de matéria concorrencial. Da leitura do art. 47 da Lei n. 12.529/2011, também se conclui tal competência, uma vez que dispõe que as ações propostas no Judiciário correm em independentemente de inquéritos ou processos administrativos em curso no CADE sobre o fato que supostamente constitua infração à ordem econômica.

1. Art. 5º Todos são iguais perante a lei, sem distinção de qualquer natureza, garantindo-se aos brasileiros e aos estrangeiros residentes no País a inviolabilidade do direito à vida, à liberdade, à igualdade, à segurança e à propriedade, nos termos seguintes: (...)
   XXXV – a lei não excluirá da apreciação do Poder Judiciário lesão ou ameaça a direito;

De início, é necessário classificarmos os tipos de ações concorrenciais, o que pode ser realizado com o auxílio de definições clássicas do direito concorrencial europeu, que divide as ações judiciais envolvendo matéria concorrencial como *follow-on actions* e *stand alone actions* (ações autônomas).

O primeiro tipo são ações propostas por indivíduos, após a decisão da autoridade concorrencial reconhecendo a existência de um ilícito concorrencial. De posse da decisão, o indivíduo ingressa com a ação judicial para pleitear reparação de danos, por exemplo. Portanto, as ações indenizatórias propostas após a condenação de cartel pelo CADE são ótimos exemplos de *follow-on actions*.

O presente artigo, contudo, abordará apenas os casos encontrados pelo Levantamento Jurisprudencial em relação às denominadas *stand alone actions*, demonstrando o panorama e os efeitos dessas demandas judiciais.

Segundo o guia para litígios privados envolvendo matéria concorrencial, publicado pelo *Office of Fair Trading*, da Grã-Bretanha, *stand alone actions* podem ser definidas como:

> A ação autônoma é uma reclamação trazida quando há uma alegada infração ao direito concorrencial que ainda não foi analisada por uma *decisão da Comissão Europeia ou do OFT (...)*[2] (tradução livre).

Portanto, foram consideradas como *stand alone actions* todas as demandas encontradas que envolvam matéria de direito concorrencial e que não foram previamente analisadas pela autoridade antitruste brasileira, o Conselho Administrativo de Defesa Econômica. Ressalta-se que as ações de reparação de dano privadas por suposta prática de cartel, ainda que sem apreciação do CADE, não foram consideradas como ações *stand alone*, já que possuem uma categoria própria no Levantamento Jurisprudencial.

No estudo foram classificadas como *stand alone*, além dos litígios envolvendo entes privados, as ações civis públicas movidas pelo Ministério Público para apuração de casos de cartel. Embora a atuação do Ministério Público seja considerada de extrema relevância no combate às infrações à ordem econômica, em especial contra cartéis regionais/locais (ex. postos de gasolina), esses processos não serão objeto de análise do presente artigo.

2. "A standalone action is a claim brought where the alleged breach of competition law is not already the subject of an infringement decision by the European Commission or OFT". Quick guide to private litigation in competition cases. Office of Fair Trading. Disponível em: <https://www.gov.uk/government/uploads/system/uploads/attachment_data/file/284447/private-litigation.pdf>.

Nesse contexto, constatou-se a discussão envolvendo diversos assuntos relativos à defesa da concorrência, tais como: cláusula de exclusividade, preços predatórios, cláusulas de raio, recusa de venda, dentre outros. De um total de 96 (noventa e seis) processos encontrados com transito em julgado, o Poder Judiciário considerou que houve caracterização do ilícito concorrencial em 37 (trinta e sete) deles, o que por si só, demonstra a importância da discussão proposta no presente trabalho.

Conforme será observado, a problemática torna-se ainda mais relevante, após a análise detalhada das decisões proferidas no Judiciário brasileiro, que em muitos casos, utiliza-se de padrões e premissas divergentes dos utilizados pela autoridade concorrencial para condenação e caracterização de um ilícito previsto na Lei n. 12.529/2011.

A predominante ausência de participação do Conselho Administrativo de Defesa Econômica nas ações *stand alone* é outro ponto que chamou a atenção ao analisar o Levantamento Jurisprudencial realizado e que, fatalmente, colabora para existência de decisões conflitantes com jurisprudência pacífica de autoridade concorrencial (e, até mesmo decisões atécnicas do ponto de vista do direito concorrencial/econômico proferidas pelo Poder Judiciário).

2. O bem jurídico tutelado objeto das Ações *Stand Alone* (art. 47 da Lei n. 12.529/2011*)*

As ações *stand alone* tem como fundamento legal o art. 47 da Lei n. 12.529/2011 que dispõe:

> (...) por si ou pelos legitimados referidos no art. 82 da Lei n. 8.078, de 11 de setembro de 1990, poderão ingressar em juízo para, em defesa de seus interesses individuais ou individuais homogêneos, obter a cessação de práticas que constituam infração da ordem econômica, bem como o recebimento de indenização por perdas e danos sofridos, independentemente do inquérito ou processo administrativo, que não será suspenso em virtude do ajuizamento de ação.

Em análise descuidada, pode-se imaginar que as ações *stand alone* seriam inerentes a interesses meramente privados (individuais homogêneos), diretamente relacionados à parte que ingressou com a ação no Judiciário. Tal conclusão, no entanto, é equivocada. Muito embora o propositor da ação possua interesse individual na cessação da prática que constitua infração à ordem econômica, o caráter difuso da Lei de Defesa da Concorrência permanece, tendo em vista a necessidade de caracterizar a conduta como infração à ordem econômica.

Esse problema ocorre pela recorrente confusão entre a incidência de diplomas distintos do ordenamento jurídico pátrio, como a Lei de Propriedade Industrial ("Lei n. 9.279/96"), Código Brasileiro de Defesa do Consumidor ("Lei n. 8.078/90") e a Lei de Defesa da Concorrência. Por exemplo, na proteção da concorrência leal, efetuada no ordenamento jurídico pela Lei n. 9.279/96, o bem jurídico imediatamente tutelado é a proteção do concorrente, e não a tutela do interesse difuso ou geral da concorrência de mercado, como acontece com a legislação antitruste.[3]

Caso a conduta questionada por uma ação *stand alone* não seja caracterizada como uma infração à ordem econômica descrita no art. 36, da Lei n. 12.529/2011, não há que se falar em violação à Lei de Defesa da Concorrência. Pode até ser algum ilícito e causar danos à parte autora, mas eventual condenação não poderia ser fundamentada na Lei de Defesa da Concorrência.

Assim, por mais que a ação *stand alone* pareça tutelar interesse privado, a afirmativa não é verdadeira, uma vez que em qualquer hipótese de aplicação da Lei de Defesa da Concorrência, ela tutelará interesses coletivos (interesse do mercado, interesse público, interesse do consumidor).

A única diferença, portanto, da ação *stand alone* para uma representação perante o CADE é a via escolhida pelo prejudicado para obter a tutela pretendida. Conforme ensina Forgioni,[4] o agente econômico privado possui uma gama de medidas a serem tomadas em relação a infrações à ordem econômica: (i) representação junto ao CADE, (ii) denúncia ao Ministério Público, (iii) propositura de ação judicial para obter a cessação da prática e/ou indenização por perdas e danos; (iv) atuação de seu representante no CADE durante as sessões do órgão, podendo se manifestar sobre as questões deliberadas.

Existem vantagens e desvantagens, a depender da via utilizada. Por exemplo, uma representação junto ao CADE, apenas de trazer segurança na parte técnica, pode demorar muito tempo para obtenção de uma decisão sobre o tema e, normalmente, uma medida preventiva é difícil de ser obtida. Já a propositura de ação judicial, embora tenha riscos pelo pouco conhecimento do Judiciário sobre a matéria, possui maior chance de obtenção de decisões liminares.

Como dito, o objetivo final das medidas é o mesmo (seja na via administrativa, seja na via judicial) e a escolha da via mais adequada dependerá da estratégia caso a caso.

3. FORGIONI, P. *Os fundamentos do antitruste*. 8. ed. São Paulo: Revista dos Tribunais, 2015, p. 157-158.
4. FORGIONI, op. cit., p. 157-158.

3. Intervenção do CADE nas ações *stand alone*

Em seu art. 118, a Lei n. 12.529/2011 dispõe que "Nos processos judiciais em que se discuta a aplicação desta Lei, o CADE deverá ser intimado para, querendo, intervir no feito na qualidade de assistente".

A principal discussão envolvendo o artigo supracitado é a obrigatoriedade ou não da intimação do CADE em um processo que se discuta a aplicação da Lei n. 12.529/2011. Ao longo do Levantamento Jurisprudencial constatou-se decisões conflitantes do Poder Judiciário sobre o tema.

Em seu voto, o Desembargador-Relator do Tribunal de Justiça do Estado de São Paulo, Manoel Justino Bezerra Filho, foi categórico ao afirmar que embora a Lei n. 12.529/2011 obrigue a intimação, o CADE não deve intervir em causas que afetem tão somente os interesses das partes litigantes, ou seja, interesses meramente privados:

> No entanto, apesar da taxatividade do texto legal, não se pode perder de vista que não cabe ao CADE intervir em feitos nos quais a discussão, na realidade, tende a determinar a existência prejuízos ou abusos que causam interferência em contratos de interesse apenas das partes, feitos nos quais o que se pretende não é a regularização do sistema como um todo e sim, indenização por danos que teriam decorrido da prática de atos que seriam proibidos pela Lei n. 12.529/2011.[5]

De outro lado, outra decisão do Tribunal de Justiça do Estado de São Paulo entendeu que por força do art. 89 da Lei n. 8.884/94 (artigo análogo ao art. 118 da Lei n. 12.529/2011) há obrigatoriedade na intimação do CADE em ações que discutam a legislação de defesa da concorrência. Atente-se:

> Nos processos judiciais em que se discute a aplicação da Lei n. 8.884/94, por força do disposto no art. 89, *há obrigatoriedade da intimação do CADE* – Conselho Administrativo de Defesa Econômica para, caso queira, intervir na qualidade de assistente.[6]

Ao fundamentar seu voto, o Desembargador Francisco Casconi dispôs que, muito embora a Lei de Defesa da Concorrência disponha que o CADE seja intimado para atuar como assistente, trata-se de erro material na elabo-

5. BRASIL. Tribunal de Justiça do Estado de São Paulo. Agravo de Instrumento n. 0156468-75.2012.8.26.0000, 28ª Câmara de Direito Privado. Relator Manoel Justino Bezerra Filho. J. em 19-3-2013.
6. BRASIL. Tribunal de Justiça do Estado de São Paulo. Agravo de Instrumento n. 0308366-72.2011.8.26.0000, 31ª Câmara de Direito Privado. Relator Francisco Casconi. J. em 10-4-2012.

ração da lei. Isto porque, a hipótese prevista se assemelharia a intervenção na modalidade *amicus curiae*, e não de assistência simples.

Tal distinção é de extrema relevância, uma vez que o instituto do *amicus curiae* não se assemelha ao papel de assistente. Conforme ensinamentos de Talamini (2016):

> O *amicus curiae* (art. 138 do CPC/2015) é terceiro admitido no processo para fornecer subsídios instrutórios (probatórios ou jurídicos) à solução de causa revestida de especial relevância ou complexidade, sem, no entanto, passar a titularizar posições subjetivas relativas às partes – nem mesmo limitada e subsidiariamente, como o assistente simples. Auxilia o órgão jurisdicional no sentido de que lhe traz mais elementos para decidir. Daí o nome de "amigo da corte"

Portanto, a intervenção do *amicus curiae* não se fundamenta no interesse jurídico na vitória ou derrota de quaisquer das partes, o que demonstra a diferença relevante em relação à assistência simples.

Dessa forma, respeitosamente, discordamos do posicionamento adotado no julgamento de relatoria do Desembargador Manoel Justino Bezerra Filho sobre a impossibilidade do CADE intervir em causas que afetem tão somente os interesses das partes litigantes. Ao contrário, entendemos que o CADE deveria sim intervir em todos os processos que se discuta a Lei de Defesa da Concorrência e que há tipificação da conduta com base na Lei n. 12.529/2011, na forma como prevista em lei. Até porque, conforme sustentado no capítulo anterior, embora a ação em si tenha o objetivo de tutelar direito individual, a Lei n. 12.529/2011 tutela direitos difusos (proteção ao mercado).

Ao longo do Levantamento Jurisprudencial, contatou-se que o CADE intervém em pouquíssimas ações em curso no Poder Judiciário cujo objeto é de matéria concorrencial. Na maior parte dos casos inclusive, o CADE se abstém ou se posiciona informando que não possui interesse na intervenção. Novamente, concordamos com os ensinamentos de Talamini (2016):

> A participação do *amicus curiae*, com o fornecimento de subsídios ao julgador, contribui para o incremento de qualidade das decisões judiciais. Amplia-se a possibilidade de obtenção de decisões mais justas – e, portanto, mais consentâneas com a garantia da plenitude da tutela jurisdicional (art. 5º, XXXV, da CF/88).[7]

7. TALAMINI, Eduardo. *Amicus curiae* no CPC/15. *Migalhas*, 1º-3-2016. Disponível em: <http://www.migalhas.com.br/dePeso/16,MI234923,71043--Amicus+curiae+no+CPC15>. Acesso em: 15 jul. 2017.

Conforme veremos abaixo, a ausência de participação do CADE nas *stand alone actions* tem efeitos negativos para o cumprimento efetivo do direito concorrencial e para seu desenvolvimento. Até porque se trata de matéria especializada na qual é demandado determinados padrões de investigações, análises econômicas e decisões extremamente complexas. Como as varas judiciais estão abarrotadas de demandas, torna-se difícil que o Poder Judiciário possa proferir decisões com a tecnicidade semelhante a de uma autoridade antitruste, o que torna ainda mais relevante o auxílio e participação efetiva do CADE nas discussões envolvendo a Lei n. 12.529/2011.

Compreendemos também, as dificuldades com mão-de-obra que o CADE possui e que acabam impossibilitando a intervenção nos processos de natureza concorrencial. Ainda que o CADE quisesse intervir, seriam necessários maiores recursos para atender à demanda, em especial por conta da desconcentração dos processos.

O cenário ideal, portanto, seria contar com a experiência e o conhecimento dos servidores do CADE em tais processos. Contudo, sabemos que a realidade nem sempre está de acordo com a necessidade.

Outra solução sempre levantada quando se discute a qualidade das decisões em matéria concorrencial, é a criação de varas especializadas em defesa da concorrência e que vem ganhando força nos debates sobre o tema. Em 29 de maio de 2017, o Conselho da Justiça Federal (CJF) aprovou resolução que dispõe sobre a especialização de varas em Direito da Concorrência e Comércio Internacional.[8] A proposta recomenda que os Tribunais Regionais Federal criem varas federais especializadas nessas duas áreas, possibilitando maior domínio da matéria por parte dos magistrados. É mais um passo para o desenvolvimento do Direito da Concorrência nos Tribunais brasileiros.

4. As ações *stand alone* no Judiciário

Antes de adentrar à análise qualitativa das decisões encontradas no Levantamento Jurisprudencial realizado pelo comitê, faz-se necessário promover uma análise quantitativa das ações *stand alone*. Foram encontrados um total de 124 (cento e vinte e quatro) processos caracterizados como ações *stand alone*, dos quais 96 (noventa e seis) já transitaram em julgado e outros 28 (vinte e oito) ainda estão pendentes de julgamento por recursos em instâncias superiores.[9]

8. Disponível em: <http://www.cjf.jus.br/cjf/noticias/2017/maio/especializacao-de-varas-federais-em-direito-da-concorrencia-e-comercio-internacional-e-aprovada>. Acesso em: 5 jul. 2017.
9. Considerando a pesquisa realizada até junho/2016.

Em relação aos processos encerrados, foi considerado pelo Judiciário que em um total de 37 (trinta e sete) processos houve ilícito concorrencial caracterizado, ou seja, em uma amostragem representativa de 39% dos processos analisados. Enquanto nos outros 59 (cinquenta e nove) não foi considerada a existência de ilicitude com base na Lei n. 12.529/2011, aproximadamente 61%.

As discussões envolvem, praticamente, todos os principais temas de direito concorrencial, tais como, cartel, cláusulas de exclusividade, preços predatórios, cláusula de raio, recusa de venda, *sham litigation*, dentre outras.

4.1. Condenações pelo Poder Judiciário em ações stand alone

Passando à análise qualitativa das decisões encontradas no levantamento realizado, foram escolhidos dois julgados que chamaram bastante a atenção, em especial pela utilização de um padrão de prova e/ou análise econômica completamente distintos daqueles utilizados pelo CADE em casos análogos.

Trata-se de infrações anticompetitivas que foram analisadas pelo Conselho Administrativo de Defesa Econômica em pouquíssimos casos: (i) recusa de venda e (ii) preço predatório.

4.1.1 Recusa de venda

A recusa de venda pode ser enquadrada como prática restritiva vertical, que são restrições impostas por produtores/ofertantes de bens ou serviços em determinado mercado ("de origem") sobre mercados relacionados verticalmente – *downstream* ou *upstream* – ao longo da cadeia produtiva (mercado "alvo").

Nos termos da Resolução CADE 20/99 "as restrições verticais são anticompetitivas quando implicam a criação de mecanismos de exclusão dos rivais, seja por aumentarem as barreiras à entrada para competidores potenciais, seja por elevarem os custos dos competidores efetivos, ou ainda quando aumentam a probabilidade de exercício coordenado de poder de mercado por parte de produtores/ofertantes, fornecedores ou distribuidores, pela constituição de mecanismos que permitem a superação de obstáculos à coordenação que de outra forma existiriam".

Os efeitos competitivos da recusa de venda estão relacionados ao bloqueio ou ao aumento das barreiras à entrada nos canais de distribuição ou fornecimento. É uma conduta poucas vezes analisadas pelo CADE até o momento, com poucas condenações,[10] mas sempre acompanhados de discussões envolvendo exclusividade.[11]

No entanto, no Levantamento Jurisprudencial, foi encontrada uma condenação do Tribunal de Justiça do Estado de São Paulo por suposta prática de recusa de venda. Trata-se da ação n. 0220229-13.2008.8.26.0100, na qual a Stilcor Comércio de Tintas Ltda. ("Stilcor") propôs a presente ação em face de Evonik Degussa Brasil Ltda. ("Evonik"), alegando que apenas a requerida produz a matéria prima de que precisa e que a requerida se recusava em vende-la. Dessa forma, a Evonik estaria infringindo a Lei de Defesa da Concorrência.

Na sentença, considerou-se que a Evonik detinha posição dominante, uma vez que seria a única responsável pela intermediação da compra da matéria prima, proveniente de empresa da Alemanha, ainda que fosse apenas representantes daquela empresa. Não houve qualquer análise ou definição em relação ao mercado relevante ou dos demais indicativos para verificação de existência de posição dominante (análise de participação de mercado, análise de poder de mercado, dentre outros).

Segundo a sentença, "a recusa no fornecimento do material ou, que seja apenas a omissão quando instada a se manifestar, caracteriza limitação à livre concorrência, eis que mantêm apenas nas mãos de poucos a capacidade de produção do material a que se dispõe produzir a autora". Em razão disso, condenou a Evonik na obrigação de vender à autora ou de empreender esforços no sentido de intermediar a importação de 2.500 kg. do material "resina degaroute", de acordo com usos e costumes comerciais e preço de mercado, sob pena de multa diária de R$ 1.000,00.

A Evonik alegou em suas razões de apelação que a aplicação da Lei n. 8.884/94, antiga Lei de Defesa da Concorrência, seria desprovida de sentido porque a legislação sequer cogita a possibilidade de um intermediário praticar atos de dominação de mercado e de eliminação da concorrência.

Porém, no julgamento da apelação, o Tribunal de Justiça do Estado de São Paulo, sob a relatoria do Desembargador Carlos Henrique Miguel Trevisan, manteve a condenação da Evonik. Segundo o voto, a postura da Evonik, "mesmo na qualidade de intermediadora e fornecedora, caracteriza a prática de conduta abusiva de posição dominante e de afronta à livre concorrência e à

10. Processo administrativo n. 08012.000172/98-42 – Power-Tech e Matec.
11. GIANNINI, Adriana Franco et al. *Comentários à nova lei de defesa da concorrência*: Lei 12.529, de 30 de novembro de 2011. São Paulo: Método, 2012, p. 141-142.

livre iniciativa (art. 20, incisos I, II e IV da Lei n. 8.884/94 e 36, incisos I, II e IV da Lei n. 12.529/2011)".[12]

Além de ter reconhecido que houve infração à ordem econômica, o acórdão fundamenta a condenação da Evonik em institutos do direito privado, como o da função social do contrato, previsto no art. 421 do Código Civil.

Portanto, sem realizar uma análise econômica aprofundada, sob os padrões investigativos que são praticados pelo CADE, o Poder Judiciário condenou a Evonik por entender ter havido infração à ordem econômica (recusa de venda) ao não fornecer determinado produto para a Stilcor.

4.1.2 Preço predatório

Segundo o Anexo I da Resolução CADE 20/99 a conduta de preço predatórios pode ser definida como "prática deliberada de preços abaixo do custo variável médio, visando eliminar concorrentes para, em momento posterior, poder praticar preços e lucros mais próximos do nível monopolista".

Dessa forma, a prática de preço predatório implica necessariamente perdas no curto prazo pela empresa infratora para, no futuro, obter lucros extraordinários derivados do poder de mercado conquistado pela eliminação dos concorrentes, ressarcindo, desta forma, os prejuízos incorridos. Para que a prática seja possível, é essencial que a empresa infratora tenha capacidade ociosa para absorver a demanda desviada e que seja um mercado com altas barreiras à entrada, evitando com que novas empresas substituam aquelas excluídas do mercado pela prática predatória.

Portanto, ao examinar uma prática de preço predatório, é praxe que o CADE realize uma análise detalhadas dos custos e do comportamento de preço ao longo do tempo pela empresa investigada. Só assim pode-se afastar a hipótese de práticas promocionais dentro da legalidade ou de outras políticas comerciais da empresa com racionalidade econômica lícita. Somente após esse detalhado estudo é possível avaliar as condições de ganhos extraordinários posteriores que sejam bastante elevados a ponto de compensarem as perdas geradas pela prática de preços abaixo do custo.

Em razão da complexidade da conduta, são raros os casos analisados pelo CADE que envolvam preços predatórios, nunca tendo havido uma condenação por essa prática.

12. BRASIL. Tribunal de Justiça do Estado de São Paulo. Apelação Cível n. 0220229-13.2008.8.26.0100. Relator: Carlos Henrique Miguel Trevisan. J. em 30-9-2015.

No entanto, no Levantamento Jurisprudencial, encontramos uma condenação do Tribunal de Justiça do Estado de São Paulo por prática de preços predatórios. Trata-se do processo n. 9085867-71.2001.8.26.0000, no qual a Centro de Formação de Condutores de Bauru Ltda. ("CFC Bauru") busca a condenação da Associação das Auto e Moto Escolas e Centro de Formação de Condutores de Bauru ("AAEB") por ser detentora de monopólio e praticar preços irrisórios com o intuito de afastar a CFC Bauru do mercado.

A CFC Bauru alegava que a AAEB era a detentora do monopólio, cobrando até que a CFC Bauru iniciasse suas atividades, R$ 75,00 para ministrar as aulas teóricas de prática de direção veicular. Com a entrada da CFC Bauru, a AAEB teria baixado o preço para R$ 30,00 e, posteriormente, para R$ 20,00. Segundo a autora, tais modificações foram com o intuito de retira-la do mercado, mantendo, assim, o monopólio da AAEB, fazendo uso do lucro extraordinário dessa posição.

Na sentença, o Juízo entendeu que a conduta da AAEB não se enquadrava em nenhuma das hipóteses previstas nos arts. 15 e 20 da Lei n. 8.884/94, indeferindo o pleito.

Em sede de apelação, sob a relatoria do Desembargador Osmar Testa Marchi, o Tribunal de Justiça do Estado de São Paulo reformou a decisão. Nos termos do voto, o Desembargador afirmou que "o direito concorrencial deve buscar acima de tudo a proteção ao consumidor. O abuso do poder econômico por parte das empresas atinge justamente este último".[13]

Segundo a decisão, a AAEB atua de forma desleal "ao baixar os preços e também por se beneficiar de incentivos fiscais e do baixo custo de sua manutenção, está praticando abuso do poder econômico, impossibilitando a concorrência, gerando o monopólio, diante do seu comportamento intencional de afastar a apelante do mercado, sendo passível de sanção, independentemente de culpa e ainda que não tenha, por ora, alcançado os efeitos esperados."

Além disso, a decisão sustenta que a Lei n. 8.884/94, em seu art. 21, XVIII, caracteriza como infração à ordem econômica vender injustificadamente mercadoria/serviço abaixo do preço de custo.

Conclui a análise afirmando que existindo conduta consistente na fixação de preço muito inferior àquele praticado pela CFC Bauru (por se beneficiar de vantagens fiscais e de não possuir algumas despesas operacionais, a AAEB estaria cirando dificuldades para entrada efetiva dos concorrentes. A conduta

13. BRASIL. Tribunal de Justiça do Estado de São Paulo. Apelação Cível n. 192.439.4/5-00. Relator: Testa Marchi. São Paulo. J. em 8-11-2005.

foi tipificada no art. 20, I e II da Lei n. 8.884/94. Por fim, deu-se provimento à apelação da CFC Bauru para julgar procedente a ação e condenar a AAEB na cessação da conduta, sob pena de multa de 30 UFESPs.

Após análise detalhada do voto, fica evidente que os padrões de prova e análise realizados pelo Poder Judiciário foram bastante distintos dos utilizados pelo CADE em casos que envolvam a conduta de preços predatórios.

Trata-se de voto sucinto (7 páginas), no qual é possível identificar confusão de diversos conceitos básicos de direito concorrencial (concorrência desleal, preço predatório, abuso de posição dominante). O Judiciário utilizou como argumento o fato de a empresa demandada possuir benefícios fiscais e custos operacionais menores para dizer que houve "concorrência desleal". Tampouco houve análise se o preço estaria ou não abaixo do preço de custo, conforme expressamente prevê a lei. A decisão deixa claro que o simples fato de o preço estar muito abaixo do preço do concorrente, já seria suficiente para caracterizar barreira à entrada de novos concorrentes e, por consequência, enquadrar a prática como infração à ordem econômica.

Com base nas informações disponíveis, é possível afirmar com relativa certeza que o CADE não condenaria a empresa AAEB por prática de preços predatórios apenas com os elementos utilizados pelo Judiciário. Percebe-se com relativa clareza a discrepância da análise econômica e técnica realizada pelo CADE em casos de preços predatórios, em relação à análise feita pelo Poder Judiciário na decisão analisada.

Mais uma vez, resta demonstrado a existência de uma discrepância nos padrões de análise utilizados, gerando confusão que pode, até mesmo, retro alimentar o sistema de forma prejudicial.

5. Conclusão

No presente artigo abordamos o panorama e os efeitos das ações *stand alone* no Poder Judiciário, tendo como base o Levantamento Jurisprudencial realizado pelo IBRAC.

Concluímos que, embora as ações *stand alone* pareçam ter natureza privada, ainda assim, as condutas anticompetitivas devem ser caracterizadas de acordo com os princípios do Direito Concorrencial, tendo em vista sua natureza difusa, de regulação da concorrência no mercado. Apesar de o autor da ação *stand alone* ser o prejudicado a se insurgir contra a conduta anticompetitiva, é necessário que seja caracterizado um ilícito que afete o mercado, nos termos da Lei 12.529/2011.

Também foi constatada a ausência de participação do CADE nas diversas ações *stand alone* encontradas no Levantamento Jurisprudencial. Esse fator nos leva a encontrar decisões com padrões de análise completamente distintos dos padrões do direito concorrencial, utilizados pelo CADE em seus julgamentos. Notadamente, analisamos dois acórdãos que chamaram a atenção por tratarem de condutas com rara ou nenhuma condenação pelo CADE: recusa de venda e preços predatórios.

Dessa forma, a ação *stand alone* que discute lesão a direito difuso (infrações descritas pela Lei de Defesa da Concorrência) merece aplicação do padrão probatório consolidado pelo CADE nos últimos 23 anos.

Por isso, é relevante a participação do CADE nos autos dessas ações ou a menos a utilização de precedentes do CADE por parte do Poder Judiciário com o intuito de nortear as decisões proferidas nos processos judiciais. A utilização de precedentes do CADE, por exemplo, pode contribuir para evitar decisões demasiadamente distintas no que tange ao padrão probatório para caracterização de uma infração à ordem econômica.

Caso contrário, decisões equivocadas em ações *stand alone* podem acabar sendo prejudiciais ao sistema de defesa da concorrência, em razão dessa ausência de padrão entre as esferas.

Portanto, a participação do CADE nas ações judiciais que discutem a Lei 12.529/2011 e o diálogo entre Poder Judiciário e o tribunal administrativo serão elementos para o desenvolvimento do Direito Concorrencial brasileiro e seu contínuo desenvolvimento.

Referências bibliográficas

BRASIL. Tribunal de Justiça do Estado de São Paulo. Agravo de instrumento n. 0156468-75.2012.8.26.0000, 28ª Câmara de Direito Privado. Relator Manoel Justino Bezerra Filho. J. em 19-3-2013.

______. ______. Agravo de Instrumento n. 0308366-72.2011.8.26.0000, 31ª Câmara de Direito Privado. Relator Francisco Casconi. J. em 10-4-2012.

______. ______. Apelação Cível n. 192.439.4/5-00. Relator: Testa Marchi. São Paulo. J. em 8-11-2005.

______. ______. Apelação Cível n. 0220229-13.2008.8.26.0100. Relator: Carlos Henrique Miguel Trevisan. J. em 30-9-2015.

FORGIONI, P. *Os fundamentos do antitruste*. 8. ed. São Paulo: Revista dos Tribunais, 2015.

GIANNINI, Adriana Franco et al. *Comentários à nova Lei de Defesa da Concorrência*: Lei 12.529, de 30 de novembro de 2011, São Paulo: Método, 2012.

INGLATERRA. *Office of Fair Trading.* Quick guide to private litigation in competition cases. Disponível em: <https://www.gov.uk/government/uploads/system/uploads/attachment_data/file/284447/private-litigation.pdf>. Acesso em: 15 jul. 2017.

Parte IV.

Revisão de Decisões do CADE

Competência do Poder Judiciário para revisitar o mérito da decisão administrativa e análise qualitativa e quantitativa das ações contra decisões do Cade no Judiciário

Frederico Carrilho Donas

1. Introdução

Ao longo de 2016, os membros do Comitê de Contencioso Econômico do IBRAC realizaram extensa pesquisa junto aos tribunais brasileiros para identificar ações judiciais que discutiam temas de relevância concorrencial. Buscava-se entender como o Poder Judiciário vem se posicionando nos diferentes assuntos pesquisados e qual o papel desempenhado pelos tribunais na defesa da concorrência no Brasil. Como não poderia deixar de ser, um dos temas mapeados foi a revisão judicial de decisões do Conselho Administrativo de Defesa Econômica (CADE).

Os resultados preliminares da pesquisa foram apresentados no 22º Seminário Internacional de Defesa da Concorrência, realizado em 20 e 21 de outubro de 2016 em Campos do Jordão (SP). Diante da boa recepção ao trabalho, foram feitas buscas complementares para preencher lacunas da pesquisa original. A Procuradoria do CADE exerceu papel fundamental nessa etapa, ao compartilhar banco de dados com informações sobre os processos dos quais a autarquia é parte.

Este artigo analisa os resultados finais dessa pesquisa. O foco são os processos movidos contra o CADE, com o intuito de esclarecer em que medida a crescente judicialização das decisões da autarquia afeta a eficácia de sua atuação. Para isso, a análise tenta dimensionar o grau de manutenção ou reforma das decisões do CADE após questionamento judicial.

2. A metodologia usada no levantamento e análise de informações

Não é tarefa simples analisar como os tribunais brasileiros têm se posicionado nos processos contra o CADE. É bastante comum uma mesma decisão ser questionada por mais de uma parte em diferentes processos, o que resulta num número excessivamente grande de ações judiciais. A falta de padronização no cadastramento de partes e processos em diferentes tribunais dificulta ainda mais as pesquisas, tornando necessário o uso de diferentes parâmetros de busca.[1]

Diante dessas dificuldades, torna-se essencial definir metodologia coerente com os objetivos aspirados. No caso concreto, a pesquisa foi realizada em dados publicamente disponíveis nos sítios eletrônicos do Supremo Tribunal Federal (STF); do Superior Tribunal de Justiça (STJ); dos cinco Tribunais Regionais Federais (TRFs); e dos Tribunais de Justiça do Paraná, São Paulo, Minas Gerais, Espírito Santo, Santa Catarina, Distrito Federal e Rio Grande do Sul.

Como o foco deste artigo é a revisão judicial de decisões do CADE, só as decisões proferidas pela Justiça Federal e por tribunais superiores se mostraram relevantes em razão das regras de competência judiciária previstas no art. 109 da Constituição Federal.[2] O mapa abaixo mostra a distribuição de processos por cada região da Justiça Federal; não estão representados os quatro processos analisados por STJ e STF.

1. Foram usadas cerca de 20 expressões de busca diferentes na pesquisa realizada pelo Comitê de Contencioso Econômico do IBRAC: (i) anticoncorrenciais; (ii) anticoncorrencial; (iii) antitruste; (iv) busca e apreensão; (v) CADE; (vi) cartel; (vii) concorrência desleal; (viii) concorrencial; (ix) Conselho Administrativo Defesa Econômica; (x) crime contra ordem econômica; (xi) defesa da concorrência; (xii) infração ordem econômica; (xiii) Lei 12.529/2011; (xiv) Lei 8.137/90; (xv) Lei 8.884/94; (xvi) Lei Antitruste; (xvii) Lei Concorrencial; (xviii) Lei de Defesa da Concorrência; e (xix) livre concorrência.
2. Art. 109. Aos juízes federais compete processar e julgar: I – as causas em que a União, entidade autárquica ou empresa pública federal forem interessadas na condição de autoras, rés, assistentes ou oponentes, exceto as de falência, as de acidentes de trabalho e as sujeitas à Justiça Eleitoral e à Justiça do Trabalho.

Figura 1 – Distribuição dos processos analisados

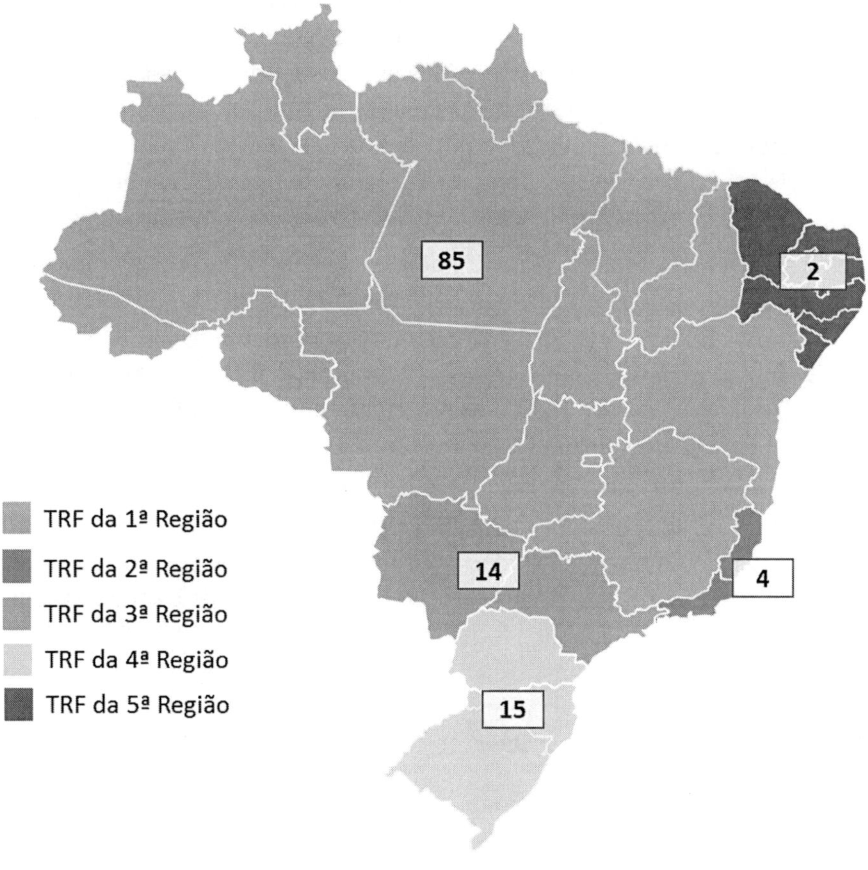

Por motivos óbvios, casos que tramitam em segredo de justiça não foram identificados e, por isso, não puderam ser levados em consideração. Mesmo assim, a pesquisa resultou num grande volume de ações judiciais e número igualmente grande de incidentes processuais. Para garantir a relevância dos processos, foram então adotados parâmetros adicionais para triar os resultados obtidos e dimensionar o grau de confirmação judicial das decisões do CADE.

O primeiro desses parâmetros é temporal: só casos decididos depois de 1994 foram levados em consideração no estudo. Esse corte buscou priorizar a identificação de ações que discutissem decisões administrativas tomadas depois da entrada em vigor da Lei n. 8.884/94, que transformou o CADE em autarquia com autonomia administrativa e é considerada marco importante na institucionalização da defesa da concorrência no Brasil.

Outro critério adotado está relacionado à instância decisória. Como no Brasil não é difícil que sentenças sejam modificadas em instâncias superiores, o estudo focou em decisões transitadas em julgado nos tribunais indicados e naquelas pendentes de recurso em instâncias superiores. Essa postura está em linha com o princípio do duplo grau de jurisdição, que busca diminuir as chances de erros do Judiciário por meio da revisão de decisões por uma instância superior colegiada. Tentou-se com isso emprestar maior segurança jurídica ao resultado da pesquisa.

Decisões relacionadas à análise de atos de concentração econômica sob a vigência de leis já revogadas também não foram refletidas nos resultados da pesquisa. Esse recorte levou em consideração as mudanças substanciais no regime de análise de concentrações econômicas introduzidas pela Lei n. 12.529/2011, que esvaziaram os dois principais motivos de impugnação de decisões do CADE em controles de concentração: a aplicação de multas por intempestividade, e a imposição de restrições a operações que já implementadas.

Até então, as operações sujeitas à aprovação do CADE deveriam ser notificadas dentro do prazo de 15 dias úteis de sua realização sob pena de multa por intempestividade que variava entre 60 mil e 6 milhões de UFIR.[3] Além disso, as partes eram autorizadas a fechar as operações antes mesmo de o Sistema Brasileiro de Defesa da Concorrência concluir a análise dos impactos da transação. O resultado era um alto nível de combatividade das partes sempre que o CADE determinava qualquer intervenção para solucionar problemas concorrenciais identificados.[4]

A entrada em vigor da Lei n. 12.529/2011 encerrou a fase de análise posterior de concentrações econômicas. A partir de então, todas as operações que atendem aos critérios legais de notificação obrigatória só podem ser realizadas após a aprovação do CADE. As partes devem permanecer totalmente independentes uma da outra, evitando a troca de informações sensíveis, a transferência de ativos e qualquer forma de integração das operações. O não cumprimento dessas regras expõe todas as partes envolvidas na operação a uma série de sanções, incluindo multas de R$ 60 mil a R$ 6 milhões e nulidade dos atos praticados sem o aval do CADE.

3. Lei n. 8.884/94, art. 54, §§ 4º e 5º.

4. A resistência das partes em aceitar remédios impostos pelo CADE era lastreada na percepção de ineficiência da autoridade na revisão de atos de concentração. Não raro, operações complexas só eram decididas anos depois de terem sido implementadas, quando ativos já estavam integrados e os efeitos supostamente negativos de uma transação incorporados pelo mercado.

Como a Lei n. 12.529/2011 não prevê prazo para notificação das operações, não há mais sentido em analisar o êxito do CADE em processos judiciais discutindo multas por intempestividade na notificação do ato de concentração. Ainda que exista estoque de ações sobre esse assunto, é pouco provável que novos processos sejam ajuizados para discutir o tema. A relevância do tema é temporalmente limitada, e em breve é provável que não existam mais nenhum processo discutindo tais multas.

Da mesma forma, a necessidade de aprovação prévia das operações pelo CADE esvaziou os incentivos das partes de buscarem o Poder Judiciário para garantir a realização dos contratos ou evitar os remédios impostos. Como as operações não podem ser concluídas antes da análise do CADE, é pouco provável que o Poder Judiciário seja acionado para forçar a realização de uma operação; as partes dificilmente poderão arguir a existência de risco de prejuízo irreparável em caso de decisão contrária aos interesses.[5]

Por fim, também foram descartadas decisões que não guardavam relação com a análise do mérito das decisões do CADE. Em outras palavras, não foram consideradas decisões a respeito de medidas liminares ou questões meramente processuais. Esse corte foi feito para evitar distorções no resultado da pesquisa. A suspensão de decisão do CADE por decisão judicial não quer dizer que o teor dessa decisão foi considerado abusivo ou ilegal pelo Poder Judiciário; é bem provável que as partes tenham simplesmente oferecido garantia suficiente para assegurar o cumprimento da decisão, conforme determina a Lei n. 12.529/2011.[6]

3. Análise quantitativa de ações judiciais contra o CADE

3.1 Números gerais dos processos contra o CADE

124 ações judiciais atendem aos critérios elencados acima. Evidentemente, esse é um retrato apenas parcial dos processos existentes contra o CADE. As

5. Como bem apontado pelo Conselheiro Gilvandro de Araújo, "dentro da lógica concorrencial, não tem sentido esperar um processo de conhecimento para obter uma decisão de autorização. Seria necessária uma medida de antecipação de tutela para concretizar as concentrações" (ARAÚJO, Gilvandro de. A judicialização da defesa da concorrência após a Lei 12.529/2011: a emergência da enganosidade? In: CARVALHO, V. M. D. *A Lei 12.529/2011 e a nova política de defesa da concorrência.* São Paulo: Singular, 2015. p. 117).
6. Art. 98. O oferecimento de embargos ou o ajuizamento de qualquer outra ação que vise à desconstituição do título executivo não suspenderá a execução, se não for garantido o juízo no valor das multas aplicadas, para que se garanta o cumprimento da decisão final proferida nos autos, inclusive no que tange a multas diárias.

dificuldades enfrentadas na realização da pesquisa – algumas delas intransponíveis, como nos casos em segredo de justiça – acabaram impedindo o mapeamento exaustivo de todos os processos de interesse. De todo modo, as informações levantadas já apresentam um cenário interessante.

Um terço das ações analisadas discute decisões proferidas pelo CADE em casos de cartel; outro terço questiona a condenações por prática de unimilitância, quando cooperativas de plano de saúdo impedem que médicos filiados se credenciem a outros planos. O restante dos casos abrange uma miscelânea de assuntos, dentre os quais condenações por abusos de posição dominante, tabelamento de honorários médicos e omissão, recusa ou enganosidade em informações prestadas ao CADE em diferentes processos administrativos.[7] A tabela abaixo indica a representatividade de cada um dos temas discutidos em juízo.

Tabela 1 – Representatividade de temas discutidos em juízo

	Número de casos
Cartel	42
Cláusula de unimilitância	42
Tabela de honorários médicos	23
Abuso de posição dominante	11
Omissão, recusa ou enganosidade	5
Venda casada	1

Quando analisado o conjunto dos processos ajuizados contra o CADE, observa-se um equilíbrio entre a manutenção e revisão das decisões administrativas. Houve revisão da decisão do CADE em *62* dos casos analisados e manutenção em *61* processos; um processo foi extinto sem a resolução do mérito. Esses números significam que *50%* das decisões do CADE foram alteradas após questionamento judicial; *49%* das decisões foram mantidas.

O percentual de sucesso do CADE não é desprezível, mas está longe dos 80% tradicionalmente propagados pelas autoridades de defesa da concorrên-

7. Tanto a Lei n. 8.884/94 quanto a Lei n. 12.529/2011 punem a recusa, omissão ou retardamento injustificado de informações e documentos solicitados pelas autoridades brasileiras de defesa da concorrência. A lei antiga previa multa diária de 5 mil UFIR, enquanto a nova lei prevê multa de R$ 5 mil por dia.

cia.[8] As discrepâncias nos números sugerem o uso de metodologias diferentes em cada levantamento. O CADE certamente não faz distinção quanto à matéria discutida e provavelmente inclui em seu levantamento os processos que discutem atos de concentração analisados sob a Lei n. 8.884/94, por exemplo. Outra possível explicação seria o cômputo de decisões liminares ou em incidentes processuais nos dados oficiais, o que poderia gerar distorção nos resultados da análise quantitativa.

Infelizmente, não há dados publicamente disponíveis que permitam analisar a metodologia usada no levantamento realizado pelo CADE. De toda forma, os resultados da pesquisa do Comitê de Contencioso Econômico do IBRAC estão mais próximos daqueles identificados pelos pesquisadores da Sociedade Brasileira de Direito Público (SBDP) em 2010. Usando metodologia próxima da que é agora adotada, o SBDP concluiu:

> No que tange ao resultado final dos processos judiciais transitados em julgado, percebeu-se a existência de índices de manutenção e revisão das decisões administrativas praticamente iguais (revisão da decisão em 10 casos, manutenção em 11), com uma taxa relativamente reduzida de reversão das decisões judiciais entre as diferentes instâncias (manutenção da decisão da instância inferior em 17, dentre 20 recursos examinados). [...] Notou-se ainda, dentre os casos ainda não transitados em julgado, um relativo aumento na revisão das decisões do CADE (12/17), o que, não obstante, não oferece um parâmetro seguro para interpretações, tendo em vista que, nesses casos, a decisão ainda pode ser revertida em recurso pendente de julgamento (SOCIEDADE BRASILEIRA DE DIREITO PÚBLICO. *Revisão judicial das decisões do Conselho Administrativo de Defesa Econômica (CADE):* pesquisa empírica e aplicada sobre os casos julgados pelos Tribunais Regionais Federais (TRFs), Superior Tribunal de Justiça e Supremo Tribunal Federal (STF). Belo Horizonte: Fórum, 2010, p. 25).

A análise segmentada das decisões proferidas por cada um dos tribunais analisados confirma esse equilíbrio. As discrepâncias nesse sentido são as decisões proferidas pelo TRF da 2ª e da 3ª Regiões, que tendem a confirmar o entendimento administrativo. Essa tendência a favor do CADE não impacta o resulta-

8. Uma das primeiras menções oficiais aos altos índices de sucesso do CADE após revisão judicial aparece na cartilha publicada em 2010 sobre "Defesa da Concorrência no Judiciário": "Registre-se que aproximadamente 83% das decisões do CADE são mantidas após sentença judicial, o que mostra o cuidado do Conselho em atuar nos estritos limites da lei" (MINISTÉRIO DA JUSTIÇA. *Defesa da concorrência no Judiciário.* Brasília: [s.n.], 2010, p. 20). Valores semelhantes têm aparecido em várias publicações oficiais, inclusive nos balanços anuais do CADE publicados desde a entrada em vigor da Lei n. 12.529/2011.

do mais amplo da análise em razão do baixo número de casos julgados por esses dois tribunais, quase cinco vezes menor que o julgado pelo TRF da 1ª Região.

Tabela 2 – Posicionamento dos tribunais analisados

	Manteve	Reformou	
TRF da 1ª Região	42%	58%	0%
TRF da 2ª Região	100%	0%	0%
TRF da 3ª Região	71%	29%	0%
TRF da 4ª Região	53%	40%	7%
TRF da 5ª Região	50%	50%	0%
STJ	67%	33%	0%
STF	0%	100%	0%

3.2 Números específicos dos processos contra o CADE

Quando a análise da jurisprudência passa a ser focada nos temas dos processos, a balança entre sucesso e fracasso das demandas contra decisões do CADE passa a ser mais desequilibrada.

O CADE possui maior taxa de sucesso e, portanto, de manutenção de suas decisões em casos que discutem (i) cláusulas de unimilitância; (ii) venda casada; (iii) abuso de posição dominante; e (iv) omissão, recusa ou enganosidade de informações. Por outro lado, a maior parte das decisões do CADE que foram revistas pelo Poder Judiciário diziam respeito a (i) cartéis; e (ii) tabelas de honorários médicos. O gráfico abaixo ilustra as taxas de revisão e manutenção das decisões do CADE em cada um dos temas analisados pelo estudo.

Gráfico 1 – Taxas de revisão e manutenção de decisões do CADE

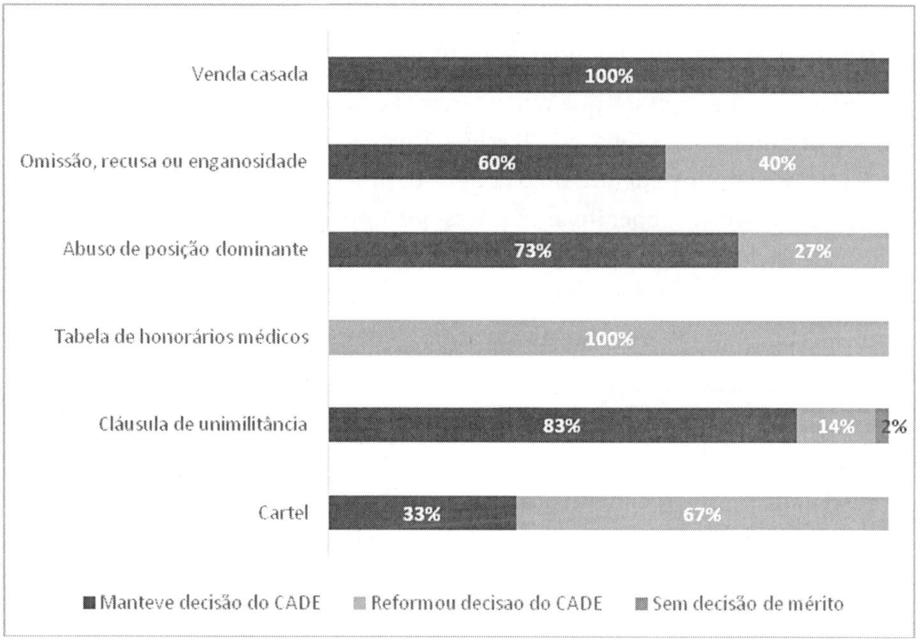

3.2.1 Cláusulas de unimilitância

A análise contextualizada do gráfico 1 mostra que o CADE é mais bem-sucedido nas discussões de decisões sobre cláusulas de unimilitância. Dos 42 processos sobre o tema, 35 mantiveram as decisões do CADE, seis casos reformaram o posicionamento administrativo e um caso foi extinto após reconhecimento de litispendência com outra ação anteriormente ajuizada.[9]

Apenas um dos processos analisados não envolvia alguma Unimed. Trata-se de ação ajuizada por Telelistas Ltda. contra decisão do CADE que determinou a mudança de cláusulas contratuais que concediam exclusividade à empresa em relação ao direito de fazer a cobrança de publicidade na conta telefônica da Telemar. A decisão do CADE foi mantida por decisão transitada em julgado da Quinta Turma do TRF da 1ª Região.

Os demais 40 casos envolvem Unimeds de diferentes localidades. 18 desses processos foram analisados pelo TRF da 1ª Região; duas ações foram ana-

9. Tribunal Regional Federal da 4ª Região. Quarta Turma. Apelação n. 0005288-04.2006.4.04.7102 Relator: Márcio Antônio Rocha. Unimed Santa Maria *vs.* CADE. Julgado em 9-4-2008.

lisadas pelo TRF da 2ª Região; seis processos foram decididos pelo TRF da 3ª Região; 12 processos pelo TRF da 4ª Região; um pelo TRF da 5ª Região; e um processo pelo Superior Tribunal de Justiça.

Os únicos seis casos que reformaram a condenação imposta pelo CADE foram decididos pelas Quarta e Terceira Turmas do TRF da 4ª Região, e todos se basearam em precedentes do STJ que reconheceu a validade de cláusula do estatuto social das cooperativas médicas que impõe aos médicos cooperados o dever de exclusividade, vedando a vinculação a outra congênere sob pena de exclusão do seu quadro associativo.

Curiosamente, os mesmos precedentes do STJ que serviram de base para a revisão da decisão do CADE pelo TRF da 4ª Região foram rejeitados pela Segunda Turma do STJ quando analisou o recurso especial n. 1.172.603/RS. Na ocasião, os ministros diferenciaram o fato gerador da relação jurídica contratual entre Unimed e médico cooperado do fato gerador da relação jurídica concorrencial travada entre a Unimed e a sociedade. Eventual reconhecimento de legalidade do primeiro fato gerador não exime a Unimed de observar as normas de direito da concorrência:

> 3. A causa de pedir remota nas lides relativas à cláusula de exclusividade travadas entre o cooperado e a cooperativa é diversa da causa de pedir remota nas lides relativas a direito de concorrência. No primeiro caso, percebe-se a proteção de suposto direito ou interesse individual; no segundo, a guarda de direito ou interesse difuso. Portanto, inaplicáveis os precedentes desta Corte pautados em suposto direito ou interesse individual. [...] 5. A cláusula de exclusividade em tela é vedada pelo inciso III do art. 18 da Lei n. 9.656/98, mas, ainda que fosse permitida individualmente a sua utilização para evitar a livre concorrência, através da cooptação de parte significativa da mão-de-obra, encontraria óbice nas normas jurídicas do art. 20, I, II e IV, e do art. 21, IV e V, ambos da Lei n. 8.884/94. Portanto, violados pelo acórdão de origem todos aqueles preceitos (Superior Tribunal de Justiça. Segunda Turma. Recurso especial n. 1.172.603/RS. Unimed Santa Maria – Cooperativa de Trabalho Médico Ltda. *vs.* CADE. Relator: Humberto Martins. Julgado em 4 de março de 2010).

Não obstante esse cenário, a profusão de processos questionando condenações impostas pelo CADE a empresas da rede Unimed deve diminuir significativamente nos próximos anos. Em março de 2013 o CADE celebrou acordo com 40 empresas da rede Unimed para pôr fim a cláusulas de exclusividade nos contratos com os médicos credenciados; ao mesmo tempo, autorizou a celebração de acordos judiciais para encerrar as discussões perante o Judiciário.[10]

3.2.2 *Venda casada*

À primeira vista, o índice de manutenção das decisões proferidas pelo CADE em casos de venda casada impressiona. No entanto, esse tema só foi abordado no processo que questionava multa imposta pelo CADE à Xerox do Brasil S/A por condicionar a prestação de serviços de máquinas copiadoras à compra de seu próprio material de consumo.[11]

Em julgamento realizado em 2013, a Quinta Turma do TRF da 1ª Região manteve a decisão do CADE depois de analisar a racionalidade da conduta imputada à Xerox, as cláusulas constantes do contrato de prestação de serviço e outros elementos de prova constantes dos autos. O caso aguarda julgamento de recursos interpostos para instâncias superiores.

3.2.3 *Abuso de posição dominante*

A rubrica "abuso de posição dominante" inclui diferentes condutas unilaterais, como imposição ilegal de cláusulas de raio por shopping centers[12] e a cobrança indevida de taxa referente aos serviços de segregação e entrega de contêineres no Porto de Santos.[13] Foram analisadas 11 ações judiciais, sendo sete pela manutenção e quatro pela revisão das decisões do CADE.

Diferentemente de outros temas, a maioria das decisões sobre abuso de posição dominante foi proferida pelo TRF da 3ª Região: três pela manutenção e outras três pela reforma do posicionamento do CADE. O TRF da 1ª Região

10. CADE encerra exigência de exclusividade de médicos com Unimed em mais de 90 casos. Disponível em: <http://www.cade.gov.br/noticias/cade-encerra-exigencia-de-exclusividade-de-medicos-com-unimed-em-mais-de-90-casos>. Acesso em: 23 ago. 2017.

11. Tribunal Regional Federal da 1ª Região. Quinta Turma. Apelação n. 0031266-06.2001.4.01.0000. Relatora: Selene Maria de Almeida. Xerox do Brasil S/A *vs.* CADE. Julgado em 1º-7-2013.

12. Tribunal Regional Federal da 1ª Região. Sexta Turma. Apelação n. 0025987-48.2006.4.01.3400. Relator: Jirair Aram Meguerian. Shopping Center Norte S/A *vs.* CADE. Julgado em 8-2-2013.

13. Tribunal Regional Federal da 3ª Região. Quarta Turma. Apelação n. 0014995-56.2005.4.03.6100. Relator: Marli Ferreira. Santos Brasil Participações S/A *vs.* CADE. Julgado em 26-2-2015.

analisou quatro casos, mantendo inalterada a decisão do CADE em três deles. O TRF da 4ª Região não modificou a única decisão analisada.

3.2.4 Omissão, recusa ou enganosidade de informações

As decisões sobre as multas aplicadas pelo CADE por omissão, recusa ou enganosidade de informações são mais equilibradas: três condenações foram mantidas, duas foram revistas. As decisões foram proferidas pelo TRF da 1ª Região (uma pela manutenção, duas pela reforma) e pelo TRF da 2ª Região (duas decisões mantendo o entendimento do CADE).

O Judiciário não se furtou de analisar as circunstâncias de nenhum dos casos. Em todos eles, analisou os fatos narrados nos autos para constatar se as empresas de fato incorreram em atraso injustificado de prestar as informações solicitadas pela autoridade, se haviam recusado fornecer o quanto solicitado ou se haviam prestado informações enganosas.

3.2.5 Cartéis

O combate a cartéis é prioridade das políticas de defesa da concorrência adotadas no Brasil desde o início dos anos 2000. As autoridades brasileiras têm adotado instrumentos cada vez mais refinados na identificação, persecução e punição de cartéis nacionais e internacionais. Justamente por isso, chama a atenção o grande número de decisões envolvendo casos de cartéis. Dos 42 processos analisados, 28 resultaram na revisão das condenações impostas pelo CADE; 14 decisões administrativas foram mantidas após questionamento judicial.

O TRF da 1ª Região proferiu a maioria dessas decisões, 39 no total, e foi o único tribunal analisado a reformar as decisões do CADE. De modo geral, o TRF não se limita a analisar aspectos meramente formais das decisões administrativas, chegando a examinar os elementos que formaram a opinião do CADE, inclusive revisitando as provas colhidas durante a instrução do processo administrativo e a interpretação dada a elas pela autoridade administrativa.

Talvez um dos exemplos mais claros dessa pró-atividade do TRF da 1ª Região seja o acórdão proferido em processo que discutia a condenação imposta pelo CADE em relação ao chamado "Cartel dos Genéricos". Analisando o conjunto probatório reunido no processo administrativo, a Sexta Turma do TRF da 1ª Região discordou da interpretação dada pelo CADE:[14]

14. No voto do Conselheiro Relator, os mesmos elementos de prova foram assim interpretados: "O processo acabou centrado na reunião. Entretanto, todos os laboratórios que restaram representados tiveram em comum a associação à ABLFARMA. As ações públicas e notórias dessa Associação no cenário pré-lançamento

O único ato concreto citado pelo CADE, a ensejar uma condenação das empresas, foi a reunião ocorrida em 27-7-99 e a ata dela resultante, mas não há prova de que a referida reunião tenha resultado em acordo prejudicial à livre concorrência, ou mesmo que tenha se destinado a tal fim. [...] Na ata da reunião não há registro de deliberações, discordâncias ou concordâncias com a matéria supostamente acordada. Alguns dos presentes ao evento foram enviados por seus chefes sem saber quais seriam os temas abordados. A reunião realizou-se a portas abertas, sendo que determinados membros chegaram atrasados, outros se ausentaram cedo, além de se ter relatado a ocorrência de conversas paralelas e ausência de deliberações objetivas. Tudo indica que as ideias perpetradas mais parecem sugestões acerca do posicionamento a ser tomado ante a entrada de medicamentos genéricos no mercado (Tribunal Regional Federal da 1ª Região. Sexta Turma. Apelação n. 2007.34.00.044419-6/DF. Relator: Kassio Nunes Marques. Schering – Plough Industria Farmacêuticos Ltda. *vs.* CADE. Julgado em 30-3-2015).

Talvez por falta de familiaridade com os temas afetos à defesa da concorrência, essa mesma desenvoltura não foi observada nas decisões proferidas pelos demais tribunais analisados. A única decisão proferida pelo TRF da 3ª Região registra o entendimento de que "cabe ao administrador aplicar dentre aquelas cominadas e nos limites disponíveis, a sanção prevista legalmente, não cabendo ao poder judiciário se imiscuir no mérito da decisão".[15]

Em sentido similar, a Terceira Turma do TRF da 4ª Região concluiu que "controle judicial que se preconiza não diz respeito ao mérito dos atos administrativos regulatórios, mas às formalidades adotadas na preparação do ato ou violação de direitos fundamentais".[16]

dos genéricos são essenciais para contextualizar a reunião dos gerentes nacionais de vendas e demonstrar que, mais do que um fato aparentemente isolado, a famigerada reunião fez parte da reação da indústria farmacêutica à entrada iminente dos genéricos. [...] A reunião entre concorrentes se deu em uma sala de responsabilidade da empresa Janssen-Cilag, na FGV, em dia útil, no horário de expediente, tendo sido previamente divulgada pauta com os assuntos a serem discutidos, dentre eles os mercados de distribuição, UNIMEDs e a Lei dos Genéricos" (Processo administrativo n. 08012.009088/1999-48. Representados: Bayer, Eurofarma e outras. Relator: Luis Fernando Rigato Vasconcellos. Julgado em 13-10-2005).

15. Tribunal Regional Federal da 3ª Região. Quarta Turma. Apelação n. 0501022-71.1995.4.03.6182/SP. Relator: Juiz convocado Leonel Ferreira. Ronda Empresa de Segurança e Vigilância Ltda *vs.* União Federal. Julgado em 15-12-2011).

16. Tribunal Regional Federal da 4ª Região. Terceira Turma. Apelação n. 5006908-93.2011.404.7100. Relator: Fernando Quadros da Silva. Airton Rolim Araújo e Fernando Quadros da Silva *vs.* CADE. Julgado em 21-5-2014.

Por sua vez, a única decisão identificada do STJ sobre o tema critica análise meramente casuística de fatos já analisados pela decisão do CADE sem que haja qualquer justificativa jurídica para tanto. Nas palavras do Ministro Herman Benjamin:

> Em face da constitucionalização do direito administrativo e da evolução do estado de direito, tem-se entendido que o Poder Judiciário pode se imiscuir na análise do mérito do ato administrativo, desde que seja analisado sob o seu aspecto jurídico, e para que sejam observados, além da legalidade em sentido amplo do ato, também os princípios e mandamentos constitucionais. No caso sub judice, constata-se claramente que o magistrado adentrou o mérito do ato administrativo produzido pelo CADE, sem nenhuma justificação de infringência aos ditames da lei ou às normas constitucionais (Superior Tribunal de Justiça. Segunda Turma. Recurso especial n. 1.436.903/DF. Relator: Herman Benjamin. Comal Combustíveis Automotivos Ltda. e outros *vs.* CADE. Julgado em 1º-12-2015).

O alto índice de revisão de decisões do CADE não chega a surpreender. Mais que os outros temas aqui discutidos, a análise da existência de cartéis é provavelmente o assunto com o qual juízes, desembargadores e ministros têm mais familiaridade. Dentre todos os temas analisados, esse é o que depende menos da prova econômica, que muitas vezes é de difícil compreensão.

Como a condenação de cartéis não demanda o exame pormenorizado dos efeitos econômicos da conduta no mercado, bastando apenas a comprovação da conduta, não é de se estranhar que o Poder Judiciário se sinta mais à vontade de revisitar e modificar o teor das decisões do CADE. Afinal, exame e valoração de provas são tarefas cotidianas do Judiciário.

3.2.6 Tabelas de honorários médicos

Ações judiciais discutindo condenações de tabelas de honorários médicos são o ponto mais fraco da atuação do CADE no Judiciário. Foram analisados 23 processos: 19 do TRF da 1ª Região, um do TRF da 3ª Região, um do TRF da 5ª Região, um do STJ[17] e outro do STF.[18] O CADE não obteve êxito em *nenhum* dos processos analisados.

17. Superior Tribunal de Justiça. Segunda Turma. Recurso especial n. 1.130.988. Relatora: Eliana Calmon. Laboratório Sabin de Análises Clínicas Ltda. *vs.* CADE. Julgado em 22-6-2010.
18. Supremo Tribunal Federal. Segunda Turma. Agravo regimental no recurso extraordinário n. 630.256/DF. Relator: Dias Toffoli. Laboratório Sabin de Análises Clínicas Ltda. *vs.* CADE. Julgado em 26-5-2015.

Todas as decisões impugnadas foram revistas sob o mesmo fundamento: o uso da tabela de honorários visa impedir a desvalorização do trabalho dos profissionais envolvidos na prestação de serviços médicos, indicando apenas as quantias mínimas a serem repassadas a tais profissionais; não há padronização de preços a caracterizar cartel.

4. Conclusão

Empresas e indivíduos que pretendam reverter judicialmente uma decisão proferida pelo CADE estarão diante de um adversário formidável. Uma série de fatores contribui para uma elevada taxa de manutenção das decisões do CADE pelo Poder Judiciário, dentre os quais o excelente trabalho de advocacia realizado pelo CADE junto a juízes, desembargadores e ministros. Com efeito, ao longo dos últimos anos o CADE realizou várias iniciativas com o intuito de educar e conscientizar o Poder Judiciário sobre a importância das políticas de defesa da concorrência.

Dito isso, o CADE não é imbatível. Como se verificou, cerca de metade das decisões do Conselho são modificadas após questionamento judicial. A análise de temas específicos mostra que o sucesso judicial do CADE é ainda menor em alguns assuntos, notadamente cartéis e tabelas de honorários médicos. Esse cenário é bem diferente daquele rotineiramente divulgado em levantamentos oficiais, que sugere a manutenção de cerca de 80% das decisões, e parece mostrar um Poder Judiciário mais à vontade para discutir temas de relevância concorrencial.

Essa interpretação parece ser corroborada pela elevada taxa de reforma de decisões proferidas em casos de cartéis, que não dependem tanto da prova econômica como em outros casos. Apesar de o apuro técnico do CADE ser levado em consideração nas decisões judiciais, não se vislumbrou uma tendência do Judiciário de se afastar da análise do mérito das decisões administrativas. Ao contrário, mesmo nos casos em que as decisões do CADE foram confirmadas, foi possível constatar uma tendência ao exame da motivação das decisões.

Referências bibliográficas

ARAÚJO, Gilvandro de. A judicialização da defesa da concorrência após a Lei 12.529/2011: a emergência da enganosidade? In: CARVALHO, V. M. D. *A Lei 12.529/2011 e a nova política de defesa da concorrência.* São Paulo: Singular, 2015.

MINISTÉRIO DA JUSTIÇA. *Defesa da concorrência no Judiciário.* Brasília: [s.n.], 2010.

Parte V.

Devido Processo Legal

Análise dos principais temas discutidos no Poder Judiciário envolvendo decisões do CADE e devido processo legal

Carolina Matthes Dotto

Paula Pinedo

No presente artigo serão apresentados alguns julgados encontrados no Levantamento Jurisprudencial envolvendo o princípio constitucional do devido processo legal. Além da análise das ações de busca e apreensão, serão também abordados alguns aspectos formais dos processos administrativos e das ações judiciais relativas ao Conselho Administrativo de Defesa Econômica ("CADE"), bem como os requisitos para a concessão de medidas de urgências que visem à suspensão das penalidades impostas pela autarquia antitruste.

A gama de decisões encontrada é extensa, razão pela qual foram selecionados apenas os principais assuntos relativos a devido processo legal com repercussão nos assuntos de natureza concorrencial. O propósito do presente artigo não é esgotar o tema, mas apenas apresentar alguns exemplos de decisões judiciais ilustrativas de cada um dos pontos discriminados abaixo. Também não será realizado qualquer juízo de valor sobre a conclusão dos julgados.

1. Busca e apreensão

Os acórdãos analisados discutem principalmente os requisitos necessários para a concessão de medidas de busca e apreensão relacionadas a processos administrativos em trâmite perante o CADE, além do tratamento dado às evidências coletadas.

Dentre os assuntos avaliados, constatou-se que os Tribunais tendem a considerar que não há inconstitucionalidade em se permitir a determinação das medidas de busca e apreensão em sede de inquérito administrativo.[1]

Outro ponto enfrentado pelo Poder Judiciário foi a inviolabilidade do sigilo de correspondência obtida por meio das medidas de busca e apreensão. Os Tribunais Regionais já se pronunciaram, conforme entendimento do Supremo Tribunal Federal ("STF"), no sentido de que a norma constitucional do sigilo de correspondência não tem valor absoluto, pois pode ser mitigada para fins de apuração de ilícitos contra a ordem econômica e da concorrência.[2]

Ainda sobre a questão da confidencialidade das informações, o Poder Judiciário também já se manifestou no sentido de que é dever da União Federal resguardar o sigilo das informações obtidas por meio de medidas de busca e apreensão, para proteger os fins da investigação perseguidos pelo Estado.[3] Tal resguardo também se faz necessário para evitar o risco de divulgação de dados confidenciais das partes envolvidas.[4]

Em Agravo de Instrumento interposto contra a decisão que indeferiu liminarmente a concessão de busca e apreensão, julgado pelo TRF da 3ª Região, foi reconhecido que o Acordo de Leniência não pode, por si só, ser considerado indício suficiente para justificar a busca e apreensão, uma vez que "seu autor como partícipe da conduta ilegal detém moral questionável para servir de prova". Contudo, ao julgar os embargos de declaração com efeitos infringentes, o Tribunal acabou deferindo as medidas de busca e apreensão, levando em consideração a notícia veiculada supervenientemente de que o suposto cartel

1. Apelação n. 0006710-60.2012.4.05.8400, Apelante: Salinor – Salinas do Nordeste S/A, Apelado CADE, julgado em novembro de 2013, 1ª Turma do TRF da 5ª Região; Agravo de Instrumento n. 0007298-13.2013.4.05.0000, Agravante: Bunge Alimentos S/A, Agravado: CADE, julgado em agosto de 2013, 1ª Turma do TRF da 5ª Região; Agravo de Instrumento n. 0019324-93.2009.4.01.0000, Agravante: Poliedro – Informática, Consultoria e Serviços Ltda., Agravado: União, julgado em junho de 2009, 5ª Turma do TRF da 1ª Região.
2. Agravo de Instrumento n. 0033229-10.2005.4.01.0000, Agravante: União Federal, Agravado: Peróxidos do Brasil Ltda. julgado em setembro de 2009, 5ª Turma do TRF da 1ª Região.
3. Agravo de Instrumento n. 0026511-06.2006.4.03.0000, Agravante: União, Agravado: Siemens Ltda., julgado em junho de 2012, 4ª Turma do TRF da 3ª Região (ainda não transitado em julgado).
4. Apelação n. 0014837-64.2006.4.03.6100, Apelante: Conbrás Engenharia Ltda., Apelado: União, julgado em maio de 2012, 6ª Turma do TRF da 3ª Região.

teria sido apurado pela Comissão Europeia com a devida identificação das empresas envolvidas, com ramificações em várias partes do mundo.[5]

Por fim, nesse contexto, existe ainda uma ressalva de que não se confunde a possibilidade de deferimento da busca e apreensão com a limitação de seu objeto ao caso concreto. Como tal medida sacrifica o direito subjetivo de intimidade da parte, resguardado pela Constituição Federal, é necessário que as medidas sejam tomadas no limite do estritamente necessário e que seja demonstrada sua utilidade na investigação.[6]

2. Competência

No que diz respeito à discussão sobre o foro competente para julgar conflitos envolvendo decisões proferidas pelo CADE, o STF já proferiu decisão com repercussão geral no sentido de que o critério de fixação de competência definido pelo art. 109, § 2º, da Constituição Federal deve ser estendido às autarquias federais.[7]

O mencionado artigo de lei prevê que as ações contra a União poderão ser julgadas pela Justiça Federal da seção judiciária em que for domiciliado o autor, naquela onde houver ocorrido o ato ou fato que deu origem à demanda ou onde esteja situada a coisa, ou ainda, no Distrito Federal. Assim, a partir do posicionamento adotado pelo STF, passou-se a entender que demandas judiciais em face do CADE podem ser ajuizadas inclusive no domicílio da parte autora.

5. Embargos de Declaração em Agravo de Instrumento n. 0017554-16.2006.4.03.0000, Agravante: União Federal; Agravado: Siemens Ltda. e outro, julgado em maio de 2007, 4ª Turma do TRF da 3ª Região.
6. Apelação n. 0004710-80.2013.4.05.8100, Apelante: CADE, Apelado: M Dias Branco S/A Indústria e Comércio de Alimento, julgado em março de 2016, 2ª Turma do TRF da 5ª Região (ainda não transitado em julgado).
7. Recurso Extraordinário n. 627.709, Recorrente: CADE, Recorrido: Delta-Serviços de Vigilância Ltda., julgado em agosto de 2008,1ª Turma do STJ. Recurso Especial n. 1.237.981/RS, Recorrente: CADE e Sindi Vigilantes do Sul e outro, julgado em fevereiro de 2011, 2ª Turma do STJ. Recurso Especial n. 1.143.572, Recorrente: CADE, Recorrido: Paulo Helder Bordin, julgado em setembro de 2009, 2ª Turma do STJ. Agravo de Instrumento n. 2008.04.00.021786-3, Agravante: Rudder Segurança Ltda. e outro, Agravado: CADE, julgado em julho de 2008, 4ª Turma do TRF da 4ª Região. Recurso Especial n. 1.208.887, Recorrente: CADE, Recorrido: Santos Brasil S/A, julgado em novembro de 2012, 2ª Turma do Superior Tribunal de Justiça.

Ainda sobre análise de competência, cabe citar que o Poder Judiciário também já se manifestou quanto ao conflito de competência entre o CADE e Banco Central do Brasil ("Bacen") para julgar ato de concentração envolvendo as instituições financeiras. Essa discussão foi enfrentada pelo Grupo Finasa no ano de 2000, ao submeter ato de concentração ao CADE. À época, a Advocacia Geral da União ("AGU") emitiu Parecer Vinculante, defendendo a competência exclusiva do Bacen para analisar tal matéria.

Nos autos do Recurso Especial n. 1094218/DF,[8] que acabou se tornando um importante precedente sobre o tema, o Superior Tribunal de Justiça ("STJ") considerou o Parecer da AGU e a aplicação do art. 192 da Constituição Federal e art. 18, § 2º, da Lei n. 4.595/2004 para reconhecer a competência exclusiva do Bacen para apreciar atos de concentração envolvendo instituições integrantes do Sistema Financeiro Nacional. O CADE recorreu ao STF, mas ainda não houve decisão sobre o mérito da questão pela Corte Suprema.[9]

3. Intervenção pelo CADE e por terceiro em ação anulatória

O art. 118 da Lei n. 12.529/2011 expressamente prevê que "nos processos judiciais em que se discuta a aplicação desta Lei, o CADE deverá ser intimado para, querendo, intervir no feito na qualidade de assistente."

A possibilidade de o CADE intervir em ações judiciais que discutem interesses meramente privados tem sido recorrentemente discutida na jurisprudência em vista da previsão legal acima transcrita. Debate-se, inclusive, se a intervenção do CADE se daria por meio da assistência – como mencionado na Lei n. 12.529/2011 – ou na qualidade de *amicus curiae*.

A 31ª Câmara de Direito Privado do TJSP,[10] por exemplo, entendeu ser indispensável a intimação do CADE para intervir em ação privada de indenização. Consignou-se expressamente que referida intervenção por parte do CADE se dá na qualidade de *amicus curiae*.

8. Recurso Especial n. 1094218, Recorrente: Banco BCN S/A, Recorrido: CADE, Fazenda Pública, julgado em agosto de 2010, 2ª Turma do Superior Tribunal de Justiça.
9. Sobre o tema, foi apresentado no Senado, em junho de 2016, Projeto de Lei n. 350 de 2015, de autoria do Senador Antonio Anastasia. Está pendente de julgamento o RE 664.189.
10. Agravo de Instrumento n. 0308366-72.2011.8.26.0000, Agravante: White Martins Gases Industriais Ltda., Agravada: Açocort Oxicorte Indústria E Comércio Ltda., julgado em abril de 2012, 31ª Câmara de Direito Privado do TJSP.

Adotando entendimento diverso, a 28ª Câmara de Direito Privado do TJSP[11] justificou a sua decisão sob o fundamento de que não cabe ao CADE intervir em feitos que discutam a existência de "prejuízos ou abusos que causam interferência em contratos de interesse apenas das partes".

A 3ª Turma do TRF da 5ª Região[12] também adotou referido posicionamento ao negar provimento ao recurso do CADE, consignando que eventual interesse da autarquia antitruste seria meramente intelectual e institucional, o que não justificaria a sua intervenção em ação proposta pelo Ministério Público Estadual.

Também já se discutiu a inclusão do CADE como assistente litisconsorcial da União Federal em ação cautelar de busca e apreensão. Com base no art. 118 da Lei n. 12.529/2011, a 4ª Turma do TRF da 3ª Região[13] manteve a decisão de 1ª instância, confirmando a possibilidade de intervenção da autarquia.

Outra discussão relativa à intervenção de terceiros diz respeito à possibilidade de uma parte ingressar como assistente litisconsorcial do CADE em Ação Anulatória. A 6ª Turma do TRF da 1ª Região[14] entendeu que esse não seria possível um terceiro participar da discussão, uma vez que não teria interesse jurídico (mas apenas econômico) no julgamento da Ação Anulatória.

4. Tutela antecipada para suspender os efeitos da decisão do CADE

Os requisitos para a concessão de tutela antecipada visando à suspensão dos efeitos de decisão administrativa do CADE também têm sido amplamente discutidos na jurisprudência.

11. Agravo de Instrumento n. 0156468-75.2012.8.26.0000, Agravante: Danpower Caldeiras e Equipamentos Ltda, Agravada: White Martins Gases Industriais Ltda., julgado em março de 2013, 28ª Câmara de Direito Privado do TJSP.
12. Agravo em Apelação Cível n. 421923/CE, Agravante: Drogaria São Paulo, Apelado: Ministério Público Federal, julgado em março de 2008, 3ª Turma do TRF da 5ª Região.
13. Agravo Regimental em Agravo de Instrumento n. 0028549-20.2008.4.03.0000/SP, Agravante: Areva Transmissão e Distribuição de Energia Ltda., Agravada: União Federal, julgado em maio de 2014, 4ª Turma do TRF da 3ª Região.
14. Agravo de Instrumento n. 2008.01.00.022820-7/DF, Agravante: Condomínio Shopping D, Agravado: CADE, julgado em junho de 2008, 6ª Turma do TRF da 1ª Região.

Nos termos do art. 93 da Lei n. 12.529/2011, as decisões condenatórias do CADE constituem título executivo extrajudicial e, conforme o art. 95, a suspensão da exigibilidade da multa pressupõe a garantia do juízo.[15]

Ao tratar de referido dispositivo, a autarquia sustenta que a lei antitruste exigiria o depósito em dinheiro para que seja possível suspender a exigibilidade de multa imposta. Por outro lado, partes condenadas pelo CADE argumentam que não há referida exigência na lei, uma vez que o texto legal menciona apenas que deve ser "garantido o juízo".

A 8ª Turma do TRF da 1ª Região[16] destacou que "a jurisprudência pátria vem admitindo a caução prestada nos autos de ação cautelar preparatória como suficiente para suspender a exigibilidade do crédito tributário", uma vez que não haveria na Lei Antitruste exigência de depósito da multa. Assim, admitiu-se o oferecimento de bem imóvel para suspender a exigibilidade da multa até o trânsito em julgado da ação anulatória e para determinar que o CADE se abstivesse de inscrever o nome da parte autora no Cadin ou em outros cadastros de inadimplentes.

Por outro lado, a 6ª Turma do TRF da 1ª Região[17] rejeitou a caução ofertada pela parte, consistente na marca da empresa e imóvel, sob o fundamento de que referidos bens não teriam liquidez imediata e que os respectivos valores estariam lastreados em avaliações produzidas unilateralmente.

Em Agravo de Instrumento relativo à suspensão de multa em valor de aproximadamente R$ 188 milhões, o Desembargador Relator consignou que "a fiança bancária da totalidade da multa imposta revela-se por demais onerosa", admitindo bens imóveis como garantia para suspender a exigibilidade da sanção pecuniária, decidindo que a diferença entre a avaliação e o valor remanescente deveria ser garantida por meio de fiança bancária. Ao rejeitar o Agravo Regimental interposto pelo CADE em referidos autos, a 5ª Turma do

15. Agravo de Instrumento n. 0070195-20.2015.4.01.0000, Agravante: Sindicato do Comercio Varejista de Derivados de Petróleo De Minas Gerais – Minaspetro, Agravado: CADE, julgado em: agosto de 2016, 5ª Turma do TRF da 1ª Região (ainda não transitado em julgado). Agravo de Instrumento n. 0006655-42.2008.4.01.0000, Agravante: CADE, Agravado: Astrazeneca do Brasil Ltda., julgado em agosto de 2008, 7ª Turma do TRF da 1ª Região.

16. Agravo de Instrumento n. 2008.01.00.007703-7/DF, Agravante: Eli Lilly do Brasil Ltda., Agravado: CADE, julgado em fevereiro de 2008, 8ª Turma do TRF da 1ª Região.

17. Agravo de Instrumento n. 0027188-75.2015.4.01.0000, Agravante: Ditrento Postos e Logística Ltda. e outros, Agravado: CADE, julgado em setembro de 2015, 6ª Turma do TRF da 1ª Região.

TRF da 1ª Região[18] também consignou que "não há no texto legal referência a depósito em dinheiro no valor da multa aplicada como pretende a autarquia agravada, sendo tal conclusão divorciada da realidade e desprovida de suporte legal". Ressaltou-se, no entanto, que há necessidade de oferecimento de garantia idônea, que corresponda ao valor da multa e apresente liquidez suficiente.

Ainda a respeito das modalidades de caução, 5ª Turma do TRF da 1ª Região[19] já consignou entendimento de que não se pode admitir que a integralidade da multa seja caucionada exclusivamente por meio de quotas sociais da empresa, uma vez que, se a ação for julgada improcedente, "a execução da multa terá impacto direto no patrimônio líquido, em que o capital social está inserido", o que abalaria a "efetiva possibilidade de ressarcimento de dano eventual e futuro".

Em alguns casos também foi discutida a necessidade de oferecimento de caução adicional para as obrigações de fazer e não fazer impostas pelo CADE. Ao analisar a questão, em decisão proferida no ano de 2011, a 2ª Turma do STJ[20] entendeu que "tratando-se de obrigação de pagar, deve-se realizar o depósito no valor da multa aplicada; sendo obrigação de fazer, cabe ao juiz fixar o valor de caução idônea a garantir o cumprimento da decisão final."

Na mesma linha, a 7ª Turma do TRF da 1ª Região[21] adotou o posicionamento de que o depósito em valor equivalente à multa não suspenderia a exigibilidade das demais sanções impostas pela decisão plenária do CADE, uma vez que a decisão administrativa teria força de título executivo extrajudicial que somente poderia ser desconstituída mediante a garantia do juízo.

Por outro lado, a mesma 7ª Turma do TRF da 1ª Região,[22] por exemplo, consignou que a suspensão da obrigação de publicação em jornal de grande

18. Agravo de Instrumento n. 68189162010401000O/DF, Agravante: Linde Gases Ltda., Agravado: CADE, julgado em fevereiro de 2011, 5ª Turma do TRF da 1ª Região.
19. Agravo de Instrumento n. 0010675-37.2012.4.01.0000/DF, Agravante: White Martins Gases Industriais Ltda., Agravado: CADE, julgado em agosto de 2013, 5ª Turma do TRF da 1ª Região.
20. Recurso Especial n.1156176/RS, Recorrente: CADE, Recorrido: Seltec Vigilância Especializada Ltda. e Outro, julgado em junho de 2010, 2ª Turma do STJ.
21. Agravo Interno no Agravo de Instrumento n. 2007.01.00.047431-5/DF, Agravante no Agravo Interno: Cooperativa dos Médicos Anestesiologistas da Bahia – COOPANEST, Agravado: CADE, julgado em agosto de 2008, 7ª Turma do TRF da 1ª Região.
22. Agravo Regimental no Agravo de Instrumento n. 2008.01.00.005956-3/DF, Agravante: CADE, Agravado: Pharmacia Brasil Ltda., julgado em agosto de 2008, 7ª Turma do TRF da 1ª Região.

circulação seria consectário da própria suspensão da exigibilidade da multa. Não houve fundamentação adicional para aclarar referido entendimento.

Com relação ao requisito da verossimilhança, indispensável à concessão de medidas de urgência, a 4ª Turma do TRF da 4ª Região[23] foi expressa ao entender que não basta a alegação da parte de não ter participado no cartel. Como consignado na decisão, "a desconstituição de ato administrativo exige mais do que a simples alegação da parte supostamente prejudicada." Assim, diante da ausência de prova mais robusta, o Tribunal manteve a decisão que negou a tutela antecipada para suspensão dos efeitos da decisão condenatória do CADE.

5. Conexão

Em um dos casos analisados, a parte impetrou Mandado de Segurança com o objetivo de discutir a configuração de litispendência entre dois processos administrativos instaurados perante o CADE. Ao apreciar o recurso de apelação, a 5ª Turma do TRF da 1ª Região[24] ponderou que a questão deveria ser analisada sob a ótica do Direito Penal, por entender que as infrações administrativas teriam a mesma natureza das infrações penais.

No entanto, mencionou que, apesar de ser recomendável, a união de feitos conexos não seria obrigatória, mencionando a possibilidade de "posterior unificação de eventuais penas administrativas."

Também se discute na jurisprudência a conexão entre ações judiciais visando à anulação de uma mesma decisão administrativa proferida pelo CADE.

Ao apreciar a questão, a 4ª Turma do TRF da 4ª Região[25] entendeu que, se as demandas judiciais discutem os mesmos vícios formais do processo administrativo e o caráter confiscatório da multa, haveria identidade de pedido e causa de pedir. Também consignou que o CADE teria condenado as partes por cartel, o que ensejaria fatos semelhantes nas relações jurídicas que envolvem os dois processos, o que, em tese, corroboraria a conexão.

23. Agravo de Instrumento n. 2008.04.00.017209-0/RS, Agravante: Segurança e Transporte de Valores Panambi Ltda., Agravado: CADE, julgado em: maio de 2009, 4ª Turma do TRF da 4ª Região.
24. Apelação n. 0040756-27.2007.4.01.3400, Apelante: Votorantim Cimentos S.A., Apelado: CADE, julgado em fevereiro de 2014, 5ª Turma do TRF da 1ª Região.
25. Agravo de Instrumento n. 5030405-23.2016.4.04.0000/RS, Agravante: Santa Lucia Comercio e Pavimentações Ltda. e Ivo Santa Lucia, Agravado: CADE/ ANP, julgado em outubro de 2016, 4ª Turma do TRF da 4ª Região.

Por outro lado, por meio de decisão monocrática, foi negado seguimento a Agravo de Instrumento interposto pelo CADE requerendo que fossem reunidas ações anulatórias. O Desembargador Relator da 5ª Turma do TRF da 1ª Região[26] mencionou que o órgão jurisdicional não tem o dever de reunir causas consideradas conexas, tratando-se de mera faculdade processual, conforme entendimento do STJ.

6. Anulação de decisão administrativa do CADE por vícios formais

Inúmeros são os argumentos trazidos ao Poder Judiciário por empresas e pessoas físicas condenadas pelo CADE com o objetivo de tentar desconstituir decisão administrativa. O ponto de partida para referidas discussões reside no fato de que o CADE, na qualidade de ente da Administração Pública indireta, deve observar os princípios administrativos, dentre eles os princípios do contraditório e da ampla defesa.

A seguir será analisado o entendimento adotado pelo Poder Judiciário a respeito de algumas alegações de ordem formal invocadas pelas partes. No entanto, como já destacado, não se pretende esgotar o tema, mas apenas apresentar alguns exemplos sobre o tema.

Uma decisão interessante proferida pelo Tribunal Regional Federal da 1ª Região anulou multa aplicada pelo CADE em Processo Administrativo, diante da recusa da autoridade em franquear vistas aos documentos (processo administrativo da ANATEL que foi remetido à autarquia) que podem ter embasado, ou ao menos influenciado, a condenação das empresas.[27]

Em outro caso recente, o juízo da 3ª Vara Federal Cível de Brasília anulou a decisão da Superintendência-Geral do CADE que negou prazo complementar para a defesa das empresas Representadas em investigação relacionada à Operação Lava Jato, devido a dois Termos de Compromisso de Cessação juntados supervenientemente aos autos.[28]

26. Agravo de Instrumento n. 0053285-54.2011.4.01.0000/DF, Agravante: CADE, Agravada: White Martins Gases Industriais Ltda., julgado em novembro de 2011, 5ª Turma do TRF da 1ª Região.
27. Apelação n. 0030258-37.2005.4.01.3400, Apelante: Antenas Comunitárias Brasileiras Ltda. e outros, Apelado: CADE, julgado em abril de 2016, 5ª Turma do TRF da 1ª Região (ainda não transitado em julgado).
28. Mandado de Segurança n. 100101511.2017.4.01.3400 (processo em segredo de justiça). Foi publicado no *DOU* em 24-2-2017 o despacho proferido pela Superintendência do CADE, determinando a devolução integral do prazo para defesa, em cumprimento à decisão do mandado de segurança.

Outro vício formal discutido na esfera judicial diz respeito à ausência de intimação do advogado da parte para julgamento pelo CADE. Ao apreciar reexame necessário[29], o Tribunal da 1ª Região manteve a decisão de 1ª instância que decretou a nulidade do julgamento no processo administrativo n. 08012.001826/2003-10, tendo em vista a ausência de intimação do advogado sobre a pauta de julgamento, determinando a realização de novo julgamento. Nesse contexto, considerou-se que a falta de intimação acabou por causar prejuízos graves à defesa, que não teve a oportunidade de realizar a sustentação oral, apresentar memoriais ou se utilizar de outros meios disponíveis para tanto.

No mesmo sentido, ao julgar apelação interposta em Mandado de Segurança, a 5ª Turma do TRF da 1ª Região[30] relatou no acórdão que, embora tivesse constado o nome da parte na publicação, não constou o nome dos respectivos advogados. Assim, a concessão da segurança foi mantida para anular o processo administrativo a partir da intimação para julgamento.

Entretanto, os Tribunais também tendem a rejeitar alegações de vícios formais quando não houver prejuízo à parte. Com efeito, ao apreciar recurso de apelação interposto nos autos de uma Ação Anulatória, a 5ª Turma do TRF da 1ª Região[31] consignou que cabe à própria autoridade responsável pela instrução do processo administrativo selecionar as provas que entende pertinentes. Também não considerou nula a prova testemunhal produzida a despeito de não ter sido respeitado o prazo de antecedência mínima de três dias para intimação da parte, uma vez que estas compareceram e estavam devidamente representadas, de tal sorte que não houve prejuízo concreto à apelante. Foi igualmente afastada a alegação de suspeição das testemunhas, já que, à época do depoimento, não havia conflito de interesses.

Em outro caso, a parte pretendia que fosse decretada a nulidade da decisão do CADE em razão de alegado equívoco na contagem de votos dos Conselheiros, invocando para tanto dispositivos da Lei n. 8.884/94 e do Regimento Interno da autarquia. Por maioria de votos, a 6ª Turma do TRF da

29. Reexame Necessário n. 0039691-94.2007.4.01.3400, Recorrente: CADE, Recorrido: Ondrepsb Serviço de Guarda e Vigilância Ltda., julgado em janeiro de 2013, 6ª Turma do TRF da 1ª Região.

30. Apelação n. 200034000076571, Reexame necessário: CADE, Apelado: Unimed Florianópolis Cooperativa de Trabalho Medico Ltda. julgado em maio de 2010, 5ª Turma do TRF da 1ª Região.

31. Apelação n. 2003.34.00.019038-3/DF, Apelante: Gerdau S.A., Apelado: CADE, julgado em maio de 2016, 5ª Turma do TRF da 1ª Região.

1ª Região[32] entendeu que o voto regular e o voto de qualidade proferidos pelo Conselheiro Presidente não se confundem e podem ser cumulados no mesmo julgamento. Assim, foi mantida a decisão administrativa do CADE.

Ao apreciar a questão, o STJ também entendeu que a própria Lei n. 8.884/94 permite ao Presidente do CADE votar e também desempatar, mantendo a decisão proferida pelo TRF da 1ª Região.[33]

Em outro caso, as partes condenadas pelo CADE por formação de cartel no ramo de vigilância (fraude em procedimentos licitatórios) ingressaram com ação visando à declaração de nulidade da decisão administrativa. Em breve síntese, argumentaram que a prova colhida na esfera administrativa seria ilícita, uma vez que a utilização como meio de prova de gravações telefônicas, e-mails e arquivos eletrônicos seria permitida tão somente quando houver fortes indícios da existência de fato criminoso, o que não seria o caso dos autos.

Ao julgar a apelação interposta nos autos, a 3ª Turma do TRF da 4ª Região[34] adotou o posicionamento de que, apesar de ter sido reconhecida a ilegalidade das escutas telefônicas no âmbito penal, elas não teriam sido utilizadas como "meio de prova", mas apenas como "prova emprestada, na espécie documental" no âmbito administrativo. Ainda, destacou-se no voto condutor a autonomia entre as esferas administrativa, cível e criminal, tendo sido consignado pelo Desembargador Relator que a decisão do CADE teria se baseado em "diversos elementos probantes que, em conjunto, sedimentam e substancializam as ofensas às normas protetivas à concorrência, não existindo qualquer prejuízo pela simples desconsideração da prova emprestada".

7. Provas

Tema que tem igualmente gerado discussões diz respeito à possibilidade de a parte produzir prova em ação anulatória, especialmente considerando que já foram produzidas provas no âmbito administrativo e que o Poder Judiciário não poderia, em princípio, analisar o mérito administrativo.

32. Apelação n. 0032550-92.2005.4.01.3400, Apelante: Companhia Vale do Rio Doce - CVRD, Apelado: CADE, julgado em março de 2007, 6ª Turma do TRF da 1ª Região.
33. Recurso Especial n. 966.930 – DF, Recorrente: Companhia Vale do Rio Doce – CVRD, Recorrido: CADE, julgado em agosto de 2007, 2ª Turma do STJ.
34. Apelação n. 5006908-93.2011.404.7100/RS, Apelante: Proservu Serviços de Vigilância Ltda., Apelado: CADE, julgado em: maio de 2014, 3ª Turma do TRF da 4ª Região.

Em ação anulatória de decisão administrativa, a 8ª Turma do TRF da 1ª Região[35] entendeu que é necessária a realização de prova testemunhal para "esclarecer os fatos que levaram o CADE a aplicar-lhe multa pela prática restritiva à livre concorrência e abuso de posição dominante". Destacou-se ainda ser necessária prova oral para evitar futura alegação de cerceamento do direito de defesa, mencionando ainda que "a prova testemunhal é sempre admissível", quando a lei não dispuser em contrário.

Em outro precedente recente, a 6ª Turma do TRF da 3ª Região[36] ressaltou a importância da ampla dilação probatória e de prova pericial em ação anulatória de decisão do CADE, para "primeiramente, apurar a participação, ou não, das agravantes na formação de cartel e, conforme o caso, para reavaliar os valores das multas. "

O TRF da 1ª Região também analisou outro caso, no qual a parte autora sustentava que era nula a decisão do CADE porque a única prova que teria embasado a condenação seria uma gravação ambiental de diálogo, a qual teria sido feita sem autorização. Além disso, a gravação também teria sido supostamente editada e teria omitido diversos trechos relevantes.

Em 1ª instância, o juízo havia julgado improcedente a demanda por se tratar de alegação genérica de ofensa ao devido processo legal.

A 5ª Turma do TRF da 1ª Região[37], contudo, entendeu ser necessária a realização de perícia técnica na gravação para verificar a sua autenticidade e o seu inteiro teor, determinando assim a anulação da sentença em atenção aos princípios do contraditório e ampla defesa.

Em outro julgado analisado, o Tribunal deu provimento à apelação[38] interposta em face do CADE, para anular a sentença e remeter os autos à origem para dilação probatória. O Tribunal entendeu que a decisão administrativa

35. Agravo de Instrumento n. 2004.01.00.010026-9/DF, apelante: UNIMED Uberlândia – Cooperativa Regional de Trabalho Médico Ltda., Agravado: CADE, julgado em: maio de 2005, 8ª Turma do TRF da 1ª Região.

36. Agravo de Instrumento n. 0005091-90.2016.4.03.0000/SP, Agravante: Flexomarine S/A, Agravado: CADE, julgado em novembro de 2016, 6ª Turma do TRF da 3ª Região.

37. Apelação n. 0051179-41.2010.4.01.3400/DF, Apelante: Continental Brasil Indústria Automotiva Ltda., Apelado o: CADE, julgado em: outubro de 2013, 5ª Turma do TRF da 1ª Região.

38. Apelação n. 0100811-02.2016.8.21.700, Apelante e Apelado: P. Grando e Grando Ltda. e Ministério Público, julgado em novembro de 2016, 17ª Câmara Cível do Tribunal do Rio Grande do Sul.

que reconheceu a formação de cartel baseou-se, principalmente, em informações obtidas mediante contatos telefônicos não gravados. Segundo o acórdão, consta nos autos do processo administrativo somente registro de que os dados mencionados foram coletados por telefone, configurando, portanto, provas produzidas unilateralmente e de difícil impugnação pelas investigadas. Nesse sentido, o Judiciário concedeu a produção de prova testemunhal, com o objetivo de evitar prejuízo de defesa das apelantes.

8. Valor da causa

Questão processual relevante diz respeito ao valor que deve ser atribuído às Ações Anulatórias ajuizadas em face do CADE visando à desconstituição de decisão condenatória. A 4ª Turma do TRF da 4ª Região[39] adotou o posicionamento de que o valor da causa deve corresponder ao proveito econômico a ser auferido com a procedência da demanda. Assim, deveria equivaler ao valor da multa que se pretende anular.

Esse também foi o entendimento da 5ª Turma do TRF da 1ª Região,[40] ao registrar que o benefício pretendido pela parte autora "corresponderá ao valor da multa aplicada, importância da qual se desincumbirá através da desconstituição do acórdão prolatado pelo agravante – seu pedido principal", concluindo que o valor da causa deve se adequar ao *quantum* da penalidade administrativa.

9. Conclusão

Questões em matéria antitruste vêm sendo discutidas com mais intensidade nos últimos anos perante os Tribunais brasileiros, mas a posição da jurisprudência ainda não está consolidada em relação a alguns temas. Como se pode depreender da análise dos julgados acima, inúmeras questões ainda são divergentes dentro de um mesmo Tribunal e podem ensejar insegurança jurídica para as partes litigantes.

No entanto, o momento é propício para que o Poder Judiciário possa uniformizar a jurisprudência sobre pontos extremamente relevantes para o Direito Concorrencial.

39. Agravo de Instrumento n. 5011585-58.2013.404.0000/RS, agravante: Ondrepsb Serviços de Guarda e Vigilância Ltda., agravado: CADE, julgado em: setembro de 2014, 4ª Turma do TRF da 4ª Região.
40. Agravo de Instrumento n. 2008.01.00.020506/DF, Agravante: CADE, Agravado: Belgo Siderurgia S/A, julgado em abril de 2013, 5ª Turma do TRF da 1ª Região.

Referências bibliográficas

BRASIL. Tribunal Regional Federal (1ª Região). Agravo de Instrumento n. 2004.01.00.010026-9/DF. Agravante: UNIMED Uberlândia - Cooperativa Regional de Trabalho Médico Ltda., Agravado: CADE. Relator: Leomar Barros Amorim de SOUSA. Julgado em: maio de 2005.

______. ______. Tribunal Regional Federal (1ª Região). Apelação n. 0032550-92.2005.4.01.3400. Apelante: Companhia Vale do Rio Doce - CVRD. Apelado: CADE. Relator: Presidente. Julgado em março de 2007.

______. ______. Agravo de Instrumento n. 2008.01.00.007703-7/DF, Agravante: Eli Lilly do Brasil Ltda., Agravado: CADE. Relator: José Amilcar Machado. Julgado em fevereiro de 2008.

______. ______. Agravo de Instrumento n. 2008.01.00.022820-7/DF. Agravante: Condomínio Shopping D. Agravado: CADE. Relator: Maria Isabel Gallotti Rodrigues. Julgado em junho de 2008.

______. ______. Agravo Interno no Agravo de Instrumento n. 2007.01.00.047431-5/DF. Agravante no Agravo Interno: Cooperativa dos Médicos Anestesiologistas da Bahia - COOPANEST. Agravado: CADE. Relator: Jirair Aram Meguerian. Julgado em agosto de 2008.

______. ______. Agravo de Instrumento n. 0006655-42.2008.4.01.0000. Agravante: CADE. Agravado: Astrazeneca do Brasil Ltda. Relator: Itelmar Raydan Evangelista. Julgado em agosto de 2008.

______. ______. Agravo Regimental no Agravo de Instrumento n. 2008.01.00.005956-3/DF. Agravante: CADE. Agravado: Pharmacia Brasil Ltda., Relator: Itelmar Raydan Evangelista. Julgado em agosto de 2008.

______. ______. Agravo de Instrumento n. 0033229-10.2005.4.01.0000, Agravante: União Federal, Agravado: Peróxidos do Brasil Ltda. Relator: Selene Maria De Almeida. Julgado em setembro de 2009.

______. ______. Apelação n. 200034000076571. Reexame necessário: CADE. Apelado: Unimed Florianópolis Cooperativa de Trabalho Medico Ltda. Relator: Vice Presidente.

Julgado em maio de 2010.

______. ______. Agravo de Instrumento n. 681891620104010000/DF. Agravante: Linde Gases Ltda. Agravado: CADE. Relator: Selene Maria De Almeida. Julgado em fevereiro de 2011.

______. ______. Agravo de Instrumento n. 0053285-54.2011.4.01.0000/DF. Agravante: CADE. Agravada: White Martins Gases Industriais Ltda. Relator: João Batista Moreira. Julgado em novembro de 2011.

______. ______. Reexame Necessário n. 0039691-94.2007.4.01.3400. Recorrente: CADE. Recorrido: Ondrepsb Serviço de Guarda e Vigilância Ltda. Relator: Vice Presidente. Julgado em janeiro de 2013.

______. ______. Agravo de Instrumento n. 2008.01.00.020506/DF, Agravante: CADE, Agravado: Belgo Siderurgia S/A. Relator: Souza Prudente. Julgado em abril de 2013.

______. ______. Agravo de Instrumento n. 0010675-37.2012.4.01.0000/DF. Agravante: White Martins Gases Industriais Ltda.. Agravado: CADE. Relator: Vice-Presidente. Julgado em agosto de 2013.

______. ______. Apelação n. 0051179-41.2010.4.01.3400/DF. Apelante: Continental Brasil Indústria Automotiva Ltda.. Apelado: CADE. Relator: Selene Maria De Almeida. Julgado em: outubro de 2013.

______. ______. Apelação n. 0040756-27.2007.4.01.3400, Apelante: Votorantim Cimentos S.A., Apelado: CADE. Relator: Vice-Presidente Julgado em fevereiro de 2014.

______. ______. Agravo de Instrumento n. 0027188-75.2015.4.01.0000. Agravante: Ditrento Postos e Logística Ltda. e outros. Agravado: CADE. Relator: Vice-Presidente. Julgado em setembro de 2015.

______. ______. Apelação n. 0030258-37.2005.4.01.3400. Apelante: Antenas Comunitárias Brasileiras Ltda. e outros. Relator: Federal Presidente. Apelado: CADE, julgado em abril de 2016.

______. ______. Apelação n. 2003.34.00.019038-3/DF. Apelante: Gerdau S.A.. Apelado: CADE. Relator: Presidente. Julgado em maio de 2016.

______. ______. Agravo de Instrumento n. 0070195-20.2015.4.01.0000. Agravante: Sindicato do Comercio Varejista de Derivados de Petróleo De Minas Gerais – Minaspetro. Agravado: CADE. Relator: Souza Prudente. Julgado em: agosto de 2016.

______. Tribunal Regional Federal (3ª Região). Embargos de Declaração em Agravo de Instrumento n. 0017554-16.2006.4.03.0000. Agravante: União Federal. Agravado: Siemens Ltda. e outro. Relator: Fábio Prieto. Julgado em maio de 2007.

______. ______. Apelação n. 0014837-64.2006.4.03.6100, Apelante: Conbrás Engenharia Ltda., Apelado: União. Relatora: Consuelo Yoshida. Julgado em maio de 2012.

______. ______. Agravo de Instrumento n. 0026511-06.2006.4.03.0000. Agravante: União, Agravado: Siemens Ltda. Relatora: Suzana Camargo. Julgado em junho de 2012.

______. ______. Agravo Regimental em Agravo de Instrumento n. 0028549-20.2008.4.03.0000/SP. Agravante: Areva Transmissão e Distribuição de Energia Ltda., Agravada: União Federal. Julgado em maio de 2014.

______. ______. Agravo de Instrumento n. 0005091-90.2016.4.03.0000/SP, Agravante: Flexomarine S/A, Agravado: CADE. Relator: Consuelo Yoshida. Julgado em novembro de 2016.

______. Tribunal Regional Federal (4ª Região). Agravo de Instrumento n. 2008.04.00.017209-0/RS, Agravante: Segurança e Transporte de Valores Panambi Ltda., Agravado: CADE, julgado em: maio de 2009.

______. ______. Apelação n. 5006908-93.2011.404.7100/RS. Apelante: Proservu Serviços de Vigilância Ltda., Apelado: CADE. Relator: Maria De Fátima Freitas Labarrère. Julgado em: maio de 2014.

______. ______. Agravo de Instrumento n. 5011585-58.2013.404.0000/RS. Agravante: Ondrepsb Serviços de Guarda e Vigilância Ltda. Agravado: CADE. Relator: Vivian Josete Pantaleão Caminha. Julgado em: setembro de 2014.

______. ______. Agravo de Instrumento n. 5030405-23.2016.4.04.0000/RS. Agravante: Santa Lucia Comercio e Pavimentações Ltda. EIvo Santa Lucia. Agravado: CADE/ ANP. Relator: Vivian Josete Pantaleão Caminha. Julgado em outubro de 2016.

______. Tribunal Regional Federal (5ª Região). Agravo em Apelação Cível n. 421923 – CE. Agravante: Drogaria São Paulo. Apelado: Ministério Público Federal. Relator: Paulo Roberto De Oliveira Lima. Julgado em março de 2008.

______. ______. Agravo de Instrumento n. 0019324-93.2009.4.01.0000, Agravante: Poliedro – Informática, Consultoria e Serviços Ltda., Agravado: União. Relator: Federal Presidente. Julgado em junho de 2009.

______. ______. Agravo de Instrumento n. 0007298-13.2013.4.05.0000. Agravante: Bunge Alimentos S/A. Agravado: CADE. Relator: Francisco Cavalcanti. Julgado em agosto de 2013.

______. ______. Apelação n. 0006710-60.2012.4.05.8400. Apelante: Salinor – Salinas do Nordeste S/A, Apelado CADE. Relator: Francisco Cavalcanti. Julgado em novembro de 2013.

______. ______. Apelação n. 0004710-80.2013.4.05.8100. Apelante: CADE. Apelado: M Dias Branco S/A Indústria e Comércio de Alimento. Relator: Paulo Roberto de Oliveira Lima. Julgado em março de 2016.

______. Superior Tribunal de Justiça. Recurso Especial n. 966.930 – DF. Recorrente: Companhia Vale do Rio Doce – CVRD. Recorrido: CADE. Relator: Eliana Calmon. Julgado em agosto de 2007.

______. ______. Recurso Especial n. 1.143.572. Recorrente: CADE, Recorrido: Paulo Helder Bordin. Relator: Herman Benjamin. Julgado em setembro de 2009.

______. ______. Recurso Especial n. 1156176/RS, Recorrente: CADE. Recorrido: Seltec Vigilância Especializada Ltda. e Outro. Relator: Eliana Calmon. Julgado em junho de 2010.

______. ______. Recurso Especial n. 1094218, Recorrente: Banco BCN S/A, Recorrido: CADE. Relator: Cesar Asfor Rocha. Julgado em agosto de 2010.

______. ______. Recurso Especial n. 1.237.981 – RS, Recorrente: CADE e Sindi Vigilantes do Sul e outro. Relator: Herman Benjamin. Julgado em fevereiro de 2011.

______. ______. Recurso Especial n. 1.208.887, Recorrente: CADE, Recorrido: Santos Brasil S/A, Relator: Herman Benjamin. Julgado em novembro de 2012.

______. Supremo Tribunal Federal. Recurso Extraordinário n. 627.709. Recorrente: CADE. Recorrido: Delta-Serviços de Vigilância Ltda. Relator: Edson Fachin. Julgado em agosto de 2008.

______. Tribunal de Justiça do Estado de São Paulo. Agravo de Instrumento n. 0308366-72.2011.8.26.0000. Agravante: White Martins Gases Industriais Ltda. Agravada: Açocort Oxicorte Indústria e Comércio Ltda., Relator: Francisco Casconi julgado em abril de 2012.

______. ______. Agravo de Instrumento n. 0156468-75.2012.8.26.0000. Agravante: Danpower Caldeiras e Equipamentos Ltda. Agravada: White Martins Gases Industriais Ltda., Relator: Manoel Justino Bezerra Filho. Julgado em março de 2013.

_____ Tribunal do Rio Grande do Sul. Apelação n. 0100811-02.2016.8.21.700. Apelante e Apelado: P. Grando e Grando Ltda. e Ministério Público. Relator: Marta Borges Ortiz. Julgado em novembro de 2016.

Cerceamento de defesa, produção de provas e busca e apreensão

Antônio Menezes Neto
Eduardo Caminati Anders
Luiz Fernando S. L. Coimbra

O presente artigo tem por objetivo, a partir da análise dos acórdãos constantes da tabela de jurisprudência elaborada pelos membros do Comitê de Contencioso Econômico do IBRAC ("Levantamento Jurisprudencial"), traçar um panorama de como estão sendo enfrentadas, pelo Poder Judiciário, questões a respeito do Cerceamento de Defesa e Produção de Provas no âmbito dos Processos Administrativos que tramitaram ou ainda estão em trâmite no CADE, bem como as medidas de Busca e Apreensão ajuizadas para melhor instruir as investigações de cartel pela referida autarquia.

A partir da pesquisa elaborada pelos membros do Comitê, pudemos selecionar dezessete acórdãos relacionados ao tema acima proposto, na medida em que, apesar de haver uma enormidade de julgados retratados no Levantamento Jurisprudencial, por questões de brevidade do presente artigo, não seria possível tratar sobre todos eles. Da totalidade dos acórdãos selecionados a fim de subsidiar o presente trabalho, em quatro deles pudemos observar que a questão central discutida se relacionava a eventual cerceamento de defesa havido durante o trâmite do Processo Administrativo no CADE; por outro lado, três tratavam sobre questões atinentes à produção de provas; e, por fim, dez tratavam sobre questões cujo tema central era a busca e apreensão promovida pelo CADE a fim de instruir inquéritos ou processos administrativos sancionadores.

Antes de adentrar ao estudo dos acórdãos propriamente dito, vale destacar que, diante do caráter persecutório da atuação do CADE nos Processos Administrativos para imposição de sanções administrativas por infrações à ordem econômica, os jurisdicionados tendem a recorrer ao Poder Judiciário com mais frequência nesses casos do que nas hipóteses de Atos de Concentração. Em verdade, o fato de a aprovação do CADE ser condição prévia à realização dos atos de concentração também funciona como um inibidor da judicialização de questões envolvendo atos de concentração, pois isso envolveria o dispêndio de ainda mais tempo para a realização de uma operação. Assim, o enfoque central da pesquisa realizada pelos membros do Comitê foi a revisão judicial de atos praticados pelo CADE no âmbito de processos sancionadores, de modo que não abordaremos, no presente artigo, eventuais questões suscitadas no âmbito de atos de concentração.

1. Cerceamento de defesa

Questões envolvendo possível cerceamento de defesa em Processos Administrativos - que pode também ser tratado como inobservância do princípio do contraditório e da ampla defesa -, podem surgir em dois momentos distintos no âmbito do CADE. O primeiro, durante a instrução processual do Processo Administrativo no CADE, que é de competência da Superintendência-Geral do CADE,[1] situação na qual o particular pode ter seu direito à ampla defesa tolhido de alguma forma, *e.g.*, impedimento de acesso aos documentos dos autos ou indeferimento na produção de alguma prova requerida, e assim, intentar alguma medida perante o Poder Judiciário a fim de, seguindo os exemplos dados, produzir aquela prova que havia sido indeferida ou, ainda, obter acesso aos pretendidos documentos. O segundo momento no qual pode ser discutido o cerceamento de defesa se dá após o julgamento final do Processo Administrativo no CADE, o qual é de competência do Tribunal do CADE,[2] situação na qual, normalmente, o particular ingressa com alguma

1. Nos termos do art. 13, V, da Lei n. 12.529/2011, "Compete à Superintendência-Geral instaurar e instruir processo administrativo para imposição de sanções administrativas por infrações à ordem econômica, procedimento para apuração de ato de concentração, processo administrativo para análise de ato de concentração econômica e processo administrativo para imposição de sanções processuais incidentais instaurados para prevenção, apuração ou repressão de infrações à ordem econômica".
2. Nos termos do art. 9º, III, da Lei n. 12.529/2011, "Compete ao Plenário do Tribunal, dentre outras atribuições previstas nesta Lei, decidir os processos administra-

medida perante o Poder Judiciário a fim de ver anulada a decisão final proferida pelo Tribunal do CADE.

Como exemplo do primeiro caso acima tratado, i.e., vícios processuais durante a instrução processual, destacamos o caso envolvendo as investigações no mercado de peróxido de hidrogênio, cujo julgado foi proferido pela Quinta Turma do Tribunal Regional Federal da Primeira Região, no julgamento em Reexame Necessário de sentença prolatada nos autos de Mandado de Segurança.[3] O *mandamus* foi impetrado em razão da extinta Secretaria de Direito Econômico do Ministério da Justiça ter cancelado a oitiva de algumas testemunhas e indeferido a de outras, as quais seriam de suma importância para o deslinde da causa, procedendo ao encerramento da instrução probatória e consequente remessa dos autos ao CADE para julgamento, com parecer recomendando a condenação justamente da parte que não teve a oportunidade de ouvir as testemunhas arroladas.

Em primeiro grau de jurisdição, foi deferida liminar no sentido de suspender a decisão da extinta Secretaria de Direito Econômico que encerrou a fase probatória e remeteu os autos ao CADE para julgamento, determinando, ainda, a realização das oitivas requeridas. Por fim, a segurança foi concedida,

---

tivos para imposição de sanções administrativas por infrações à ordem econômica instaurados pela Superintendência-Geral".

3. CONSTITUCIONAL E ADMINISTRATIVO. MANDADO DE SEGURANÇA. PROCEDIMENTO ADMINISTRATIVO. MERCADO DE PERÓXIDO DE HIDROGÊNIO. APURAÇÃO DE PRÁTICAS INIBIDORAS DA LIVRE CONCORRÊNCIA. PRODUÇÃO DE PROVA TESTEMUNHAL. INDEFERIMENTO. AFRONTA AOS PRINCÍPIOS CONSTITUCIONAIS DA AMPLA DEFESA E DO CONTRADITÓRIO.

   I – A garantia constitucional do contraditório e da ampla defesa, observado o devido processo legal, é assegurada a todos os litigantes, na esfera judicial ou administrativa (Constituição Federal, art. 5º, LIV e LV).

   II – No caso concreto, negativa de produção de prova oral, em sede de procedimento administrativo, instaurado no âmbito da Secretaria de Direito Econômico do Ministério da Justiça, para fins de apuração da eventual existência de condutas contrárias à livre concorrência supostamente praticadas pelo impetrante no mercado brasileiro de peróxido de hidrogênio, configura afronta à referida garantia constitucional, mormente em face da gravidade dos fatos sob investigação, do que poderá resultar, inclusive, possível configuração de ilícito penal.

   III – Remessa oficial desprovida. Sentença confirmada. (BRASIL. Tribunal Regional Federal da 1ª Região. Reexame Necessário n. 2006.34.00.023211-0/DF. Órgão Julgador: Quinta Turma. Relator: Desembargador Federal Souza Prudente. Julgado em 9-4-2012).

confirmando a liminar deferida de início e, em segundo grau de jurisdição, ao realizar o reexame necessário, o Tribunal entendeu pela manutenção da sentença.

É interessante notar que no caso em debate, inobstante o poder discricionário da administração pública, inclusive no tocante à necessidade da produção de determinadas provas, o direito ao contraditório e à mais ampla defesa prevaleceu frente aos poderes instrutórios da autoridade pública, tudo com base no art. 5º, LIV e LV, da Constituição Federal,[4] dispositivos estes que consagraram os princípios do devido processo legal e do contraditório e ampla defesa, respectivamente.

De outra banda, com relação aos casos em que o cerceamento de defesa é ventilado no Judiciário em momento posterior ao julgamento do Processo Administrativo pelo Tribunal do CADE, destacamos alguns julgados para a análise proposta no presente artigo que tratam de questões diversas sob o pano de fundo do cerceamento de defesa havido no CADE.

O primeiro caso trata-se de julgamento de Recurso de Apelação interposto contra sentença que julgou improcedente os pedidos feitos em ação ordinária na qual se buscava a declaração de nulidade do Processo Administrativo julgado no CADE envolvendo o mercado de TV por assinatura.[5] A parte au-

4. "LIV – ninguém será privado da liberdade ou de seus bens sem o devido processo legal;".

   "LV – aos litigantes, em processo judicial ou administrativo, e aos acusados em geral são assegurados o contraditório e ampla defesa, com os meios e recursos a ela inerentes;".

5. ADMINISTRATIVO. CONSELHO ADMINISTRATIVO DE DEFESA ECONÔMICA - CADE. EXPLORAÇÃO DOS SERVIÇOS DE TELECOMUNICAÇOES (TV POR ASSINATURA). APURAÇÃO DE INFRAÇÃO À ORDEM ECONÔMICA. CONCORRÊNCIA DESLEAL (FORMAÇÃO DE CARTEL). PROCEDIMENTO ADMINISTRATIVO. IMPOSIÇÃO DE MULTA. CERCEAMENTO DE DEFESA. NULIDADE.

   I – A aplicação de penalidade administrativa, como no caso, reclama, não só a tipificação precisa dos fatos, mas, também, o integral acesso ao conjunto fático-probatório em que se sustenta a imputação, possibilitando, assim, o pleno exercício dos direitos fundamentais ao devido processo legal, da ampla defesa e do contraditório, hipótese não ocorrida, na espécie, do que resulta a nulidade do procedimento administrativo hostilizado e, por conseguinte, da multa imposta às suplicantes, por violação às garantias fundamentais constitucionalmente asseguradas a todos os litigantes, na esfera judicial ou administrativa (Constituição Federal, art. 5º, incisos LIV e LV), a autorizar a concessão da tutela jurisdicional por elas reclamada, na espécie.

tora alegou que houve cerceamento do seu direito de defesa na tramitação do Processo Administrativo no CADE, uma vez que não teria tido acesso a diversos documentos que instruíram os autos e que serviram de fundamento para o CADE aplicar as penalidades administrativas advindas daquele processo. Em primeira instância, os pedidos foram julgados improcedentes, tendo o juízo sentenciante concluído inexistir o alegado cerceamento de defesa. Por sua vez, ao analisar o Recurso de Apelação da parte autora, o Tribunal entendeu de maneira diversa, dando provimento ao apelo, anulando a decisão do CADE, bem como as sanções dela oriundas.

Interessante discussão foi ventilada no voto proferido pelo Desembargador Federal Souza Prudente quando do julgamento do recurso, ao analisar as questões postas pelo CADE para a manutenção da sentença de primeiro grau. O Desembargador entendeu ser irrelevante o fato de que os documentos que a parte autora não teve acesso, não teriam influenciado na decisão do CADE.

Neste aspecto, importante registrar que o simples fato de não ter sido franqueado à parte acesso a determinados documentos constantes dos autos, caracterizando a impossibilidade de manifestação sobre os mesmos, foi suficiente para o Tribunal entender que, de fato, houve cerceamento de defesa, na medida em que, se por um lado o documento não corroborou para sua condenação, por outro lado, o documento poderia levar à absolvição da parte.

Outro caso interessante e, de certa forma, semelhante ao acima tratado, diz respeito ao julgamento do Recurso de Apelação interposto pelo CADE, contra sentença de primeiro grau que julgou procedentes os pedidos da parte autora e anulou o Processo Administrativo.[6] No referido julgamento houve, inclusive, dissenso entre os membros do Tribunal na medida em que o Relator

(...)

III – Apelação provida. Sentença reformada, com inversão do ônus da sucumbência. (BRASIL. Tribunal Regional Federal da 1ª Região. Apelação Cível n. 2005.34.00.030540-3/DF. Órgão Julgador: Quinta Turma. Relator: Desembargador Federal Souza Prudente. Julgado em 27-4-2016).

6. DIREITO ADMINISTRATIVO. CADE. PROCEDIMENTO ADMINISTRATIVO. INOBSERVÂNCIA DE PRINCÍPIOS CONSTITUCIONAIS.

Constatada a existência de irregularidades no procedimento administrativo, capazes de causar sérios prejuízos ao direito de defesa da parte autora, mormente os que dizem com o devido processo legal, do contraditório e da ampla defesa, não há outra solução que não a anulação do procedimento. (BRASIL. Tribunal Regional Federal da 4ª Região. Apelação Cível n. 2001.71.04.006654-7/RS. Órgão Julgador: Quarta Turma. Relator: Desembargador Federal Valdemar Capeletti. Julgado em 27-6-2007).

do caso foi voto vencido ao entender pelo provimento à apelação interposta pelo CADE, enquanto o voto condutor da divergência foi proferido no sentido de manter a sentença de primeiro grau incólume, o qual foi acompanhado pela maioria da turma e, ao final do julgamento, mantida a sentença.

Como exposto acima, o caso em discussão guarda semelhança ao caso anterior, pois, a parte supostamente infratora ingressou com demanda perante o Poder Judiciário para ver anulado o Processo Administrativo instaurado pelo CADE, sob o fundamento de cerceamento de defesa, uma vez que não lhe teria sido dada oportunidade de manifestação sobre diversos documentos juntados aos autos do procedimento no CADE.

Por fim, elencamos o último julgado a respeito do tema em debate, no qual pode-se observar, mais uma vez, a preocupação do Poder Judiciário quanto a estrita observância do princípio do contraditório e ampla defesa, deixando de lado a análise sobre suposto cometimento de infrações à ordem econômica. No caso, o Tribunal Regional Federal da Primeira Região manteve sentença de primeiro grau, proferida no sentido de anular o julgamento realizado pelo Tribunal do CADE, em razão do advogado da parte representada não ter sido intimado a respeito da data de julgamento do Processo Administrativo.[7]

Observa-se, após a análise dos casos acima tratados, que os Tribunais sequer ingressaram no mérito a respeito da existência, ou não, de infrações à ordem econômica, limitando sua análise à observância, ou inobservância, pelo CADE, do princípio do contraditório e ampla defesa na instrução dos Processos Administrativos. Verifica-se, portanto, uma grande preocupação do Poder Judiciário com relação à forma que o CADE instrui os Processos Administrativos de sua competência, ou seja, se o órgão antitruste atua nos limites de sua competência e com a observância dos princípios constitucionais.

7. ADMINISTRATIVO. CONSELHO ADMINISTRATIVO DE DEFESA ECONÔMICA - CADE. PROCESSO ADMINISTRATIVO. PAUTA DE JULGAMENTO. INTIMAÇÃO DO ADVOGADO. AUSÊNCIA. NULIDADE.

(...)

III – A ausência de intimação do advogado da parte da pauta de julgamento de processo administrativo do CADE importa em violação aos princípios do contraditório e da ampla defesa, bem assim ao disposto no revogado § 3º do art. 33 da Lei n. 8.884/1994, repetido no § 3º do art. 70 da Lei n. 12.529/2011, e ao art. 236, § 1º, do CPC.

IV – Apelação do CADE e remessa oficial a que se nega provimento. (BRASIL. Tribunal Regional Federal da 1ª Região. Apelação Cível n. 2007.34.00.039921-4/DF. Órgão Julgador: Sexta Turma. Relator: Desembargador Federal Jirair Aram Meguerian. Julgado em 19-11-2012).

2. Produção de provas

Conforme acima exposto, compete à Superintendência-Geral do CADE, dentre outras atribuições, instaurar e instruir processo administrativo para imposição de sanções administrativas por infrações à ordem econômica.[8] Nesse sentido, trataremos abaixo sobre questões cujo pano de fundo é a Produção de Provas no âmbito de Processos Administrativos no CADE, na medida em que, se por um lado, o órgão antitruste deve proporcionar aos seus representados as garantias constitucionais do contraditório e ampla defesa, por outro lado, também cabe a ele decidir a respeito da pertinência e necessidade da produção de determinadas provas a fim de formar seu convencimento.

Com efeito, a partir da pesquisa elaborada pelos membros do Comitê, pudemos selecionar três acórdãos para ilustrar o presente capítulo, os quais trataram de questões bastante debatidas no Poder Judiciário sobre o tema acima indicado. Vale ressaltar que, apesar de o assunto ora em debate, de certa forma, poder guardar alguma relação com o tema discutido no item anterior, qual seja, o Cerceamento de Defesa, preferimos excluir da análise aqui posta julgados que tratassem das duas questões de forma única, mantendo apenas aqueles que tratam especificamente da Produção de Provas.

O primeiro caso selecionado é bastante conhecido por toda a comunidade antitruste como "Cartel dos Gases", o qual ganhou certa notoriedade em razão da decisão final administrativa ter sido declarada nula pelo Poder Judiciário, após toda instrução probatória no Processo Administrativo e julgamento pelo CADE que, ao final, entendeu pela condenação das empresas representadas por formação de cartel.[9] Para uma melhor compreensão a respeito do caso

8. Art. 13, V, da Lei n. 12.529/2011.

9. ADMINISTRATIVO E PROCESSUAL CIVIL. AÇÃO ANULATÓRIA. PROCESSO ADMINISTRATIVO. CONSELHO ADMINISTRATIVO DE DEFESA ECONÔMICA (CADE). FORMAÇÃO DE CARTEL. MERCADO DE GASES INDUSTRIAIS E MEDICINAIS. MULTA. PROVA EMPRESTADA DO PROCESSO PENAL. RECONHECIMENTO DA ILICITUDE DA PROVA PRODUZIDA. TEORIA DOS FRUTOS DA ÁRVORE ENVENENADA (*FRUITS OF POISONOUS TREE DOCTRINE*). ILICITUDE POR DERIVAÇÃO. AUTONOMIA. DESCOBERTA INEVITÁVEL. MITIGAÇÃO. DESCABIMENTO. FALTA DE DEMONSTRAÇÃO DA AUTONOMIA DA PROVA QUE FUNDAMENTOU A DECISÃO ADMINISTRATIVA. NULIDADE. EFETIVIDADE DA GARANTIA DO DEVIDO PROCESSO LEGAL. HONORÁRIOS ADVOCATÍCIOS. ARBITRAMENTO. MAJORAÇÃO.

I – Afigura-se nula a decisão proferida em processo administrativo perante o CADE, que condenou empresa do ramo de gases industriais e medicinais, por

em tela, cabe uma pequena explanação sobre os fatos que ensejaram declaração de nulidade do Processo Administrativo.

Em breve síntese, e ao que interessa a análise do caso, a partir de denúncia anônima realizada na extinta SDE, a respeito da formação de cartel por empresas atuantes no mercado de gases industriais, foi requerida a um Promotor de Justiça de São Paulo a interceptação telefônica de indivíduos representantes das referidas empresas participantes do cartel, requerimento este que foi prontamente deferido.

Diante do deferimento da medida que, por diversas vezes, foi prorrogada, frise-se, iniciada ante a denúncia anônima realizada perante a extinta SDE, di-

formação de cartel, tendo em vista que está fundamentada em acervo probatório diretamente decorrente de provas ilícitas produzidas no âmbito da ação criminal, assim reconhecidas em acórdão proferido pelo Superior Tribunal de Justiça.

II – Na espécie dos autos, não há que se falar em provas autônomas, uma vez que o material produzido na ação penal forneceu fundamento probatório imprescindível para o procedimento administrativo no CADE. Ademais, não prospera a pretendida mitigação da prova ilícita por derivação, com amparo na teoria da descoberta inevitável, na medida em que não restou demonstrado que a existência do aludido cartel seria fatalmente comprovada sem as informações decorrentes das interceptações telefônicas realizadas no juízo penal. Do contrário, o que se percebe é que os indícios de práticas anticompetitivas que o CADE dispunha não eram suficientes para conduzir a elementos fáticos que alavancassem uma condenação administrativa por infração à ordem econômica.

III – Com efeito, não se trata da aplicação irrestrita ao caso vertente da teoria dos frutos da árvore envenenada (*fruits of poisonous tree doctrine*), que conduz à contaminação das provas derivadas de evidências ilícitas, nos termos do § 1º do art. 157 do Código de Processo Penal, mas, sim, de prestigiar a norma constitucional inserta no inciso LVI do art. 5º da Carta Política Federal, que veda a admissão de provas obtidas por meios ilícitos, em qualquer processo judicial ou administrativo, promovendo, desse modo, a efetiva garantia instrumental do devido processo legal, posto que, na espécie dos autos, restou evidente que a condenação imposta pelo CADE fundamenta-se em elementos diretamente relacionados com o conjunto probatório declarado nulo nos autos da citada ação penal. Precedentes do TRF/1ª Região.

(...)

V – Apelação do CADE desprovida. Apelação dos autores parcialmente provida, para majorar a verba honorária e deferir o pedido de substituição dos bens dados em garantia. (BRASIL. Tribunal Regional Federal da 1ª Região. Apelação Cível n. 0049539-03.2010.4.01.3400/DF. Órgão Julgador: Quinta Turma. Relator: Desembargador Federal Souza Prudente. Julgado em 27-4-2016).

versos procedimentos criminais, administrativos e judiciais se desenrolaram, inclusive com a propositura de ação de busca e apreensão pela União Federal, culminando, ao final, com a condenação dos representados pelo CADE por formação de cartel.

Ocorre que, após o julgamento realizado no CADE, com a condenação das empresas por formação de cartel e imposição de multa milionária às representadas, o Superior Tribunal de Justiça, ao analisar *habeas corpus* impetrado em favor de um dos representantes das empresas que teve seu sigilo telefônico quebrado, entendeu pela ilicitude da prova oriunda da interceptação telefônica deferida com base na denúncia anônima e das demais dela derivadas diretamente.[10]

Em razão do julgamento do *habeas corpus* acima, o qual considerou todas as provas oriundas da interceptação telefônica ilícitas, as representadas alegaram que todas as demais provas que serviram de base para formar o convencimento do CADE estariam maculadas, em razão da teoria dos frutos da árvore envenenada (*fruits of poisonous tree doctrine*), tendo em vista que todos os procedimentos, tanto no CADE, quanto na esfera criminal, basearam-se na quebra de sigilo telefônico tida como ilícita.

É interessante notar no presente caso que, mesmo diante do acervo probatório que instruiu o Procedimento Administrativo que culminou com a condenação das empresas pela formação de cartel, a teoria dos frutos da árvore envenenada prevaleceu, o que demonstra respeito à Constituição Federal[11] na medida em que a quebra do sigilo telefônico deve ser a última medida adotada na instrução probatória, e não a primeira, como no caso em debate.

Um dos desdobramentos havidos em razão da denúncia anônima acima referida deu ensejo ao segundo caso elencado para análise neste capítulo. Trata-se do acórdão proferido pelo Tribunal Regional Federal da Terceira Região, nos autos da medida cautelar de busca e apreensão proposta pela União Federal a fim de instruir o Processo Administrativo instaurado pela extinta SDE para apurar as supostas práticas anticompetitivas no mercado de gases industriais.[12]

10. *Habeas Corpus* n. 190.334/SP (2010/0209758-8).
11. Art. 5º, XII, da Constituição Federal.
12. DIREITO CONSTITUCIONAL E PROCESSUAL CIVIL. MEDIDA CAUTELAR. PROVA EMPRESTADA DE PROCESSO CRIMINAL E DECLARADA ILÍCITA PELO SUPERIOR TRIBUNAL DE JUSTIÇA. UTILIZAÇÃO NA ESFERA CÍVEL. IMPOSSIBILIDADE. IMPRESTABILIDADE EM RAZÃO DE SUA ORIGEM.

A discussão posta em debate naquele julgamento se deu na medida em que, a fim de embasar o pedido de busca e apreensão de que tratava a antiga Lei de Defesa da Concorrência, a União Federal utilizou prova emprestada nos autos da ação cautelar, consubstanciada nas provas oriundas da quebra de sigilo telefônico dos acusados de formação de cartel, tidas como ilícitas a partir do julgamento do *habeas corpus* acima descrito.

Com efeito, além da aplicação da teoria dos frutos da árvore envenenada, o acórdão em testilha também tratou de questões relacionadas à utilização de prova emprestada no processo cautelar, a qual somente é admitida no ordenamento jurídico brasileiro quando originalmente lícita. Desta forma, como as provas oriundas da quebra de sigilo telefônico foram consideradas ilícitas pelo STJ, as quais subsidiaram o pedido de busca e apreensão, foi dado provimento à apelação dos réus no caso, a fim de julgar improcedente a ação proposta pela União Federal.

---

1. Observo dos autos que o Colendo Superior Tribunal de Justiça considerou ilícita prova que, no processo criminal de autos número 2009.61.81.004517-9, foi colhida por meio de interceptação telefônica determinada com base em denúncia anônima (fls. 525/543). Este processo, por sua vez, originou-se dos autos da Justiça Estadual de número 050.03.1011369-4, tirado a partir do IP do DIPO de n. 004/2004, como se observa do confronto de fls. 25, 177, 534, 570/573 e 581/585. Esta mesma prova é que subsidiou o ajuizamento desta ação cautelar.

2. A prova emprestada somente é admitida, em nosso direito, quando originalmente lícita, o que se observa da jurisprudência consolidada do Pretório Excelso, ao afirmar a legalidade da prova emprestada apenas quando observada obediência aos princípios constitucionais na origem (caso no qual não existirá nulidade: STF, Plenário, QO-Inq. 2275, Rel. Min. Carlos Britto, *DO*: 26-9-2008).

3. Em razão dos meios de sua obtenção, uma prova é considerada ilícita em um processo penal. Não é razoável entender-se que a mesma prova, juntada em processo cível após aquela obtenção na seara criminal ("prova emprestada"), possa ser utilizada naquela primeira lide como meio de cognição. A sua ilicitude já foi declarada, e ela deve valer para todos processos, exatamente por se basear na origem de sua extração, inalterável. Nos presentes autos, não se aventou, ainda, da existência da virtual obtenção da prova por outros meios ("origem independente") ou da possibilidade da descoberta desta última ser inevitável ("limitação da descoberta inevitável").

4. Apelação provida. (BRASIL. Tribunal Regional Federal da 3ª Região. Apelação Cível n. 0006202-16.2005.4.03.6105/SP. Órgão Julgador: Turma do Projeto Mutirão Judiciário em Dia da 2ª Seção. Juiz Federal Convocado Leonel Ferreira. Julgado em 27-3-2012).

Por fim, o último acórdão a respeito das questões envolvendo a Produção de Provas foi escolhido por sua excepcionalidade dentre os demais casos. Na grande maioria, quando há necessidade de se discutir a produção de provas nos Processos Administrativos perante o Poder Judiciário, normalmente são suscitadas questões atinentes à própria legalidade do ato administrativo, *e.g.*, como nos casos de cerceamento de defesa e ilicitude das provas, conforme acima demonstrado, tendo em vista o entendimento de alguns no sentido de que o Poder Judiciário não poderia pronunciar-se a respeito do mérito das decisões administrativas.

Contudo, na contramão do acima exposto, foi proferido julgamento pelo Tribunal Regional Federal da Primeira Região, anulando sentença de primeiro grau de jurisdição, por entender que seria necessária a realização de uma prova que não foi determinada durante a instrução processual na origem.[13]

13. DIREITO ECONÔMICO. CONVITE À FORMAÇÃO DE CARTEL. IMPOSIÇÃO DE MULTA PELO CADE. GRAVAÇÃO AMBIENTAL FEITA POR UM DOS INTERLOCUTORES. SUPOSTA EDIÇÃO. PROVA PERICIAL. NECESSIDADE. SENTENÇA ANULADA.

 1. Insurge-se a apelante contra sua condenação, imposta pelo CADE, ao pagamento de multa de 1% (um por cento) do valor do faturamento no ano anterior à instauração do processo administrativo, excluídos os impostos, em razão de conduta anticoncorrencial consubstanciada em convite à formação de cartel. Inquina de nulidade gravação ambiental (conversa entre presentes gravada por um dos interlocutores, sem o conhecimento do outro) de reunião entre seu assessor técnico e o Presidente da empresa SEVA, porque obtida sem a ciência ou autorização do primeiro e mediante indução confessa do segundo, em flagrante preparado. Por isso a alegada ofensa ao art. 5º, LV e LVI, da Constituição Federal de 1988.

 2. Sustenta a inicial que a SEVA fez juntar ao processo administrativo instruído pela SDE, no qual representara contra a Continental, uma versão resumida, incompleta, truncada e editada da gravação da conversa em que o assessor técnico da representada tivera com o Presidente daquela empresa, o qual foi o responsável pelo registro do diálogo. Diz, que "após ser oficiada formalmente pela SDE (...), a SEVA juntou versão um pouco mais ampliada, mas ainda não completa da gravação" (fl. 40).

 3. Sem adentrar no exame da licitude e consequente admissibilidade da gravação ambiental como meio de prova, e considerando a necessidade de esclarecimentos sobre este relevante ponto da matéria fática discutida nos autos do processo administrativo ora impugnado – tendo em vista que a apelante levanta suspeitas acerca da suposta edição do registro do diálogo que alicerçou sua condenação –, verifico que constitui providência imprescindível à solução da controvérsia a produção de perícia técnica na referida gravação, a fim de que se afira sua autenticidade.

 (...)

Com efeito, diante das alegações da empresa condenada por infrações à ordem econômica, no sentido de que a única prova que embasou sua condenação pelo CADE foi uma gravação ambiental, de um diálogo mantido entre seu funcionário e o Presidente de outra empresa, a qual teria sido editada, omitindo-se diversos trechos importantes da conversa, o Tribunal entendeu por bem anular a sentença e determinar o retorno dos autos à primeira instância para a realização de perícia técnica na referida gravação, a fim de apurar a autenticidade e o inteiro teor da gravação ambiental na qual se baseou a condenação administrativa.

O interessante no caso presente é, seja qual fosse o resultado da perícia técnica na gravação, o Tribunal, de fato, adentrou no mérito da decisão administrativa, visto que pretende analisar novamente provas que serviram de base para a condenação no CADE, de modo que sua atuação não se limitou à legalidade, ou não, do ato administrativo, o que demonstra que o Poder Judiciário se dispõe a, verdadeiramente, revisar decisões de órgãos administrativos, não se limitando a corrigir eventuais desvios do CADE em seus procedimentos.

3. Busca e apreensão

Como é cediço, a Superintendência-Geral do CADE tem a possibilidade de, no interesse da instrução de seus inquéritos ou processos, requerer ao Poder Judiciário (por meio da Procuradoria Federal junto ao CADE) a busca e apreensão de objetos, papéis de qualquer natureza, livros comerciais, computadores e arquivos eletrônicos.[14]

Muito se discute, entretanto, sobre os requisitos necessários à concessão da referida medida cautelar pelo Poder Judiciário, sobre a amplitude do objeto da busca e apreensão, a confidencialidade – senão da própria ação cautelar, ao menos dos documentos apreendidos na diligência de busca e apreensão – e, de modo correlacionado aos temas acima, sobre a violação de garantias constitucionais decorrentes de busca e apreensão indevida.

Os administrados têm levado ao Poder Judiciário suas preocupações sobre a violação de garantias de inviolabilidade de comunicações e domicílio, na medida em que, uma vez deferida busca e apreensão na ausência de requisitos

5. Sentença anulada de ofício. Determinado o retorno dos autos à Vara de origem para a realização de perícia, devendo o processo ter regular seguimento até a prolação de nova sentença. (BRASIL. Tribunal Regional Federal da 1ª Região. Apelação Cível n. 0051179-41.2010.4.01.3400/DF. Órgão Julgador: Quinta Turma. Relatora: Desembargadora Federal Selene Almeida. Julgado em 02-10-2013).

14. Art. 13, VI, *d*, da Lei Federal n. 12.529/2011.

que seriam necessários à sua concessão, ou, ainda, uma vez extrapolado o escopo de tal busca e apreensão, ou mesmo o seu sigilo, haveria abusivo ingresso nas dependências das empresas e indevida violação de intimidade e sigilo de correspondências e dados das empresas e de seus empregados.

Passaremos, portanto, a analisar alguns julgados nos quais tais questões foram analisadas pelos tribunais brasileiros, descrevendo a interpretação que tem sido dada sobre as teses de defesa mais comumente sustentadas pelos administrados em sede de buscas e apreensões ajuizadas pelo CADE.

A julgar pelo teor das decisões levantadas pelos membros do Comitê, tem sido comum a tentativa de discussão sobre existência ou inexistência de cartel em sede de defesa nas buscas e apreensões promovidas pelo CADE. A questão por vezes se mistura com a inexistência de requisitos autorizadores da concessão da medida liminar, todavia, é necessário separar os dois temas. A interpretação unânime dos tribunais, em linha com a melhor doutrina processual, tem sido no sentido de que a ausência de prova da existência do cartel investigado é questão de mérito, cuja discussão não tem lugar em sede de ação cautelar, na qual basta a comprovação do *fumus boni juris* e do *periculum in mora* para que a cautelar seja deferida.

Nesse sentido o julgado do Tribunal Regional Federal da Quinta Região, refutando argumentos de jurisdicionados que sofreram busca e apreensão movida pelo CADE por conta de indícios de cartel entre empresas salineiras do Rio Grande do Norte. Tentou-se discutir nos autos questões que extrapolam o *periculum in mora* e o *fumus boni juris* necessários à concessão da liminar, tais como o fato de que o procedimento administrativo ainda não teria concedido a possibilidade de defesa aos administrados à época em que a busca e apreensão havia sido realizada, ou, ainda, a imprescindibilidade de produção de prova pericial (no próprio bojo da ação cautelar), para determinar se teria ou não havido um cartel.

Conforme se observa nos trechos de longa ementa aqui parcialmente transcrita,[15] o Poder Judiciário não foi sensível a tais argumentos. Isso porque,

15. DIREITO ADMINISTRATIVO E DIREITO PROCESSUAL CIVIL. LIVRE CONCORRÊNCIA. ABUSO DO PODER ECONÔMICO. FORMAÇÃO DE CARTEL. LEI N. 12.529/2011. INFRAÇÃO CONTRA À ORDEM ECONOMICA. RESPONSABILIDADE OBJETIVA. DESNECESSIDADE DE CULPA. MEDIDA CAUTELAR. CARACTERÍSTICAS E DISCIPLINA ESPECÍFICAS PREVISTAS NA LEI DE REGÊNCIA.

1. A defesa da livre concorrência, princípio constitucional expresso (art. 170), tem por escopo primordial impedir a formação de monopólio no mercado, na medida em que a Constituição Federal abomina as diversas formas de dominação

não havendo confusão entre a providência cautelar e o mérito da causa, por um lado ainda seria oportunizada possibilidade de defesa aos Requeridos no âmbito do CADE e, por outro, averiguar a existência ou inexistência de cartel em sede de busca e apreensão é questão que foge completamente ao âmbito da medida, de tal sorte que o Tribunal manteve o indeferimento da prova pericial pretendido pelos Requeridos no âmbito da cautelar.

Posição semelhante foi adotada pelo Tribunal Regional Federal da 3ª Região, para quem "quanto aos requisitos da cautelar, de acordo com o art. 13

do mercado, como cartéis, trustes e oligopólios em geral, pois monopólio e livre concorrência são conceitos antitéticos. (...)

6. A orientação do STJ (MC 12748/SP, Rel. Min. Eliana Calmon, 2ª Turma, *DJ* 17-5-2007), é no sentido de que a busca e apreensão de documentos para instruir processo administrativo do CADE, em combate a cartel, possui disciplina específica na Lei de regência, não se aplicando as regras do CPC. (...)

8. No processo cautelar, além dos requisitos essenciais comuns a todas as ações, a saber: legitimidade ad causam, o interesse de agir e a possibilidade jurídica do pedido; deve haver o atendimento aos requisitos específicos do processo cautelar, são eles: o *fumus boni juris* e o *periculum in mora*. Verificando a existência dos cinco requisitos, o juiz deverá deferir a cautelar, haja vista a inexistência de discricionariedade, para deferir ou indeferir o pedido. (...)

10. Quanto aos requisitos específicos, observo que a efetiva existência do fumus boni juris e do periculum in mora constitui o mérito da ação cautelar. É isso que o juiz deverá examinar para decidir se concede ou não o provimento cautelar.

11. Inocorrência da alegada nulidade da sentença, pois a sua fundamentação, corretamente, limitou-se ao reconhecimento da existência dos requisitos autorizadores da concessão das tutelas cautelares (a fumaça do bom direito e o perigo da demora), bem como rechaçou, desenvolvendo argumentação irrepreensível, as teses arguidas pela defesa. (...)

13. Irreparável o indeferimento de perícia, pois, em se tratando de feito de natureza meramente cautelar, não se discute sobre a comprovação ou não da existência do cartel.

14. O fato de, até o momento, ainda não ter havido a intimação para apresentar defesa no procedimento administrativo, é matéria que refoge aos limites da medida cautelar de busca e apreensão. É possível que o CADE, em face dos documentos arrecadados, simplesmente arquive o procedimento, se entender pela não caracterização do cartel. (...)

16. Apelação a que se nega provimento. (BRASIL. Tribunal Regional Federal da 5ª Região. Apelação Cível n. 0001497-70.2012.4.05.8401/RN. Órgão Julgador: Quarta Turma. Relator: Desembargador Federal Rogério Filaho Moreira. Julgado em 17-9-2013).

da Lei n. 12.529/2011 apenas a existência de indícios já é suficiente para autorizar a busca e apreensão de documentos, visto que a medida tem como objetivo colher elementos para a instrução de processo administrativo".[16]

No mesmo sentido outro julgado do Tribunal Regional Federal da Terceira Região, em apelação tirada de busca e apreensão movida pelo CADE a fim de colher elementos probatórios em investigação de alegado cartel no setor de suco de laranja concentrado. Naquela oportunidade, o Poder Judiciário mais uma vez refutou alegação de ausência de prova da existência do cartel investigado, assim como rejeitou pleito dos administrados relacionado à tentativa de produção de provas no bojo da cautelar de busca e apreensão.

Nos termos do voto condutor da referida decisão,[17] as impugnações e brados de nulidade processual seriam apenas tentativas infrutíferas de tentar

16. PROCESSUAL CIVIL. MEDIDA CAUTELAR DE BUSCA E APREENSÃO. NULIDADE DA SENTENÇA POR CERCEAMENTO DE DEFESA. INOCORRÊNCIA. SIGILO DOS DOCUMENTOS QUE INSTRUÍRAM A INICIAL.

    Não merece crédito a alegação de nulidade da sentença, por cerceamento de defesa, proferida em julgamento antecipado da lide. A decisão que fixou, após o decurso do prazo de 10 (dez) dias para réplica do CADE, o prazo de 5 (cinco) dias para as partes especificarem as provas que pretendessem produzir, foi devidamente disponibilizada no diário eletrônico da justiça federal, tendo se operado a preclusão, em razão da ausência de manifestação da ré.

    Quanto aos requisitos da cautelar, de acordo com o art. 13 da Lei n. 12.529/2011 apenas a existência de indícios já é suficiente para autorizar a busca e apreensão de documentos, visto que a medida tem como objetivo colher elementos para a instrução de processo administrativo.

    É necessária a preservação do sigilo dos documentos que instruíram a inicial para o resguardo das atividades de apuração de responsabilidades na esfera administrativa que estão sendo desenvolvidas a partir de Acordo de Leniência, não havendo que se falar em qualquer violação da intimidade dos interessados, eis que as diligências e os documentos apreendidos devem submeter-se ao sigilo necessário à preservação do interesse público, não se mostrando evidente qualquer dano aos direitos e garantias da ré ou de seus sócios.

    Apelação do CADE provida e apelação da ré parcialmente provida, para estender o sigilo aos documentos apresentados pelo CADE com a inicial, sem que tal medida implique no sigilo quanto à tramitação deste feito. (BRASIL. Tribunal Regional Federal da 3ª Região. 0004196-28.2013.4.03.6114/SP. Órgão Julgador: Quarta Turma. Relatora: Desembargadora Federal Marli Ferreira. Julgado em 25-9-2014).

17. PROCESSUAL CIVIL. MEDIDA CAUTELAR DE BUSCA E APREENSÃO. AUSÊNCIA DE CERCEAMENTO DE DEFESA. PRESCRIÇÃO REJEITADA. LEI

obstar o acesso aos documentos apreendidos, na medida em que os documentos que instruíram a inicial foram suficientes à convicção de que a busca e apreensão era necessária, sem qualquer análise de mérito.

Logo se vê, portanto, que o Poder Judiciário tende a refutar todo e qualquer argumento – material ou processual – que não se relacione à presença ou ausência dos requisitos necessários à concessão da liminar, quais sejam, o *periculum in mora* e o *fumus boni juris*. Poder-se-ia, então, questionar no que consistiriam tais elementos, todavia, além de extrapolar o conteúdo dos acórdãos levantados para esse estudo, tal análise seria de pouca utilidade à comunidade antitruste, na medida em que intrinsecamente relacionada às questões de fato

N. 8.884/94. OBSERVÂNCIA DE PRINCÍPIOS CONSTITUCIONAIS. GARANTIA DE SIGILO INDUSTRIAL.

1. Preliminar de nulidade da sentença, por cerceamento de defesa, afastada. Tratando-se de medida cautelar de busca e apreensão de elementos para a instrução de processo administrativo, tendo sido oportunizada a defesa da parte, as provas que a requerida pretendia produzir adentrariam em questionamento de mérito não passível de discussão nos presentes autos e que não alterariam o deslinde deste feito.

2. Os procedimentos utilizados pela Secretaria de Desenvolvimento Econômico asseguram o sigilo das informações que dizem respeito aos segredos industriais das empresas investigadas, pois prevê a submissão dos documentos selecionados pela SDE à empresa investigada, para que aponte informações e dados que constituem sigilo empresarial, prosseguindo-se nos ulteriores trâmites, com a análise do cabimento da confidencialidade, segundo a Portaria MJ n. 4/2006.

3. A presente busca e apreensão de documentos foi feita nos estritos termos da lei, com observância dos princípios do contraditório e da ampla defesa, diante das providências tomadas pela Secretaria de Direito Econômico no âmbito do processo administrativo, no sentido de assegurar o respeito aos referidos princípios, bem como da realização das diligências mediante ordem judicial e com o consentimento da empresa. (...)

9. No tocante à questão do sigilo industrial, em relação aos documentos apreendidos e aos procedimentos administrativos adotados pelas autoridades fiscalizadoras, o processo administrativo 08012.008372-99-14, em trâmite perante a Secretaria de Direito Econômico, deverá ser processado sob sigilo, nos termos do art. 35-A, § 2º, da Lei n. 8.884/94, prosseguindo-se nos ulteriores trâmites, com a análise do cabimento da confidencialidade, segundo a Portaria MJ n. 4/2006.

10. Matéria preliminar rejeitada e apelação improvida. (BRASIL. Tribunal Regional Federal da 3ª Região. Apelação Cível n. 0001564-18.2006.4.03.6100/SP. Órgão Julgador: Sexta Turma. Relator: Desembargador Federal Consuelo Yoshida. Julgado em 22-4-2010).

– em especial a quantidade e natureza de indícios de existência de colusão – de cada caso específico.

Cumpre ressaltar, no entanto, que a impossibilidade de análise de questões de mérito no bojo das buscas e apreensões apresenta uma exceção: a hipótese de prescrição. O tema foi enfrentado pelo Poder Judiciário nas cautelares em diversas oportunidades, já que, por se tratar de matéria de ordem pública, a prescrição pode ser reconhecida a qualquer tempo. Não trataremos aqui dessa questão, entretanto, a uma porque é pacífico o cabimento de tal discussão em sede cautelar, a duas porque o efetivo reconhecimento da prescrição é casuístico, na medida em que relacionado ao lapso temporal de cada situação específica.

Passaremos, pois, a tratar de outro tema comumente submetido à análise do Poder Judiciário no âmbito das buscas e apreensões movidas pelo CADE, qual seja, o do escopo da busca e apreensão e os abusos eventualmente cometidos pelo CADE na apreensão de objetos. As alegações de ilegalidade das buscas e apreensões em razão de seu caráter genérico são comuns, assim como são comuns as alegações de nulidade das buscas e apreensões por abuso no seu cumprimento, o qual decorreria justamente do caráter genérico das liminares.

Em julgado do Tribunal Regional Federal da 3ª Região no âmbito de busca e apreensão promovida para investigação de pretenso cartel no ramo de agenciamento de frete internacional, o Poder Judiciário entendeu que não tinha cabimento a alegação de nulidade da busca e apreensão de "quaisquer documentos, papéis de toda natureza, assim como livros comerciais e arquivos magnéticos"[18] ao argumento de que seria por demais genérica, a permitir a busca e apreensão de quaisquer objetos, na medida em que a União Federal não poderia ter conhecimento de quais computadores, arquivos, gavetas ou armários específicos conteriam as evidências procuradas.

Nos termos do voto do relator, para quem não houve qualquer abuso decorrente da apreensão indistinta de papéis, computadores e outros objetos, caso "prosperasse a tese dos insurgentes, a apreensão teria seu foco esvaziado".[19]

Do mesmo modo, ao tratar do caráter genérico de liminar de busca e apreensão deferida para a instrução de investigação de alegado cartel no mercado cimenteiro brasileiro, o mesmo Tribunal Regional Federal da Terceira

18. BRASIL. Tribunal Regional Federal da 3ª Região. Apelação Cível n. 0010414-56.2009.4.03.6100/SP. Órgão Julgador: Terceira Turma. Relator: Desembargador Federal Nery Junior. Julgado em 5-11-2015, citação de trecho da sentença mantida por unanimidade, item 30, p. 7 do v. acórdão.

19. Idem.

Região novamente não viu problema na amplitude do objeto da busca e apreensão, tendo destacado que "a abrangência ampla do objeto se justifica porque a averiguação preliminar é procedimento que busca a coleta de provas para a instauração do processo administrativo, não havendo que se cogitar de ilegalidade, até mesmo porque a sua amplitude está prevista em lei que guarda absoluta consonância com os princípios constitucionais da ordem econômica".[20]

Foi localizado, entretanto, um único julgado em sentido contrário, por meio do qual o Tribunal Regional Federal da Quinta Região reformou sentença que havia confirmado liminar de busca e apreensão, justamente em razão do seu caráter genérico. Com efeito, o referido Tribunal Federal deu provimento à apelação de empresas investigadas por suposta formação de cartel no mercado de moagem de trigo, tendo em vista que "o CADE, a despeito do largo tempo decorrido, pretende uma busca genérica, na esperança de encontrar elementos que ele próprio desconhece, sem restrição de ordem ou tempo, o que não é possível por sacrificar de monta direitos subjetivos, sem a necessária demonstração e imprescindibilidade das apreensões".[21]

É de se ter em mente, todavia, peculiaridade determinante do caso em tela, no qual muito embora a investigação do cartel tenha se iniciado nos idos de 2008, a busca e apreensão só veio a ser pleiteada muitos anos depois, levando o relator da apelação a questionar, em seu voto de março de 2016, como seria possível buscar, naquela altura, por documentos e papéis referentes à suposta conduta que teria tido curso em 2007.

Por fim, também observamos a presença de muitas alegações relacionadas ao sigilo de documentos da busca e apreensão – e dos próprios autos da busca e apreensão em si. De um modo geral, é de se ter em mente que o Poder Judiciário faz distinção entre o trâmite do processo em segredo de justiça e a concessão de sigilo, apenas, aos documentos juntados ao processo pelas partes ou em decorrência da apreensão.

Em interessante julgado do Tribunal Regional Federal da Terceira Região, foi dado provimento à apelação do CADE para declarar o sigilo dos documentos juntados pelo próprio CADE em sua inicial, na medida em que reve-

20. BRASIL. Tribunal Regional Federal da 3ª Região. Apelação Cível n. 0001992-63.2007.4.03.6100/SP. Órgão Julgador: Sexta Turma. Relator: Desembargador Federal Johonsom di Salvo. Julgado em 7-4-2016.

21. BRASIL. Tribunal Regional Federal da 5ª Região. Apelação Cível n. 0004710-80.2013.4.05.8100/CE. Órgão Julgador: Segunda Turma. Relator: Desembargador Federal Paulo Roberto de Oliveira Lima. Julgado em 1-3-2016.

lariam dados de Acordo de Leniência sigiloso que o CADE buscou proteger. Por outro lado, tal medida não implicou, como ressalvado no voto da relatora, Desembargadora Federal Marli Ferreira, o sigilo quanto à tramitação do feito.[22]

Sobre o mesmo tema, sigilo da busca e apreensão e de seus documentos, merece destaque outro julgado do Tribunal Regional Federal da Terceira Região, no qual a extinta Secretaria de Direito Econômico do Ministério da Justiça foi repreendida pela divulgação da realização de diligência de busca e apreensão em sua página na internet. De fato, apesar de a busca e apreensão ter sido processada em segredo de justiça, o referido órgão divulgou comunicado com informações detalhadas sobre a existência da busca e apreensão, o objeto da investigação e as condutas supostamente ilícitas sob investigação em seu *website*.[23] Nos termos do voto do relator Erik Frederico Gramstrup, "na medida em que o processo corre em segredo de justiça, não é possível que o seu conteúdo possa ou deva ser divulgado pela União Federal".[24]

Finalmente, concluindo a questão do sigilo e nossa análise sobre os julgados pesquisados pelo Comitê no que concerne as buscas e apreensões, cumpre destacar julgado que representa entendimento no sentido de que a leitura de e-mails em computadores apreendidos não se confunde com a interceptação de fluxo de informações em sistema de informática e, assim, não violaria qualquer vedação legal expressa nesse sentido.

De fato, o Tribunal Regional Federal da Primeira Região revogou liminar deferida pela Seção Judiciária do Distrito Federal para proibir a abertura de correspondências eletrônicas eventualmente existentes nos computadores apreendidos, ao argumento de que, além da inexistência de direitos e garantias absolutos, não teria havido interceptação indevida, pois não houve nenhuma ação no servidor responsável pela conta de e-mail que permitisse o monitoramento de conversas, mas apenas a leitura de mensagens que já haviam circulado e estariam apenas armazenadas nos computadores apreendidos.[25]

22. BRASIL. Tribunal Regional Federal da 3ª Região. Apelação Cível n. 0004196-28.2013.4.03.6114/SP. Órgão Julgador: Quarta Turma. Relatora: Desembargadora Federal Marli Ferreira. Julgado em 25-9-2014.
23. BRASIL. Tribunal Regional Federal da 3ª Região. Apelação Cível n. 0026511-06.2006.4.03.0000/SP. Órgão Julgador: Quarta Turma. Relator: Desembargador Federal Erik Gramstrup. Julgado em 31-5-2012.
24. Idem.
25. BRASIL. Tribunal Regional Federal da 1ª Região. Agravo Regimental no Agravo de Instrumento n. 2005.01.00.066469-2/DF. Órgão Julgador: Quinta Turma. Relator: Desembargador Federal Fagundes de Deus. Julgado em 2-8-2006.

Em resumo, o Poder Judiciário não tem se mostrado sensível a qualquer discussão sobre a existência ou inexistência de cartéis em sede de busca e apreensão, enfrentando discussões de mérito apenas no que concerne a prescrição da pretensão punitiva da administração. Além disso, o Poder Judiciário também não tem reconhecido eventual nulidade das buscas e apreensões em decorrência de seu caráter genérico, exceto em caso específico no qual a medida foi requerida anos depois do início da investigação pelo CADE. Por fim, o Poder Judiciário também não tem dado guarida à alegações fundadas em violação de garantias constitucionais com base nas quais deveria ser protegido o sigilo das comunicações individuais, a uma porque tais garantias não seriam absolutas e devem ser sopesadas com relação ao interesse público em casos concretos, a duas porque o sigilo da busca e apreensão, ou apenas dos próprios documentos apreendidos, garantiria a preservação necessária tanto aos investigados quanto à própria investigação.

Referências bibliográficas

BRASIL. Tribunal Regional Federal da 1ª Região. Agravo Regimental no Agravo de Instrumento n. 2005.01.00.066469-2/DF. Órgão Julgador: Quinta Turma. Relator: Desembargador Federal Fagundes de Deus. Julgado em 2-8-2006.

______. ______. Apelação Cível n. 2005.34.00.030540-3/DF. Órgão Julgador: Quinta Turma. Relator: Desembargador Federal Souza Prudente. Julgado em 27-4-2016.

______. ______. Apelação Cível n. 2007.34.00.039921-4/DF. Órgão Julgador: Sexta Turma. Relator: Desembargador Federal Jirair Aram Meguerian. Julgado em 19-11-2012.

______. ______. Apelação Cível n. 0049539-03.2010.4.01.3400/DF. Órgão Julgador: Quinta Turma. Relator: Desembargador Federal Souza Prudente. Julgado em 27-4-2016.

______. ______. Apelação Cível n. 0051179-41.2010.4.01.3400/DF. Órgão Julgador: Quinta Turma. Relatora: Desembargadora Federal Selene Almeida. Julgado em 2-10-2013.

______. ______. Reexame Necessário n. 2006.34.00.023211-0/DF. Órgão Julgador: Quinta Turma. Relator: Desembargador Federal Souza Prudente. Julgado em 9-4-2012.

______. Tribunal Regional Federal da 4ª Região. Apelação Cível n. 2001.71.04.006654-7/RS. Órgão Julgador: Quarta Turma. Relator: Desembargador Federal Valdemar Capeletti. Julgado em 27-6-2007.

______. Tribunal Regional Federal da 5ª Região. Apelação Cível n. 0001497-70.2012.4.05.8401/RN. Órgão Julgador: Quarta Turma. Relator: Desembargador Federal Rogério Filaho Moreira. Julgado em 17-9-2013.

______. ______. Apelação Cível n. 0004710-80.2013.4.05.8100/CE. Órgão Julgador: Segunda Turma. Relator: Desembargador Federal Paulo Roberto de Oliveira Lima. Julgado em 1-3-2016.

______. Tribunal Regional Federal da 3ª Região. Apelação Cível n. 0006202-16.2005.4.03.6105/SP. Órgão Julgador: Turma do Projeto Mutirão Judiciário em Dia da 2ª Seção. Juiz Federal Convocado Leonel Ferreira. Julgado em 27-3-2012.

______. ______. Apelação Cível n. 0001564-18.2006.4.03.6100/SP. Órgão Julgador: Sexta Turma. Relator: Desembargador Federal Consuelo Yoshida. Julgado em 22-4-2010.

______. ______. Apelação Cível n. 0026511-06.2006.4.03.0000/SP. Órgão Julgador: Quarta Turma. Relator: Desembargador Federal Erik Gramstrup. Julgado em 31-5-2012.

______. ______. Apelação Cível n. 0001992-63.2007.4.03.6100/SP. Órgão Julgador: Sexta Turma. Relator: Desembargador Federal Johonsom di Salvo. Julgado em 7-4-2016.

______. ______. Apelação Cível n. 0010414-56.2009.4.03.6100/SP. Órgão Julgador: Terceira Turma. Relator: Desembargador Federal Nery Junior. Julgado em 5-11-2015.

______. ______. Apelação Cível 0004196-28.2013.4.03.6114/SP. Órgão Julgador: Quarta Turma. Relatora: Desembargadora Federal Marli Ferreira. Julgado em 25-9-2014.

Parte VI.

Ações de Natureza Penal

O crime de cartel na visão dos tribunais – uma análise quantitativa e qualitativa

Karla Lini Maeji

Paloma Gonçalves da Silva Romero

1. Introdução

A prática de cartel não é apenas uma violação de natureza administrativa, mas também um crime, tipificado no art. 4º, I e II, da Lei n. 8.137/90, no capítulo referente aos crimes contra a Ordem Econômica.

O crime de cartel entrou no foco das autoridades e tem levantado diversas discussões, inclusive nos tribunais. Adiciona a essa discussão a alteração introduzida pela Lei n. 12.529/2011, que limitou as condutas consideradas crimes contra Ordem Econômica para aquelas que envolvam acordo ou ajuste entre concorrentes ou ofertantes (excluindo-se condutas anticompetitivas unilaterais) e excluiu a pena alternativa de multa.

O presente artigo busca trazer uma análise quantitativa e qualitativa sobre o posicionamento dos tribunais brasileiros em várias questões relacionadas ao crime de cartel, especialmente questões de maior incidência de natureza processual e material.

A análise inclui discussões sobre competência, padrão de prova (*standard of evidence*) e *bis in idem*, além de mapear tendências com relação a mercados afetados, posição hierárquica dos réus e aplicação de pena.

Uma vez introduzidos os principais debates a partir dessa verificação quantitativa e qualitativa, buscamos construir o cenário jurídico atual no qual se insere o crime de cartel

2. Metodologia e métrica

O estudo de casos foi realizado com base na análise de acórdãos selecionado por meio dos mecanismos de busca dos endereços eletrônicos dos próprios tribunais Para tanto, foram previamente selecionadas palavras-chaves pelo Comitê[1] relacionadas ao crime de cartel, sendo pesquisadas nos endereços eletrônicos nos tribunais superiores, Supremo Tribunal Federal (STF) e Superior Tribunal de Justiça (STJ), em todos os Tribunais Regionais Federais[2] e nos Tribunais de Justiça de Estados previamente estabelecidos[3] englobando julgados entre janeiro de 1994 e junho de 2017.

Como resultado, obteve-se um total de 125 acórdãos. Desse total, 55[4] acórdãos abordaram a temática antitruste na esfera criminal, ainda que não tenham tido o mérito da questão analisada. Os 55 acórdãos analisados são provenientes, em sua maioria, do STJ:

Tribunal	Número de Julgados Analisados
STF	2
STJ	26
TRF1	1
TRF3	3
TRF4	8

1. Dentre as palavras-chaves usadas pelo Comitê, destacamos àquela que versa diretamente sobre direito penal, qual seja; crime contra ordem econômica e Lei n. 8.137/90.
2. TRF1 (Tribunal Regional Federal da 1ª Região); TRF2 (Tribunal Regional Federal da 2ª Região); TRF3 (Tribunal Regional Federal da 3ª Região); TRF4 (Tribunal Regional Federal da 4ª Região); TRF5 (Tribunal Regional Federal da 5ª Região).
3. Tribunal de Justiça do Estado do Espírito Santo (TJES); Tribunal de Justiça do Distrito Federal (TJDF); Tribunal de Justiça do Estado de Minas Gerais (TJMG); Tribunal de Justiça do Estado do Paraná (TJPR); Tribunal de Justiça do Estado do Rio de Janeiro (TJRJ); Tribunal de Justiça do Estado do Rio Grande do Sul (TJRS), e; Tribunal de Justiça do Estado de São Paulo (TJSP).
4. Em razão de os filtros serem compartilhados tanto para a área criminal como para a área cível, nem todos os 125 acórdãos tratavam do crime de cartel. Por exemplo, a palavra-chave "Lei 8.137" resultou em acórdãos envolvendo crime contra a Ordem Tributária e Relações de Consumo.

Tribunal	Número de Julgados Analisados
TJDF	4
TJES	1
TJMG	3
TJPR	3
TJRS	1
TJSP	3

Dos 55 acórdãos, 45 não versaram sobre o mérito da questão,[5] verificando-se a proporção:

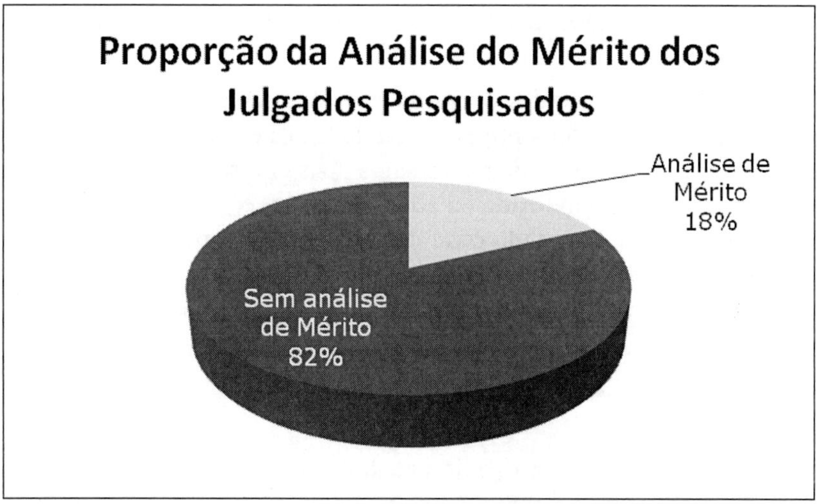

Algumas situações procedimentais impediram a plena análise dos julgados, como o fato de alguns dos acórdãos estarem sob segredo de justiça[6] ou serem antigos e não terem o seu inteiro teor disponível eletronicamente.[7]

5. Por mérito, entenda-se que a análise do caso não verificou os fatos envolvendo o crime de cartel, restringindo-se a matéria processual penal.
6. Julgados cujo conteúdo se encontra sob segredo de justiça: TJDF Apelação Criminal n. 0009787-29.2010.807.0003, *DJe* 18-11-2011, e TJDF Recurso em Sentido Estrito n. 0007662-59.2008.807.0003, *DJe* 04-2-2013.
7. Julgados cujo conteúdo não foi possível acessar por não serem digitalizados: STJ HC n. 14102/DF, *DJe* 04-2-2002, e TJDF HC n. 0006593-89.1994.807.0000, *DJe* 5-10-1994.

Ainda referente a questões metodológicas, ao efetuarmos nosso estudo, encontramos dois casos que tiveram mais de um acórdão examinado: (i) Apelação originária do TRF4 com impetração de *habeas corpus* perante o STJ e o STF, sendo que os três acórdão versam sobre temáticas distintas – análise do mérito da condenação em 1ª instância; competência e independência das esferas; (ii) Habeas Corpus impetrado perante o TRF3,[8] que versa sobre a inépcia da denúncia, cuja denegação da ordem resultou em nova impetração de Habeas Corpus perante o STJ.[9]

3. O crime de cartel na visão dos tribunais

O tipo penal que estabelece o crime de formação de cartel, com a nova redação implementada pela Lei n. 12.529/2011, prevê as condutas de ajuste ou acordo de empresas para eliminar a concorrência por meio da fixação artificial de preços, controle regionalizado do mercado e controle da rede de distribuição ou fornecedores.

A principal alteração nesse sentido foi a inclusão de ajuste ou acordo entre concorrentes como elemento essencial do tipo, i.e. o crime de cartel exige o acordo entre representantes de pelo menos duas empresas, não bastando, por exemplo, o domínio de mercado ou abuso de poder econômico de forma unilateral. Além disso, foi afastado o caráter alternativo da pena de multa, sendo hoje cumulativa a pena restritiva de liberdade.

Em razão da alteração legislativa, a data dos fatos passou a ter especial relevância. O art. 1º do Código Penal dispõe sobre o princípio da legalidade: não há crime sem lei anterior que o defina e não há pena sem prévia cominação legal.

À vista disso, buscamos dividir a análise entre as condutas que ocorreram antes e após tal mudança. Contudo, muito embora alguns dos acórdãos tenham sido proferidos após a alteração legislativa, os fatos objeto de persecução criminal ocorreram todos antes de 31 de maio de 2012, entrada em vigor da referida lei.

4. Análise dos dados

a. *Independência das esferas administrativa e penal*

O ordenamento jurídico brasileiro é regulado pela independência das esferas penal e administrativa, sendo que o término do procedimento adminis-

8. TRF 3, HC n. 2007.0300.06434.4.4.28215, *DJe* 14-9-2007.

9. STJ, HC n. 2007/0233733-5, *DJe* 18-2-2008.

trativo não é condição para iniciar a persecução criminal, quando estiverem presentes todos os requisitos necessários para recebimento da denúncia e consequente processamento da ação penal. A discussão sobre a relação entre as esferas penal e administrativa foi objeto de 10 casos verificados.

Nesse sentido, tais julgados apontam que o CADE faz mera apreciação administrativa sobre violações à livre concorrência, não sendo a decisão no CADE uma condição objetiva de punibilidade, mas uma valoração sobre fatos que correspondem com o elemento do tipo penal.

Se uma decisão do CADE fosse condicionante da persecução criminal, estaria se admitindo que a análise do órgão de defesa da concorrência poderia apontar a prática de crime. Assim, seria como supor que o abuso de poder econômico para fins administrativos será o mesmo que para fins judiciais, pois caso isso se confirmasse, a valoração do CADE teria o mesmo efeito que uma decisão judicial, ferindo o princípio da reserva legal.

Em um dos acórdãos que tratam sobre a interação entre CADE e esfera penal, o relator proferiu o voto vencedor afirmando que: a diversidade dos fatos e das avaliações, tendo finalidade disforme (aplicar multa e aplicar pena), portanto, nos compele dizer que o convencimento de uma e de outra órbita possa sustentar-se por pilares diferentes, em que a visualização da conduta e suas consequências perfaçam caminhos antagônicos.

Referidos caminhos antagônicos, por exemplo, podem ser verificados em casos em que houve a absolvição das pessoas jurídicas no procedimento administrativo, mas condenação das pessoas físicas na esfera penal.

Apesar disso, o compartilhamento de informações obtidas no âmbito do CADE serviu como base para o início de nove dos casos analisados. Nesse sentido, e contrariamente à expectativa de que considerável parte dos casos tenha sido motivada por acordos de leniência no âmbito do CADE,[10] só foi possível identificar referida relação em um dos julgados sob análise, caso dos vigilantes.[11] Além disso, no caso do cartel dos gases,[12] a instauração de procedimento na esfera penal foi precedida de termo de compromisso de cessação (TCC).

10. A impossibilidade de se estabelecer uma relação direta entre acordos de leniência e o início da persecução penal parece ser resultado de os autos de procedimento criminal estarem sob sigilo ou pelo fato de os julgados não mencionarem tais acordos.
11. Trata-se do Habeas Corpus n. 2006.04.00.031434-3/RS do TRF4, DJe 1-11-2006.
12. Trata-se do Recurso em Habeas Corpus n. 37247/SP do STJ, DJe 2-6-2015.

b. Competência

Dos 55 casos estudados, 14 tiveram discussões envolvendo a questão da competência para julgamento do crime de cartel, ou seja, 25% dos casos. Desses 14 casos, as discussões se deram em âmbito federal em nove casos e em âmbito estadual em seis casos. Do total, oito casos chegaram ao Superior Tribunal de Justiça, de maneira que referida Corte já possui um entendimento sobre a fixação de competência nos casos de cartel.

Segundo o posicionamento adotado,[13] os crimes contra a Ordem Econômica, previstos na Lei n. 8.137/90, seriam, via de regra, de competência da Justiça Estadual. Isso porque tais delitos não estão no rol taxativo estipulado pelo inciso VI do art. 109 da Constituição Federal, que determina a competência da Justiça Federal para os crimes contra a Organização do Trabalho e aqueles em que a própria lei ordinária define tal competência, como ocorre nos casos dos crimes contra o Sistema Financeiro Nacional.[14]

A Lei n. 8.137/90 não contém um dispositivo legal expresso determinando a competência da Justiça Federal. Assim, para se fixar a competência em âmbito federal, é necessário que estejam presentes os requisitos do inciso IV do art. 109 da Constituição Federal: *que os crimes sejam praticados em detrimento de bens, serviços ou interesse da União ou de suas entidades autárquicas ou empresas públicas.*

A jurisprudência reconhece que qualquer "confabulização cartelizante" é prejudicial à credibilidade da economia nacional, mas esse fato não resulta, automaticamente, em interesse da União.[15] O STJ, inclusive, elencou critérios para fixação da competência a partir da obra de Rodolfo Tigre Maia:[16]

- Critérios Materiais:

– Atinjam bens, serviços ou interesses da União, de suas empresas públicas ou autarquias, englobando delitos praticados em detrimento do monopólio confiado à – União ou na eventualidade de existirem decisões administrativas sobre o assunto, como, por exemplo, por órgãos do Sistema Brasileiro de Defesa da Concorrência;

13. Nesse sentido, ver os julgados do STJ: HC 2008/0217483-5, *DJe* 16-3-2009; HC 2013/0116790-7, *DJe* 4-12-2013; HC 2003/0223642-5, *DJe* 3-5-2004; HC 269029/DF, *DJe* 4-12-2013; Ag em HC 166909/RS, *DJe* 8-6-2011; HC 117169/SP, *DJe* 19-3-2009; HC 32292/RS, *DJe* 3-5-2004, e; RHC 15371/RS, *DJe* 26-4-2004.
14. A Lei n. 7.492/89 dispõe em seu art. 26 que "a ação penal, nos crimes previstos nesta lei, será promovida pelo Ministério Público Federal, perante a Justiça Federal".
15. Confira-se o julgado HC2008/0217483-5, *DJe* 16-3-2009.
16. *Tutela penal da ordem econômica: o crime de formação de cartel.* Malheiros: São Paulo, 2008, p. 254-256.

- Envolvam graves violações de direitos humanos;

- Tenham propensão para atingir vários Estados da Federação, seja pela magnitude da atuação do grupo econômico, pelo tipo de atividade exercida ou pela natureza do produto;

- Prejudiquem setor econômico estratégico para a economia nacional ou no fornecimento de serviços essenciais.

• Critérios Processuais:

- Sejam de interesse processual da União, por exemplo, em razão de o CADE se habilitar como assistente de acusação no processo penal;

- Envolvam acordos de leniência celebrados no âmbito do CADE e que se busquem validar na esfera criminal;

- Envolvam relação entre o crime de cartel e crimes contra a Organização do Trabalho ou que tenha conexão com qualquer outro crime de inequívoca competência federal, como dispõe a Súmula 122 do STJ.[17]

Ao final, o STJ determina que o delimitador dos fatos para se realizar a análise da competência dos crimes é a denúncia.[18]

c. *Mercado relevante*

Em relação à análise dos mercados relevantes potencialmente atingidos por formação de cartel, verificamos a predominância de: (i) transportes, representando 25% dos casos; (ii) postos de combustíveis, representando 21% dos casos, e; (iii) gás industrial, representando 18% dos casos.

Os demais resultados referentes aos mercados relevantes encontrados foram:

Mercado Relevante	**Quantidade**
Alimentício	2
Aço	4
Combustível	8
Construção Civil	1

17. Súmula 122 do STJ: "compete a Justiça Federal o processo e julgamento unificado dos Crimes conexos de Competência Federal e Estadual, não se aplicando a regra do art. 78, II, 'a', do Código de Processo Penal".

18. Confiram-se os julgados: HC n. 2008/0217483-5, *DJe* 16-3-2009; HC n. 2013/0116790-7, *DJe* 4-12-2013; HC n. 2003/0223642-5, *DJe* 3-5-2004; STJ HC n. 117169/SP, *DJe* 19-3-2009.

Mercado Relevante	Quantidade
Embalagens	1
Ferramentas	1
Fisioterapêutico	1
Gás Industrial	8
Laboratorial	1
Plano de Saúde	1
Supermercado	2
Transporte	10
Transações Eletrônicas	1
Vigilância/Segurança	1
Não informado	12

d. Conduta

Examinando-se os 10 casos que envolveram análise do mérito,[19] constatou-se que as condutas mais recorrentes para a configuração do tipo de cartel foram:

- o ajuste ou associação para fixação artificial de preços, verificada em metade dos casos;
- a divisão do mercado, os quais teriam sido praticados em concurso com a fixação artificial de preços, verificada em 2 casos;
- preços predatórios, verificado em apenas um dos casos.

19. Em relação ao HC 951.213.3/3-00, que tramitou perante o TJSP, a conduta é descrita genericamente como "associar-se para formação de cartel", de modo que não se pode identificar qual a conduta típica denunciada. Os demais julgados que versam sobre o mérito da decisão são: TRF4, Apelação n. 2003.71.00.007397-5, *DJe* 10-3-2010; TRF4 Apelação n. 70039426382, *DJe* 23-11-2011; TJES, Apelação n. 0009660-69.2008.8.08.0024, *DJe* 10-3-2010; TJPR, Apelação n. 604.453-9, *DJe* 20-11-2009; STJ, n. 20.555/MG, *DJe* 24-3-2003; TJPR, Apelação n. 604.453-9, *DJe* 20-11-2009; TJMG, Apelação n. 2053973-51.2005.8.13.0702, *DJe* 26-2-2008, e; TJMG, HC n. 4597147-20.2007.8.13.0000, *DJe* 5-10-2007.

Interessante notar que, mesmo antes da nova redação para os crimes contra a Ordem Econômica, o ajuste ou associação para fixação de preços foi a conduta com maior incidência nos casos analisados.

e. *Nível hierárquico*

Com relação ao nível hierárquico dos réus em suas respectivas empresas – tais como descrito nos julgados – foi possível constatar que a acusação por crime de cartel tende a envolver indivíduos de nível hierárquico mais alto:

Função na Empresa	Número de Acusados
Executivo	4
Funcionário	1
Sócio/Proprietário	12
Conselho[20]	2
Presidente	8
Diretor[21]	3
Representante Legal	1

Ressalte-se ainda o *Habeas Corpus* n. 4597147-20.2007.8.13.0000, do Tribunal de Justiça do Estado de Minas Gerais, que tratava de suposto cartel de leite. Nesse caso, a ação penal foi trancada em relação a um dos réus, funcionário da empresa, considerando o trancamento prévio com relação aos diretores. O argumento utilizado como base para o trancamento referente ao funcionário foi de que ele não teria competência para fixar o valor do litro de leite, decisão esta que caberia aos diretores da empresa.

Considerando o prévio trancamento da ação penal proposta contra os diretores, incabível seria sua continuação somente contra um "simples empregado", que não teria poder de mando para determinar a prática relatada na denúncia.

20. A título de esclarecimento, nos julgados analisados, os indivíduos acusados eram descritos como "membros do Conselho da empresa", sendo envolvido mais de um membro.
21. A partir dos julgados analisados, notou-se que a imputação de responsabilidade criminal foi realizada em razão da função desempenhada pelos diretores.

f. *Prova*

Notou-se uma relevante presença de medidas cautelares para auxiliarem nas investigações do crime de cartel, quais sejam: interceptações telefônicas, presente em 12 casos, e buscas e apreensões, presentes em quatro casos. Além disso, em dois casos a prova foi obtida por meio de compartilhamento de provas colhidas em inquérito civil.

Com relação ao elemento subjetivo do tipo, o crime de cartel exige dolo, i.e., intenção de realizar a conduta definida como crime. Também por esse motivo, o *standard* probatório é maior na esfera penal, sendo necessária não apenas prova da prática da conduta, mas a demonstração da intenção de praticá-la.

O STJ, no *Habeas Corpus* n. 20.555/MG, apontou que:

> (...) a responsabilização no campo penal depende muito mais do fator subjetivo intencional do que a deslealdade comercial. A qualificação do abuso, neste último caso, e assim pondera a melhor doutrina, independe de maiores indagações, porque objetivo, sendo que mesmo havendo o afastamento deste, permitida é a avaliação acerca do fator volitivo, objeto da seara criminal.

Nesse sentido, importante mencionar que no caso do julgado acima, o CADE absolveu o indivíduo, muito embora o STJ tenha mantido a condenação na esfera criminal, por entender que se encontrava caracterizado o elemento volitivo.

Por outro lado, destaque-se o julgado do TJPR, a Apelação crime 604.453-9, em que o Tribunal entendeu necessário, para a configuração do crime de cartel, haver prova direta do acordo entre os postos revendedores sobre alguma variável econômica relativa às suas atividades, não bastando a uniformização de preços sem qualquer acordo entre concorrentes.

Por esse motivo, os réus foram absolvidos com base em insuficiência de provas sobre a suposta combinação de preços, mesmo após pesquisa de preços realizada pelo Procon.

Como exemplo de provas diretas que poderiam demonstrar a prática, os julgadores citaram o testemunho idôneo de pessoas que presenciaram reunião entre concorrentes para fixação de preço; atas de reuniões, registro de conversas, até mesmo telefônicas; troca de correspondência entre os postos de combustíveis, dentre outros.

g. *Prisão preventiva*

Em apenas dois casos analisados foi identificada decretação de prisão preventiva dos investigados. Entretanto, em um dos casos analisados foi identificada imposição a um dos investigados da suspensão do exercício profissional com o afastamento do cargo de direção e administração da empresa em que trabalhava com impedimento de ingresso em seus estabelecimentos comercias.[22]

A aplicação da referida medida cautelar diversa da prisão foi justificada como necessária para que ocorresse a colheita de evidências criminais e se impedisse a prática de novas infrações penais.

h. Aplicação da Lei n. 9.099/95

Com relação a aplicação dos institutos previstos na Lei n. 9.099/95, apesar de ter havido considerável discussão sobre o cabimento de transação penal[23] para o crime de cartel, referida aplicação foi vedada pelos tribunais. Entretanto, diverso foi o entendimento com relação a suspensão condicional do processo.[24]

A discussão com relação a transação penal surgiu em razão de a pena para o crime de cartel, antes da alteração introduzida pela Lei n. 12.529/2011, ser de reclusão de dois a cinco anos, ou multa.

A discussão sobre o alcance da expressão "ou multa"[25] era se seriam de competência dos Juizados Especiais Criminais até mesmo os crimes em que a pena máxima fosse superior ao estipulado para fins de transação penal, desde que houvesse imposição alternativa de pena de multa.

22. Nesse sentido conferir o julgado: TJDF, Recurso em Sentido Estrito n. 0007662-59.2008.807.0003, *DJe* 4-2-2013.
23. Art. 76 da Lei n. 9.099/95: "havendo representação ou tratando-se de crime de açao penal pública incondicionada, não sendo caso de arquivamento, o Ministério Público poderá propor a aplicação imediata de pena restritiva de direitos ou multas, a ser especificada na proposta".
24. Art. 89 da Lei n. 9.099/95: "Nos crimes em que a pena mínima cominada for igual ou inferior a um ano, abrangidas ou não por esta Lei, o Ministério Público, ao oferecer a denúncia, poderá propor a suspensão do processo, por dois a quatro anos, desde que o acusado não esteja sendo processado ou não tenha sido condenado por outro crime, presentes os demais requisitos que autorizariam a suspensão condicional da pena".
25. Art. 61 da Lei n. 9.099/95, com a redação da Lei 11.313/2006: "consideram-se infrações penais de menor potencial ofensivo, para os efeitos desta Lei, as contravenções penais e os crimes a que a lei comine pena máxima não superior a 2 (dois) anos, cumulada ou não com multa".

Quatro julgados[26] abordam a impossibilidade da aplicação do instituto da transação penal em casos envolvendo o crime de cartel. Tal impossibilidade decorre do fato de que o crime de cartel não configura uma infração de menor potencial ofensivo, considerando-se que a pena máxima é de cinco anos de reclusão. O entendimento majoritário foi no sentido de que não seria cabível considerar-se a cominação de multa alternativamente à pena de reclusão para fins de pena máxima.

Os julgados em questão apontam o fato de que não se pode prevalecer uma interpretação meramente gramatical do dispositivo, visto esta não ser a intenção legislativa. O que se buscava era reduzir o impacto penal sobre os crimes de baixa ofensividade, e que no procedimento criminal ordinário, pelo fato de contemplarem penas menores, em muitas situações acabavam por sofrer com a prescrição da pretensão punitiva estatal, como isso afastando-se do retorno esperado pela sociedade.

A partir desse raciocínio, os julgados defendem que o critério legislativo para a aplicação da transação penal seria o da pena máxima cominada ao crime, independentemente de previsão alternativa de pena de multa. Todavia, ressaltam a possibilidade de aplicação da suspensão condicional do processo.

A discussão com relação ao instituto da suspensão condicional do processo envolve raciocínio reverso, vez que o requisito para sua aplicação e que a pena mínima aplicável ao crime seja igual ou inferior a um ano. O entendimento fixado pelos tribunais[27] é no sentido de que previsão "ou multa" e inferior a um ano de prisão e autoriza a suspensão condicional do processo.

Como resultado logico, referido instituto deve continuar a ser aplicado nos casos em que a conduta ocorreu até maio de 2012, data que houve alteração da pena para prever pena de multa cumulativamente a de reclusão.

i. Absolvições

Dos 10 julgados que apreciaram o mérito dos crimes de cartel, seis tiveram decisões favoráveis aos acusados: absolvição em cinco casos e trancamento, em sede de *habeas corpus*, da ação penal que tramitava em desfavor do paciente.

26. Nesse sentido conferir os julgados: TRF4 Apelação n. 2003.71.00.007397-5, *DJe* 10-3-2010; STF HC 84719/RS, *DJe* 20-10-2004; STJ RHC n. 15.235/RS, *DJe* 3-5-2004; STJ RHC n. 15371/RS , *DJe* 26-4-2004.

27. Em relação à equiparação da multa à pena inferior a um ano, conferir os julgados: STF, HC 83.926-6/RJ, Rel. Min. Cezar Peluso, *DJ* 14-9-2007 e STJ, HC 109.980/SP, Rel. Min. Felix Fischer, 5ª Turma, j. 4-12-2008, *DJe* 02-3-2009.

Nos julgados em que houve absolvição dos acusados:

- em três casos[28] o motivo para a reforma e posterior absolvição se deu pela ausência de provas, nos termos do art. 386, II, do Código de Processo Penal.[29]
- em um dos casos[30] a absolvição se baseou na atipicidade da conduta, considerando-se que as empresas cujos acusados teriam supostamente entrado em conluio para divisão do mercado não representariam valor significativo no mercado. Uma dessas empresas, por exemplo, deteria somente 1% do mercado relevante, o que pouco contribuiu para a afirmação de que o alegado conluio dominasse o mercado.
- em um dos casos, os réus foram absolvidos devido à extinção da punibilidade pela prescrição: passou-se mais de quatro anos entre o recebimento da denúncia e a sentença condenatória, nos termos do § 1º do art. 110 do Código Penal.[31]

j. Condenações

Antes de discorrer sobre a aplicação da pena, mas ainda em relação às condenações, convém apontar que em dois julgados em que houve condenação dos réus pelo crime de cartel, houve absolvição pelas mesmas condutas no âmbito do CADE.[32]

Sobre as condenações, pudemos observar nos quatro julgados,[33] que a maior pena aplicada foi de cinco anos e três meses, em regime semiaberto, pela

28. Conferir nesse sentido os julgados: TRF4 Apelação n. 70039426382, *DJe* 23-11-2011 e TJPR Apelação n. 604.453-9, *DJe* 20-11-2009.
29. Art. 386 do Código de Processo Penal: "o juiz absolverá o réu, mencionando a causa na parte dispositiva, desde que reconheça: (...) III – não constituir o fato infração penal;".
30. Conferir nesse sentido o julgado: TJPR Apelação n. 604.453-9, *DJe* 20-11-2009.
31. Art. 110, § 1º do Código Penal: "a prescrição, depois da sentença condenatória com trânsito em julgado para a acusação ou depois de improvido seu recurso, regula-se pela pena aplicada, não podendo, em nenhuma hipótese, ter por termo inicial data anterior à da denúncia ou queixa".
32. Tratam-se dos julgados: TRF4 Apelação n. 2003.71.00.007397-5, *DJe* 10-3-2010 e STJ HC n. 20.555/MG, *DJe* 24-3-2003.
33. Conferir nesse sentido os julgados: TRF4 Apelação n. 2003.71.00.007397-5, *DJe* 10-3-2010; TRF4 Apelação n. 70039426382, *DJe* 23-11-2011; TJES Apelação n. 0009660-69.2008.8.08.0024, *DJe* 10-3-2010; TJMG, HC n. 2053973-51.2005.8.13.0702, *DJe* 9-10-2008.

prática do crime previsto no art. 4º, I, *a* e *f*, II, *a*, *b*, e *c*, e VII, da Lei n. 8.137/90, c/c art. 71 do CP.

Em outro caso, parece estar ausente a mensuração do grau de participação dos concorrentes envolvidos no suposto cartel.[34] A pena aplicada pela prática do crime de cartel foi a mesma para todos os concorrentes, bem como a pena pela prática do crime do art. 6º, III,[35] do mesmo diploma legal.

Como todos os réus eram primários e portadores de bons-antecedentes tiveram as penas fixadas no mínimo legal de cada tipo penal, arts. 4º e 6º, III, da Lei n. 8.137/90, dois e um ano, respectivamente, totalizando a pena de três anos para cada um dos réus. Tal punição foi fixada em regime aberto, nos termos do art. 33, § 2º, *c*, do Código Penal.[36] Todavia, conforme o art. 44 do Código Penal,[37] a pena foi substituída por penas restritivas de direito equivalente ao pagamento de 10 salários-mínimos.

O acórdão proferido no *Habeas Corpus* n. 2003.71.00.00.739-75, do Tribunal Regional Federal da 4ª Região abordou a questão de nível hierárquico e pena aplicada em caso de cartel. Foi oferecida denúncia contra representantes de três empresas, incluindo Presidentes, Diretor Presidente e Diretor de Assuntos Institucionais, pela prática do crime de cartel.

34. Nesse sentido verificar o julgado: TJMG, Apelação n. 2053973-51.2005.8.13.0702, *DJe* 26-2-2008.

35. Art. 6º, III da Lei n. 8.137/90, revogado pela Lei n. 12.529/2011: "constitui crime da mesma natureza: (...) III – exigir, cobrar ou receber qualquer vantagem ou importância adicional de preço tabelado, congelado, administrado, fixado ou controlado pelo Poder Público, inclusive por meio da adoção ou de aumento de taxa ou outro percentual, incidente sobre qualquer contratação.

    Pena – detenção, de 1 (um) a 4 (quatro) anos, ou multa.)".

36. Art. 33 do Código Penal: "a pena de reclusão deve ser cumprida em regime fechado, semiaberto ou aberto. A de detenção, em regime semiaberto, ou aberto, salvo necessidade de transferência a regime fechado. § 2º As penas privativas de liberdade deverão ser executadas em forma progressiva, segundo o mérito do condenado, observados os seguintes critérios e ressalvadas as hipóteses de transferência a regime mais rigoroso(...) c) o condenado não reincidente, cuja pena seja igual ou inferior a 4 (quatro) anos, poderá, desde o início, cumpri-la em regime aberto".

37. Art. 44 do Código Penal: "as penas restritivas de direitos são autônomas e substituem as privativas de liberdade, quando: I – aplicada pena privativa de liberdade não superior a quatro anos e o crime não for cometido com violência ou grave ameaça à pessoa ou, qualquer que seja a pena aplicada, se o crime for culposo; II – o réu não for reincidente em crime doloso; III – a culpabilidade, os antecedentes, a conduta social e a personalidade do condenado, bem como os motivos e as circunstâncias indicarem que essa substituição seja suficiente".

Verifica-se nesse acórdão que o Presidente de umas das empresas possui a maior pena aplicada (cinco anos e três meses), seguido pelo Diretor Presidente (quatro anos, dois meses e dez dias), finalizando com o Diretor de Assuntos Institucionais da terceira empresa (três anos e nove meses).

k. Crimes relacionados

Da totalidade de casos analisados, 24 envolveram denúncias por dois ou mais crimes, incluindo crime contra a Ordem Econômica.

Os principais crimes que acompanharam as denúncias de cartel foram: quadrilha (art. 288 do Código Penal, antes da alteração legislativa promovida pela Lei n. 12.850/2013), em 11 casos; fraude à licitação (art. 90 da Lei n. 8.666/93), em três casos;[38] crime contra a ordem tributária (art. 1º da Lei n. 8.137/90).[39]

Um dos temas relevantes analisados em relação ao crime de cartel em concurso, seja formal ou material, com o de quadrilha ou a atual associação criminosa e fraude à licitação, foi a existência ou não de *bis in idem.*

Com relação ao crime de quadrilha ou a atual associação criminosa, a questão e que a conduta de se "associar" é central para a configuração do crime. Ou seja, tanto no caso do crime de quadrilha quanto no caso de crime de cartel, a reunião de pessoas e parte essencial do tipo, tratando-se de crimes de concurso necessário[40]-.[41]

38. O julgado STJ HC n. 241.823/SP, *DJe* 4-2-2002 que menciona esta discussão não a soluciona, por entender que requer uma análise de contexto fático-probatória, a qual não é cabível em sede de habeas corpus.
39. Destaque-se que foram verificados apenas uma vez, dentre os julgados, os seguintes delitos: coação no curso do processo (art. 344 do Código Penal); associação criminosa (art. 288 do Código Penal, pós-alteração legislativa promovida pela Lei 12.850/13); crime contra a ordem econômica (art. 6º, III, Lei n. 8.137/90, revogado pela Lei n. 12.529, de 2011); dano (art. 163 do Código Penal); resistência (art. 329 do Código Penal); corrupção ativa (art. 333 do Código Penal); falsidade ideológica (art. 299 do Código Penal); crime contra as relações de consumo (art. 7º, VII da Lei n. 8.137/90); crime contra a ordem econômica relacionado a combustível (art. 1º da Lei n. 8.176/91).
40. REALE JÚNIOR, Miguel. Cartel e quadrilha*: bis in idem. Ciências Penais: Revista da Associação Brasileira de Professores de Ciências Penais*, São Paulo, RT, n. 5, jul.-dez. 2006, p. 139.
41. Conforme o julgado do STJ HC n. 248795/PB, *DJe* 3-2-2015, preconizou que: "A absorção do crime de quadrilha (atualmente denominado de associação criminosa) pelo delito de cartel, em sede de habeas corpus, se mostra insusceptível de

Convém expor a lição de Maíra Beauchamp Salomé e Pierpaolo Cruz Bottini, "ainda que os tipos penais tutelem bens jurídicos distintos, uma conduta é meio para a outra, a primeira é instrumento necessário para a complementação típica da segunda, a impor a consunção".[42]

Os tribunais ainda não consolidaram entendimento a respeito do tema. Entretanto, em um dos julgados o entendimento e que pode haver persecução penal por ambos os crimes, desde que autônomos. O raciocínio apresentando para tanto tem por base a intenção dos agentes ao se associarem.

Se tal associação ocorreu com o objetivo de praticar fixação de preços, divisão de mercado ou qualquer outra figura típica do cartel, estaria esse crime configurado. Por outro lado, se o fim de se associar é permanente e estável e não se exaure com a prática do crime de cartel, ampliando-se para outros crimes, ainda que praticados no mesmo contexto fático, estaria configurado o crime de quadrilha ou mando (atual associação criminosa).[43]

Tendo em vista a constante persecução penal do crime de cartel juntamente com o de quadrilha ou associação criminosa e fraude a licitação, merece destaque a mudança promovida pela Lei n. 12.529/2011 em seu art. 87,[44] que passou a englobar no rol de delitos que podem receber imunidade criminal pelo acordo leniência, o crime de associação criminosa e fraude a licitação.

No passado, tais crimes não eram contemplados pelo acordo, de modo que poderiam ocorrer casos, como de fato ocorreram, em que os lenientes

apreciação, sendo mister aguardar a instrução criminal para apurar, com verticalidade cognitiva, se efetivamente foram dois crimes distintos ou se um foi absorvido pelo outro". No mesmo sentido é o julgado: STJ, HC n. 241.823/SP, *DJe* 4-2-2002.

42. Beauchamp Salomi. Maíra; Bottini, Pierpaolo. Cartel e quadrilha: é possível a dupla imputação? Boletim IBCCRIM. São Paulo, v. 20, n. 240, p. 7-8, nov. 2012.

43. Nesse sentido, confira-se o julgado: STJ, HC n. 248795/PB, *DJe* 3-2-2015, ao citar o voto do Desembargador-relator que denegou a ordem no Tribunal *a quo* ao discorrer sobre o concurso aparente de normas.

44. Art. 87da Lei n. 12.529/2011: "nos crimes contra a ordem econômica, tipificados na Lei n. 8.137, de 27 de dezembro de 1990, e nos demais crimes diretamente relacionados à prática de cartel, tais como os tipificados na Lei nº 8.666, de 21 de junho de 1993, e os tipificados no art. 288 do Decreto-Lei n. 2.848, de 7 de dezembro de 1940 – Código Penal, a celebração de acordo de leniência, nos termos desta Lei, determina a suspensão do curso do prazo prescricional e impede o oferecimento da denúncia com relação ao agente beneficiário da leniência.

Parágrafo único. Cumprido o acordo de leniência pelo agente, extingue-se automaticamente a punibilidade dos crimes a que se refere o *caput* deste artigo".

fossem denunciados pelos mesmos fatos do cartel, mas sob a ótica do crime do art. 288 do Código Penal ou do art. 90 da Lei n. 8.666/93.

5. Considerações finais e tendências

Com base na análise de julgados, identificamos aumento notável de denúncias envolvendo crimes contra a Ordem Econômica nos últimos 15 anos:

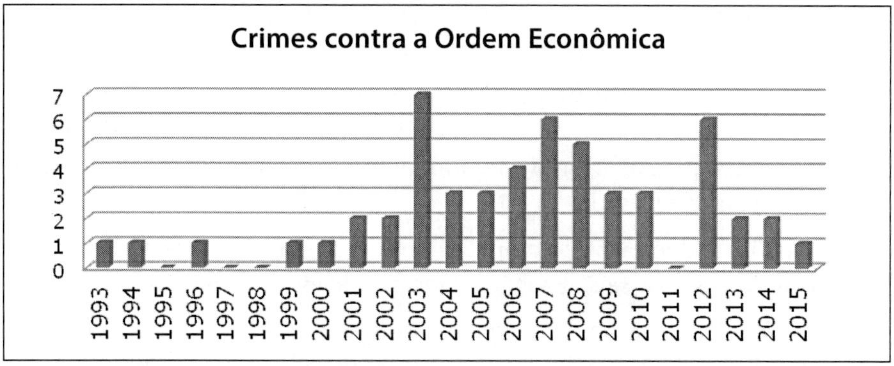

O aumento de casos criminais coincide com a introdução do acordo de leniência, que seu deu por meio da Medida Provisória n. 2.055, publicada em 14 de agosto de 2000. Decorrente ou não de acordos de leniência, o aumento no número de denúncias possibilitou uma análise mais ampla de questões envolvendo o crime de cartel pelos tribunais.

Restou clara a absoluta independência entre a esfera administrativa e penal, não sendo o término do procedimento administrativo condição para a persecução penal. Entretanto, o compartilhamento de informações entre o CADE e as autoridades criminais desempenhou papel importante para o início da persecução penal, fato que se fortalece com o recente Memorando de Entendimentos n. 01/2016 celebrado entre o CADE e o Ministério Público Federal.

O ajuste ou associação entre concorrentes para fixação artificial de preços foi a conduta anticompetitiva predominante nos casos analisados, ainda que antes da alteração legislativa que restringiu os crimes contra a Ordem Econômica aqueles que envolvam acordo ou ajuste entre concorrentes como elemento essencial do tipo.

A competência para julgamento é um dos assuntos mais discutidos pelos tribunais. Em regra, a competência é da justiça estadual, ainda que a conduta seja prejudicial à credibilidade do mercado da economia nacional.

Notou-se maior foco na esfera penal com relação ao mercado de transportes e de postos de gasolina. De fato, os primeiros setores alvo de persecução penal.

A persecução penal parece estar diretamente relacionada ao maior nível hierárquico ocupado pelo réu.

Medidas mais agressivas de obtenção de prova como a interceptação telefônica e busca e apreensão têm sido amplamente utilizadas, e os tribunais tem requerido a demonstração da intenção (dolo) e prova direta do ajuste entre concorrentes para a condenação pelo crime de cartel.

A aplicação da transação penal foi vedada pelos tribunais, mas a suspensão condicional do processo é possível em condutas praticadas até maio de 2012, uma vez que pacificado o entendimento de que a pena de multa é inferior à de um ano de prisão.

Na maioria dos casos com análise de mérito, os réus foram absolvidos. Nesse sentido, destaca-se a absolvição por insuficiência de provas.

O crime de formação de quadrilha acompanha denúncias pelo crime de cartel em diversos casos, não havendo ainda posicionamento definitivo dos tribunais sobre a ocorrência de *bis in idem*. Entretanto, já há posicionamento no sentido de que podem se tratar de crimes autônomos dependendo da intenção dos indivíduos no momento da associação: se para praticar condutas típicas do crime de cartel ou outros delitos.

Apesar de haver considerável discussão sobre as questões acima, a quantidade de jugados que tratam sobre o crime de cartel ainda é tímida e muitas outras questões essenciais permanecem fora da análise dos tribunais.

Não há análise aprofundada sobre a classificação do crime de cartel (se instantânea ou permanente), que afeta diretamente o momento de início da prescrição – ponto crítico em termos de segurança jurídica. Não há também analise sobre o padrão de prova necessário para condenação e critérios para reparação de danos.

É possível que a eventual aplicação da suspensão condicional do processo, que interrompe a ação penal antes de uma sentença, tenha limitado a análise de mérito. Nesse sentido, a eliminação da pena alternativa de multa em crimes de cartel deve aumentar as discussões de mérito nas instâncias superiores.

Muito embora o presente estudo tenha exposto o cenário jurídico atual, entendemos que muitas questões ainda precisam ser discutidas, especialmente após a alteração legislativa que alterou as condutas consideradas como crime contra a Ordem Econômica.

Os casos mais recentes envolvendo o crime de cartel, por exemplo os decorrentes da Operação Lava Jato, ainda estão sendo julgados, muitas vezes em primeira instância, de modo que não foram incluídos nessa análise. Além disso, os casos envolvendo o suposto cartel do metrô, em que tem havido ampla discussão sobre prescrição e *bis in idem*, são sigilosos.

O desenrolar desses casos, entretanto, deve moldar o novo cenário jurídico e trazer diretrizes para a persecução do crime de cartel.

Referências bibliográficas

BEAUCHAMP SALOMI, Maíra; BOTTINI, Pierpaolo. Cartel e quadrilha: é possível a dupla imputação? *Boletim IBCCRIM*, São Paulo, v. 20, n. 240, nov. 2012, p. 7-8.

MARTINEZ, Ana Paula. *Repressão a cartéis*: interface entre direito administrativo e direito penal. Singular: São Paulo, 2013.

______. Crime de cartel e suspensão condicional do processo após a entrada em vigor da Lei n. 12.529/2011. *Boletim IBCCRIM*, n. 262, v. 22, 2014, p. 11-12.

REALE JÚNIOR, Miguel. Cartel e quadrilha ou bando: *bis in idem*. *Ciências Penais: Revista da Associação Brasileira de Professores de Ciências Penais*, n. 5, v. 3, 2006, p. 131-143.

TIGRE MAIA, Rodolfo. *Tutela penal da ordem econômica*: o crime de formação de cartel. Malheiros: São Paulo, 2008.

Tipologia dos casos trazidos pelo MP

Marcelo Batlouni Mendroni

1. Formação de Cartel. Organização criminosa empresarial

A prática de Cartéis envolve, invariavelmente, nos casos com fraudes a concorrências públicas, uma simbiose entre as formas de Organizações Criminosas Empresariais e Endógenas.[1] As empresas, através de seus representantes, formam acordos, consórcios, convênios, ajustes e alianças, como ofertantes ou proponentes, visando à fixação artificial de preços. Os Agentes públicos "permitem" ou até "direcionam" os acordos.

A amplitude legislativa em relação aos temas – Cartéis e outros crimes em cujo contexto eles podem estar inseridos, gera uma necessidade de interpretação para a sua aplicação prática.

Em seguida analisaremos, com brevidade, alguns pontos que correspondem ao nosso atual entendimento em relação ao tema.

1. Na Alemanha, os Cartéis de empresas também são considerados "Organizações Criminosas". Cf. TIEDMANN, Klaus. *Wirtschaftrecht*. Köln: Carl Heymanns (Verlag), 2008, p. 79: "Dies betrifft vor allem die Anwendung des Bandenbegriffs auf die häufige Bildung von Ringkartellen bei Submissionsabsprachen, die meist auch eine Vereinbarung darüber enthalten, welches Unternehmen bei den nächsten Submissionen zum Zuge kommen soll." Trad. Livre: "Os casos mais graves são os que dizem respeito à aplicação do conceito de organização criminosa nos frequentes casos de formação de cartéis. Na maioria destes casos também se inserem pactos que as empresas devem respeitar nas próximas concorrências públicas.

2. Acusação

2.1 Denúncia: crime multitudinário

Crime multitudinário: A descrição da Denúncia normalmente se refere às condutas dos Denunciados, não de forma individualizada, mas coletiva, como, aliás, é próprio da prática criminosa, tratando-se de "Formação de Cartel". Não há como se comparar esta forma de criminalidade com aquelas comuns, as corriqueiras práticas como – roubo, furto, estelionato etc. Neste caso, trata-se de prática de crimes econômicos. Se no roubo a ação do criminoso é "subtrair" (núcleo do tipo) coisa móvel alheia; no delito de formação de cartel o delito é "formar" – acordo, convênio, ajuste ou aliança... Desnecessário, portanto, descrever que cada um dos réus formou acordo – um com o outro, e todos entre si... Basta dizer que eles "formaram" acordo, convênio, ajuste ou aliança.

Isso não torna, absolutamente, a acusação vaga ou genérica. Tampouco impede o exercício do direito constitucional da ampla defesa. Os acusados podem/devem se defender negando que tenham participado de acordo, convênio, ajuste ou aliança.[2]

2.2 Aplicação da teoria do domínio do fato

Aplica-se, em casos de Formação de Cartéis, a teoria do domínio do fato. A ação típica não se entende unicamente como uma atuação com determinada atitude pessoal, nem como mera consequência do mundo exterior, mas como unidade de sentido objetivo-subjetiva. O fato decorre de uma vontade que se dirige ao sucesso. Não só é determinante para a autoria, a vontade de direção, mas também o peso objetivo da parte do fato assumida por cada interveniente.

Então, o dono, o sócio proprietário, o cotista, qualquer pessoa que exerça função de mando ou não, e tenha, comprovadamente –, de qualquer forma – assim agido para a prática de formação do cartel, poderá responder pela conduta criminosa. Significa dizer que qualquer participação – de qualquer integrante da empresa, em formar acordos, consórcios, convênios, ajustes e alianças, como ofertantes ou proponentes, visando à fixação artificial de preços; configura o delito – independentemente da obtenção do resultado, por se tratar de crime formal.

2. *Habeas Corpus* n. 481.864-7 (São Paulo) (*RT* 742/533).

3. Concurso de crimes e diferenciação: cartel e fraudes à licitação

Ocorrendo situações em que se constate que as empresas formaram cartel (crime contra a ordem econômica) e depois, formado o cartel, fraudaram licitação pública (crime contra a administração pública), nada impede que sejam imputadas ambas as condutas aos respectivos responsáveis, em concurso formal ou material.

Não há, *data venia* a entendimentos contrários, conflito aparente de normas.[3]

Vejamos:

> Art. 4º II, da Lei n. 8.137/90: "Constitui crime contra a ordem econômica" – [...] II – Formar acordo, convênio, ajuste ou aliança entre ofertantes, visando:
>
> a) à fixação artificial de preços ou quantidades vendidas ou produzidas;
>
> b) ao controle regionalizado do mercado por empresa ou grupo de empresas;
>
> c) ao controle, em detrimento da concorrência, de rede de distribuição ou de fornecedores. (grifamos)
>
> Art. 90 da Lei n. 8.666/93: "Frustrar ou fraudar, mediante ajuste, combinação ou qualquer outro expediente, o caráter competitivo do procedimento licitatório, com o intuito de obter, para si ou para outrem, vantagem decorrente da adjudicação do objeto da licitação." (grifamos)

A forma mais correta de se entender a situação jurídica é aquela baseada na *interpretação lógica e sistemática.*

Embora ambas as condutas prevejam "ajustes" para as respectivas práticas criminosas, há, de fato, intensa diferença tipológica.

O *crime de Formação de Cartel* visa atingir, afetar e desestabilizar o mercado – sendo, assim, crime praticado contra a ordem econômica. Tal é o perigo abstrato dos "acordos, convênios, ajustes e alianças dos ofertantes", que, para proteger o mercado – que deve girar em torno das leis naturais da economia (oferta/procura, livre concorrência) o Legislador criou a configuração do delito, seguindo os termos das Leis antitrustes internacionais. Aqui, o bem jurídico tutelado é o mercado em sentido amplo e genérico. Trata-se de Legislação protetiva do mercado, ou a concorrência no seu sentido abstrato, genérico. A Lei protege a capacidade competitiva das empresas, não uma específica concorrência.

3. No sentido da existência de conflito aparente de normas, veja-se MARTINEZ, Ana Paula. *Repressão a cartéis*: interface entre direito administrativo e direito penal. São Paulo: Singular, 2013, p. 194-197.

Veja-se o comentário de Paul Samuelson e William Nordhaus:

> Se algumas grandes empresas de uma mesma atividade, ao procurarem defender-se da concorrência, são acometidas por um mesmo problema, elas podem – sem nunca se encontrarem, telefonarem, fazerem sinais ou sem se corresponderem – chegar tacitamente a um acordo de fixação de preços anticoncorrencial.[4]

O crime de Cartel consuma-se no momento em que os acusados, mediante qualquer conduta de "ajuste", formam (formalizam entre eles) o ajuste. Trata-se de crime formal – aquele que se consuma independentemente da obtenção do resultado. O "ajuste" é suficiente para ensejar a sua consumação. Tanto é assim, que o próprio tipo penal refere que o Cartel é formado "visando" e não "obtendo" resultado de fixação artificial de preços.[5] Significa que o crime se consuma, mesmo que depois as empresas não consigam efetivamente, por qualquer razão, praticar os preços combinados.

O *crime de fraude à licitação*, também de natureza de crime formal – que não depende do resultado para ser considerado consumado, inicia-se no momento em que os agentes criminosos apresentam propostas na concorrência pública. Trata-se de legislação protetiva de determinada(s) *concorrência(s) no seu sentido concreto específico*.[6]

Se no delito de formação de Cartel os agentes visam fraudar *o mercado* (de bens/serviços) com a sua natural concorrência, no crime de fraude à licitação, os agentes agem para fraudar uma *específica concorrência*[7] – sendo este, pela sua natureza, fraude por crime contra a Administração Pública. Não é porque ambos os delitos têm núcleo de "formar acordo ou ajuste", que configuram a mesma conduta. Podem existir, aliás, outros tipos penais que também se configuram em virtude de "acordos" ou "ajustes" entre os criminosos. Nestas condições torna-se imperioso aferir a finalidade dos tais "acordos/ajustes".

4. SAMUELSON, Paul; NORDHAUS, William. *Economia*. 12. ed. Lisboa: McGraw--Hill, 1988, p. 657.
5. Cf. também na Alemanha a mesma conceituação. TIEDMANN, Klaus. *Wirtschaftrecht*. Köln: Carl Heymanns (Verlag), 2008, p. 79
6. Segundo o relatório da OCDE: OECD Foreign Bribery Report – an analysis of the crime of bribery of foreign public officials/2014, p. 8; 57% dos casos que envolvem corrupção decorrem de concorrências para contratos públicos: "In the majority of cases, bribes were paid to obtain public procurement contracts (57%), followed by clearance of custos procedure (12%)".
7. Concorrências por vezes se dividem ou se desdobram em outras ou em lotes.

No crime de Cartel, a situação é gerada por um conflito de interesses, de empresas ou grupos/consórcios de empresas que perseguem um objetivo geral de dominação de mercado, visando suplantar adversários concorrentes em competições e disputas. Na Fraude à Licitação, diferentemente, as empresas ou grupo/consórcios de empresas buscam vencer determinada concorrência, notabilizando-se pela fraude de especialidade ou de especificidade de certa concorrência.

O crime de Cartel é dinâmico, com alterações entre empresas na disputa da predominância do mercado e, para tanto, com eventuais manipulações dos consórcios. O crime de Fraude à Licitação é estático, fixando as empresas (ou consórcios) a sua meta e o seu objetivo nos termos da divisão de uma determinada licitação. Os atos criminosos são praticados em face e em vista da almejada licitação.

O crime de Cartel existe, mesmo sem licitação. O crime de fraude à licitação também pode existir sem a prática de Cartel. São crimes distintos e independentes, que podem ou não ser processados conjuntamente, conforme os fatos ocorram.

4. Núcleos dos tipos penais

A questão é ainda mais clara quando se observa a evolução histórica dos tipos penais revogados, da própria Lei n. 8.137/90, antes da redação dada pela Lei n. 12.529, de 2011:

> Art. 4º Constitui crime contra a ordem econômica:
>
> I – abusar do poder econômico, dominando o mercado ou eliminando, total ou parcialmente, a concorrência mediante:
>
> a) ajuste ou acordo de empresas; [...]
>
> II – formar acordo, convênio, ajuste ou aliança entre ofertantes, visando: [...]
>
> III – discriminar preços de bens ou de prestação de serviços por ajustes ou acordo de grupo econômico, com o fim de estabelecer monopólio, ou de eliminar, total ou parcialmente, a concorrência; [...]
>
> V – provocar oscilação de preços em detrimento de empresa concorrente ou vendedor de matéria-prima, mediante ajuste ou acordo, ou por outro meio fraudulento; (grifamos)
>
> (Redação dada pela Lei n. 8.884, de 11-6-94)
>
> Pena – reclusão, de 2 (dois) a 5 (cinco) anos, ou multa.

Note-se que haviam vários dispositivos que estabeleciam os tais "ajustes ou acordos" (alianças) – mas sempre com objetivos diferentes – o que os diferencia. É dizer, cada forma de "ajuste/acordo" visava diferente objetivo, e, portanto, não havia conflito aparente de normas. Era possível imputar todas elas em uma mesma ação penal – sem "conflito aparente de normas". Esta Lei esteve em vigência por 21 anos e como tal foi aplicada, jamais considerada *bis in idem*, mas ao contrário, os seus dispositivos penais conviviam, inclusive em mesma ação penal. Então, não é só o núcleo do tipo que deve ser analisado no dispositivo penal, mas toda a conduta descrita, considerando-se também o objetivo dos "acordos/ajustes" etc.

Os delitos têm natureza jurídica diversa e bens jurídicos protegidos, também diversos. O crime de formação de Cartel ofende a ordem econômica, enquanto os crimes de fraude à licitação ofendem a administração pública.

São delitos que coexistem. De um lado, em um momento, mediante uma ação, os acusados formam acordo, convênio, ajuste ou aliança entre ofertantes visando – "a ofensa à ordem econômica", em última análise, "concorrências justas e leais", fixando preços de forma artificial, controlando o mercado e a concorrência.[8] De outro lado, os acusados praticam crime – especificamente contra a administração pública (efetivamente), frustrando ou fraudando determinada concorrência pública.

Vamos escrever o dispositivo com os mesmos termos, mas com outra ordem dos períodos, dissecando-o e grifando alguns termos para melhor analisá-lo:

- frustrar ou fraudar;
- o *caráter competitivo* do procedimento licitatório;
- mediante ajuste, combinação ou qualquer outro expediente;
- com *intuito* de obter (para si ou para outrem)
- *vantagem* decorrente da adjudicação do objeto da licitação

É preciso assumir que, enquanto no crime de formação de cartel, basta qualquer forma de "ajuste" (conversas pessoais, por telefone, por e-mails, mensagens, etc.) – "visando" [...] para que o crime seja consumado; porque o delito consiste na própria "formação" de um grupo que se denominou "Cartel"; no crime de fraude (frustração) da licitação, parece dedutível que qualquer conduta criminosa (típica) ocorra – no âmbito – de uma licitação – pública. Sem

8. Há que se considerar também, como segundo plano, a proteção dos direitos dos demais concorrentes, não participantes do Cartel.

licitação, não pode, claro, existir o crime. Embora a "Fraude" ou "frustração", mediante ajuste, combinação ou qualquer outro expediente, tenha o objetivo - finalidade - intenção de alcançar o resultado da licitação com a adjudicação do seu objeto, o tipo penal contenta-se meramente com as atitudes que, muito antes, ataquem o "seu caráter competitivo". Então, se o cartel se consuma com o mero "ajuste", de qualquer forma e em qualquer lugar, parece-me conclusivo que, devendo o tipo de fraude à licitação ocorrer no âmbito de um procedimento licitatório, ele se consumará com a mera ação de apresentação de proposta (já para a pré-qualificação, se o caso). Significa dizer que o "resultado" atingido exigido no tipo penal não é a adjudicação do objeto e a formalização do contrato; mas a apresentação de proposta, quando e porque esta já se demonstre eficiente para "fraudar" ou "frustrar" o caráter competitivo do procedimento licitatório. Então, o crime se consuma exatamente e "mediante" o "resultado" exigido - "apresentação formalizada de uma proposta fraudulenta". São exemplos clássicos as propostas "*pro-forma*" (*bid rigging*).

São duas ações distintas, e em momentos diversos - "mais de uma ação" - dois crimes - não idênticos. Resultado: concurso material de crimes. A pluralidade de crimes está relacionada direta e proporcionalmente à pluralidade de valores jurídicos (bens jurídicos) protegidos pela Lei.

Trata-se de hipótese jurídica de concurso material de crimes "consequenciais", nos quais - ou para os quais, um delito é cometido para se obter o efeito de outro, assegurando-se, para si ou para outro, o respectivo provento.

A questão da existência de delitos autônomos torna-se ainda mais clara quando se observa atentamente que a própria Lei Especial, a Lei n. 12.529/2011 (Lei do CADE), ao estabelecer regras do acordo de leniência que produzem efeitos na esfera penal, referiu, de forma diferenciada, a aplicabilidade da extensão dos efeitos da leniência, para além dos crimes de cartel - para aqueles previstos na Lei n. 8.666/93 (Licitações) e o previsto no art. 288 do Código Penal.

Confira-se o teor do dispositivo: Lei n. 12.529/2011:

> Art. 87. Nos crimes contra a ordem econômica, tipificados na Lei n. 8.137, de 27 de dezembro de 1990, e nos demais *crimes diretamente relacionados à prática de cartel, tais como os tipificados na Lei n. 8.666, de 21 de junho de 1993*, e os tipificados no art. 288 do Decreto-lei n. 2.848, de 7 de dezembro de 1940 - Código Penal, a celebração de acordo de leniência, nos termos desta Lei, determina a suspensão do curso do prazo prescricional e impede o oferecimento da denúncia com relação ao agente beneficiário da leniência. (grifamos)

O dispositivo legal demonstra, portanto, que os delitos tipificados na Lei n. 8.666/93 são diretamente relacionados à prática de cartel, e, portanto, não existe "conflito aparente de normas", eis que não pode, um ser absorvido pelo outro em aplicação do princípio da especialidade.

5. Consumação dos delitos: formação de cartel e fraude à licitação

Equivocado é o entendimento de que o crime de fraude à licitação se consuma com a assinatura do contrato administrativo. Ao contrário, tratando-se de crime permanente, ele se renova, protrai-se no tempo, conforme novas ações criminosas são praticadas, mesmo em sede de cumprimento do contrato, e com respectivos pagamentos. Nestas condições, o crime estará perfeitamente consumado somente com o fim do cumprimento do contrato, fixando-se aí o termo inicial da prescrição.

Essa análise encontra-se, ademais, em plena sintonia com o entendimento do STF.

A natureza formal do crime previsto no art. 90 da Lei n. 8.666/93, foi reconhecida expressamente pelo Plenário do Supremo Tribunal Federal, nos autos do Inquérito 3.108/BA, decisão que vem fundamentando julgados dos respectivos órgãos fracionários:

> PROCESSUAL PENAL. *HABEAS CORPUS*. TRANCAMENTO DA AÇÃO PENAL. ART. 90 DA LEI 8.666/93. FORMAÇÃO DE QUADRILHA. ART. 288 DO CÓDIGO PENAL. INÉPCIA DA INICIAL. FALTA DE INDICAÇÃO INDIVIDUALIZADA DAS CONDUTAS DELITIVAS. NÃO OCORRÊNCIA. FRAUDE À LICITAÇÃO. CRIME FORMAL. INVIABILIDADE DE ANÁLISE DE FATOS E PROVAS NA VIA DO *HABEAS CORPUS*. PRECEDENTES. ORDEM DENEGADA. [...] 3. *O Plenário desta Corte já decidiu que o delito previsto no art. 90 da Lei n. 8.666/93 é formal, cuja consumação dá-se mediante o mero ajuste, combinação ou adoção de qualquer outro expediente com o fim de fraudar ou frustrar o caráter competitivo da licitação, com o intuito de obter vantagem, para si ou para outrem, decorrente da adjudicação do seu objeto, de modo que a consumação do delito independe da homologação do procedimento licitatório. [...]* 5. Ordem denegada. (HC 116.680, Relator(a): Min. Teori Zavascki, Segunda Turma, julgado em 18-12-2013, Processo Eletrônico *DJe*-030 divulg. 12-2-2014 public. 13-2-2014 – (destaquei).

A jurisprudência do Superior Tribunal de Justiça também reconhece a natureza formal do crime previsto no art. 90 da Lei n. 8.666/93:

Basta à caracterização do delito tipificado no art. 90 da Lei n. 8.666/93 que o agente frustre ou fraude o caráter competitivo da licitação, mediante ajuste, combinação ou qualquer outro expediente, com o intuito de obter vantagem decorrente da adjudicação do objeto do certame. (HC 45.127/MG, Rel. Ministro Nilson Naves, Rel. p/ Acórdão Ministro Hamilton Carvalhido, Sexta Turma, julgado em 25-2-2008, *DJe* 4-8-2008).

Ocorre que, para além de ser formal, o crime é de natureza permanente.

Serve de analogia para a interpretação da tipologia, o crime de formação de quadrilha, com características semelhantes. O crime de formação de cartel pode se consumar com meros "ajustes, acordos, alianças e convênios..." – Crime Formal. Trata-se, entretanto, de crime contra a ordem econômica. Tutela-se, assim, a segurança e a regularidade da realização da política econômica do Estado, os quais, obviamente, irradiam-se no tempo. A sua consumação não se dá instantaneamente, mas, ao contrário, protrai-se no tempo, pois o bem jurídico tutelado é violado de forma contínua e duradoura, renovando-se, a cada momento, a consumação do delito.

O crime de Cartel não se consuma em um único momento no edital de pré-qualificação. O crime de Cartel só se inicia neste momento, perpetuando-se, todavia, pela vontade dos agentes, a cada reunião, a cada acordo, ajuste, convênio e/ou aliança. Perpetua-se, depois, em caso de adjudicação do contrato, do objeto da licitação, em solução de continuidade, pois todos os inúmeros atos decorrentes do contrato só se realizaram pelos agentes das empresas consorciadas porque formaram o Cartel. Os integrantes do Cartel, então, estendem os seus tentáculos para toda a execução do contrato continuando a irradiar seus efeitos. Nestas condições, veja-se que o Cartel se forma e já se consuma meramente – com ajustes, acordos etc. em um determinado momento. Estes "ajustes, acordos, convênios" etc. entre as empresas depois podem variar em face dos termos de uma determinada/específica licitação, alternando-se as empresas vencedoras, perdedoras e subcontratadas, diante das mais adversas condições, como, por exemplo, exigências do edital. Então, por evidente, não podem configurar o mesmo delito.

Ilustramos o nosso raciocínio com outra jurisprudência do STF:

EMENTA: RECURSO ORDINÁRIO EM *HABEAS CORPUS*. TRANCAMENTO DA AÇÃO PENAL. VIOLAÇÃO AO PRINCÍPIO DA LEGALIDADE. INEXISTÊNCIA. CRIME PERMANENTE *VERSUS* CRIME INSTANTÂNEO DE EFEITOS PERMANENTES. SÚMULA 711. PRESCRIÇÃO DA PRETENSÃO PUNITIVA. INOCORRÊNCIA.

> RECURSO DESPROVIDO. 1. A conduta imputada ao paciente é a de impedir o nascimento de nova vegetação (art. 48 da Lei n. 9.605/98), e não a de meramente destruir a flora em local de preservação ambiental (art. 38 da Lei Ambiental). *A consumação não se dá instantaneamente, mas, ao contrário, se protrai no tempo, pois o bem jurídico tutelado é violado de forma contínua e duradoura, renovando-se, a cada momento, a consumação do delito. Trata-se, portanto, de crime permanente.* 2. Não houve violação ao princípio da legalidade ou tipicidade, pois a conduta do paciente já era prevista como crime pelo Código Florestal, anterior à Lei n. 9.605/98. Houve, apenas, uma sucessão de leis no tempo, perfeitamente legítima, nos termos da Súmula 711 do Supremo Tribunal Federal. 3. Tratando-se de crime permanente, o lapso prescricional somente começa a fluir a partir do momento em que cessa a permanência. Prescrição não consumada. 4. Recurso desprovido (RHC n. 83.437/SP, rel. Min. Joaquim Barbosa, *DJ* 18-4-2008) (grifamos).

Na mesma esteira, fundamentamos, devem seguir os *crimes de fraudes à licitação*. Estes são de outra espécie, catalogados pela Lei como "crimes contra a administração pública", normatizando, a Lei, as "licitações e contratos da Administração Pública". Lei n. 8.666/93.

Nestas formas de delitos, os núcleos são:

No art. 90, *caput*: [...] "fraudar" ou "frustrar" – mediante ajuste, combinação ou qualquer outro expediente –, o caráter competitivo do procedimento licitatório [...]".

No art. 96, I e V: [...] "fraudar, em prejuízo da Fazenda Pública, licitação instaurada contrato dela decorrente".

Assim, o agente que, de qualquer forma (também mediante a prática de cartel) frauda/frustra o caráter competitivo do procedimento licitatório – em prejuízo da Fazenda Pública, reiterando a prática do delito cada vez que o contrato, decorrente da fraude, é renovado, entendendo-se aí, mediante os famosos aditivos ou aditamentos, ou esteja em vigência, dependendo de entrega o bem e/ou do serviço. Isto porque a Fazenda Pública, cuja licitação foi violada criminosamente, estende os efeitos daquele contrato com os agentes. Considere-se que a Fazenda Pública foi enganada com a licitação fraudulenta na assinatura do contrato; mas continua sendo enganada nos posteriores atos decorrentes daquele contrato, especialmente em face da efetivação e do cumprimento dos aditamentos. A relação entre os agentes e a Fazenda Pública sofre relação de continuidade, sempre mediante novas ações daqueles. O crime é, por assim dizer, reiterado a cada termo do contrato, com seu cumprimento.

A lógica interpretativa é ainda mais clara quando se analisa a sistemática da própria Lei n. 8.666/93 – em seu art. 58, que estabelece a relação de continuidade na relação jurídica entre a Administração Pública e o contratado, podendo aquela aplicar sanções pela inexecução:

> Art. 58. O regime jurídico dos contratos administrativos instituído por esta Lei confere à Administração, em relação a eles, a prerrogativa de: [...]
>
> IV – aplicar sanções motivadas pela inexecução total ou parcial do ajuste; (grifamos)

Durante a execução do contrato e também por ocasião dos aditamentos, efetivam-se pagamentos. Então, é conclusivo que os "efeitos" daquela ação fraudulenta também se irradiaram em caráter "permanente", sendo efetivamente reiterado pela ação dos agentes. Ao contrário do afirmado na R. decisão judicial, portanto, não há consumação do delito em um único momento, porque os seus efeitos se irradiam até a entrega do objeto.

6. Cartéis e fraudes à licitação: natureza de crimes formais e permanentes

Crime permanente (formal ou material) é aquele cujo momento consumativo se prolonga no tempo segundo a vontade do sujeito ativo do delito. Nesses crimes, a situação ilícita se prolonga no tempo, de modo que o agente tem o domínio sobre o momento consumativo do crime.

Nesse sentido, na doutrina, veja-se Mirabete: "Crime permanente existe quando a consumação se prolonga no tempo, dependente da ação do sujeito ativo".[9] Também na doutrina estrangeira Roxin: "Delitos permanentes son aquellos hechos en los que el delito no está concluido con la realización del tipo, sino que se mantiene por la voluntad delictiva del autor tanto tiempo como subsiste el estado antijurídico creado por el mismo".[10] E ainda Antolisei: "Si dicono permanenti i reati nei quali il fatto che li costituisce dà luogo ad una situazione dannosa o pericolosa, che protrae nel tempo a causa del perdurare della condotta del soggeto".[11]

Crimes instantâneos de efeitos permanentes são os crimes em que a permanência dos efeitos não depende do agente. São crimes instantâneos que se caracterizam pela índole duradoura de suas consequências.

9. MIRABETE, Julio Fabbrini. *Manual de direito penal.* São Paulo: Atlas, 1999, p. 129.
10. ROXIN, Claus. *Derecho penal*: parte geral. Madrid: Civitas, 1997, p. 329.
11. ANTOLISEI, Franceso. *Manuale di diritto penale*. Giuffrè Editore, 1994, p. 240.

Nos crimes (formais) de natureza permanente, o próprio agente, mediante ação comissiva (não omissão), age para reiterar a prática criminosa. Exs.: Sequestro, fraude à previdência social (enquanto o agente recebe o benefício indevido), porte de arma de fogo, lavagem de dinheiro etc. Nos crimes (formais) instantâneos de efeitos permanentes, o agente age uma só vez (ação ou omissão), e os efeitos se prolongam independentemente da vontade do agente. Exs. Uso de documento falso (art. 304 do CP), Adulteração de sinal identificador (art. 311 do CP), o furto (art. 155, caput, do CP). Veja- se que o agente, aqui, falsifica, adultera, subtrai uma só vez, e os efeitos daquela ação repercutem, por si só, no tempo.

Nos delitos de fraudes à licitação (arts. 90 e 96 da Lei n. 8.666/93), a fraude se repete, por ação dos agentes que dão andamento ao contrato decorrente da licitação, praticando os respectivos atos. O contrato se prolonga no tempo, tanto quanto os seus efeitos, mas pela conduta de agentes. Tanto é assim que a Administração Pública depende da finalização do contrato para entregar a obra, o bem ou o serviço público e paga, ou melhor, vai pagando por ele, conforme as etapas vão sendo cumpridas. Então, por evidente, os agentes efetivamente praticam atos – agem – e assim têm o domínio de cada ato, do momento da sua finalização, este, o momento consumativo do crime.

Nesta esteira de raciocínio, nos crimes de Cartel e de fraudes à licitação, o agente vai reiterando a execução do crime no decurso do tempo – execução do contrato administrativo. Esta é a questão chave da diferenciação. Se a execução vai sendo reiterada, a consumação vai sendo renovada, assumindo nova data a cada conduta de "cumprimento" do contrato, recebendo parcelas de pagamentos; vale dizer, assumindo novo termo prescricional.

6.1 Jurisprudência

Veja-se, a propósito, importante e recente decisão desta mesma E. Corte - *TJSP*, e do *STJ*, tanto no sentido da coexistência dos delitos (formação de cartel e fraude à licitação), como também a respeito do termo inicial da prescrição em crime de fraude à licitação:

> Processo: 2055547-06.2014.8.26.0000. Mandado de Segurança. Área: Criminal. Assunto: Direito Penal – Crimes Previstos na Legislação Extravagante – Crimes da Lei de licitações. Origem: Comarca de São Paulo/ Foro Central Criminal Barra Funda/7ª Vara Criminal. Números de origem: 0026495- 43.2014.8.26.0050. Distribuição: 2ª Câmara de Direito Criminal. Relator: Alex Zilenovski

O crime de Cartel só se inicia neste momento, perpetuando-se, todavia, pela vontade dos agentes, a cada reunião, a cada acordo, ajuste, convênio e/ou aliança. Perpetua-se, depois, em caso de adjudicação do contrato, do objeto da licitação, em solução de continuidade, pois todos os inúmeros atos decorrentes do contrato só se realizaram pelos agentes das empresas consorciadas porque formaram o Cartel. Os integrantes do Cartel, então, estendem os seus tentáculos para toda a execução do contrato continuando a irradiar seus efeitos". Ressalta, no tocante aos delitos de fraude à licitação, que "[...] *o agente que, de qualquer forma (também mediante a prática de cartel) frauda/frustra o caráter competitivo do procedimento licitatório em prejuízo da Fazenda Pública, reiterando a prática do delito cada vez que o contrato (decorrente da fraude) é renovado, entendendo-se aí, mediante os famosos aditivos ou aditamentos. Isto porque a Fazenda Pública, cuja licitação foi violada criminosamente, estende os efeitos daquele contrato com os agentes. Considere-se que a Fazenda Pública foi enganada com a licitação fraudulenta na assinatura do contrato; mas continua sendo enganada nos posteriores atos decorrentes daquele contrato, especialmente em face da efetivação e do cumprimento dos aditamentos. A relação entre os agentes e a Fazenda Pública sofre relação de continuidade, sempre mediante novas ações daqueles. O crime é, por assim dizer, reiterado a cada termo do contrato, com seu cumprimento*". Acrescenta, corretamente, que "[...] *nos delitos de fraude imputados na Denúncia, a fraude se repete, por ação dos agentes que dão andamento ao contato decorrente da licitação, praticando os respectivos atos. O contrato se prolonga no tempo, tanto quanto os seus efeitos, mas pela conduta de agentes. Tanto é assim que a Administração Pública depende da finalização do contrato para entregar a obra, o bem ou o serviço público e paga, ou melhor, vai pagando por ele, conforme as etapas vão sendo cumpridas. Então, por evidente, os agentes efetivamente praticam atos agem e assim têm o domínio de cada ato, do momento da sua finalização, este, o momento consumativo do crime*. Nesta esteira de raciocínio, nos crimes de Cartel e de fraudes à licitação, o agente vai reiterando a execução do crime no decurso do tempo execução do contrato administrativo. Esta é a questão chave da diferenciação. Se a execução vai sendo reiterada, a consumação vai sendo renovada, assumindo nova data a cada conduta de cumprimento do contrato, recebendo parcelas de pagamentos; vale dizer, assumindo novo termo prescricional". Posto isto, com as vênias do Ilustre Juízo Impetrado, presentes os requisitos previstos no art. 41 da Lei Adjetiva, *concedo parcialmente a liminar* para cassar a r. Decisão, ora impugnada, nos termos da Súmula 709, do C. Supremo Tribunal Federal ("salvo quando nula a decisão de primeiro grau, o acórdão que provê o recurso contra a rejeição da denúncia vale, desde logo, pelo recebimento dela"), processando-se o feito. Cumprirá ao MD. Magistrado a quo o exame do pedido de prisões preventivas. Oficie-se à D. Autoridade Judiciária impetrada, solicitando informações no prazo de 10 dias, com fulcro no art. 7º, inciso I, da Lei n. 12.016/2009. Citem-se os litisconsortes necessários, nos termos da Súmula 701 do Supremo Tribunal

Federal. A seguir, à Douta Procuradoria-Geral de Justiça, para oferecimento de parecer. Após, voltem os autos conclusos. São Paulo, 09 de abril de 2014. Alex Zilenovski – Relator. (grifamos)

Acórdão. Vistos, relatados e discutidos estes autos do Mandado de Segurança n. 2066168-62.2014.8.26.0000, da Comarca de São Paulo, em que é impetrante Ministério Público do Estado de São Paulo, é impetrado MM. Juiz(a) de Direito da 30ª Vara Criminal da Capital. *Acordam*, em 4ª Câmara de Direito Criminal do Tribunal de Justiça de São Paulo, proferir a seguinte decisão: "Por votação unânime, concederam a segurança, nos termos do v. acórdão. Com declaração de voto convergente do E. 2º Juiz, Des. Luis Soares de Mello", de conformidade com o voto do Relator, que integra este acórdão. O julgamento teve a participação dos Exmos. Desembargadores Euvaldo Chaib (Presidente) e Luis Soares de Mello. São Paulo, 5 de agosto de 2014. Edison Brandão Relator. Mandado de Segurança n. 2066168-62.2014.8.26.0000 Impetrante: Ministério Público. Impetrado: Juiz de Direito da 30ª Vara Criminal da Comarca da Capital. Mandado de Segurança. [...] Anotado isso, temos *ab initio* que, o magistrado de piso entendeu que o chamado "crime de cartel" teria sido absorvido em razão do princípio *lex especialis derrogati generalis*, pelo delito do art. 90 da Lei n. 8.666/93 apreciando após sua prescrição. Registre-se que a pena do delito de "formação de cartel" é maior em seu quantum máximo do que aquela prevista no crime do art. 90 da Lei n. 8.666/93, de maneira que, se absorção houvesse vigeria a regra do *major absorbet minorem*, remanescendo o delito mais grave. E mais, absorvido um delito pelo outro, e havendo prescrição no crime consumidor, evidentemente o delito consumido voltaria a ser autonomamente punível. Com efeito, na decisão, o crime menos grave absorveu a conduta mais grave e, se aquele crime prescreveu, evidentemente este último deveria remanescer já que não poderia ser absorvido por crime prescrito. Destarte, mesmo que se aceitasse a tese de absorção, a uma, o delito mais grave absorveria o menos grave. A duas, se assim não fosse, havendo prescrição e, portanto, extinção de punibilidade do delito menos grave, o mais grave sequer teria outro crime a lhe absorver, remanescendo íntegro, salvo, se por sua própria pena fosse também fulminada pela prescrição em decisão autônoma. A respeitável sentença decidiu então pela prescrição de um dos delitos e, ainda, que ele absorveria o outro, cuja prescrição não foi declarada. Ocorre, porém, que a própria tese da prescrição não pode ser acolhida. Neste particular, tendo que toda a matéria foi devolvida ao Segundo Grau, incluindo-se a absorção de um crime pelo outro, neste tanto assim, temos que impossível reconhecer-se a prescrição do alegado crime de cartel. Como é sabido, destinando-se o mesmo a buscar contratos administrativos, na esmagadora maioria, são contratos de trato sucessivo com a administração, de modo que, enquanto tais contratos ativos estiverem vigentes, ainda, estarão, em tese, sendo perpetrados atos do mesmo "cartel", sendo dessa forma, crime de natureza permanente. Para fins de recebimento da denúncia, dever-se-ia, portanto, estar demonstrado o final de tal conduta, vale dizer, que todos os atos, arquitetados ou abrangidos pelo cartel tivessem já cessado, exame este que sequer foi feito. Frise-se mais uma vez que, os contratos de trato sucessivo, por si só, continuam gerando efeitos criminosos, quando assim são desde sua origem, posto que, além da "formação de cartel", existe de forma autônoma a prática de outros crimes, estes por vezes instantâneos de efeitos permanentes. Neste particular, em relação aos possíveis crimes de fraude à licitação, aplicando-se o mesmo entendimento, a cada renovação contratual de qualquer título, ou a cada adimplemento parcial do mesmo típico dos contratos de trato sucessivo, novo prazo prescricional recomeça a ser contado. Tal fato é notório em contrato moderno que ultrapassa décadas em sua validade, sendo impossível que se imagine prescrita a conduta criminosa, quando em exemplo, agentes do crime, continuam reiteradamente a se apoderar criminosamente de verbas do erário. Aceitar-se tal entendimento, levaria a conclusão de que ultrapassado o primeiro lapso prescricional, ainda que por décadas perdurasse o contrato, ainda em exemplo, o recebimento das verbas seria lícito, e pior, exigível da Administração, o que evidentemente não ocorre. Em suma, no caso em tela, a decisão de piso não examinou a prescrição ou não do crime mais grave, dando-o por absorvido por crime menos grave, mesmo concluindo que este já prescrevera, porém como toda a matéria fora devolvida ao segundo grau, frente a recurso interposto, pelo que diante das peculiaridades do caso concreto, ocorrência de crimes permanentes e ainda, autônomos de natureza continuada, tudo em tese, viável que se empreste efeito ativo ao recurso interposto sem embargo da Súmula 267 do STF posto que, a ação mandamental não substituirá mencionado recurso interposto que deverá ter sua normal tramitação, ressalvado, porém, nos termos do voto o recebimento *in totum* da denúncia interposta, exatamente porque devolvida integral a matéria a este Tribunal de Justiça. Diante disso, é de se concluir que há direito líquido e certo a ser amparado, porque há plausibilidade do direito alegado pelo impetrante, e presente o perigo na demora do provimento final do recurso em sentido estrito interposto nos autos da ação originária, assim é de se conferir, nos termos acima mencionados, efeito ativo ao aludido recurso em sentido estrito, com consequente recebimento da denúncia nos termos propostos e determinação do prosseguimento da ação penal. Ante o exposto, *Concedo* a segurança Edison Brandão. Relator. Voto n. 31.726. Mandado de Segurança n. 2066168-62-2014.8.26.0000. Comarca: São Paulo (30ª Vara Criminal). Impetrante: Ministério Público. Impetrado: MM. Juiz de Direito da 30a Vara Criminal da Capital. [...] Declaração de Voto. [...] em tese e ao que parece, não incidiria aqui o princípio da especialidade. A exordial retrata, e bem, possível criação de cartel em determinado momento, e, em outro, o cometimento de fraude licitatória, em prejuízo agora da Administração. Para além de serem diversas as objetividades jurídicas (proteção da regularidade da economia e proteção dos interesses da administração pública, no seu aspecto moral e patrimonial, respectivamente) e o sujeito passivo (sociedade e o Estado, respectivamente), diverso também é o dolo dos agentes (fraude ao mercado, como um todo, e fraude à concorrência específica, respectivamente). Tais crimes podem, em tese, coexistir, na medida em que é plenamente possível, em um dado momento, haver acordo, convênio, ajuste ou aliança ao controle do mercado (Lei n. 8.137/90), e em outro momento, já formado o cartel, visarem os agentes fraudar determinada concorrência, em prejuízo da Administração. E é exatamente isso o que descreve a denúncia, f. 28/58. Se assim é, existindo, ao menos em tese, dois delitos ambos adequadamente descritos na denúncia, a prescrição, por certo, deve ser analisada de forma individualizada. [...] Mas há mais. Porque em relação ao crime de fraude de licitação (art. 90, *caput*, da Lei n. 8.666/93), também adoto o posicionamento manifestado pelo eminente relator, de se tratar de delito permanente. Especialmente se se considerarem os aditivos ou aditamentos ao contrato original, em que se irradiam os efeitos da ação fraudulenta, renovando-se o prejuízo da Administração e a vantagem indevida do agente criminoso. Acolher-se entendimento contrário, como bem acentuou o eminente relator, "levaria à conclusão de que ultrapassado o primeiro lapso prescricional, ainda que por décadas perdurasse o contrato, ainda em exemplo, o recebimento das verbas seria lícito, e pior, exigível da Administração, o que evidentemente não ocorre". Des. Luis Soares de Mello Neto. (grifamos)

E, por fim, veja-se a mais atual decisão do STJ sobre o tema:

STJ: Processo HC 402097. Relator(a). Ministro Rogerio Schietti Cruz. Data da Publicação. 12-6-2017. Decisão. *Habeas Corpus* n. 402.097 - SP (2017/0130082-6). Consta dos autos que o paciente foi denunciado pela suposta prática dos delitos previstos nos arts. 4º, II, "a", "b" e "c", da Lei n. 8.137/90, 90, *caput* e 96, I e V, ambos da Lei n. 8.666/93, por ter "em conluio com os demais denunciados, formado cartel para fixação de preços artificiais, proposta pro-forma e divisão de mercados nas obras do Projeto Linha 5 do Metrô de São Paulo (Procedimento Licitatório Internacional n. 83578, da CPTM - Companhia Paulista de Trens Metropolitanos)" [...] Os impetrantes sustentam a ocorrência de constrangimento ilegal, ao argumento de que é ausente a justa causa para a ação penal, haja vista que os crimes pelos quais "o paciente foi denunciado possuem natureza formal e consumação instantânea, estando, portanto, prescritos à época do oferecimento da denúncia" [...] Decido. Da análise dos autos, ao menos em um juízo de cognição sumária, não identifico manifesto constrangimento ilegal a ensejar o deferimento da medida de urgência. O Tribunal de origem destacou que "prematura a rejeição da inicial acusatória diante da plausibilidade dos argumentos apresentados". Isso porque, para a Corte estadual, tratando-se de crimes permanentes, "cuja consumação de prolonga no tempo, configura-se legítima a instauração do processo". Salienta, ainda, que "a cada pagamento efetuado e a cada aditamento ou renovação contratual, os crimes se perpetuam, pois não seria lógico pensar que o contrato derivado de formação de cartel e assinado mediante fraude à licitação teria cumprimento lícito" [...].

7. Análise/Jurisprudência com delitos de natureza semelhante

Sobre o tema equivalente de fraude à previdência social, acrescentamos o importante e recentíssimo julgado na jurisprudência já assentada no Supremo Tribunal Federal, com voto do Ministro Gilmar Mendes, citando o mestre doutrinador italiano, Francesco Carnelutti, por analogia, a situação jurídica semelhante de crime de fraude contra a Previdência Social:

STF: 13-8-2013 Segunda Turma

Habeas Corpus 116.816 Rio Grande do Sul

Relator: Min. Gilmar Mendes.

Pacte.(s): Cesário Silveira da Silva

Impte.(s): Defensoria Pública da União

Proc.(a/s)(es): Defensor Público Geral Federal

Coator(a/s)(es): Superior Tribunal de Justiça

1. *Habeas corpus.* 2. Estelionato. Fraude na percepção de benefício previdenciário mediante uso de documento falso. 3. Crime permanente. Contagem de lapso prescricional a partir da cessação da permanência. Prescrição não configurada. 5. Ordem denegada. [...]

O Superior Tribunal de Justiça, em particular a Sexta Turma, entende que o delito de estelionato previdenciário, quando cometido pelo próprio beneficiário, é crime permanente, tendo como termo inicial do prazo prescricional o término do pagamento do benefício indevido (AgRg no REsp n. 1.300.607/RJ).

A tese esposada pelo Tribunal *a quo* consolidou-se em reiterados julgados da Sexta Turma deste Tribunal. [...]

Quanto ao tema, colho trecho do voto proferido no HC 83.252/GO de minha relatoria:

"Neste ponto, cabe trazer algumas considerações doutrinárias acerca das diferenças entre os crimes instantâneo, continuado e permanente, distinção relevante para o tema da prescrição. *Ensina Carnelutti que, ao contrário do crime instantâneo, cuja violação do bem jurídico realiza-se em um só instante, ou do crime continuado, que se propaga de forma descontínua pela consumação de vários delitos, o crime permanente está constituído por uma consumação que não se esgota em um único momento, mas que se prolonga e de maneira contínua. Assim, não se poderia dizer que o crime permanente se consuma no momento em que termina a ação ilícita, como também não se poderia afirmar que estaria dividido em uma série de ações separadas, de consumação própria. No crime permanente, a ofensa ao bem jurídico protegido deve durar para que o dano continue a existir* (Francesco Carnelutti, Teoria General Del Delito – Ed. Revista de Derecho Privado, 1952, p. 251, in Revista Síntese de Direito Penal e Processual Penal, no 8, jun-jul-2001). [...] (grifamos)

Na espécie, tratando-se de fraude contra a Previdência, há que se considerar que o procedimento administrativo destinado à concessão do benefício foi instruído com declaração falsa. Concluído esse procedimento e iniciado o pagamento do benefício, tem-se no primeiro recebimento indevido o início da fase de consumação. E esta perdura com a reiteração periódica do pagamento das prestações, até que cesse o pagamento indevido (permanência na consumação).

A propósito, registre-se o ensinamento de Assis Toledo, no voto proferido no Recurso Especial n. 40.809-SP (*DJ* de 4-3-1994), que bem analisa a questão:

PENAL. ESTELIONATO. FRAUDE NA PERCEPÇÃO DE BENEFÍCIO PREVIDENCIÁRIO. PRESCRIÇÃO.

Tratando-se de estelionato de rendas mensais, que dura no tempo, há permanência na consumação (delito eventualmente permanente), devendo o termo inicial da prescrição contar-se da cessação da permanência (art. 111, III, do CP). Precedentes. Recurso especial conhecido e provido'. [...]

Perfilhando esse entendimento, destaco, ainda, os seguintes julgados: HC 104.880/RJ, Segunda Turma, rel. Min. Ayres Britto, *DJe* 22-10-2010 e HC 102.774/RS, Segunda Turma, rel. Min. Ellen Gracie, *DJe* 7-2-2011. [...]

Indicamos, ainda, nos mesmos termos, os julgamentos do STJ e do TRF, (semelhante de crime de fraude contra a Previdência Social), no qual o agente segue fraudando a Previdência Social pelo tempo, assim julgado:

STJ – RECURSO ORDINÁRIO EM *HABEAS CORPUS* RHC 30.199 PE 2011/0094037-0 (STJ)

Data de publicação: 8-5-2013

Ementa: DE EFEITOS PERMANENTES. DELITO PERMANENTE. EXTINÇÃO DA PUNIBILIDADE NÃO CARACTERIZADA. 1. O estelionato contra a Previdência Social praticado pelo beneficiário é crime permanente, razão pela qual o termo inicial do prazo prescricional se dá com a cessação do recebimento do benefício indevido. (grifamos)

TRF-2 – RSE RECURSO EM SENTIDO ESTRITO RSE 200851018174562 (TRF-2)

Data de publicação: 21-6-2011

Ementa: PENAL - PROCESSO PENAL - RECURSO EM SENTIDO ESTRITO - ART. 581, I, DO CPP - DENÚNCIA REJEITADA - ART. 171, § 3º - CRIME PERMANENTE - PRECEDENTE DO STF - CONSUMAÇÃO DO DELITO COM A CESSAÇÃO DA PERMANÊNCIA - ART. 111, III, DO CP - PRIMEIRA SUSPENSÃO DO BENEFÍCIO - RECURSO DESPROVIDO - SENTENÇA MANTIDA - EXTINTA A PUNIBILIDADE. I - Hipótese em que o Juiz singular rejeita a denúncia verificando a prescrição da pretensão punitiva por considerar o crime em questão instantâneo de efeitos permanentes. II - Estelionato previdenciário em relação ao beneficiário é crime permanente, posição externada pelo STF, visto que o tipo penal caracteriza- se pelo fato de manter em erro a autarquia previdenciária, o que pode ser modificado a qualquer tempo, dependendo apenas da vontade do agente. III - *O termo inicial de fluência do prazo prescricional é a data em que cessa a permanência, que coincide com o momento em que a Autarquia deixa de ser mantida em erro, na primeira suspensão do benefício,* o que no caso se deu em abril de 2005. IV - Incidência do art. 115 do CP. Prazo prescricional reduzido pela metade. Punibilidade extinta. V - Recurso desprovido. Sentença confirmada. (grifamos)

TRF-1 - RECURSO EM SENTIDO ESTRITO RSE 7.135 MG 0007135-91.2007.4.01.3803 (TRF-1)

Data de publicação: 3-9-2010

Ementa: EMENTA PENAL. PROCESSUAL PENAL. RECURSO EM SENTIDO ESTRITO. CRIME AMBIENTAL. LEI N. 9.605/98, ART. 48. CRIME PERMANENTE. PRESCRIÇÃO DA PRETENSÃO PUNITIVA. NÃO CONFIGURAÇÃO. RECURSO MINISTERIAL PROVIDO. 1. "Crimes instantâneos são os que se completam num só momento. A consumação se dá num determinado instante, sem continuidade temporal. Crimes permanentes são os que causam uma situação danosa ou perigosa que se prolonga no tempo. O momento consumativo se protrai no tempo, como diz a doutrina. [...]. Nesses crimes, a situação ilícita criada pelo agente se prolonga no tempo. [...] O crime permanente se caracteriza pela circunstância de a consumação poder cessar por vontade do agente. A situação antijurídica perdura até quando queira o sujeito, explicava José Frederico Marques. [...]. *Ao lado dos crimes instantâneos e permanentes há os instantâneos de efeitos permanentes. São os crimes em que a permanência dos efeitos não depende do agente. [...] São crimes instantâneos que se caracterizam pela índole duradoura de suas consequências.*" (In: Jesus. Damásio E. de. *Direito penal.* 24. ed. São Paulo: Saraiva, 2001, p. 193-195, v. 1). 2. O crime previsto no art. 48 da Lei n. 9.605/98 é crime permanente (precedentes), não restando configurada, no caso em tela, a prescrição da pretensão punitiva com base na pena em abstrato. 3. Recurso provido. (grifamos)

No caso de Fraude à Previdência Social, da mesma forma que na Fazenda Pública para o caso de fraude à licitação, o Ente público é enganado na primeira vez (do pagamento), mas continua sendo enganado no decurso do tempo. Não fosse assim interpretado, no caso de Fraude à Previdência Social o prazo prescricional começaria a correr logo a partir do primeiro pagamento ilegal, em evidente prejuízo – irreversível – aos cofres públicos.

Ademais, ainda que houvesse interpretação duvidosa a respeito da configuração dos delitos de Cartel e Fraude à Licitação –, e não há – seria mais correta a interpretação mais favorável à Administração Pública, atendendo-se aos princípios da legalidade, da eficiência e principalmente da moralidade, estampados no art. 37, *caput*, da Constituição Federal.

8. Decisões da situação jurídica nos EUA

Nos Estados Unidos é pacífico o entendimento que a infração de bid rigging continua "até que o pagamento final seja recebido em razão do contrato ilegal ou até que ocorra a distribuição final dos lucros ilícitos", conforme United States *vs.* Dynalectric Co., 859 1559, 1565 (11th Cir. 1988). No referido caso, as empresas Paxson Eletric Co., Dynaletric Co. e Fischbach and Moore Inc. se uniram para fraudar os lances da licitação do contrato para prover eletricidade à estação de tratamento de água de Snapfinger em 1979, sendo que até 1985 as partes ainda receberam dinheiro decorrente deste conluio. Por outro lado, apenas em 1986, é que houve denúncia do referido ilícito. A princípio, haveria prescrição quinquenal que impediria a análise deste caso. Todavia, o judiciário norte-americano entendeu que a distribuição dos lucros ilícitos faz parte do conluio de bid rigging pois depende da vontade dos infratores para que continue ocorrendo a referida distribuição.

> The principles governing the scope of a Sherman Act conspiracy were first enunciated by this Court in United States *vs.* Kissel, 218 U.S. 601 (1910). In that case, the Court explained that a conspiracy is a partnership for criminal purposes that continues until its success or abandonment. Id. at 608, 610; accord Hyde *vs.* United States, 225 U.S. 347, 369 (1912) (a conspiracy continues "until full fruition be secured"). Where there is no abandonment of the goals of the conspiracy, it is the scope of the conspiratorial agreement that determines when the statute of limitations begins to run. Grunewald *vs.* United States, 353 U.S. 391, 397 (1957) In this case, the indictment charged and the evidence showed that the agreement to rig bids included an agreement to divide the profits on the project. The indictment was filed on September 19, 1986. Paxson Electric continued to receive its payments on the Snapfinger Creek project until at least January 1985, and it gave one-half of its antici-

pated profits to Dynalectric no earlier than 1983. The court of appeals was therefore correct in holding that the five-year statute of limitations did not bar this prosecution. (United States *vs.* Dynalectric Co. – 11th Cir. 1988).

Aliás, desde 1910, a Suprema Corte dos Estados Unidos entendeu que um conluio antitruste permanece até que os objetivos sejam alcançados ou abandonados. (United States *vs.* Kissel, 218 U.S. 601 (1910):

> when the plot contemplates bringing to pass a continuous result that will not continue without the continuous co- operation of the conspirators to keep it up, and there is such continuous co-operation, it is a perversion of natural thought and of natural language to call such continuous co-operation a cinematographic series of distinct conspiracies, rather than to call it a single one. Take the present case A conspiracy to restrain or monopolize trade by improperly excluding a competitor from business contemplates that the conspirators will remain in business, and will continue their combined efforts to drive the competitor out until they succeed. If they do continue such efforts in pursuance of the plan, the conspiracy continues up to the time of abandonment or success. A conspiracy in restraint of trade is different from and more than a contract in restraint of trade. A conspiracy is constituted by an agreement, it is true, but it is the result of the agreement, rather than the agreement itself, just as a partnership, although constituted by a contract, is not the contract, but is a result of it. The contract is instantaneous, the partnership may endure as one and the same partnership for years. A conspiracy is a partnership in criminal purposes. That as such it may have continuation in time is shown by the rule that an overt act of one partner may be the act of all without any new agreement specifically directed to that act. (United States *vs.* Kissel)

Cite-se ainda, também, como exemplo de situação jurídica semelhante, o delito de porte ilegal de arma de fogo, no qual o agente vai portando a arma de fogo, ao longo do tempo:

> TJSC – Inteiro Teor. Apelação Criminal ACR 111160 SC 2010.011116-0 (TJSC)
>
> Data de publicação: 28-6-2011
>
> Decisão: FORMAL E DE NATUREZA PERMANENTE, QUE SE CONSUMA COM O SIMPLES FATO DE POSSUIR ARMAMENTO. COMPROVADAS. DESNECESSIDADE DE DEMONSTRAÇÃO DA INTENÇÃO DOLOSA DO AGENTE. Crime formal e de perigo. RECURSO DA DEFESA. CRIME CONTRA A INCOLUMIDADE PÚBLICA. PORTE ILEGAL DE ARMA DE FOGO DE USO RESTRITO.

Trata-se de hipótese jurídica de concurso material de crimes "consequenciais", nos quais – ou para os quais, um delito é cometido para se obter o efeito de outro, assegurando-se, para si ou para outro, o respectivo provento.

Referências bibliográficas

ANTOLISEI, Franceso. *Manuale di diritto penale*. Giuffrè Editore, 1994.

MARTINEZ, Ana Paula. *Repressão a cartéis*: interface entre direito administrativo e direito penal. São Paulo: Singular, 2013.

MIRABETE, Julio Fabbrini. *Manual de direito penal*. São Paulo: Atlas, 1999.

ROXIN, Claus. *Derecho penal*: parte geral. Madrid: Civitas, 1997.

SAMUELSON, Paul; NORDHAUS, William. *Economia*. 12. ed. Lisboa: McGraw-Hill, 1988.

TIEDMANN, Klaus. *Wirtschaftrecht*. Köln: Ed. Carl Heymanns (Verlag)/ Köln, 2008.

Termos de Compromisso de Cessação em investigações de cartéis: tratamento de seu compartilhamento com o Ministério Público

Bruno Droghetti Magalhães Santos

Com o crescimento na utilização de instrumentos consensuais nos últimos anos, materializado sobretudo na implementação do bem-sucedido Programa da Leniência, em 2013, o CADE alterou significativamente a sua política de acordos administrativos. Em síntese, para preservar os incentivos para a celebração de Acordos de Leniência, o CADE passou a exigir novas obrigações para negociação de TCCs envolvendo práticas de cartéis, fato que transformou tal instituto em um meio de prova significativo para o processo, e tornou a política de detecção e punição de cartéis ainda mais efetiva.

Por outro lado, tendo em vista que os TCCs não geram qualquer imunidade no âmbito criminal, os seus signatários se tornaram significativamente expostos a investigações criminais. Tal exposição tem se materializado em um maior número de investigações e ações penais, sobretudo com o crescente alinhamento entre o CADE e o Ministério Público, e o consequente compartilhamento de documentos de investigações em curso (dentre eles, o de TCCs).

Por conta disso, o presente artigo tem como objetivo expor as alterações implementadas pela Resolução n. 05/2013 nos TCCs envolvendo investigações de cartéis, bem como as consequências para os seus signatários, seja no âmbito administrativo ou no criminal. Além disso, traz também reflexões sobre a legalidade do compartilhamento de documentos sigilosos entre o CADE e o Ministério Público, especificamente quando derivado dos mencionados TCCs, considerando, de um lado, o sigilo de informações garantido pela CF/88 e normas infraconstitucionais e, de outro, o interesse público em investigações envolvendo práticas anticompetitivas.

Para tanto, o presente artigo está dividido da seguinte maneira: (6.3.1.) Provas; (6.3.1.1.) Meios de Prova; (6.3.1.1.1.) Termo de Compromisso de Cessação; (6.3.2.) Compartilhamento de TCCs entre CADE e Ministério Público; e (6.3.3). Conclusão.

1. Provas

Os sistemas de provas desempenham uma função legitimadora do poder estatal, uma vez que garantem os direitos das partes e possibilitam uma correta verificação dos fatos sob análise. Especificamente, regulam os procedimentos adequados à colheita do material probatório, o objeto sobre o qual a prova será produzida, os meios através dos quais tal material será introduzido no processo, além do valor que será atribuído à prova produzida.[1]

De acordo com Ribas, tanto a (revogada) Lei n. 8.884/94 quanto, posteriormente, a Lei n. 12.529/2011 não dispuseram sobre um sistema de provas, prevendo tão somente regras esparsas e referências ao Código de Processo Civil ("CPC") e à Lei n. 9.784/99 (Lei de Processo Administrativo Federal). Por conta disso, desde a promulgação da Lei n. 8.884/94, o CADE utiliza-se majoritariamente da legislação processual civil para compor as lacunas da atividade probatória conduzida em investigações e processos administrativos (embora se verifique que a Lei n. 9.784/99 também é citada, ainda que em menor proporção). No mesmo sentido, o órgão antitruste passou a admitir o cabimento subsidiário da legislação processual penal (*i.e.*, Código de Processo Penal – "CPP"), na medida em que se harmoniza com as normas antitruste.[2]

Nesse contexto, "na dinâmica do processo e dos procedimentos, prova é um conjunto de atividades de verificação e demonstração, mediante as quais se procura chegar à verdade quanto aos fatos relevantes para o julgamento[3]". As provas servem, portanto, como elementos de convicção propiciados ao julgador para que ele possa realizar uma reconstrução histórica dos fatos investigados e, certificando-se da ocorrência ou inocorrência dos fatos juridicamente

1. RIBAS, Guilherme Favaro Corvo. *Processo administrativo de investigação de cartel.* São Paulo: Singular, 2016, p. 89.
2. RIBAS, Guilherme Favaro Corvo. Op. cit., p. 89 e 90.
3. DINAMARCO, Cândido Rangel. *Instituições de direito processual civil.* São Paulo: Malheiros, 2005, v. III, p. 43.

relevantes para o julgamento do processo, constituir uma certeza (ou verdade possível).[4]

Dentro de tal contexto, tendo em vista que a natureza sancionadora dos processos administrativos e penais possui uma série de correlações, as quais justificam uma remissão mais imediata ao sistema probatório adotado no CPP,[5] o presente artigo se valerá de reflexões considerando os processos de natureza punitiva, seja sob o âmbito administrativo ou penal. Longe de esgotar qualquer tipo de definição ou adentrar profundamente ao tema, este artigo se limitará aos acordos administrativos, notadamente o TCC

1.1 Meios de prova

Para Badaró, os meios de prova podem ser definidos da seguinte maneira:

> "Os *meios de prova* são os instrumentos com os quais se leva ao processo um elemento útil para a decisão. São os instrumentos por meio dos quais as fontes de provas são conduzidas ao processo: o depoimento da testemunha, a perícia no instrumento do crime etc. Com exceção das provas pré-constituídas (por exemplo, os documentos), os demais meios de prova, em especial os decorrentes de fontes orais (testemunhas e vítimas), deverão ser produzidos em contraditório judicial, na presença das partes e do juiz"[6] [destaque no original].

Como é sabido, em investigações envolvendo condutas anticompetitivas, notadamente práticas colusivas, as autoridades possuem uma grande dificuldade na obtenção de provas sobre elas. Uma vez que os agentes envolvidos raramente deixam qualquer tipo de evidencia ou formalizam os seus acordos, a autoridade antitruste se vale de todo meio de prova idôneo para demonstrar a sua ilicitude.

4. AQUINO, Jose Carlos Gonçalvez Xavier de; NALINI, José Renato. *Manual de processo penal*. São Paulo: Revista dos Tribunais, 2013. 1. ed. em *e-book* baseada na 4. ed. impressa. Disponível em: [Biblioteca Digital da RT]. Acesso em 21-6-2017.
5. RIBAS, Guilherme Favaro Corvo. Op. cit.., p. 91. Da mesma forma, para maiores informações sobre a aplicação de princípios do direito penal e do direito processual penal aos processos sancionadores administrativos, vide: GRINBERG, Mauro; MOTTA, Ricardo Casanova; FERNANDES, Luís Henrique Perroni. O cartel e a sua prova. *Revista do IBRAC*, São Paulo, Ed. RT, v. 25, 2014.
6. BADARÓ, Gustavo Henrique. *Processo penal*. São Paulo: Revista dos Tribunais, 2016. 2. ed. em *e-book* baseada na 4. ed. impressa. Disponível em: [Biblioteca Digital da RT]. Acesso em 21-6-2017.

Consoante pesquisa realizada por RIBAS, tendo em vista a dificuldade na obtenção de provas envolvendo condutas de tal natureza, especial destaque foi dado inicialmente pela autoridade antitruste quanto à produção de provas indiciárias, isto é, ao conjunto de provas que englobasse os mais variados elementos de prova.[7]

Nesse sentido, ao mesmo tempo em que o CADE passou a contar com uma maior experiência na detecção e punição de infrações anticompetitivas, novos elementos e meios de obtenção de provas foram sendo introduzidos pela legislação antitruste.[8] Dentre os mais utilizados, destaca-se o envio de ofícios; depoimentos e oitivas de testemunhas; busca e apreensão de documentos; interceptações telefônicas; gravações clandestinas; Acordos de Leniência, bem como TCCs.[9] Como consequência, o CADE passou a instaurar um número cada vez maior de processos administrativos, bem como a proferir decisões cada vez mais fundamentadas, que atualmente são majoritariamente mantidas pelo Poder Judiciário.[10]

Dentre os meios de prova mencionados acima, vale destacar o significativo aumento de negociações e celebrações de Acordos de Leniência e TCCs nos últimos anos. Embora o primeiro Acordo de Leniência no Brasil tenha sido assinado em 2003, desde então, mais de 50 Acordos de Leniência já foram celebrados pela autoridade antitruste brasileira (apenas entre 2014 e 2017, mais de 38 leniências foram assinadas).[11] No que se refere aos TCCs, enquanto em

7. RIBAS, Guilherme Favaro Corvo. Op. cit., p. 97 e seguintes; e 247 e seguintes.
8. Dentre os instrumentos que contribuíram para o recrudescimento do *enforcement* antitruste, vale destacar os novos elementos e meios de obtenção de provas introduzidos tanto pela Lei n. 8.884/94 quanto, posteriormente, pela Lei n. 10.149/2000, quais sejam, os TCCs, bem como as figuras de busca e apreensão e Acordo de Leniência.
9. Para informações mais completas sobre meios e padrões de prova, vide: MARTINEZ, Ana Paula. *Repressão a cartéis:* interface entre direito administrativo e direito penal. São Paulo: Singular, 2013; GILBERTO, André Marques. *O processo antitruste sancionador:* aspectos processuais na investigação das infrações à concorrência. São Paulo: Singular, 2016; e RIBAS, Guilherme Favaro Corvo. Op. cit.
10. Nesse sentido, vide CARVALHO, Vinícius Marques de; RAGAZZO, Carlos Emmanuel Jopert (Org.). *Defesa da concorrência no Brasil:* 50 anos. Brasília: Conselho Administrativo de Defesa Econômica – CADE, 2013, p. 130. Disponível em: <http://www.cade.gov.br/acesso-a-informacao/publicacoes-institucionais/cade_-_defesa_da_concorrencia_no_brasil_50_anos-1.pdf>. Acesso em: 21 jul. 2017.
11. Disponível em: <http://www.cade.gov.br/assuntos/programa-de-leniencia> e <http://www.cade.gov.br/servicos/imprensa/balancos-e-apresentacoes/balanco-mandato-sg-2014-2017.pdf/view>. Acesso em: 21 jul. 2017.

2010 havia aproximadamente cinco TCCs assinados, em 2017 tal número aumentou significativamente para aproximadamente 240 TCCs homologados.[12]

1.1.1 Termo de Compromisso de Cessação

A criação de instrumentos consensuais trouxe avanços substanciais tanto para a atuação administrativa quanto para a judicial. Tendo em vista o debate em torno da *celeridade* e *eficácia* do processo, iniciado a partir dos anos 90, e intensificado na primeira metade de 2000, verificou-se uma efetiva abertura normativa à consensualidade.[13] No âmbito antitruste – que desde o ano 2000 implementa uma política de acordos fundamentada principalmente no Programa de Leniência -, os acordos administrativos trouxeram um aumento significativo na aplicação das leis concorrenciais, trazendo benefícios tanto à higidez dos mercados, quanto consequentemente aos consumidores.

Embora introduzido no sistema jurídico brasileiro por meio do Decreto 92.323/86, foi no contexto de tal debate que o TCC ganhou espaço no direito da concorrência. Inspirado no *Consent Decree*[14] norte-americano e no Termo de Ajustamento de Conduta ("TAC"), o TCC consiste em um instrumento consensual, de natureza substitutiva, celebrado entre o CADE e as empresas e/ou pessoas físicas investigadas por infrações à ordem econômica, por meio do qual põe-se fim ao processo administrativo em relação ao seu compromissário.[15] O seu principal objetivo consiste na cessação da prática investigada, e na consequente suspensão da investigação enquanto estiverem sendo cumpridos

12. BRASIL. CADE. Balanço de Gestão Superintendência-Geral 2014 a 2017. Disponível em: <http://www.cade.gov.br/servicos/imprensa/balancos-e-apresentacoes/balanco-mandato-sg-2014-2017.pdf/view>. Acesso em: 21 jul. 2017. Para maiores informações sobre TCCs celebrados, vide PEREIRA NETO, Caio Mario da Silva; CASAGRANDE, Paulo Leonardo. *Direito concorrencial.* Doutrina, Jurisprudência e Legislação. São Paulo: Saraiva, 2016 (Coleção direito econômico/coordenador Fernando Herren Aguillar), p. 194 e 330 e seguintes.
13. Conf. PALMA, Juliana Bonacorsi de. *Sanção e acordo na Administração Pública.* São Paulo: Malheiros, 2015, p. 189 e seguintes.
14. Instituto norte-americano utilizado para resolução de demandas antitruste, por meio do qual a autoridade exige que a empresa cesse a prática lesiva à ordem econômica e, em contrapartida, encerra as acusações contra a empresa. Conf. SAITO, Carolina. O termo de compromisso de cessação de prática e o reconhecimento de culpa. *Revista do IBRAC,* São Paulo, Ed. RT, v. 20, 2011, p. 15.
15. Conf. PALMA, Juliana Bonacorsi de. Acordos substitutivos dão mais eficácia ao direito da concorrência? In: SUNFELD, Carlos Ari; ROSILHO, André (Org./Coord.). *Direito da regulação e políticas públicas.* São Paulo: Malheiros, 2014, p. 212.

os termos do acordo. Ao final, o processo será arquivado com relação ao seu compromissário.

Ao longo da vigência da Lei n. 8.884/94, uma série de alterações ocorreu na disciplina de TCCs com o objetivo de harmonizá-la ao Programa de Leniência. Nesse sentido, foi apenas após a promulgação da Lei n. 11.482/2007 que o CADE foi novamente autorizado a firmar TCCs com empresas investigadas por práticas de cartel.[16]

Passados quase um ano da promulgação da Lei n. 12.529/2011,[17] e seguindo o mesmo racional de preservar os incentivos para a leniência,[18] o CADE editou a Resolução n. 05/2013, por meio da qual implementou em seu Regimento Interno uma nova política de TCCs envolvendo investigações de acordo, combinação, manipulação ou ajuste entre concorrentes (*i.e.*, investigações de cartéis, de acordo com o art. 36, § 3º, incisos I e II, Lei n. 12.529/2011).[19] De modo

16. No ano 2000, em decorrência da implementação do instituto do Acordo de Leniência, o art. 53 da Lei n. 8.884/94 sofreu alterações para restringir a aplicabilidade do TCC a condutas decorrentes da existência de cartel e, com isso, preservar a leniência. Posteriormente, em 2007, o CADE foi novamente autorizado a firmar TCCs com empresas acusadas de cartel, exigindo-se que fosse recolhida contribuição pecuniária em tais casos. Para mais informações sobre o histórico de TCCs no Brasil, vide SAITO, Carolina. Op. cit., p. 14-49.
17. Embora a Lei n. 12.529/2011 tenha mantido essencialmente a mesma disciplina da Lei n. 8.884/94 no que se refere aos TCCs, ela introduziu em seu art. 85 disposições antes previstas no antigo RI-CADE, tais como: *(i)* a obrigatoriedade de pagamento de contribuição pecuniária ao Fundo de Defesa de Direitos Difusos ("FDD") no caso de investigações de cartéis e práticas concertadas, quando cabível (art. 85, § 1º, inciso III); e *(ii)* a apresentação única da proposta para celebração do acordo (art. 85, § 4º).
18. Vide: <http://www.cade.gov.br/noticias/cade-define-nova-politica-para-acordos-em-investigacoes-de-cartel>; e RAGAZZO, Carlos Emmanuel Joppert; ANDRADE, Diogo Thomson de. Beyond detection: the management of cartel cases. Disponível em: <https://www.competitionpolicyinternational.com/assets/Free/cpicartelragazzo.pdf>. Acesso em: 04 jul. 2017.
19. Conquanto a nova regulamentação tenha inovado substancialmente a disciplina de TCCs envolvendo investigações de cartel, ela estabeleceu ainda regras mais claras quanto ao procedimento para negociação de TCCs, independentemente do tipo da conduta investigada. Tal fato gerou uma maior segurança jurídica para o instituto. Nesse sentido, a Resolução n. 05/2013 aperfeiçoou o papel da Superintendência-Geral do CADE e do Tribunal do CADE no momento da negociação de TCCs. Antes, a negociação era atribuída aos Conselheiros ou Presidente do CADE, mesmo quando realizada com a Superintendência-Geral do CADE. Após a sua implementação, caso a investigação esteja em trâmite na Superintendência-

geral, por conta de seu juízo de conveniência e oportunidade prevista no art. 85 da Lei n. 12.529/2011, o CADE exigiu uma colaboração mais efetiva por parte dos compromissários de TCCs, fato que alterou substancialmente o ônus das partes proponentes, bem como as características do próprio TCC.

Especificamente, a nova regulamentação introduziu os seguintes requisitos para a celebração de TCCs envolvendo investigações de cartéis: (i) recolhimento ao FDD de um valor pecuniário não inferior ao mínimo previsto no art. 37 da Lei 12.529/2011; (ii) reconhecimento de participação na conduta investigada por parte do compromissário; e (iii) colaboração do compromissário com a instrução processual.[20]

No que diz respeito ao reconhecimento de participação na conduta, foi no contexto de preservação dos incentivos para a leniência que o CADE passou a exigir tal obrigação.[21] Alguns autores entendem, no entanto, que impor tal condição como requisito para a celebração do TCC, além de ser imprópria (vez que não constaria na Lei n. 12.529/2011), colocaria em xeque a própria eficácia do instituto, pois desencorajaria a resolução de conflitos por meio de mediação.[22] Nessa linha, uma vez que autoridade criminal poderá se valer de tal "confissão" para instaurar ou robustecer ação penal contra o signatário do TCC, tal exigência confrontaria diversas garantias constitucionais, tais como o contraditório, a ampla defesa, bem como o direito a não incriminação e ao silêncio.[23]

Já quanto à colaboração, o CADE passou a exigir uma cooperação mais robusta por parte dos compromissários, cuja suficiência é verificada conforme as circunstancias de cada caso. Em síntese, exige-se do compromissário o

-Geral do CADE, a proposta será negociada com o Superintendente-Geral do CADE, enquanto que se o processo já tiver sido remetido ao Tribunal do CADE, a proposta será negociada com o Conselheiro-Relator responsável pelo processo. Vide, art. 221 e seguintes do RI-CADE.

20. Art. 224 e seguintes, RI-CADE.

21. Nesse sentido, de acordo com MARTINEZ: "[s]e os incentivos para o TCC forem muito altos, membros de cartéis optarão por aguardar uma eventual investigação ser iniciada para então procederem à assinatura de TCC com o CADE, tendo efeito adverso no programa de leniência". MARTINEZ, Ana Paula. Op. cit., p. 278.

22. Vide FERRARI, Eduardo Reale. Termos de compromisso de cessação (TCC) e seus reflexos no crime de cartel. *Boletim IBBCRIM*, São Paulo, v. 190, p. 9 e 10, 2008; e MARTINEZ, Ana Paula. Op. cit., p. 278.

23. Vide BOTTINI, Pierpaolo, SOUZA, Ricardo Inglez de; DELLOSSO, Ana Fernanda Ayres. A nova dinâmica dos acordos de cessação de prática anticoncorrenciais no Brasil. *Revista do IBRAC*, São Paulo, Ed. RT, v. 23, 2013, p. 117-140.

fornecimento de informações e documentos, bem como um relato reduzido a termo em um documento denominado "Histórico da Conduta". Tal documento deve conter uma descrição da conduta anticompetitiva, bem como documentos comprobatórios do quanto relatado ao CADE. A autoridade verificará, então, a *amplitude* e *utilidade* da colaboração para, a depender do momento da formalização da proposta do TCC, calcular percentuais de desconto da contribuição pecuniária a ser paga pelo proponente.[24] Atualmente, a verificação quanto à suficiência da cooperação tem como base os mesmos critérios previstos para a hipótese de Acordos de Leniência (art. 86 da Lei n. 12.529/2011), tais como: *(i)* identificação dos demais participantes da infração; e *(ii)* obtenção de informações e documentos que comprovem a infração noticiada sob investigação[25].

Ao aumentar as exigências – e, logo, o ônus – para a assinatura de TCCs em investigações de cartéis, observa-se que a autoridade antitruste acabou por aproximá-los das modalidades de colaborações premiadas, seja as previstas no âmbito administrativo (*e.g.*, Acordo de Leniência) ou na esfera criminal.[26] Da mesma forma, considerando a necessidade de se reconhecer a participação na conduta investigada, os TCCs passaram a ser considerados como termos de confissão contendo elementos de provas significativos a serem utilizados pelas autoridades. Percebe-se, assim, que além de gerarem efeitos imediatos ao mercado, uma vez que a sua essência é justamente impor ao compromissário a cessação da conduta anticompetitiva, os TCCs envolvendo investigações de cartéis se transformaram em um meio de prova importante para conduzir os elementos de provas ao processo, tornando, portanto, a política de detecção e punição de cartéis ainda mais efetiva.

24. CADE. *Guia:* Termo de Compromisso de Cessação para casos de cartel, p. 7 e seguintes. Disponível em: <http://www.cade.gov.br/acesso-a-informacao/publicacoes-institucionais/guias_do_Cade/guia-tcc-versao-final.pdf>. Acesso em: 07 jul. 2017.
25. CADE. Op. cit., p. 11.
26. Vide, a título exemplificativo, algumas semelhanças ora exigidas para a celebração de delação premiada prevista na Lei n. 12.850/2013, conforme explicitadas por Gustavo Henrique Badaró: "Além do acordo de vontades em si, documentado em um ato escrito, a delação envolve uma série de outros atos: a própria declaração do delator; a entrega de documentos ou coisas em seu poder, que contribua para o cabal esclarecimento dos fatos e punição dos demais responsáveis; a confirmação judicial das declarações extrajudiciais; eventual análise de documentos e outras provas ligados aos fatos; o compromisso de pagar a multa penal; e, em alguns casos, até mesmo a renúncia ao direito de recorrer". BADARÓ, Gustavo Henrique. Op. cit., p. 51.

No entanto, considerando as regras da teoria geral da prova e fazendo-se um paralelo às delações premiadas,[27] observa-se que, por meio de TCCs, além de documentos, busca-se introduzir no processo elementos de prova originários de uma fonte pessoal, uma vez que a sua forma de produção inclui também prestar uma declaração por meio do Histórico da Conduta. Por conta disso, a sua produção deveria ocorrer sob o contraditório, tal como ocorre, por exemplo, no momento da oitiva de testemunhas. Não obstante, tendo em vista os procedimentos de negociação e assinatura de TCCs dispostos na Lei n. 12.529/2011 e no RI-CADE,[28] ainda que não seja possível a sua formação em contraditório, é essencial que às partes investigadas se dê a oportunidade de examinar o TCC sob intenso contraditório e sempre com o discernimento de tratar-se de um acordo celebrado por pessoa interessada na resolução do processo.[29]

2. Compartilhamento de TCCs entre CADE e Ministério Público

Como se sabe, a Lei n. 12.529/2011 manteve como crime apenas a prática de cartel prevista no art. 4º, Lei n. 8.137/90. Retirou, ainda, o seu caráter de menor potencial ofensivo ao alterar a natureza da pena de multa, antes alternativa, para cumulativa com a pena de reclusão.[30] Assim, por não ser mais cabível utilizar-se do benefício da suspensão condicional do processo para crimes cometidos após a vigência da Lei de Defesa da Concorrência, os compromissários (pessoas físicas) de TCCs envolvidos em investigações de cartel não possuem outra alternativa senão arcar com o ônus do processo penal.[31] Tal fato gerou um desincentivo à celebração de TCCs por pessoas físicas ao aumentar substancialmente os seus custos de transação, principalmente: (i) aos efeitos danosos à imagem/reputação e a possíveis restrições profissionais; (ii) aos re-

27. BADARÓ, Gustavo Henrique. Op. cit., p. 53.
28. Art. 85, Lei n. 12.529/11; e arts. 219 e seguintes, RI-CADE.
29. Embora tal observação seja usualmente empregada para casos envolvendo Acordos de Leniência (nesse sentido, vide RIBAS, Guilherme Favaro Corvo. Op. cit., p. 121), entende-se também serem cabíveis para TCCs envolvendo investigações de cartéis, uma vez que, conforme exposto, as novas exigências acabaram por aproximá-los dos Acordos de Leniência.
30. Conforme revogação das alíneas "a" a "f" dispostas nos incisos I e II do art. 4ª, Lei n. 8.137/90, bem como substituição da expressão "ou multa" para "e multa" prevista no mesmo artigo.
31. Vale lembrar que a celebração de TCCs não gera qualquer imunidade no âmbito criminal.

cursos e atenção a serem despendidos durante o processo judicial; e (iii) à pena a ser cumprida no âmbito penal.

Com o crescimento do *enforcement* antitruste, a coordenação institucional entre o CADE e os Ministérios Públicos tem aumentado cada vez mais no combate aos cartéis.[32] Como resultado, a requisição e o consequente compartilhamento de documentos, dentre eles, o de TCCs obtidos em investigações de cartéis, tem-se tornado uma prática cada vez mais usual, trazendo, de um lado, benefícios para as investigações e, de outro, consequências jurídicas para os investigados.

Conforme mencionado acima, ao exigir uma colaboração mais efetiva, aos compromissários de TCCs envolvendo investigações de cartéis foram impostas obrigações de fornecer evidências robustas tanto de suas participações na conduta quanto dos demais participantes. Como consequência, a nova modalidade de TCCs passou a ser composta por documentos contendo informações sensíveis, seja por possuírem uma confissão expressa da prática anticompetitiva, seja por implicarem administrativa e criminalmente terceiros, ou até mesmo abrangerem informações empresariais sensíveis. Nesse sentido, não se pode olvidar que a proteção a tais informações é um dever tanto da autoridade quanto daqueles que detém acesso a elas, sob pena de responderem administrativa, civil e criminalmente.[33]

32. Embora a coordenação entre o CADE e os Ministérios Públicos exista ao menos desde 2003, percebe-se um crescente alinhamento entre tais instituições, notadamente em casos onde há a celebração de instrumentos consensuais, tal como o Acordo de Leniência e TCCs. Nesse sentido, vide, por exemplo, Memorando de Entendimentos n. 01/2016, 2016 celebrado entre o CADE e o Grupo de Combate a Cartéis da Procuradoria da República em São Paulo (PR/MPF/SP). De acordo com a sua cláusula 1.1., "[o] objetivo deste Memorando de Entendimento é promover e fortalecer a coordenação institucional entre as Partes, de modo a possibilitar a implementação harmônica e consistente entre os institutos administrativos e processuais penais de colaboração nas investigações de infrações contra a ordem econômica, especialmente a coordenação institucional envolvendo Termos de Compromisso de Cessação (TCC) na seara administrativa e Acordos na seara criminal em investigações de infrações contra a ordem econômica". Disponível em: <http://www.cade.gov.br/assuntos/programa-de-leniencia/memorando-de-entendimentos-sg-e-mpfsp_tcc-e-acordos-de-colaboracao_15-03-2016.pdf>. Acesso em: 5 maio 2017. Para maiores informações sobre a interface das esferas administrativa e criminal, vide: MARTINEZ, Ana Paula. Op. cit., p. 243 e seguintes.

33. Art. 248, § 2º, III, RI-CADE, com base no art. 86, § 11, Lei n. 12.529/2011; art. 8º, § 1º, Lei Complementar n. 75/93; arts. 195, XI e XII, e 207, Lei n. 9.279/96.

Vale lembrar, ainda, que para tais modalidades de informações, a confidencialidade fundamenta-se em fontes distintas, tais como a Lei n. 12.529/2011, RI-CADE, e Lei n. 9.279/96 (Lei de Propriedade Industrial), cujo objetivo consiste em impedir que o acesso de terceiros possa gerar prejuízos aos compromissários, aos demais participantes e à própria investigação.[34] Não obstante, a depender da natureza dos documentos fornecidos à autoridade, a confidencialidade também pode possuir proteção constitucional (art. 5º, X e XII, Constituição Federal de 1988 – "CF/88").[35]

Dessa forma, considerando que diferentemente do Acordo de Leniência, o Ministério Público não é signatário de TCCs, o compartilhamento direto de tal acordo, pelo CADE, quando requisitado pelo *parquet*, deve ser realizado com o máximo de cautela, sob pena de confrontar a CF/88 e normas infralegais, bem como de gerar prejuízos e insegurança jurídica aos seus compromissários e às investigações. Embora o Ministério Público possua legitimidade para requisitar informações diretamente ao CADE,[36] e a proteção de informações confidenciais não deve servir para albergar práticas ilícitas,[37] o sigilo pro-

34. Tais como, por exemplo, arts. 9º, XVIII, 11, III, 13, II, 49, 86, § 11º, Lei n. 12.529/2011, dentre outros, art. 248 do RI-CADE, e art. 195, XI e XII, Lei n. 9.279/96.

35. Art. 5º Todos são iguais perante a lei, sem distinção de qualquer natureza, garantindo-se aos brasileiros e aos estrangeiros residentes no País a inviolabilidade do direito à vida, à liberdade, à igualdade, à segurança e à propriedade, nos termos seguintes: (...) X – são invioláveis a intimidade, a vida privada, a honra e a imagem das pessoas, assegurado o direito a indenização pelo dano material ou moral decorrente de sua violação; (...) XII – é inviolável o sigilo da correspondência e das comunicações telegráficas, de dados e das comunicações telefônicas, salvo, no último caso, por ordem judicial, nas hipóteses e na forma que a lei estabelecer para fins de investigação criminal ou instrução processual penal; (...).

36. Art. 129, VIII, CF/88, art. 8º, § 1º, Lei Complementar n. 75/93, e art. 26, IV, Lei n. 8.625/93.

37. Nesse sentido, vide decisão proferida pela 4ª Vara Federal de São Paulo, nos autos da Ação Cautelar 0010939-96.2013.4.03.6100, na qual o juiz deferiu os pedidos dos Ministérios Públicos Federal e do Estado de São Paulo para compartilhamento de provas apreendidas para fins de instrução de investigações criminais, considerando que tais entidades eram signatárias do Acordo de Leniência. Na ocasião, entendeu que: "(...) o compartilhamento das provas obtidas não é capaz de ferir direitos fundamentais das partes. A regra do sigilo de informações deve ceder quando as condutas apuradas são denotadoras de ilicitude, porquanto não pode a pessoa jurídica/física, sob o alegado manto de garantias fundamentais, cometer ilícitos. O sigilo de informações é garantido pela Constituição Federal como direito fundamental para guardar a intimidade das pessoas desde que não sirva

tegido deve receber tratamento adequado, seja quanto à sua divulgação para terceiros, seja no que diz respeito ao procedimento para o seu compartilhamento. Nesse sentido, não obstante o traslado de prova produzida no âmbito penal para o administrativo somente possa ser efetuado mediante autorização judicial,[38] a via oposta, ou seja, os critérios e procedimentos para envio de documentos obtidos por meio de acordos administrativos (tal como TCCs) para investigações criminais correlatas parecem não ter sido ainda objeto de análise aprofundada pela doutrina e jurisprudência.[39]

Recentemente, o acesso a documentos confidenciais ganhou relevância por conta de pedido de juntada de Acordo de Leniência[40] nos autos de ação de reparação de danos promovida por determinadas empresas em decorrência dos prejuízos sofridos pela prática de cartel.[41] Em sede de Recurso Especial,[42] a Terceira Turma do Superior Tribunal de Justiça ("STJ"), seguindo o voto proferido pelo Ministro-Relator Marco Aurélio Bellizze, entendeu que a extensão do sigilo de dados oriundo do Acordo de Leniência firmado pelo CADE se limitaria até o momento da publicação do Parecer Técnico conclusivo elaborado pela SG/CADE.

Por conta das discussões enfrentadas no mencionado Recurso Especial, embora pertinente mais aos Acordos de Leniência do que aos TCCs, algumas reflexões merecem ser abordadas no que diz respeito ao acesso ou ao compartilhamento de informações confidenciais obtidas por conta de acordos administrativos. A primeira delas consiste no papel crucial de se proteger inicial-

para encobrir ilícitos" (Processo n. 0010939-96.2013.4.03.6100 – 4ª Vara Federal de São Paulo – Publicada no *DJE* em 6-9-2013, p. 55/57).

38. MARTINEZ, Ana Paula. Op. cit., p. 253.

39. Embora em contexto distinto, vale mencionar a existência de questionamentos quanto à legalidade da requisição, seja pelo Ministério Público ou entidade pública, de dados protegidos por sigilo bancário sem ordem judicial. Em síntese, ainda que o STF tenha entendido em determinadas ocasiões que a possibilidade de acesso aos dados bancários dos contribuintes sem prévia autorização judicial seria medida adequada à finalidade de promover uma fiscalização eficiente (o que se proíbe não é o acesso a dados de uma instituição por outra, mas a sua quebra do sigilo, i.e., o vazamento do conteúdo ou a sua divulgação) (*e.g.*, ADI n. 2.859; REsp 601.314, dentre outros), a discussão sobre o tema, específico ao campo concorrencial, ainda é bastante incipiente nos tribunais superiores.

40. Acordo de Leniência celebrado nos autos do Processo Administrativo n. 08012.000820/2009-11.

41. Ação de Reparação de Danos n. 2034855-20.2013.8.26.0000, em trâmite perante o Tribunal de Justiça do Estado de São Paulo.

42. Recurso Especial n. 1.554.986.

mente o sigilo dos documentos obtidos por meio de Acordos de Leniência como forma de tutelar o *enforcement* antitruste, isto é, incentivar a política de acordos firmados com o CADE, bem como garantir o sucesso das investigações no âmbito administrativo.

Nessa linha, considerando que por meio dos acordos administrativos houve um aumento significativo na abertura de investigações pelo CADE, é natural que outras autoridades e/ou terceiros interessados aguardem o início das investigações para requerem o acesso às informações obtidas pelo CADE. Por conta disso, e considerando uma interação cada vez maior entre o CADE e demais autoridades – notadamente o Ministério Público -, a autoridade antitruste possui uma maior responsabilidade de sinalizar (seja por meio de regulamentação ou de decisões[43]) o cuidado a ser dedicado ao tema, sobretudo quanto à proteção das informações obtidas, sob pena de enfraquecer a política de acordos construída até o momento. Da mesma forma, aos signatários de acordos com o CADE deve haver uma maior sinalização sobre as hipóteses de extensão da proteção ou autorização quanto ao pedido de acesso ou de compartilhamento de informações e documentos, de modo a trazer maior segurança jurídica e, consequentemente, incentivos à celebração de acordos com o CADE.

Não obstante, os signatários devem sempre levar em consideração os riscos implícitos em celebrar acordos administrativos com a autoridade antitruste. Especificamente, devem saber que por conta de tais acordos, o sigilo às informações e documentos apresentados não será absoluto, sob pena de: (i) garantir ao signatário do acordo favor não assegurado pela lei, uma vez que os seus benefícios seriam restritos às esferas administrativa e penal (*e.g.*, Acordos de Leniência) ou apenas à esfera administrativa (*e.g.*, TCCs), sem nenhuma menção legal às ações indenizatórias; e (ii) perpetuar o dano causado a terceiros, garantindo ao signatário do acordo favor não assegurado pela lei.

Por fim, deve-se haver ainda uma avaliação sobre a natureza dos documentos sob discussão, de forma a delimitar o que será compartilhado ou aberto para terceiros e trazer uma maior segurança jurídica para os signatários dos acordos com o CADE. Isto porque, documentos contendo segredos industriais

43. Nesse sentido, até o início de 2017, o CADE disponibilizou para consulta pública (Consulta Pública n. 05/2016) proposta de Resolução que disciplina os procedimentos relativos à articulação entre persecução pública e privada às infrações contra a ordem econômica no Brasil; regulamenta os procedimentos de acesso aos documentos e às informações oriundos de Acordo de Leniência, de TCC e de ações judiciais de busca e apreensão; e fomenta as Ações de Reparação por Danos Concorrenciais no Brasil.

não se confundem com os documentos que evidenciam a prática de cartel sem qualquer teor confidencial. Nessa linha, tal avaliação deverá ser pontualmente realizada pelo Juízo responsável pela análise do processo de reparação de danos ou até mesmo pelo Ministério Público durante as investigações.

3. Conclusão

Conforme exposto, a nova regulamentação implementada pelo CADE acabou por exigir uma colaboração mais efetiva por parte dos compromissários de TCCs envolvendo investigações de cartéis, fato que alterou substancialmente o ônus das partes proponentes, bem como as características do próprio TCC. Nesse sentido, a nova modalidade de TCCs se transformou em um meio de prova importante para conduzir os elementos de provas ao processo, tornando, portanto, a política de detecção e punição de cartéis ainda mais efetiva.

Por outro lado, considerando que a assinatura de TCCs não gera qualquer imunidade no âmbito criminal, e que por conta do aumento na coordenação institucional entre o CADE e os Ministérios Públicos, o compartilhamento de documentos tornou-se uma prática cada vez mais usual, tal compartilhamento deve ser realizado com o máximo de cautela, sob pena de confrontar a CF/88 e normas infralegais, bem como de gerar prejuízos e insegurança jurídica aos seus compromissários e às investigações.

Em virtude disso, é necessário que se sinalize o cuidado a ser dedicado ao tema, sobretudo quanto à proteção das informações obtidas, sob pena de enfraquecer a política de acordos construída até o momento. Da mesma forma, aos signatários de acordos com o CADE deve haver uma maior sinalização sobre as hipóteses de extensão da proteção ou autorização quanto ao pedido de acesso ou de compartilhamento de informações e documentos, de modo a trazer maior segurança jurídica e, consequentemente, incentivar a celebração de acordos com o CADE.

Referências bibliográficas

AQUINO, Jose Carlos Gonçalvez Xavier de; NALINI, José Renato. *Manual de processo penal.* São Paulo: Revista dos Tribunais, 2013. 1. ed. em *e-book* baseada na 4. ed. impressa. Disponível em: [Biblioteca Digital da RT].

BADARÓ, Gustavo Henrique. *Processo penal.* São Paulo: Revista dos Tribunais, 2016. 2. ed. em *e-book* baseada na 4. ed. impressa. Disponível em: [Biblioteca Digital da RT].

BOTTINI, Pierpaolo, SOUZA, Ricardo Inglez de; DELLOSSO, Ana Fernanda Ayres. A nova dinâmica dos acordos de cessação de prática anticoncorrenciais no Brasil. *Revista do IBRAC*, São Paulo: Ed. RT, v. 23, 2013.

BRASIL. Conselho Administrativo de Defesa Econômica. Guia: termo de compromisso de cessação para casos de cartel. Disponível em: <http://www.cade.gov.br/acesso-a-informacao/publicacoes-institucionais/guias_do_Cade/guia-tcc-versao-final.pdf>.

______. ______. Balanço de Gestão Superintendência-Geral 2014 a 2017. Disponível em: <http://www.cade.gov.br/servicos/imprensa/balancos-e-apresentacoes/balanco-mandato-sg-2014-2017.pdf/view>. Acesso em: 21 jul. 2017.

______. ______. Consulta Pública n. 05/2016. Disponível em: <http://www.cade.gov.br/acesso-a-informacao/participacao-social-1/consultas-publicas-concluidas/consulta-publica-no-05-2016>.

______. ______. Memorando de Entendimentos n. 01/2016. Disponível em <http://www.cade.gov.br/assuntos/programa-de-leniencia/memorando-de-entendimentos-sg-e-mpfsp_tcc-e-acordos-de-colaboracao_15-03-2016.pdf>.

______. ______. Processo Administrativo n. 08012.000820/2009-11. Disponível em: <www.cade.gov.br>.

______. Tribunal de Justiça do Estado de São Paulo. Processo n. 2034855-20.2013.8.26.0000. Disponível em: <http://www.tjsp.jus.br/>.

______. ______. Processo n.. 0010939-96.2013.4.03.6100. Disponível em: <http://www.tjsp.jus.br/>.

______. Superior Tribunal de Justiça. Recurso Especial n. 1.554.986. Disponível em: <http://www.stj.jus.br/portal/site/STJ>.

CARVALHO, Vinícius Marques de; RAGAZZO, Carlos Emmanuel Jopert (Org.). *Defesa da concorrência no Brasil:* 50 anos. Brasília: Conselho Administrativo de Defesa Econômica – CADE, 2013. Disponível em: <http://www.cade.gov.br/acesso-a-informacao/publicacoes-institucionais/cade_-_defesa_da_concorrencia_no_brasil_50_anos-1.pdf>. Acesso em: 21 jul. 2017.

DINAMARCO, Cândido Rangel. *Instituições de direito processual civil.* São Paulo: Malheiros, 2005, v. III.

FERRARI, Eduardo Reale. Termos de compromisso de cessação (TCC) e seus reflexos no crime de cartel. *Boletim IBBCRIM*, São Paulo, v. 190, 2008.

GILBERTO, André Marques. *O processo antitruste sancionador:* aspectos processuais na investigação das infrações à concorrência. São Paulo: Singular, 2016.

GRINBERG, Mauro; MOTTA, Ricardo Casanova, e FERNANDES, Luís Henrique Perroni. O cartel e a sua prova. *Revista do IBRAC*, São Paulo, Ed. RT, v. 25, 2014.

MARTINEZ, Ana Paula. *Repressão a cartéis:* interface entre direito administrativo e direito penal. São Paulo: Singular, 2013.

PALMA, Juliana Bonacorsi de. *Sanção e acordo na Administração Pública*. São Paulo: Malheiros, 2015.

_______. Acordos substitutivos dão mais eficácia ao direito da concorrência? In: SUNFELD, Carlos Ari; ROSILHO, André (Org./Coord.). *Direito da regulação e políticas públicas*. São Paulo: Malheiros, 2014.

PEREIRA NETO, Caio Mario da Silva; CASAGRANDE, Paulo Leonardo. *Direito concorrencial.* Doutrina, jurisprudência e legislação. São Paulo: Saraiva, 2016. (Coleção direito econômico/coordenador Fernando Herren Aguillar).

RAGAZZO, Carlos Emmanuel Joppert; ANDRADE, Diogo Thomson de. Beyond detection: the management of cartel cases. Disponível em: <https://www.competitionpolicyinternational.com/assets/Free/cpicartelragazzo.pdf>.

RIBAS, Guilherme Favaro Corvo. *Processo administrativo de investigação de cartel.* São Paulo: Singular, 2016.

SAITO, Carolina. O termo de compromisso de cessação de prática e o reconhecimento de culpa. *Revista do IBRAC*, São Paulo: Ed. RT, v. 20, 2011.